평화의 바람이 분다

지은이   박 성 용
초판발행   2014년 08월 14일

펴낸이   배용하
편집인   이은주
디자인   배용하
표지   박민서
등록   제364-2008-000013호
펴낸곳   **도서출판 대장간**
   www.daejanggan.org
   대전광역시 동구 우암로 75-21 (삼성동)
편집부   전화 (042) 673-7424
영업부   전화 (042) 673-7424 전송 (042) 623-1424

분류   비폭력대화 | 평화운동
ISBN   978-89-7071-332-8   03330

값 15,000원

평화의 바람이 분다

박 성 용

차례

추천의 글 9

편집자 서문 23

저자 서문 29

1부 관계, 사랑, 비폭력 37

　1. 약함이 인도하는 비폭력 삶의 길 39

　2. 온전히 현존함으로 '빛이 생겨라' 48

　3. 증오와 분리를 넘어 마주하는 사랑과 진실 57

　4. 관계를 회복하는 데 관심 있는 야훼 65

　5. 맞서 싸운 상대가 천사로 바뀌다 71

　6. 진정성 있고 의미 있는 대화를 위한 원리들 76

　7. 기독교 비폭력 실천가가 받는 은총 90

　8. 폭력의 각본을 바꾸는 비폭력의 지혜 96

　9. 예수의 부활은 평화 능력의 부여받음이다........100

2부 자비, 연결, 대화 109

　1. 술에 취한 사람에게 손 내민 비폭력 대화 111

　2. 느낌과 욕구를 통해 신의 자비를 만나다 118

　3. 진실과 자비가 눈에 보이는 대화 123

　4. 마음의 가난과 온유함이 요구되는 대화 129

　5. 판단하지 않는 삶에서 받는 충만함 134

　6. 분배와 돌봄, 조화가 있는 '안식' 141

　7. 작고 여린 타자로부터 열릴 때 145

　8. 피조물의 탄식 속에서 성령의 탄식을 듣다 150

　9. 이해와 연민의 수행으로 성장하고 변화하기 155

3부 화해, 진리, 빛 165

1. 평화의 능력으로 평화를 살다 167

2. 검을 내려놓고 하나님의 자녀 되기 172

3. 풍랑의 에너지를 진리와 생명의 에너지로 변화하기 184

4. 적을 통해 하나님의 모습을 어떻게 볼 것인가? 190

5. 평화와 화해의 제자, 바울 205

6. 갈등 해결과 화해 사역으로 가는 길 215

7. 세상의 빛과 세상의 소금 225

8. 펜들힐에서 만난 퀘이커 평화운동 230

9. 기독교 비폭력 영성과 실천을 위한 10가지 요소 236

4부 회복, 실천, 평화 241

　1. 출애굽, 평화의 프로젝트를 요청하다................................ 243

　2. 평화 일꾼에게 선물이 되는 어둠과 두려움 247

　3. 복음의 핵심인 비폭력 실천 계획하기 253

　4. 예수의 비폭력 저항 277

　5. 기독교 평화주의의 두 기둥 283

　6. 분단의 아픔이 남긴 상처와 화해 291

　7. 바닥에서 신앙을 실천한 테레사와 푸코 303

　8. 새로운 기독 평화 운동 '회복적 정의' 320

　9. 비폭력 평화 훈련을 위한 나의 실험들 330

색인... 363

사람과 세상은 얼마나 바뀌고 달라질 수 있을까?

김 조 년 | 함석헌기념사업회 이사장, 한남대학교 명예교수

생각하거나 배운 것을 자기 삶에 실제로 적용하기는 얼마나 어려운 가? 이 둘이 하나가 되지 못할 때 탁월한 생각이나 학문이 깊고 넓게 발전하지 못하는 것을 얼마나 많이 보아왔던가? 반면에 이 둘을 통합하여 살아가는 사람은 매우 자연스럽고 깊은 평온함을 우리에게 주지 않던 가? 이론과 실천, 생각과 실제가 어울리지 못하면 깊게 뿌리를 내리지 못하고, 실천도 얕은 물가에서 찰싹거리고 마는 경우가 많고, 그냥 제자리를 맴도는 것을 본다. 그런데 이 둘을 조화하여 살아가는 사람에게서는 만날 때마다 새로운 모습을 발견한다. 이때 감동은 끊임없이 솟아나는 샘물과 같은 놀라운 신선함을 맛보게 한다. 나는 이러한 모습을 박성용 님의 삶과 생각에서 발견한다. 그 자신도 어느 자리에서 스스로 그렇게 말한 적이 있다. 자신이 달라진 것을 느낀다고.

이것은 그가 교만해서도 아니고 어리석어서도 아니다. 그는 2000년대 초 평화신학을 공부한 뒤, 그것을 자신의 삶과 사회에 적용하려는 노력을 계속 펼쳤다. 그것을 실현하기 위하여 끊임없이 새로운 평화운동과 평화사상의 흐름을 접촉하고 소개하면서 자신을 갈고 닦는다. 여러 가지 평화운동의 흐름 중에서 자신이 실천하고 사회에 적용할 것이 무엇인가를 골라잡는다.

그때 그는 깨닫는다. 평화운동은 평화를 이룬 사람의 지도 이념과 탁월한 지도력에 따라서 펼쳐지는 것이 아니라는 점이 바로 그것이다. 평범한 우리가 평화롭게 살아가는 길을 찾아나서는 것이 바로 평화운동이

면서 평화로운 세상을 만드는 것이라는 점을 인식한다. 아니, 그것 이전에 갈등과 반평화스런 삶 속에 서 있는 사람이 새롭게 설정해야 할 길이 바로 평화로운 삶의 길이라는 절박함을 인식한다. 많은 경우 그러한 것을 알았으면서도 그 평화를 실현하는 것, 즉 평화를 살아가는 과정에서 평화롭지 못한 것을 스스로 이끄는 것을 본다. 빠른 시간 안에 평화라는 꽃을 피우고 열매를 따먹으려는 조급한 맘에서, 평화의 이름으로 폭력을 사용하는 수가 참 많다. 제도와 문화와 정치와 교육과 기업과 일상생활에서 그러한 것을 너무나 많이 본다. 그러한 것들의 결과는 언제나 평화롭지 못한 삶을 살아가게 한다. 그때 도대체 원하는 평화 대신에 왜 반평화의 모습이 나타나는가를 그는 아주 유심히 살핀다. 그래서 찾아낸 것이 '말'이다.

우리의 표정이나 행동과 함께 말은 속의 것을 그대로 드러낸다. 처음에는 어느 정도 얕거나 높은 어떤 교양으로 속 맘을 감출 수 있을지 모르지만, 좀 지나거나 급박한 상황이거나 긴장을 하지 않은 상태에서는 속으로부터 그가 맘 속에 품고 있던 말이 자연스럽게 튀어나온다. 이때 그 말버릇은 그 자신의 오랜 문화 전통과 생활 습관을 통하여 몸과 인격에 밴 것이다. 학습된 것이라고 봐야 할 것이다. 그래서 사람들은 옛날부터 '말 한 마디로 천 냥 빚을 갚는다'고 하기도 하고, 한 마디 말이 비수가 되어 사람의 가슴을 후벼파고 목숨을 끊게 하며 평생 원수로 살게 한다. 말이 맺기도 하고 풀기도 한다. 이때 평화운동가들이 관심을 가지는 것은, 푸는 말이 도대체 무엇이며 어디에서 나오는가 하는 문제다. 봄비와 봄바람에 눈 녹듯이 맺히고 얽힌 것이 풀어지게 하는 말, 그 말을 평화운 동가들은 '비폭력 대화' 속에서 찾는다. 이 책에서는, 살리는 비폭력의 대화야 말로 평화를 일으키는 첫 발걸음이면서 걸어가야 하는 길 자체이 고 도달해야 할 곳이라고 본다. 그것으로 서로 갈등하는 당사자들이 옳 고 그름을 떠나서 서로 이해하고 받아들여 모두가 다 얻고 이기는 중재 의 길을 찾는다. 옳고 그름을 따지던 갈등이 천사가 되는 것을 경험한다.

그런데 놀라운 것은 바라는 평화보다도, 서로가 이해하면서 화평하게 살아가는 것보다도 심각한 갈등과 혼란 상황이 아주 쉽게 일어난다는 점 이다. 왜 그러한가? 그것이 본래 사람의 모습인가? 그것이 자연스러운 것인가? 그 대신 평화를 이루려는 것은 끊임없이 노력해야 하는 억지스 러운 인위인가? 어쩌면 이것이 타락한 인간의 원죄인지 모른다. 그러나 평화운동가들은 그것이 원죄라고 보지 않는다. 인간의 갈등 문화, 갈등 생활의 오랜 관습의 결과로 본다. 일이 있어 옳고 그름을 따질 때는 언제 나 자기 정당성을 먼저 주장한다. 승패의 논리로 전개된다. 이 다툼에서 이기거나 지는 것은 결코 문제를 근본으로부터 해결하는 것이 아님을 경 험으로 알게 된다. 그래서 평화운동가들은 끝없는 해결의 길을 찾아나선 다. 그 길의 첫 발걸음은 어디에서부터 시작하는가?

우선 모든 생명체는 본질상 연결되어 있고, 관계를 맺고 살게 되어 있 는 열려 있는 괘라는 것이다. 이 관계는 갈등없음을 뜻하는 것이 아니라,

갈등이나 문제와 직접 마주하는 것을 의미한다. 갈등과 마주할 때 사람들은 어둠이 갈등을 불러온다는 것을 알게 된다. 다시 말하면 빛이 제 빛을 제대로 내비치지 못할 때 갈등 상황이 일어난다는 것을 알게 된다. 이때 빛 속에 있을 때 모든 갈등 상황이나 갈등 당사자는 적대자가 아니라 천사였음을 알게 된다. 야곱의 엉덩이뼈를 분지르면서 밤새도록 싸운 자가 결국은 그에게 무한의 축복을 열어준 천사였음을 밝은 아침에 알게 되는 것과 같다. 그렇게 밝은 아침, 곧 '빛'은 바깥에 있지 않다. 모든 사람은 그 속에 빛을 가지고 있음을 평화활동가들은 인정한다. 그 빛은 동시에 거룩하고 위대한 혼임도 인정한다. 이것은 너 나 없이 누구에게나 있다는 것을 확인한다. 또 남 속에 있는 악독함을 내 속에서 똑같이 발견한다. 그 악함은 그대로 굳어질 것이 아니라 끊임없이 변화를 촉구하는 역동성을 가진 살아 있는 물건이다. 그것은 끊임없이 빛으로 돌아오기를 갈망하는 존재다. 그 힘은 밖에 있는 것이 아니라 모두가 깊은 속에 지니고 있다. 어둠을 밝음으로 바꾸는 변혁의 빛을 모두는 각자 깊은 곳에 가지고 있음을 확인한다. 그것에 물을 주고 빛을 비추며 북돋아 줄 때 화평은 자란다. 이러한 것을 박성용 님은 '비폭력 대화'와 '회복적 정의를 찾는 활동'과 '청소년 평화훈련' 그리고 나와 함께 '삶을 변혁시키는 평화훈련AVP'을 받고 진행하면서 탁월하게 경험한다. 이것들은 대개 자신과 상대방의 문제를 다루는 작은 일이다. 그러나 '직접행동'을 통한 사회변혁을 동시에 획책한다.

이 책에는 예수를 스승으로 모시고 살아가는 겸손한 제자됨의 모습을 담고 있다. 자신이 어떻게 변하며, 자기와 관계를 맺고 있는 이웃이 어떻게 달라지며, 자신이 몸 담아 살고 있는 사회를 어떻게 변혁시키고 있는가에 대한 경험과 그것에서 얻은 이론을 아주 쉬운 말로 표현하고 있다. 그는 그것을 기독교라는 틀 안에서 예수의 제자됨의 삶으로 증언하고 있다. 그렇게 하려니 자연스럽게 성경에 나타나는 평화를 일구는 사람들과 그것을 깨우치는 말씀들을 아주 탁월한 발상으로 새롭게 해석하고 받아들이고 있다. 그러나 읽는 사람들은 그냥 기독교 평화운동의 한 단락으로 볼 것이 아니라, 소박한 평화로운 삶을 사는 한 사람의 평화여정으로 봄이 옳을 것이다. 평화로운 세계가 올 것인가 묻는 것은 한가한 일이며 사치스런 말장난이다. 평화로운 사회를 만들 수 있는가 하는 물음도 시간 낭비다. 그것은 물을 것도 아니고, 따지고 들어갈 것도 아니다. 목숨이 붙어 있는 한 숨을 쉬듯이 그냥 그렇게 그 길을 걸어가는 것뿐이다. 누가 명령해서라기보다는 그냥 그렇게 생명이 생겨먹었기 때문에 그 길을 걸어가는 것뿐이다. 다만 부담과 의무로서가 아니라, 삶의 즐거움으로 그 평화의 걸음을 걸어갈 뿐이다. 이 글을 읽다보면 그가 어떤 길을 어떻게 평화롭게 걸어가고 있는가를 알게 되고, 이 다음에 어떤 길을 또 어떻게 걸어가려고 하는가 하는 것이 궁금해지기도 한다. 분명히 이 글을 읽다보면 평화롭게 그가 걸어가는 그 길이 바로 내 길이 되어 기쁨을 줄 것이라고 믿는다. 피곤하지 않게 길게 잘 평화의 삶을 살고 그런 길을

소개하고 또 함께 걸어가는 그를 계속하여 보고 싶다. 한 가지 더 적극
평화를 살 수 있는 사회를 만들기 위한 또 다른 실험이 그에게서 발견
될 수 있는 날이 오기를 바라기도 한다.

한국 교회를 구원하는 메시지

송강호 | 개척자들 창립자이자 활동가, 신학박사

저자 박성용 박사는 한국 기독교 평화 운동의 개척자인 동시에 증인이며, 이론가인 동시에 실천가다. 나는 박성용 박사의 평화에 대한 열정과 삶을 통해 감명과 영향을 받아 왔다. 이 책은 그가 끊임없이 성숙해 가는 평화운동가임을 알게 해준다. 부디 한국 교회와 그리스도인들이 박성용 박사의 예언자적인 외침을 좌시하지 않기를 간절히 바란다. 비폭력 평화운동에 관한 저자의 메시지야말로 파산의 위기에 놓인 어두운 한국 교회를 구원하는 빛이다.

실천을 통한 성찰, 실수를 통한 고백이 주는 용기

여혜숙 | 평화를만드는여성회 상임대표

이 책은 평화, 비폭력, 갈등, 비폭력 대화, 서클, 회복적 정의, 기독교 운동의 키워드가 서로 어떻게 연결되는지 이해할 수 있게 해준다. 또한 그간 저자가 한국에 소개했거나 함께 참여한 평화 훈련 모델들을 기반으로 한 실천을 통한 성찰, 실수를 통한 고백들은 다른 이들이 비폭력과 평화를 실천하도록 용기를 부여해주고 있다. 특히 한국의 기독교인들이 성찰과 새로운 모색을 향해 나아가는 데 이 책이 도움이 되기를 기대해본다.

비폭력은 사람들의 마음을 움직이는 힘, 비폭력

캐서린 한 | 한국NVC센터 대표

저의 평화의 벗인 동시에 비폭력의 영적인 힘을 믿으시면서 능동적으로 비폭력의 철학을 생활에서 실현하시는 박성용 선생님께서 내신 이 책은 많은 사람들에게 가뭄 후 단비 같은 반가운 선물입니다.

인류는 오랫동안 개인이나 나라 사이의 갈등을 폭력으로, 무기로, 전쟁으로 해결해 왔습니다. 전쟁이 가져오는 무의미한 파괴와 죽고 죽여야 하는 병사들, 그리고 그들의 부모를 포함한 모든 사람이 겪어야 하는 극심한 고통뿐 아니라 이제는 인류와 지구상의 모든 다른 생명까지 멸종시킬 수 있는 우리가 만들어 낸 지극히 효율적인 무기들 때문에 모든 것이 재검토되어야 하는 시기입니다. 우리의 선택은 비폭력적인 행동일 수밖에 없다는 것은 엄숙한 사실입니다. 인간에 대한 신뢰를 잃지 않는 내면에서 나오는 비폭력은 사람들의 마음을 움직이는 힘이 있기 때문에 전쟁과 무기 없는 세상을 가져오는 데 효과적이고 지금으로서는 유일한 대안입니다.

앞으로 해결해 나가야 할 문제가 많은 우리 한반도에서 평화와 화해를 위해 적극적으로 비폭력의 길을 모색해야만 하는 것은 우리가 당면한 시대적 사명입니다. 이념이나 반대와 저항의 단계를 넘어 현실적인 비폭력의 삶이 어떻게 대중 운동으로 확산될 수 있는지를 구체적으로 보여주는 이 책은 비폭력 활동가나 실천가에게 많은 도움이 될 것입니다.

뿐만 아니라 우리의 습관적인 대화나 생활 방식이 어떻게 폭력을 자아내는지, 그리고 눈에 보이지 않는 제도적 폭력과 문화적인 폭력을 더 깊이 이해하고 변화를 가져오고 싶으신 분들, 우리 모두 안에 있지만 잊고 지내는 신성함과 숭고함을 다시 나와 다른 사람 안에서 보면서 구성원들 하나하나가 변하고 동시에 공동체가 성장하는 데 기여하는 방법을 익히기를 원하시는 분 모두에게 추천합니다.

저에게 이 책은 황야에서 불어오는 신선한 바람처럼 느껴집니다.

학교 현장에 평화의 바람이 불어오길 소망하며…

임종화 | 좋은교사운동 공동대표

이 책을 접하는 분들의 첫 느낌은 '어색함', '불편함'이 아닐까 합니다. 제가 처음 이 책을 접하며 그렇게 느꼈기 때문입니다. 그 순간 잠시 멈추고 제 안에 왜 그런 느낌이 드는지 돌아보았습니다. 왜 어색하고 불편했을까? 그 이유는 제가 살아오던 방식과 달라 익숙하지 않은 생소한 삶의 문법을 이야기하고 있기 때문입니다.

화해, 관계, 비폭력, 회복적 정의, 평화는 어느새 우리 삶에서 멀어진 가치들입니다. 이 책은 이 가치들을 다시 끄집어내어 우리 일상의 삶에서 복원하려고 시도합니다. 그리고 그 시도 자체가 폭력적이지 않고 평화적입니다. 그래서 다른 가치에 익숙한 우리에게 이 방식이 너무 느리고 약하고 답답해 보일 수 있습니다. 하지만, 박성용 목사님과 함께 학교 안의 갈등과 폭력의 문제에 직면하고 풀어가는 경험을 통해 이 방식이 우리가 나아가야 할 방향이라는 것을 확신하게 되었습니다.

지금까지 우리 사회와 학교를 지배하고 있던 가치에서 벗어나 새로운 가치로 옮겨가는 것이 쉽지는 않습니다. 특히 머리로는 이해되는데 온전히 삶 전체가 따라가는 것은 긴 호흡이 필요한 지난한 과정입니다. 그래서 이 책은 천천히 읽어야 합니다. 우리 몸이 평화적 방법에 익숙해질 수 있도록 천천히 읽고 성찰하고 실천하기를 반복해야 합니다.

특별히 학교 현장의 선생님들에게 이 책을 추천합니다. 동료 교사와 함께 읽고 성찰하고 아이들과 실천하는 과정을 통해 학교 현장에 평화의 바람이 불어오길 소망해봅니다.

새로운 생명과 소망의 새싹들이 피어나길

이재영 | 한국평화교육훈련원 원장

평화가 절실한 때다. 개인 간의 관계나 가정, 학교, 지역 사회, 국가 간에도 평화가 너무나도 간절히 필요한 때다. 하지만 우리가 평화를 갈망할수록 평화는 점점 우리 곁에서 멀어져 가는 것 같다. 매일 뉴스를 뒤덮는 이야기는 전쟁과 테러로 죽어가는 사람들과, 자본이 사람의 생명과 환경을 파괴하고 있다는 소식뿐이다. 저자는 이러한 현대 인류의 고질적 문제를 "새로운 도전"으로 규정한다. 왜냐하면, 이 갈등과 폭력의 문제가 이제는 비단 개인이나 한 국가, 사회에 국한되지 않고 전 세계적으로 영향을 주고받기 때문이다.

그럼 과연 해결책은 무엇인가? 다양한 접근이 가능하겠지만, 저자는 평화와 화해를 위하여 헌신하는 새로운 '사제직'이 필요하다고 진단한다. 이제는 예수를 따르는 제자의 소명이 예배worship를 집도하는 제사장적 역할에서, 하나님의 궁극적 통치인 '샬롬shalom의 통치'를 현실적으로 구현하는 실천적 평화와 화해의 제자도가 등장해야 한다는 것이다. 저자의 주장은 사실 기독교 공동체가 오랫동안 놓쳐왔던 '잃어버린 기술'에 대한 회복을 의미한다. 예수의 죽음에만 의미를 부여하며 값싼 은혜를 누리던 세속화되고 권력화된 교회에게 예수의 죽음뿐만 아니라 삶에도 귀를 기울이라는 경종을 울리고 있다. 예수의 삶, 그것은 바로 죽어서 갈 천국의 안식이 아니라 치열하게 일궈내야 할 이 깨어진 세상의 삶이었다. 이 귀중한 자료를 통해 평화의 바람이 불어 죽음과 단절, 파괴의 현장에 새로운 생명과 소망의 새싹들이 피어나길 기대해본다. 실천가의 바

쁜 일상 속에서도 많은 사람들을 위해 틈틈이 책을 엮어내는 저자의 부
지런한 열정에 다시 한 번 깊은 존경과 감사를 표하며….

하나님의 통로로서 일하는 비폭력 평화 실천가
박성용의 책을 펴내며

이은주 | 비폭력평화물결 간사

　박성용은 어디에나 적이 없다. 그에게는 옳고 그름, 당위와 과제가 중요하지 않다. 언제나 관계가 우선인 삶을 산다. 인간이 지닌 가장 근본적인 감정을 예민하게 있는 그대로 알아차려 두려움과 수치심, 연약함 들에 따스함과 안전함의 빛을 전한다. 항상 작고 약한 것에 민감하며, 자신이 말하는 것 그대로 행동함으로써 신뢰와 존경을 받는다. 비폭력 평화 실천가이자 운동가이며 연구가인 저자 박성용 목사는 이 책에 지난 10년간 폭풍우가 휘몰아치는 세상에서 묵묵히 비폭력을 실천하며 하나님의 자비를 전하고 평화의 땅을 일구어 온 자신의 여정을 모두 담았다.

　사실 이 책이 나오기까지 과정이 흥미롭다. 4년 전, 지금은 활동가의 삶을 살지만 그때만 해도 인문사회 출판사에서 책을 만들었는데, 당시 우연히 박성용 블로그를 발견하여 기독교에서 바라보는 비폭력 평화 영성과 실천에 관한 책을 펴내려고 기획한 적이 있다. 결론부터 말하자면, 시작도 못했다. 당시만 해도 박성용 글은 성서에서 비폭력과 평화의 의미를 발견해 내고 재해석하는 내용이 대부분이었다. 그땐 언어들이 너무 뜬구름 잡듯 추상적으로 느껴지고, 비폭력을 다룬 내용도 이상적이라 우리 삶에서는 보고 느끼기가 어려워 국내 독자들이 접근하기에 아직은 이르다는 게 내부 판단이었다.

4년이 지난 후, 모든 일에는 다 흐름이 있는지, 그 사이 박성용을 포함한 한국의 비폭력 평화 활동가들은 폭력이 심각하여 사회적으로 큰 이슈가 된 학교를 시작으로 갈등이 있는 지역 사회, 기업과 공공 기관에까지 나아가 평화롭고 안전한 공간과 공동체를 만드는 작업을 진행해 왔다. 저자는 이 과정에서 느끼고 성찰한 것들을 놓칠세라 꼼꼼히 기록해 왔고, 그렇게 블로그에 글을 모은 지 10년이 지난 2013년, 저자는 자신의 글을 엮어 편집자 출신인 내게 출판 여부를 물어왔다. 원고가 저절로 보충되어 나에게 다시 온 것이다! 4년 만에 만난 원고에는 저자의 자신감이 가득했고, 손에 잡히며 눈에 보이는 비폭력의 실천과 삶이 생생하게 담겨 있어 편집자로 하여금 원고에 새 생명을 불어넣고 싶은 강한 열망을 일으켰다. 모든 일에는 다 때가 있는지, 그 사이 나는 박성용 선생님과 함께 활동하는 가운데 비폭력 평화 훈련을 받으면서 더 넓고 깊은 이해를 쌓아 왔다. 이전엔 어려웠지만, 지금은 그가 적은 추상적이고 모호한 표현들을 조금 더 구체적이고 명료한 말로 풀어내 더 많은 사람들이 그 속에 담긴 참뜻을 제대로 이해할 수 있도록 돕게 된 것이다.

　10년간 모은 저자의 귀한 글들을 이 책에서는 큰 주제에 따라 전체 4부로 엮었다. 여기에는 성서 묵상 내용과 기독교 평화주의자들에게서 받은 가르침, 일상에서 경험하고 성찰한 비폭력 영성, 비폭력 실천과 평화 활동 이야기들이 골고루 등장한다. 독자는 순서를 떠나 마음이 가는 제목으로만 골라내 읽어도 저자의 호흡을 좇아가는 데 전혀 문제가 없을 것이다. 그렇지만 독자들에게 좀 더 친절한 책이고 싶은 마음에서 비교적 읽기 쉽고 다가가기 편한 이야기들을 1부에 먼저 배치하였다. 특별히 비폭력 실천과 운동이 전개되는 흐름을 더 먼저 살피고 싶은 독자라면 '비폭력 대화' 관련해서 모은 2부와 '회복적 정의' '비폭력 훈련과 직접행동' 이야기의 비중이 큰 4부를 먼저 보는 것도 괜찮은 선택일 수 있다. 분명한 건, 사실은 주제를 막론하고 모든 글에 박성용의 깊은 성찰은 물론이고 그가 진리의 힘으로 세상에 나아간 한 걸음 한 걸음이 빠지지 않고 담겨 있다는 점이다.

그의 글은 읽는 사람 마음에 평안함을 주는 동시에 가슴 설레게 하는 긴장감을 함께 준다는 특징이 있는데, 예수가 전한 평화와 화해의 복음을 확인해주는 글도 그래서 흥미롭고 샬롬 통치를 위해 일한 제자들의 일화를 밝혀낸 부분도 꽤 가슴 뛰게 만들며, 십자가의 의미와 부활 사건을 새로 정의한다거나 원수 또는 추방된 자들을 자비로움으로 끌어안아 이 땅에 평화를 세운 예수의 작업을 오늘날 우리 삶에 재현해낸 생생한 현장 이야기는 우리를 감동에 젖게 만든다. 비폭력적 삶에 필요한 지혜들과 도움 되는 원리들, 실천 전략과 훈련 모델들을 상세히 알려주고 정리해준 부분은 함께 길을 걷는 사람이자 독자로서 참 감사한 일이다. 또한 자신이 약자에 민감해지고 평화와 비폭력에 관해 헌신의 길을 걷게 된 삶의 여정들을 여러 군데서 말해주어 반가울 따름이다.

이 책을 통해 독자는 적어도 두 가지에 관해 충분히 이해하게 될 것이다. 하나는 자신을 포함한 우리가 너무도 폭력에 익숙해 있다는 사실이고, 다른 하나는 비폭력은 우리 삶에 충분히 작동 가능하다는 점이다. 비폭력은 몇몇의 훌륭한 사람에게만 가능한 것이 아니라 모두가 자기 안에 있는 사랑의 빛을 겉으로 드러내기만 하면 된다는 것이다. 저자에 따르면, 흔히 우리가 소극적이고 이상적인 가치로 알고 있는 '비폭력'은 실제로 매우 적극적이며 현실에서 변혁을 일으키는 강한 힘을 지녔다. 문제가 해결되도록 덮어두지 않고 오히려 드러내어 긴장을 일으키는 비폭력은 갈등하는 양쪽 모두가 자신이 진정 원하는 것을 얻는 방식으로 문제를 풀어 나가는 능동성이 있다. 이로써 억압하는 자는 자기 파괴에서 벗어나 인간성이 회복되며, 억압받는 자는 능동적인 삶과 인간의 존엄성을 되찾는다. 또한, 손상이 심하고 서로 분열된 상황에서 도저히 화해와 연결이 불가능해 보일 때 비폭력은 겉으로는 아무것도 하지 않는 것 같아도 실은 가장 많이 일하는 적극성이 있다. 서로가 진심을 나누도록 안전한 공간을 만들고 마음이 연결되도록 초대하면 당사자들은 어느새 적대감이 사라지고 함께 새로운 가능성을 자발적으로 모색해 간다.

기독교인으로서 저자는 특별히 비폭력적 삶이 어떻게 하나님을 만나는 길이 되는지, 평화와 화해를 위해 일하는 하나님의 통로로서 사는 삶은 어떠한 것인지를 곳곳에서 알려주고 있다. 자신과 적을 사랑하고 하나님을 사랑하는 가운데 서로 진심을 나누어 마음이 연결되도록 돕는 일, 그리하여 더 큰 자아를 경험하고 확인하는 깨달음을 얻는, 하나님 자비에 연결하는 일이 곧 비폭력이라고 말하고 있다. 그 안에는 경청과 따스함, 인내와 성실함뿐 아니라 창조성과 위험을 감수하는 용기가 포함된다. 결코 어떤 기술이나 전술이 아니다. 내 존재를 활짝 열어 '환대' 하면 하나님의 현존으로 일하게 되므로 실천가 자신은 힘들고 고될 일이 없다고 말한다.

> 그래서 예수께서는 말씀하신다. "하나님이 일하시니 나도 일한다." 이는 '내'가 일하는 것이 아니다. '하나님이 일하신다' 라는 궁극적인 존재의 터전 위에 설 때 나는 일하게 된다. 나는 통로가 될 뿐이다. 그래서 일이 더는 일이 아니다. 그리고 모든 일은 그분의 일/현존이 된다. … 삶의 모든 것, 모든 존재, 모든 행위는 한 분이신 궁극 존재의 '환대' 속에 있다. 환대의 전체성이 존재의 비밀이다. 이것이 기독교 비폭력 실천가가 도달하게 되는 궁극 목표다. 하나의 일이 되기 : 예배, 헌신, 일, 노력, 시간 보내기, 탐구, 실천, 대화, 지침, 열정…. 이 모든 것이 '하나님의 현존'으로 하나의 일이 된다._1부 '기독교 비폭력 실천가 받는 은총' 중에서

비폭력은 어쩌면 고집스런 에고를 버리고 자기 내면을 정돈하며 고요히 침묵하고 모든 것을 환대하는 가운데 만나는 신또는 참자아의 목소리대로 살아가는 것이 첫 출발이자 마지막 목표일지 모르겠다. 또한 이를 타인의 고통을 이해하고 서로의 진심을 듣는 마음의 영역에서 그대로 실천해가는 것이 비폭력의 삶이다. "비폭력은 '하나님으로부터, 하나님 안에서, 하나님을 향해' 가는 기원과 과정과 목적을 온전히 일치시키는 삶의 방식이다."본문 중에서 모두가 이상적이고 불가능하다고 말할 때 묵묵히 하나님의 진리와 빛을 향해 걸어온 저자의 행보는 앞으로 쉬지 않고 계

속될 줄로 기대한다.

◆ ◆ ◆

박성용의 말과 글을 접한 사람들은 십중팔구 어렵고 난해하다고 이야기한다. 그런 뒤 뭔가 깊은 울림이 있고 힘이 있다는 말을 꼭 덧붙인다. 이번 작업은 난해함을 풀면서 그러한 울림까지도 담아내야 하는 세심함과 조심스러움이 요구되었다. 외국어가 담고 있는 뉘앙스를 우리말로 힘겹게 옮기듯, 박성용의 남다른 영성 에너지와 깊은 곳에서 나오는 진정한 의미를 최대한 독자들이 이해할 수 있도록 조심스럽지만 단호하게 문장을 다루었다. 정말 온전히 잘 전달되기를!

이번 출간이 기쁜 것은 이제는 비폭력 평화 영성과 실천에 관해 관심을 갖고 알고 싶어 하는 사람들이 늘어나 그런 흐름에 힘입어 선보이게 되었다는 사실이다. 그 흐름 속에 작은 힘을 보탠 나 자신에게 스스로 축하를 보낸다. 가장 크게 기여해주신 분은 흔쾌히 출간을 결정해주신 대장간 배용하 대표님이시다. 정말 감사하다. 또한 활동과 편집을 병행하는 시간들을 격려와 응원의 힘으로 지켜봐주신 동료들과 고된 작업 기간 동안 아내의 몸과 마음을 사랑으로 보살펴준 남편에게 고마운 마음을 함께 전한다. 이 책이 누군가에게는 평화로 나아가는 하나의 씨앗이 되어 어떠한 모습으로든 자기 존재 고유의 목적을 실현해가는 데 보탬으로 작용하기를 기대해본다.

들어가는 글

새로운 위기에서 초대받은 비폭력 평화 제자직

21세기를 사는 우리는 과거의 신앙인이 경험하지 못한 위기에 직면하고 있다는 점에서 새로운 도전을 맞이하고 있다. 전쟁, 질병, 기후 환경, 그리고 금융 세계화 속에서 지구 한구석의 어떤 사건이 전 세계에 즉각적인 영향을 끼친다. 이는 어느 집단, 마을, 지역, 국가, 인종, 종교의 장벽으로 넘나들며, 통신 매체와 운송 수단의 발전으로 기존의 영토 개념을 무너뜨린다. 또한, 악화된 지구 환경과 빈곤, 그리고 전쟁과 폭력, 특히 핵위협은 지구의 연약함과 지속 가능성에 대한 불확실성을 보여준다. 아울러, 미래 세대와 생태적 타자들의 안전을 위하여 긴급하지만, 시간이 얼마 남지 않았다는 시간 제한의 부담이 생겼다. 지구의 안전과 지속성을 전제로 했던 과거의 모든 신학과 신앙 실천들이 재검토와 자기 수정을 요구받는 상황이다.

이런 전례 없는 위기에 직면하여 예언자─사도적 전통의 중심인 샬롬의 통치가 이제는 단순히 설교, 신학적인 진술과 선포를 넘어 개인의 갱생과 사회의 변혁이라는 전략적 수행을 신앙의 내용으로 포함해야 한다는 시대적 요청을 받는다. 우상과 지배체제에 대한 분별만이 아니라 적극적인 사회정치적 참여를 통하여 실질적 변화를 가져와야 한다. 즉 사회 변화를 위한 전략에 도움을 주는 사회과학예, 갈등사회학, 평화학을 신앙 실천 속에 담는 새로운 제자직을 수용해야 한다. 이미 현대 기독교 평화운동에서는 비폭력적인 사회 변혁 경험들이 지닌 사회학적 접근 방법들을 이해하고 훈련하여 갈등 전환, 조정 중재 훈련, 비폭력 훈련, 비폭력 직접행동, 인간 안보와 시민 방어, 제3자 갈등 개입과 평화구축Peace-building 등의 모델들을 평화 제자직의 사회적 도구로써 신앙 운동으로 접목시키고 있다.

복음의 핵심이 "우리의 평화"이신 주가 제시한 이 땅에 "샬롬의 통치"를 실현하는 데 향해 있다면, 그리스도인의 길은 당연히 평화와 화해를 위해 일하는 제자직과 그러한 신앙 공동체를 형성하는 부름에 따르는 데 있다. 이는 이 땅에서 선제적 행동을 취하시는 하느님의 현존하심에 대한 자각을 통해서 가능하다. 기독교인으로서 우리의 소명은 진정한 평화를 위한 조건을 현실화하시는 하느님의 치유하시는 힘과 협력하는 것이다.

구체적으로 우리는 가정, 직장, 교회, 거리, 더 큰 세상, 그리고 우리 자신의 자아 속에서 능동적으로 비폭력을 실천하도록 부름 받는다. 비폭력은 단순히 기술이나 전술이 아니다. 그것은 하느님의 사랑으로 우리 자신의 삶과 세상의 삶에 있는 폭력 체제를 전복시키는 영적 여정이다. 기독교 비폭력 실천에 관여하는 것은 사랑의 하느님에 대한 신앙의 행위이자 사랑의 하느님을 경험하는 길이다. 하느님의 사랑은 우리가 사랑으로 행동하도록 우리를 변형시킨다. 이는 세상을 여러 가지 '적'의 진영으로 나누는 폭력 체제의 경향성에 저항하는 것을 뜻한다.

지배와 폭력의 악순환을 끊는 하느님의 탈지배적 질서 실현을 위한 예수의 하느님 나라샬롬의 통치 운동은 간디가 "진리 실험"으로 규정한 적극적 비폭력active nonviolence의 실천을 통해 재점화되고 더욱 심화하였다. 간디는 진리가 하느님이며, 비폭력의 방법을 통하지 않고 진리를 발견할 길은 없다고 주장하였다. 이는 종교적 제의가 아닌 생활 실천 영역에서 진리에 확고히 서는 비폭력 실천을 통해 하느님을 경험한다는 강력한 실천성을 제시한 것인데, 이를 통해 현대 기독교 평화운동에 다시 불이 붙게 되었다. 그의 진리의 힘사티아그라하; 문자적으로 sat(진리, 영혼); agraha(확고한, 세력, 유지함, 붙잡음)을 뜻함은 개념이나 영혼의 영역에만 있는 것이 아니라, 정의를 위한 투쟁으로서 갈등 상황에 직면하여 쌍방이 지닌 "더 큰 진리로 확고하게 향하기" 위한 창조적인 비협조와 공동의 선에 따르는 협력적 프로그램이 작동되는 데 있다. 이는 상대를 무너뜨리는 것이 아니라 상대와 함께 갈등을 올바르게 해결하고 상대가 선을 행하도록 고난을 기꺼이 감당할 수 있는 용기를 부여한다.

현대 기독교 평화운동은 '샬롬의 통치'를 개인과 공동체, 지역과 국가 및 국제 관계에 개입하는 데 적용해 왔다. 오늘날 기독교 평화운동 단체들은 자신들이 소수임에도 지난 수십 년간 풀뿌리 갈등 현장에서 문제 해결을 위해 보여준 헌신성과 전문성으로 존경을 받고 있으며, 실질적이고 중요한 변화를 가져오고 있다.

일부를 소개하자면, 퀘이커에서 시작한 것으로 교도소, 학교, 공동체의 폭력을 전환하기 위한 비폭력 훈련예, Alternative to Volence Project/AVP, Help Increase Peace Program/HIPP 국제 네트워크, 갈등 조정자와 평화 훈련가를 양성하고 비폭력 개입과 화해를 추구하며 미국과 전 세계 인권 및 갈등 개입에 유명한 '화해친우회'Fellowship of Reconciliation, 2천여 명 이상의 루터교 지도자들이 비폭력 수행을 하도록 지도한 '파체 에 베네'Pace e Bene, '평화와 선'이라는 뜻, 그리고 루터교 평화 친우회Lutheran Peace Fellowship, LPF, 가족과 신앙 공동체에 훈련 워크숍을 제공하는 평화정의연구소Institute for Peace & Justice, 기독교 성직자와 평신도들에게 갈등 해결에 탁월한 훈련 과정을 제공하는 메노나이트 계열의 롬바드 메노나이트 평화센터Lombard Mennonite Peace Center, 비폭력 기술에서 가장 정교한 훈련을 하는 곳으로서 세계 특히 독재 하의 반군들에게 밀림에까지 찾아가 변혁을 위한 비폭력 기술을 가르치는 퀘이커 비폭력 직접행동가 조지 레이키의 변화를 위한 훈련센터Training Center for Change등이 그 몇 가지 사례다.

내전과 무력 갈등에서 기독교인으로서 국제 분쟁에 개입하여 평화를 구축하고자 노력하는 매우 전위적인 국제 단체로는 기독교평화사역팀 Christian Peacemaker Teams/www.cpt.org, 국제 평화 여단Peace Brigades international/ www.peacebrigades.org, 그리고 국제 비폭력평화물결Nonviolent Peaceforce/www. nonviolentpeaceforce.org등이 있다. 국제 평화활동 단체로서 무장 갈등 지역 에서 평화 구축을 위해 자발적으로 헌신하는 이들은 전 세계의 존경을 받고 있다. 이들은 다른 난민보호나 국제 구호를 위한 단체들이 전개하 는 단순한 긴급 구호를 넘어서, 국제 시민으로서 무력 분쟁 현장에 들어 가 분쟁에 개입하고 현장 주민들이 스스로 자기 문제를 해결하도록 돕는 다. 여기에는 현지 인권/평화 활동가를 암살로부터 보호하기 위해 그들 과 동행하고, 선거 및 폭력 사태를 감시하여 국제사회에 보고하고, 현지 종교 지도자나 활동가를 위해 훈련 워크숍을 지원하며, 현지 활동 단체 를 국제기구와 연결해주고 국제사회에 홍보하고, 국제 감시, 갈등 당사자 간의 대화모임을 주선하며, 무력 갈등 방지를 위한 네트워크, 현지 여론 주도자들을 위해 평화 능력 강화 모임을 주선하는 등의 활동을 하고 있다.

그뿐만 아니라 국가 단위의 갈등 분쟁에도 힘쓰고 있다. 이미 영어를 주로 사용하는 캐나다 대부분 지역과 프랑스어를 쓰는 퀘벡 간의 갈등에도 캐나다 기독교연합회 노력으로 배려의 조처가 일어났고, 북아일랜드의 정치적 분쟁과 관련하여 가톨릭과 개신교가 꾸준히 대화하여 그 결실이 있었으며, 필리핀에서 가톨릭 정부군과 이슬람군 간의 무력 분쟁에 가톨릭 주교단과 이슬람 지도자들이 만나는 평화를 위한 주선들이 있었고, 남아공의 흑백 갈등 화해 사례와 독일과 폴란드 간 국경 분쟁 화해 사례에 교회 협의회들이 중대한 이바지를 한 바 있다.

이렇게 오늘날의 기독교 사역은 "예물을 제단에 드리기 전에 형제와 먼저 화해하라"마5:22-24는 그리스도의 권고를 진지하게 받아들이고 증오와 갈등, 전쟁과 폭력이 있는 곳에 적극적으로 참여하고 있다. 그것은 예수께서 전하신 "너희가 내 형제 중에 지극히 작은 자 하나에게 한 것이 곧 내게 한 것이니라"마25:40라는 말씀을 기억하여 작은 자를 통해 그리스도를 만나는 재속수도의 길을 발견하고, 성소가 고난당하는 작은 자의 거처에 있음을 신비스럽게 발견해가고 있다.

이는 매우 감격스러운 새로운 제자직의 길이다. 왜냐하면, 폭력, 지배, 갈등의 현장이 성소가 되고 거기에서 하나님의 주권성을 세워 신비주의를 일상적 삶의 현장에서 실천하고 만날 수 있는 길이 열리기 때문이다.

그동안 안전의 공간인 교회와 주변의 방해 없는 기도자의 영혼의 자리에서 하나님을 만나 왔다. 이제 이를 넘어서 그분의 자비와 은총의 능력이 가장 필요한 갈등과 파괴가 있는 곳에서 하나님의 주권성을 증언하는 평화 제자직 실천은 예언적–사도적 전통을 새롭게 실현하게 한다. 아직은 낯설지만 나 자신도 갈등과 폭력의 현장에 몸을 던져 신비스럽게도 주를 대면하게 되는 은총을 경험한다.

여기 모은 글들은 이미 나의 블로그www.ecopeace.pe.kr에 틈틈이 올렸던 것들이다. 매일 4천여 명이 들어오면서 올해2014년 1백만 명의 방문 횟수를 넘겼다. 초기에 열 명, 1백 명 정도밖에 안 되던 방문객이 이토록 늘게 된 것은 그만큼 비폭력이란 단어가 낯설지 않고 어느 정도 대중화되면서 궁금해하는 분들이 있다는 증거일 것이다. 비폭력에 대해 번역서는 여러 권 나와 있어도 기독교인의 눈으로 접근한 것은 많지 않을 뿐 아니라, 국내 저자 또한 흔치 않다. 그래서 졸필이지만 그간에 쓴 글을 모아서 하나로 묶고 더러는 다듬어 발간하고자 한다.

올해는 경기도 광명에서 시작한 네트워크를 중심으로 인천, 고양, 함양, 광주, 제주 등에서 비폭력평화훈련센터 건립에 대한 논의가 진행되고 있고, 그간의 비폭력 훈련 단체들을 중심으로 조심스럽게 평화 활동과 회복적 정의 운동을 담당할 실천가를 양성하는 풀뿌리 시민평화대학을 모색 중에 있으며, 다른 동료는 이미 DMZ에 국경선 평화학교를 운영하고 있다. 이들을 위한 읽을 자료들도 서서히 필요한 실정이라 생각하여 부족하지만 도움이 될 수 있기를 기대한다. 특히 기존의 제도적 교회에 식상해하고 비폭력 실천과 평화로운 삶에 관심 있는 목회자와 평신도들에게도 작은 도움이 될 수 있었으면 한다.

이 책을 집어든 독자가 만일 현재 한국 기독교의 일반적인 신앙 모습에 만족하고 있다면 이 책은 위험한 책이다. 왜냐하면, 여기서 이야기되는 것은 무척 낯설며 그를 혼란 속에 빠뜨릴 수 있기 때문이다. 그러나 뭔가 아쉬움을 평소에 가진 독자라면 목차와 일부 내용을 검토하고 책을 집어 들기를 권한다. 아마도 이 책은 그 사람에게는 새롭지만 아주 오래된 기독교 전통의 핵심에 다가갈 수 있는 통찰과 개운함, 그리고 새로운 헌신을 불러일으켜 줄 수 있다고 생각한다. 그런 분들에게 이 책이 도움 될 것이다.

기독교인에게 비폭력 실천은 일상과 일 그리고 신앙, 사색과 실천 그리고 영성을 서로 분리할 수 없다. 그리하여 이 책에는 키워드를 주제로 삼는 글들을 중심으로 한데 모았다. 일상에서 경험하고 묵상한 일과 성서 속에서 발견한 비폭력 평화 신앙에 관한 글과 비폭력 활동가와 실천가로서 서술한 신학적 성찰 들이 주제에 따라 한 장 안에 같이 엮어 있다. 특히 현재 평화의 제자직을 수행하며 최근에 펼치는 실험들과 앞으로 나아갈 과제들에 관련해서는 뒷부분에 모았다.

이 글은 단지 기독교 신앙의 핵심인, 이 지상에 하나님 샬롬의 나라 건설에 대해 극히 일부의 사색을 담았기에 하나의 징검돌에 불과하다. 따라서 다른 기독교인들의 노력과 지혜가 담긴 글들이 더욱 소개되기를 기대한다.

끝으로 이 책이 나오기까지 수고해준 손길에 감사를 드린다. 먼저 필자의 글에 편집과 내용을 검토해준 이은주 선생이 없었다면 이 책은 나오지 못했을 것이다. 나보다 먼저 내 글에 대한 책 출간을 생각하였고 내용 수정과 교정 모든 과정을 맡아주었다. 시장성이 별로 없는 책에 대해 대장간 배용하 대표님은 직접 읽고서 흔쾌히 응답해주셔서 다행히 세상에 나올 수 있게 되었다. 10년 가까이 비폭력 실천과 갈등 해결의 현장에 함께 있었고 기꺼이 추천사를 써준 길벗인『씨올의 소리』주간 김조년, 평화를만드는여성회 상임대표 여혜숙, 한국비폭력대화센터 소장 캐서린 한, 개척자들 소속 평화활동가 송강호, 한국평화교육훈련원 원장 이재영 님들께 감사드린다. 또한 함께 비폭력 실천의 현장을 함께 경험하며 이 글에 대한 통찰을 준 동료들인 단체 내 사무국장 김석봉 님, 광명교육연대 대표 박경옥 님의 기여도 빼놓을 수 없다. 마지막으로 언제나 지지와 이해로 함께해주는 안내 최신옥 님께도 출판의 기쁨을 함께 나누고 싶다.

2014년 7월

박성용

1부 관계, 사랑, 비폭력

1. 약함이 인도하는 비폭력 삶의 길

2. 온전히 현존함으로 '빛이 생겨라'

3. 증오와 분리를 넘어 마주하는 사랑과 진실

4. 관계를 회복하는 데 관심 있는 야훼

5. 맞서 싸운 상대가 천사로 바뀌다

6. 진정성 있고 의미 있는 대화를 위한 원리들

7. 기독교 비폭력 실천가가 받는 은총

8. 폭력의 각본을 바꾸는 비폭력의 지혜

9. 예수의 부활은 평화 능력의 부여받음이다

1. 약함이 인도하는 비폭력 삶의 길

교통의 불편함을 무릅쓰고 용인의 광교산 깊숙이 세를 얻어 사는 나는 요즈음 산의 변화가 주는 연둣빛 기운에 위로와 힘을 얻는다. 가까이 다가가 보면 아직도 나무들은 텅 비어 있는데 작은 순들이 일어나 주변을 봄기운으로 가득 단장하니 그야말로 '텅 빈 충만'의 자태가 이루 말할 수 없이 신선한 충격이다. 멀리서 보면 그 존재의 흔적조차 느끼지 못하건만, 다가서면 키 큰 나무들 틈새로 여기저기서 허리쯤 서 있는 진달래가 응달 속에서 그 가냘픈 몸매로 눈물겨운 웃음을 짓고 있다. 가지가 약해 부딪치면 뚝뚝 부러질 그런 약한 몸으로 주변의 커다란 몸짓들 속에서 다른 거목들의 이파리로 가려지기 전에 꽃부터 피우는 진달래의 순박한 모습이 눈길을 붙잡는다. 곱고 숭고한 자태도 아니고 어쩌면 시골 아낙 모습처럼 그다지 풍채가 돋보이지는 않아도, 가녀린 몸짓과 응달 속에서 바람을 가르는 그 자태는 가슴속에 뭉클한 파문을 남긴다. 약하고 작은 것들이 내 눈을 뜨게 하고 힘을 북돋아준다.

인생에 여러 차례 위기와 혼란이 올 때마다 삶의 가치에 대한 방향을 제시해주고, 결국 오늘날 신앙 수련으로써 내가 평화운동에 몸담게 한 일종의 계시적인 두 번의 사건이 있다. 그 하나는 대학 시절 홀로 지리산을 오르던 중, 거대한 고목이 쓰러져 있었고 그 무게 탓에 주변의 작은 초목들이 성장하는 데 어려움을 겪어 휘어 자란 장면과 마주친 일이다. 그 고목은 살아 있을 때도 그 크기가 만들어낸 응달 때문에 주변에 어떤 나무들도 자라지 못하게 하더니, 죽어 쓰러져 벌써 수년이 지났는데도 그 아래서 올라오는 초목들의 성장을 어렵게 하는 것이었다. 덩치가 크기 때문에 죽어서도 주변 무리의 공간을 침해하고 있음을 보면서 어떤 경종의 울림을 가슴 깊은 곳에서 경험하게 되었다.

두 번째는 미국 유학 시절의 일이다. 여느 때와 다름 없이 아침 일찍 주택가를 걷다가 뜻밖에 토끼와 마주치면서 걸음을 멈추었는데, 그때 나에게 찾아온 경련의 경험이다. 이웃집 뜰에서 조심스레 풀을 뜯던 토끼의 그 천진한 눈망울과 마주치면서, 아무런 힘을 갖지 않은 약자에게서 더는 다가서면 안 된다는 절대적 부름의 충격이 전신을 휘감았던 것이다. 한 발자국 다가서면 위험을 느끼고 사라질 것 같은, 쉽게 상처받을 듯한 그의 약함이 나를 오히려 긴장시켰고, 자기 방어 수단 없이 온 발과 귀 끝까지 극도의 예민한 경계심으로 감싼 그 존재에게 해치지 않을 테니 안심하라는 메시지를 어떻게 전달해야 할지 몰라 답답해 몇 분 동안 당혹스러웠다. 그러나 결국은 해치거나 방해할 의도가 없었는데도 나와 같은 거대한 몸의 출현만으로도 작은 자약자는 겁을 먹는지, 토끼는 자기 공간을 내주고 덤불로 사라져버렸다.

사소하지만, 내 영혼을 흔들어놓은 이러한 경험을 통하여 점차 '커짐'과 '힘 갖기'는 그 자체가 폭력을 잉태함을 깨닫게 되었다. 힘과 크기로는 관계를 형성하지 못한다는 이 계시적 사건의 경험은 진리의 일상 수행으로서 평화 형성peace-building에 대한 다른 이해와 관점을 나에게 주었다. 폭력은 전쟁과 같은 군사적 충돌이나 시위 현장 등의 거대한 현상들에만 있는 것이 아니다. 우리의 일상생활 구석구석과 의식 속에 습관적으로 자리 잡고 있다. 힘영향력, 명성, 크기, 소유을 숭배하는 생활양식에는 영락없이 폭력이 있다. 거목과 토끼 사례에서 보듯이 스스로 깨닫지 못해도, 의도하지 않더라도 힘을 지닌 존재는 약자에겐 위협이 된다. 폭력은 다양한 모습을 지니고 있다. 신체적 폭력처럼 직접 눈에 보이지 않으면서 가해지는 구조적이며 제도적인 폭력이나, 문화적 폭력이 존재한다. 그러나 이런 현상적인 폭력들의 뿌리에는 힘과 크기를 숭배하는 근본적인 인식과 가치가 존재한다. 인식과 가치에서 힘과 크기를 선호하면 작고 힘없는 대다수는 주변화되면서 관계가 깨져 '나/우리'와 '너/그들'의 관계로 나뉘게 된다. 그러면서 힘겨루기나 일방적 자기주장이 생활 문화가 되는 것이다.

이는 종교 권력의 사학법 개정을 위한 삭발 투쟁, 두 정치 집단 간의 사안별 불소통과 의견 대립, 전 국토에서 벌어지는 부동산 투기와 난개발, 국가 권력에 의한 한미 FTA 체결, 국내 국제 자본과 대기업이 국가 정책을 주도하는 등의 현상에서 잘 나타난다. 그 결과 사회적 약자와 생태적 약자의 개인 안전과 생태 안보 기반의 붕괴, 50배 차이로 벌어진 상하 계층 간 소득 격차, 농업 기반 약화, 이주 노동자들의 3D 산업 진출이 이어졌다. 국제 경쟁력 강화, 효율성의 제고, 세계화 경영 등을 우선하였을 때 상처받을 수 있는 약자들은 자연스럽게 도태되고 주변화되며, 각종 유명 스포츠 선수나 연예인의 성공 신화, 지속 가능하지 않은 대규모 국제 행사를 유치하려고 혈안이 되는 것과 같은 왜곡된 사회적 엘리티즘 현상이 두드러지게 나타난다.

'상처받을 수 있음'과 '약함'이 관계를 형성한다

우리가 어떤 사람의 소리를 듣고 어떤 삶의 형태에 무게중심을 두는가를 요즘 사회 현상을 통해 보면, 결국 상처받고 약한 자가 되는 것에 대한 두려움과 동시에 누군가 자신을 건드릴 수 없도록 강자가 되려는 강박적인 논리 속에 빠져 있음을 알 수 있다. 명문대 입시를 위한 특목고들의 경쟁과 교회의 대형화를 위한 신축 붐들도 안전함을 위해서는 곧 '크기'와 '힘'에 의존하는 세태를 반영한다. 그러는 와중에 자살률은 OECD 국가 중 1위, 30대 가출률이 10대를 앞지르고, 이혼율의 상승폭이 가파르게 올라가고 있다. 이는 이 사회가 강자의 논리에 따른 자기주장 강화와 타자에 대한 소통의 단절, 다양한 갈등과 폭력의 만연이 위험 수준에 올라와 있음을 알려준다. 건물이 올라갈수록 음지가 커지는 것이다.

누가 나를 건드리지 못하도록 강해져야 한다는 이 강박관념의 편재는 결국 상처받을 수 있고 작은 자로 있다는 것은 약함의 표현이고, 그 약함이 남에게 보인다는 것은 곧 내가 쉽게 상처받을 수 있다는 두려움에서 발생한다. 그래서 가능한 한 물샐틈없이 자기를 방어해야 한다고 생각하고 대화 상대와 친밀하지 않으면 자기 느낌을 표현하지 못하는 것이다. 강하게 보이려면 자기 약점을 보이거나 상대의 진실을 인정하면 안 된다. 그럼 지는 게임이 되는 것이다. "빈틈없어라. 강해져라. 그렇지 않으면 너는 침몰하게 된다." 이런 논리 때문에 우리는 조금씩 삶의 생생한 표현과 교제의 능력을 상실해 나간다.

힘을 누군가에게 위협을 줄 수 있거나 위협에서 자기를 보호할 수 있는 것으로 인식하게 될 때, 타자의 대상화가 일어나고 나/너의 관계라는 거리를 떨어뜨려 분리와 소외의 상태를 '정상'으로 이해하게 된다. 이것이 내면화되고 사회적 제도에서 구조화됨으로써 우리는 갈등과 폭력의 악순환을 맛보게 된다. 이익과 손실, 승자와 패자의 이분법이 적과 아군으로 사람들을 나누게 하는데, 이 힘의 관계에서는 굴복하는가, 회피하는가 아니면 역폭력을 행사하는가 하는 세 가지 삶의 양식으로 굳히게 한다. 문제는 굴복, 억압, 그리고 역폭력이 문제의 진정한 질적 변화와 관계의 형성을 가져오지 못한다는 것에 있다.

비폭력은 연둣빛 숲과 음지 속에 핀 진달래가 전해주는 연약하고 작은 자의 생생한 감동과 자기의 자발적 발현, 그리고 쉽게 상처받을 수 있는 토끼의 약함이 강한 자의 도덕적 책임과 돌봄의 윤리를 통해서 관계가 맺어지고 연결되는 것이 초점이다. 이는 약자가 처해 있는 음지의 환경과 고통을 점차 각성하는 과정인 동시에 이들 약자로부터 분리되는 것을 변화시키는 것인데, 단순한 도움 주기를 넘어 "함께 있음" "옆에서 걸어감" 그리고 "그와 하나 됨"으로 움직여가는 공감적인 삶의 과정이다. 또한, 강한 자가 휘두르는 위협에 대한 용기 있는 관여인 동시에 정죄하지 않고 강한 자의 참된 인간성에 대한 신뢰를 잃지 않는 내면의 여행이다.

이 내면의 여행은 그동안 타자화된 약자에 대한 무관심과 윤리적 민감성의 결여, 그리고 나의 우월성에 대한 무의식적 태도에 따른 각성에서 출발한다. 점차로 나의 위치가 어디든 정당하지 못한 특권의식과 우월성에 근거하여 열등자인 약자를 배려한다는 숨겨진 자기 교만을 확인하는 과정에서 근본적인 변화가 생긴다. 여기에서 차별 없는 차이를 이해하게 되고, 이를 이해하려는 공감과 의사소통, 그리고 협력 기술들을 발전시킨다.

쉽게 상처받을 수 있는 곳에서 변혁의 힘이 나온다

비폭력의 삶을 사는 것이 어려운 것은 그것이 우리에게 새로운 종류의 힘을 요구하며 새로운 방식으로 삶의 가치와 의미를 생각하게 하기 때문이다. 악을 이기라는 명령은 신앙 운동에서 중요한 과제다. 그러나 역폭력에 의존하지 않고, 그 문제를 회피하지도 않고 순응하지 않으면서도 악에 대항할 수는 없는가? 폭력자, 가해자가 쉽게 상처받을 수 있는 약자에게서 자기 책임과 존중감을 배우게 할 대안의 길은 존재하는가? 상대가 적이기 전에 인간의 얼굴을 한 동료로 행동하게 할 방법은 없는가? 이 질문에 대해 비폭력 진영에서 자주 언급하는 한 사례를 소개하고자 한다.

뉴욕 센트럴 공원에서 저녁에 도서관에서 집으로 걸어가는 한 젊은 여인이 있었다. 그런데 상상해보라. 어느 한 남자가 그녀를 뒤따라와서 치근덕거리려는 것이 명백하다. 그가 점점 가까워지는 것을 느낀 그녀는 갑자기 돌아서서 그의 눈을 뚜렷이 바라보며 말했다. "아, 참 행운이군요. 당신이 내가 가는 길에 걷고 계시다니. 이 책들이 너무 무거웠거든요." 그는 완전히 얼떨한 기분으로 그 책을 건네받았다. 그러고는 그녀를 평화롭게 집 앞까지 바래다주게 되었다.

겉으로는 아무것도 일어나지 않았다. 그러나 여기에는 진정 무언가 매우 흥미로운 것이 일어났다. 그 남자는 폭력적인 범행을 하는 것에서 보호되었다. 약자인 그 여인은 쉽게 상처받을 수 있는 상황에서 거대한 위협이나 그 자신이 폭력에 직면하지 않고 간단한 요청만으로 보호되었다. 치명적인 상황이 놀랍게도 평화로운 결론으로 끝나게 된 것이다. 이는 두 가지 질문을 제기한다: 어떻게 희생자가 될 뻔했던 자가 그와 같은 기대 밖의 행동을 할 수 있는 마음과 용기를 발견했을까? 그리고 그녀의 놀라운 행동은 어떻게 사건 진행을 바꿀 수 있게 되었는가?

평범한 우리가 특별히 강한 그 어떤 것으로 무장하지 않더라도, 자신이 약자의 위치에 있음에도, 강자의 위치를 존중하고 그의 입장을 인정하면서 강자가 폭력을 행사하지 못하게 할 힘을 낼 수 있다는 사실은, 비폭력의 행동은 약자의 무기로 때때로 실상 가장 강력한, 그리고 효과 있는 수단이 됨을 보여준다. 거꾸로 강자는 자신의 힘을 오용하는 데에서 구해졌다. 기대하지 못한 약자의 돌발 행동에서였다. "참 행운이군요. 그렇지 않아도 무거웠는데 좀 들어주시겠어요?" 여기서 강자는 자기 의도에 부끄러움을 느끼며 자신이 무력을 사용할 기회를 쓰지 않았다는 자기 존중감을 배우게 된다. 약자가 상처받을 수 있는 상황과 직접 대면하면서 그는 자신 안에 있지만 잊고 있던 숭고함이 분출한 것이다.

이 여인의 비폭력적인 요청은 그녀가 희생자가 되는 길로부터도 벗어나게 하였다. 어둠과 속박에서 함께 자유로운 상태로 나오게 된 것이다. 그렇다고 그녀가 특별한 능력의 소유자여서 그런 상황을 만들어 낸 것도 아니다. 비폭력은 이미 이상적으로 완전한 자의 소유물이 아니다. 그것은 '진리로 실험' 하는 과정이자 점차로 그런 방향으로 가면서 배우는 실천의 힘이다. 폭력이나 회피 혹은 타협의 길이 아니라 자신의 존엄성을 지키면서 상대의 인간성을 살려내는 비폭력은 악의 구체적인 실재를 알아차리면서도 다른 가능성, 곧 폭력보다 더 궁극적이고 더 큰 변혁적 힘인 삶의 신성함과 상호 관련성을 굳게 지킨다.

비폭력은 타인을 이기거나 대항하기 위해 자신을 무장하는 길이 아니다. 이는 희생자를 만들고 폭력을 정당화하는 길이 되기도 하기 때문이다. 오히려 비폭력은 문제를 명료화하고, 쌍방이 책임 앞에 서게 하는 창조성을 발휘한다. 수많은 폭력내면적 폭력, 관계 사이의 폭력, 사회 구조의 폭력, 문화적 폭력 앞에서 비폭력 실천가는 힘을 가지고 위협하거나 강자되기라는 폭력의 근본 전제와 태도들을 변혁시키기 위한 영적 여행을 시작한다. 이는 파편화되고 상처받은 자아가 온전함을 추구하는 여정이다. 우리는 지배하는 관계가 아니라 서로가 쉽사리 상처받을 수 있음을 인정하고 신뢰의 관계를 통해 생의 선물과 신성함에 눈뜨면서 비로소 비폭력 실천의 삶이 자라게 되는 것이다.

비폭력 평화의 내면화가 사회를 움직인다

오늘날 복잡하고 거대한 시스템이 작동되는 현대 사회에서 직간접적인 여러 폭력에 저항하는 것은 매우 필요하다. 그러나 눈에 보이는 시위로만 끝나버리는 운동은 우리 안에 있는 내면화된 폭력의 각본과 악에 공모하는 생활 실천에 대해서 근본적으로 통찰할 수 있는 계기가 없어서 어떤 것을 변화시킨다는 것이 어렵고 겉모습만 바꾸게 된다. 악을 타자에서 나오는 것으로 이해할 때, 나의 책임 소재는 없어지고 타자에 대한 '적'과 '악'의 이미지는 더욱 커지게 된다.

간디의 소금 행진과 물레 돌리기 운동은 영국의 제국주의라는 사회구조적 폭력에 대해서 자기 책임성과 보편적 인간에 대한 신뢰, 상호 관계성을 이야기했다. 그럼으로써 발현된 비폭력 평화의 내면화는 억압자와 억압받는 자를 동시에 해방할 수 있다는 실례를 보여주었다. 간디가 요구하고 때때로 성취한 것은 자신이 공모한 악에 책임을 지려고 영혼의 힘사티아그라하을 통해 자기 규율을 수련하여 변화를 일으키는 일이었다.

영국의 경제 제국주의와 맞서서 인도 전통 옷 카디를 입고, 사회적 관례를 깨고 불가촉민과 함께 먹고 살며 땅을 나누는 등의 행동들은 변화를 가져올 수 있었다. 자기의 책임을 스스로 인정하고 '세상이 변하기를 원한다면 그대 자신이 먼저 변하라'는 가르침에 따라 자신이 스스로 변함으로써 자신들의 상황을 변화시킬 수 있었던 것이다. 악을 자기 밖에 두는 것이 아니라 그 악을 공모한 책임을 스스로 짊어지는 윤리적 민감성을 살려냄으로써 자신의 정신적 독립이 인도의 독립을 이룬 것이다.

강자와 그들의 거대한 사회 시스템 앞에서 변화를 일으키는 것에 무력감을 느끼는 오늘날 우리가 남에게 책임을 전가하지 않고 약자가 되는 것을 자기 선택으로 다시 받아들여야 한다고 믿는다. 약자에 대한 윤리적 무관심과 거리 두기, 수많은 사회적 생태적 희생들에 대한 무서운 태연함 앞에서, 우리는 이제 자신과 남의 약함과 쉽사리 상처받을 수 있음을 감추지 말고 의도적으로 드러내어 그 소리를 들어야 한다. 출애굽 사건에서 하나님이 자신을 드러낸 곳은 바로 약자인 하비루의 신음이 들리는 곳이었고, 그분이 이들 약자의 쉽사리 상처받을 수 있음을 주목하셨다는 점을 기억해야 할 것이다.

만일 변화의 동기가 외부 시스템 혹은 강자의 자비의 손에 달렸다면 우리의 변화는 매우 빈약하고 그 희망은 모호해질 것이다. 우리가 강자들의 가치와 세계관, 문화를 추종하는 식의 삶을 거부하는 법을 배울 때 변화가 일어날 것이다. 또한, 상대자/적의 진리의 조각조차 인정하고 이를 함께 모을 수 있다면 우리는 용서와 자비를 배우게 되며, 함께 성장하는 기쁨을 맛보게 될 것이다. 여기에 실패의 경험이 있을 수는 있겠지만, 우린 실패 때문에 더 변화할 수 있다. 연둣빛 자연을 통해 내가 배우는 것은 존재의 무게는 크기에 있는 것이 아니라 그 오롯한 생동'감과 상처받을 수 있는 약함을 서로 감싸면서 드러나는 생명의 공감에 있다는 것이다.

2. 온전히 현존함으로 '빛이 생겨라'

직장도 전문직이며 집안 형편도 괜찮고 해놓은 가구와 집들도 남 보기에 부러워할 만한 데도, 20여 년을 부부로 살아온 40대 여성이 갑자기 남편과 소통이 단절되고 그의 무미건조한 응답 탓에 마음속에서 차가운 한기를 느끼며 실존적 어둠을 경험하고 있다. 어둠을 걷어내기 위한 출발은 어떻게 시작할 수 있는가?

그토록 믿고 친밀하다고 여긴 동료가 자신이 사적 모임에서 한 말을 책임자에게 전달했다. 결국, 그는 나에 대해 부정적 판단을 내렸고 그것이 프로젝트 진행에 불이익이 되어 돌아왔다. 자신이 말한 것이 안전하게 보호되지 않고 화살이 되어 자기 심장에 꽂혀 심장에서 피가 흐르고 있음을 알게 되고 분노와 좌절이 일어날 때, 신뢰를 회복하려면 어떻게 시작해야 할까?

초등학교 때부터 친한 친구였던 A와 B. 활동량이 많은 A가 내성적인 B와 여러 차례 사소한 부딪침이 있다가 결정적인 한 사건으로 A에게서 B가 깊은 수치심을 느끼는 사건이 발생하였다. 학교폭력의 범주에 해당하는 A의 자극하는 행위로 B는 불의하다고 느끼고 분노로 폭발하였지만, 학교가 조치를 제대로 하지 못하고 우물쭈물하는 상황에서 양쪽 부모가 상대를 향해 불신과 보복성을 담은 이야기를 하고, 이것이 학부모들에게 전파되어 학급 분위기가 살얼음판처럼 바뀌었다. 어떻게 먼저 손내밀 수 있을까?

전쟁은 나라와 나라 사이에만 있는 것이 아니다. 일상에서 우리는 총 대신 수많은 비난과 강요라는 언어의 홍수 속에서 크고 작은 전쟁을 치르고 있다. 그리고 그것에 익숙해지고 자연스러워져 그런 일상이 정상인 듯 살아간다. 원수는 저 멀리 있는 것이 아니다. 수시로 그대가 사랑하는 대상, 동료, 파트너가 적으로 다가오고 그 때문에 고통과 좌절에 빠지게 된다. 보복하기, 도피하기, 침묵으로 굴종하기가 임시로 위로가 될지는 모르지만, 장기적으로는 전쟁 상태를 내면에 유지하게 한다.

혼란과 어둠의 지배하에서

> 땅은 아직 모양을 갖추지 않고 아무것도 생기지 않았는데, 어둠이 깊은 물 위에 뒤덮여 있었고, 물 위에 하느님의 기운이 휘돌고 있었다. 하느님께서 "빛이 생겨라" 하시자 빛이 생겨났다. 창1:2

기독교 화해자는 해답을 갖고 문제에 직면하지 않는다. 긍정적인 조짐이 있거나 안전한 자원이 전제된 조건에서 시작하지 않는 것이다. "모양을 갖추지 않고 아무것도 생기지 않았는데" 하는 그 혼란한 상황만이 우리에게 주어질 뿐이다.

처음에는 아무런 해결 가능성이 보이지 않는다. 과거의 그 어떤 해결 패턴도 도움이 되지 않는다. 진단도 도움이 안 된다. 두 사람 사이에 있는 과거 스토리인 '잘못된' 뿌리의 역사를 들추어내고 깊이 탐구하여 여러 사실이 나타나도 그러한 진단으로는 해결되지 않는다. 만일 상대가 온전히 혼란, 혼돈, 어둠의 실존적 상황에 처해 있다면, 기독교 화해자이자 중재자인 그대의 조언이나 가르침, 그대 나름의 유사한 해결 스토리를 들려주는 것은 아무런 도움이 되지 않는다.

그의 영혼이 매우 '깊은 물' 같은 어둠 속에 있을 때, 그 어떤 탐구의 질문 또한 도움이 되지 않는다. "남편이, 상대가, 혹은 A가 그렇게 한 행동의 원인이 무엇이라 생각하나요?" "~라고 생각하는데, 그 이유가 뭐라고 생각하는지요?" 혹은 "아이쿠, 저런! 정말 그런 일이 있었단 말인가요?"라는 동감도 소용이 없어진다. 당사자는 침묵하기, 스토리 반복하기, 북받치는 적대적 감정에 억울함과 무력감에 흐느끼기를 반복하고, 중재자와 당사자 사이에 질문과 피상적인 응답이 서로에게 잘 전달되지 못해 혼잣말하듯 오고 가 당사자의 상처와 어둠은 계속 심연에 빠진 채 아가미를 벌리고 있다.

그리고 중재자로서 하는 조언을 듣고서 감사하다는 말을 할 수 있지만, 실제 대부분은 마음속에서 다른 생각을 하는 것이 보통이다. 혹은 자기 삶의 경험을 상대에게 투사하는 것이기에 상대에게 능력을 부여하는 방식이 되지 않고 자신의 견해에 따르게 하는 보이지 않는 지배의 방식을 행사할 뿐이다.

아무리 과거에 비슷한 사례들을 다룬 적이 있었다 하더라도 사람마다 가진 삶의 미묘한 관계의 역동성과 내면세계의 민감성은 다르다. 해결을 위한 그 어떤 조언이나 대답이 별다른 효과가 없다는 것을 알아차렸을 때, 기독교 화해자이자 실천가는 무엇을 할 수 있는가? 이때 만나는 그 어둠, 절망, 혼돈, 갈등을 어떻게 대해야 할 것인가? 시작은 어떻게 가능한가?

기독교 화해자이자 중재자가 취하는 진정한 태도는 먼저 고통, 어둠, 실패, 혼란을 일어날 수 있는 문제로 인식하도록 돕는 것이다. 그렇지 않다면 제거, 분리, 배제, 정복, 설득의 내면적 태도가 생기고, 이는 말하지 않아도 내 몸과 비언어적 소통을 통해 당사자에게 전달되어 일이 어렵게 된다.

이때 필요한 것은 화해자이든 직면한 당사자이든 그 문제 앞에 온전히 현존해 있는 것이다. 일어난 일을 문제로 판단하지 않고 일단 무슨 일이 일어났는지 사실만을 관찰하고 인식하면서 그 문제를 끌어안고 직면하여 자신을 개방하고 있을 때 새로운 가능성이 일어난다. 그리고 이것이 성서가 증거하는 바다:

> 어둠이 깊은 물 위에 뒤덮여 있었고, 물 위에 하느님의 기운이 휘돌고 있었다. 창1:2

성서 전 66권을 함축한 복음의 진수인 이 구절이 시사하는 바는, 어둠이 심연처럼 뒤덮고 있을 때 그 위에 하느님의 기운이 휘돌듯 '알아차림' mindfulness으로 있는 것이다. 이것은 우리 실존의 어둠, 추락, 무의미, 실패에 대해 기독교인으로서 취할 수 있는 가장 근본적인 태도이자 신앙의 핵심이다.

어둠, 추락, 지침, 분열, 심연의 나락, 고통, 혼란은 적어도 내가 올바르지 않다는 판단 없이 온전히 그 앞에 현존하는 한, 이성이나 논리로 추측할 수 없는 차원에서 신기한 방식으로 '전환'이 되면서 의미와 질서가 출현한다. 여기서 중요한 것은 그런 문제들을 해결하려는 실행 모드로 뭔가를 하는 것이 아니다. 오히려 초대하고 환대하여 같이 온전히 있을 때 다른 차원, 뜻밖의 해결책 혹은 새로운 가능성이 출현한다는 점이다: "물 위에 하느님의 기운이 휘돌고 있었다."

새로운 가능성을 선택하기

과학자 아인슈타인은 '정신 나감insanity'을 "똑같은 일을 계속 반복하면서도 다른 결과를 기대하는 것"이라 정의하였다. 지금 고통과 상처를 호소하는 이들에게 대단히 미안한 일이지만, 우리가 경험하는 다양한 심연의 어둠을 다루는 기존의 방식들이 분열, 상처, 파괴, 그리고 만족할 수 없거나 기뻐하지 못하는 결과를 되풀이해서 가져오고 있음에도 다른 결과를 기대한다는 것은 제정신이 아니다. 우리는 계속해서 이런 실수를 반복한다.

내가 주목하려는 것은 어둠에 다른 선택으로 대응하는 것, 즉 신성한 기운에 대한 새로운 가능성이다. 그리고 이것이 우리를 치유한다. 어둠, 추락, 고통과 혼란들이 교훈을 주는 몽학선생이 된다는 뜻이 아니다. 최소한 우리는 그 상황에서 반응하는 데에 다른 선택을 할 수 있다는 것을 말할 뿐이다. 당신은 그 상황이 오는 것을 피할 수는 없다. 그러나 그것을 어떻게 인식하고 받아들이며, 어떤 방법으로 대응할지는 전적으로 당신의 선택에 달렸다.

만일 자신이 한 일이 정당하고 상대가 전적으로 잘못한 경우, 내가 지금 하는 말에 이렇게 항변할 수도 있다: "와우, 정말 당신은 고리타분하고 순진한 비폭력주의자이시군요! 내가 화를 내고 상처를 받고 힘들어하는 어둠이 있는 데는 그만한 타당한 이유가 존재한다는 말입니다. 상대가 그런 원인을 제공했다고요. 어떻게 그렇게 쉽게 다른 선택이라는 것으로 점프할 수 있단 말입니까? 당신은 비현실적이에요!"

화해 중재자로서 나는 그런 경험의 진실에 대한 말을 의심하지 않는다. 전적으로 그 진술이 진실하다고 인정한다. 그러나 내 경험에 따르면 그러한 타당성이 어떤 결과를 지금 그대에게 가져오고 있는지 눈여겨보라는 것이다. 상대에 대한 당신의 판단, 그 타당성 혹은 정당함이 지금 어떤 식으로 작동하고 있고 어떤 결과를 가져오고 있는가? 당신이 타당성이라는 이름으로 대응하는 방식이 분리, 제거, 고통 주기, 두려움이라면 그 타당성은 그대에게 덫이 되어 '탈출구 없음No Exit'의 궁지에 놓이게 된다.

어둠의 변형으로 시작함을 배우기

어둠에 맞서서 그것을 없애거나 상대를 정복하기, 갈등과 혼란을 뒤로 미루는 도피하기를 통해 내면에 항상 전쟁을 품고 살거나, 혹은 굴종을 통해 미래의 보복을 위한 증오의 불씨를 조용히 태우는 방식이 아니라, 우리는 다른 선택의 가능성을 이해해야 한다. 그리고 그러한 자신과 상대를 악이 아니라 선으로 대응할 수 있다면, 다시 말해 상대를 쳐서 없애는 방식보다는 미래에 원하는 것이 일어나기를 바라는 방식과 삶에 이바지하는 방식으로 선택할 수 있다면 이는 앞에서 말한 '온전히 현존하기'로 가능하다는 것을 나는 임상 경험을 통해 말하는 것이다.

새로 출현하는 실재를 그대는 사전에 예측할 수 없다. 전적으로 공감하며 상대가 하는 말에 귀 기울인 뒤 들은 것을 정리하고 그래서 말한 이가 어떤 감정이었을지를 추측하여 말해줌으로써 자신에게 한 이야기가 제대로 잘 전달되었음을 알려준다. 이렇게 내가 앞질러 그를 인도하지 leading 않고 상대방의 감정과 욕구에 맞추어 뒤따르며following 연결의 끈으로 있을 때, 상대는 모호하던 혼란 속에서 그 무언가가 변화되었음을 스스로 발견한다.

'빛이 있으라' 하자 빛이 생겨났다

오병이어의 기적처럼 '어떻게' 문제를 해결해야 하는지는 화해 중재자도 모른다. 적대적인 당사자들을 조정 중재할 때 판단을 내려놓고 온전히 귀 기울여 듣고 들은 것을 그대로 말한 이에게 전해주며 쌍방을 연결하며 앉아 있으면, 그러니까 심연의 어둠과 고통을 갖거나 타자에 대해 분노와 아픔을 품고 찾아오는 사람과 그렇게 연결되어 단지 온전히 거기 있으면, 어느 정도 시간이 지나 갑작스럽게 '이해'와 '소통'이 열리면서 빛이 들어오는 경험을 볼 뿐이다. 어둠에 직면할 때 '빛이 있으라'는 가능성을 신뢰하면서 있는 것이다. 해결책을 갖는 것이 아니라 진행되는 과정 속에서, 어둠의 현실과 신성한 기운이라는 실재, 이 둘에 대해 자신을 개방하고 온전히 그 순간에 있는being 것이다. 오병이어의 기적은 보리떡 다섯 개와 물고기 두 마리라는 '그 미천하고 모자란 것'에 대해 예수께서 온전히 현존하여 '그것들을 들어 축복함'으로 이루어졌던 것과 같다. 오천 명의 굶주림이라는 어둠의 현실과 '들어 축복함'이라는 신성한 기운의 연결은 예측하지 못한 새로운 가능성을 출현시킨다.

기독교 갈등 중재자는 '어떻게'라는 질문에 대답하는 것이 아니라 '새롭게 출현된 가능성/실재'에 대해 증언만 할 수 있다. 이는 이성을 불신하는 것이 아니라 중재자가 갈등과 폭력에 대한 중재의 직분을 '자기 겸비'의 수행으로 실천하도록 하기 때문이라는 것을 나는 고백하고 싶다. 실제로 학교폭력과 관련된 학생, 학부모, 교사들과 만나고, 혹은 가정의 문제로 고민하는 당사자들을 만날 때 그 해결책은 비슷하면서도 다른 방식으로 풀리고 변화의 징조도 사람마다 그룹마다 모두 다르다. 더구나 그 변화의 전환점은 중재를 진행하면서도 전혀 예측할 수가 없다. 갑자기 오리무중이었던 상황이 끝나거나 안개처럼 사라지는 경험을 통해 국면이 전환됨을 목도하는 것이다.

그래서 조심스럽게 확신하는 것은 모든 존재에심지어 어둠조차 신성한 기운이 처음부터 부여되고 있는 것은 아닐까! 그래서 풀고 싶은 문제를 지닌 자가 그것을 해결할 지혜도 지닌 것 아닐까 하는 생각에 도달하게 된다. 존재론적으로 이미 부여받은 신성한 기운과 하나님 형상으로 말미암아 사물이든 사건이든 혹은 사람이든 혼란에서 질서로 의미를 전환하는 숨겨진 지혜가 주어져 있고, 화해 중재자는 없는 것에 뭔가를 부여하는 것이 아니라 이미 있는 잠재성"아직 모양을 갖추지 않고 아무것도 생기지 않음"의 상태에서 첫 시작을 여는 가능성"하느님의 기운"을 통해 새로운 현실

"빛이 생겨남", 존재와 질서의 출현이 출현되는 것을 증거하게 된다. 이는 신성한 길이다.

50대 중반을 넘어서면서 가장 힘든 것 하나가 바로 '새로 시작함' 임을 나는 점점 강하게 느낀다. 성서는 말한다. 한 처음에 시작이 있었다고. 아무것도 모양을 내지 않은 상황에서, 그리고 어둠의 깊은 물에서 그런 시작이 가능하였다고 한다. 거기서 뜻밖에 기대하지 않았던 존재론적 선물을 부여받게 된다: '빛이 있으라.'

그 어둠과 혼란을 통해 통찰과 이해가 출현하게 되면서 분별과 방향감각이 생긴다. 그것이 초월의 경험이다. 이 공간에서 저 공간, 어둠과 혼돈의 공간에서 완전히 다른 공간으로 이동하는 것이 아니라, 지금 여기가 질적으로 변화되는 경험을 통해서 어려움이 극복되고 인식이 달라지는 것이다. 새로운 육지로 향하는 것이 아니라 새로운 눈뜸과 인식을 통해 전혀 다른 실재의 감각을 경험하게 된다. 화해 중재자로서 아무것도 해 드린 것이 없다. 그러나 이제 당사자는 변하여 고통의 눈물이 흐르던 것이 환희의 눈물로 바뀌어 내 앞에 앉아 있는 것이다.

갈등과 혼란은 삶에서 공통적이고 늘 있는 것이다. 반면에 공통적이지 않은 것은 어떻게 우리가 나올지 여부다. 그것이 비범한 것이다. 상황에 온전히 자기 오감을 활짝 열고 있으면서 신성한 기운에 대한 감각을 잃지 않고 공감으로 연결되어 있을 때 우리는 뭔가 뜻밖의 것이 출현하게 됨을 경험적으로 알게 된다. 그래서 갈등 중재자가 오직 궁극적으로 의식하는 질문은 이것이다: "이 혼란과 어둠에 직면하여 영이 여기서 무엇이 일어나기를 원하고 있고, 어떻게 나나 우리가 도울 수 있는가?"

어둠의 심연은 우리를 좌절과 두려움, 그리고 무력감에 휩쓸리게 한다. 포기하고 싶게 만들고 도망하거나 단절하고, 더 나아가 파괴하고 보복하고 싶은 충동을 하게 만든다. 어떻게 다시 시작할 수 있을까? 어떻게 우리는 익숙하고 자연스러운 태연함이라는 분리의 경계선을 넘어 다시 말을 걸고 진심을 나누며 손을 잡을 수 있을까? 어떻게 새로움으로 나아갈 수 있을까?

다시 시작할 수 있는 것, 그것이 신비를 경험하게 한다. '한 처음'이라는 갱생과 살맛의 시간과 공간을 창조하게 된다. 그 어둠의 깊이와 신령한 기운에 온전히 자기를 개방하여 도덕적 판단 없이 그것과 함께 현존해 있기를 통해, 시편 기자가 말한 "내가 존재한다는 이 놀라움!"이 갑작스럽게 들이닥치는 것이다. 그것은 전적으로 빛의 경험이다. 존재할 수 있는 용기가 영혼에서 솟아오르게 된다.

3. 증오와 분리를 넘어 마주하는 사랑과 진실

사랑과 진실이 눈을 맞추고 정의와 평화가 입을 맞추리라. 시85:10

공동체 안에서 일어나는 증오와 분열 그리고 상처

한 교육 공동체에서 생긴 일이다. 제도권의 입시와 경쟁, 몰개성과 영혼을 잠재우는 교육에 대해 심각하게 고민한 끝에 어린 학생들의 창조성, 감정적 표현, 소통 그리고 자기 주도적 학습으로 나아간 한 대안학교 내에서 교사들 사이에 힘든 마음고생을 하는 상황이 발생하였다.

초기 건립 구성원으로서 자기를 희생해 가며 교육 이념에 강한 헌신을 나타내던 교사들 사이의 팀워크가 초기 2~3년간은 잘 되어 오다가, 프로젝트 관련한 책임 문제, 외부 지원 기관과의 약속과 기대의 차이, 그리고 의사결정과 소통의 혼선과 오해로 깊은 골이 파이면서 상호 비난이 정도를 넘어선 것이다.

결국, 학부모들까지 알게 되어 패가 생기고 서로 상처의 말들이 오가면서 교사 개인과 개인, 집단과 집단 간의 언쟁과 감정싸움으로 번지더니, 소외된 그룹 쪽에서 이것을 법적 싸움으로 비화하겠다고 반발하고 학교장 경고로까지 이어지면서 일이 걷잡을 수 없는 방향으로 번지게 되었다.

이를 안타깝게 여기고 중간에서 중재하던 한 지인이 내게 급하게 전화를 했다. 학교장에 대한 소송까지 불사하겠다는 최후통첩이 있어서, 그러기 전에 마지막으로 모이는 중대한 모임이니 와서 도와 달라고 요청했다. 늦은 저녁에 다시 모이기 어려운 모임을 주선해놓았는데 아무래도 자신이 없으니, 와서 직접 진행하여 문제 해결에 도움을 달라는 요청이었다.

다른 두 번째 사례는 한 교사 단체에서 생긴 일이다. 초기에 어렵게 새로운 교육 운동을 앞세워 제도권 교육에 대한 혁신을 표방해 온 곳이다. 이 단체는 실무자로 성장한 두 사람이 중심이 되어 새로운 교육 모델을 만들고 그룹들이 생겨 발전하는 단계였다. 그런데 이 교육 모델 사이에 겹치는 내용이 생기고, 지도력에 대한 갈등과 서로 지난날의 개인적인 불신이 커지면서, 중간에 오해와 실망이 증폭되었고 단체 안에 분열의 조짐이 보이자 사람들이 이를 깊이 우려하고 있었다. 중간에 일 년 넘게 중재를 시도하였고, 술자리에서의 대화도 시도했지만, 그 골은 더욱 깊어져서 이젠 단체의 리더십 자체에 위기를 가져오고 있었다.

이전 리더십과 새 리더십의 충돌과 주요 지도자들 간의 개인적인 신뢰의 상실과 고정관념이 원인이 되었지만, 이를 조정해주지 못하는 단체의 핵심 책임자들의 소통 능력 부재가 균열을 몰고 왔다. 결국, 소속 그룹원들의 소문과 증폭되는 의사소통의 왜곡으로 그 균열이 심화하고 말았다. 각 그룹원들은 상대에게 강한 부정적 감정을 지니게 되었고, 그것이 잠재적인 폭발력으로 만들어진 상황이었다.

여러 차례 진행한 심각한 상호 중재 모임과 논쟁 토론도 실패로 돌아가고, 이제는 더 큰 산불로 번지기 전에 꺼야 한다는 당위성이 제기되었던 것 같다. 그런데 이를 적절히 해결할 수 있는 내부 역량도 없는데다가 내부 문제를 외부 전문가 아무에게나 맡기기는 어려운 상황이라면서, 결국은 이들을 아는 나에게 중재 요청이 들어왔다. 사전에 개인별로 만나 먼저 이야기를 들어보니, 세력 싸움 이전에 서로에 대한 실망과 불신의 상처가 깊은 상태여서 좀처럼 서로 대면해서 문제가 해결될 것이라는 기대는 아무도 갖고 있지 않았다. 과거의 비슷한 시도가 실패했던 경험이 크게 자리하고 있던 것이다.

이 두 교육 공동체는 초기에는 대안적 교육 이념에 대해 명료하게 일치된 방향을 지니고, 지금까지의 제도권 교육을 향한 깊은 실망과 심각한 우려라는 공통된 감각을 가지고 만났다. 그리고 별다른 보수도 없이 헌신하려는 개인의 열정과 비전에 대한 투지와 에너지에서 매우 긍정적인 모습들이 있었다. 그런데 각각 역사는 다르지만 몇 년이 지난 지금에 와서는 책임을 진 실무자들 사이의 리더십에 균열이 생기고, 깊은 상처와 불신, 그리고 미래에 대한 불안과 모호함을 공통으로 갖게 되면서 심리적 에너지가 소진되고, 각자가 하는 일에서 의미를 찾지 못하였으며, 지친 상태가 반복되면서 상대를 향한 분노의 감정만이 남게 되었다.

문제의 원인들

어떻게 그런 열정이 이제는 대적하는 상황으로 전환되면서 서로 지겹도록 에너지를 소진하는 궁지에 빠진 것일까? 핵심은 갈등과 오해가 문제가 아니라, 갈등과 오해를 다루는 태도와 방식에 있었던 것이다. 즉 서로 체면을 살리면서 갈등 상황에서 발생하는 말대꾸와 거친 반응 뒤에 있는 진심을 읽어내고 연결하여 공동의 선을 지향하는 데로 나아가는 소통 방식이 모자랐던 것이다. 이들은 주로 '옳고 그름'을 논증하는 방식으로 갔다. 누가 얼마나 옳았는지, 그때 상대방이 미처 못 본 사실이 무엇인지 자꾸 지적하며 상대방을 가르치고 설명하는 과정에서 불편함이 생겼다. 이 과정에서 자기 정당성과 자기 보호의 논리가 뒤섞이며 서로 마음의 문을 닫은 것이었다.

우리는 일반적으로 다툼과 논쟁에서 무엇이 옳고 그른지 상대에게 설명하면 상대는 자신이 미처 생각하지 못한 사실과 정보들을 통해서 진실을 깨닫고 태도를 바꿀 것이라고 기대한다. 그러나 현실의 결과는 이와 정반대로 간다. 불신이 더욱 커지고 적대감이 생기며, 상처를 받게 된다. 왜냐하면, 승자와 패자가 있는 한 누구도 패자의 위치에 있고자 하지 않기 때문인데, 그 이유는 패자는 수치감과 두려움에 직면하게 되기 때문이다. 그래서 자신이 지닌 옳음은 정당하고 상대가 자기 잘못을 인정해야 한다는 논리로 가게 된다. 이러니 그 분열과 상처의 비용과 자기 정당성이 가져올 사후 비용을 고려하지 않은 채 눈먼 상태로써 반응들이 계속되는 것이다.

삶의 갈등은 자연스럽고 피할 수 없는 파도들이다. 이 파도를 타고 더욱 생생하게 삶을 살면서 상대를 이해하고 서로 관계를 더욱 깊게 하는 기회로 이를 가져가는 것은, 발생하는 갈등을 어떻게 대면할지에 따라 달라진다. 맞서고 굴복하거나 피하는 방식은 진정한 의미에서 해결될 수 없고, 나중에 보답의 비용이 더 크게 되돌아온다.

화해의 길: 사랑과 진실이 눈 맞추고 정의와 평화가 입 맞추기

당사자들과 그 사건에 의해 영향을 받은 공동체 구성원 모두를 불러 모은다. 서로 얼굴이 보이도록 원으로 앉아서 각자에게 어떤 일이 일어났고 어떤 영향을 받았는지에 대해 이야기를 나누며 중재를 시작할 때, 진행자가 먼저 할 일은 진실함과 사랑자비이 서로의 가슴에서 일어나도록 돕는 것이다.

모인 이들은 처음에는 당연히 서로에게 손가락질하면서 무엇이 잘못되었고, 부당하며, 불편한 것인지를 쏟아놓게 된다. 그렇게 하면서 정당성의 논리에 따라서 상대를 질책하고 비난하고, 그가 얼마나 생각이 없고 이기적인지를 지적한다. 그런 가시가 돋친 비난 언어들이 서클 안에서 오갈 때 진행자는 그 말들에 담긴 진실을 말하는 자와 듣는 자가 주목하게 하고, 자기 입장에서 벗어나 그 진실을 통하여 서로의 고통스러운 내면의 여정을 함께 걷도록 초대하여 스스로 앞으로 나아갈 수 있도록 공간을 만들어주는 것이다.

진실과 진정성을 말하고 들을 때, 그리고 상대의 고통을 자기 방어 없이 듣고 상대의 말을 들은 대로 다시 되돌려 말해주어 자신이 제대로 듣고 있음을 확인해주기 시작함으로써 당사자들과 서클 참여자들 속에서 연민과 이해가 싹튼다. 그제야 서로 보고 싶지 않던 상대의 얼굴을 제대로 보게 되고, 그의 눈을 통해 드러나는 진정성과 아픔을 이해하게 되면서, 비로소 상대를 적대자가 아니라 쉽게 상처받을 수 있는 존재로 보게 되는 것이다. 문제는 상대가 얼마나 정의롭지 못한지를 족집게로 집어내듯 들추어 말해주어야만 해결되는 것이 아니다.

가해자의 섣부른 사과는 피해자의 고통을 제대로 감지하지 못하기 때문에 나오는 추상적인 사과다. 그리고 피해자의 섣부른 용서는 진정으로 상대의 의도와 자기에게 일어난 사건의 의미를 확인하지 못함으로써 값진 배움과 변화, 그리고 자기 역량 기르기를 못하는 표면적인 용서로 그치게 된다. 중재자는 당사자들에게 이런 섣부른 사과나 용서를 요청하지 않는다. 오히려 당사자들로 하여금 고통의 리얼리티를 함께 탐구해 들어가면서 그 사건이 준 의미, 영향, 고통을 깊이 이해하도록 한다.

대화 중재자로서 서클 진행자는 '일어난 것'에 대한 서로 다른 관점과 이해가 그대로 노출되도록 입을 열게 하고, 그런 거친 대화 과정 속에서 드러나는 진실의 파편들을 주워 짜 맞추도록 돕는다. 진실 전체를 직면하는 것은 고통스럽지만 실제로는 이를 통해 그 입장 뒤에 있는 진짜 의도를 읽게 됨으로써 서서히 새로운 전환이 일어난다. 진실에 대한 이해와 고통에 대한 연민이 가시화되고 서로 연결됨으로써 이제는 상대를 비난하거나 책임을 넘기지 않고, 일어난 고통과 그 영향에 대해 서로 스스로 책임을 지고, 일을 복원하고, 깨진 관계를 회복하며 공동체를 다시금 강화하는 정의 회복과 평화 구축의 단계를 갖게 되는 것이다.

서로 이해하는 단계를 넘어 자기 진심과 상대의 진심이 드러날 때, 비로소 머리가 아니라 가슴속에서 각자에 대한 배려와 이해심이 발생하면서 손을 내밀게 된다. 이제야 일을 다시 제대로 돌려놓기 위해 앞으로 어떤 관계를 원하는지, 어떤 행동을 기대하는지를 상호 소통하면서 정의와 평화의 단계를 맞이할 수 있다.

여기서 '정의'는 처벌과 고통을 부과하는 방식이 아니라 일이 제대로 굴러가게 하고, 서로 관계를 강화하기 위해 각자 책임지는 방식에 따른다. 책임지기는 상호 동의하는 과정을 거치는데, 이로써 앞으로 원하는 삶으로 나아가도록 서로 제안하면서 평화를 구축하는 단계를 실행하게 된다.

두 공동체의 갈등 상황을 중재하면서 나는 이와 같은 방식으로 진행하였다. 사랑과 진실이 먼저 입을 맞추는 경험을 충분히 갖도록 하고, 이어서 정의를 회복하고 평화를 구축하는 과정이 쉽게 출현하도록 도왔다. 오래도록 서로에게 상처만 주었던 과거 경험 때문에 서로 눈을 마주치지 않았던 이들은 서클 진행자가 안전한 대화의 공간을 마련하고 이를 유지함으로써 조금씩 서로에게 자신의 가슴을 열어 얼마나 상처가 깊은지 자기 내면을 보여주기 시작했고, 대화한 지 3시간이 지나자 서로 조금씩 연결되어 진정성을 이해하고 자비로운 연민의 눈을 갖기 시작하였다.

그리고 나서 자극이 되는 과거 상황들을 조금씩 뒤집어보면서 공평함을 회복하고 앞으로 나아갈 수 있는 제안들을 요청하였다. 각자 여기에 최선을 다해 응답하면서 평화를 위한 여러 제안에 동의하자, 화해와 새로운 관계의 가능성이 나타나게 되었다. 두 공동체가 이 과정만 각각 5시간 반, 6시간이 걸렸다. 참여한 각각 10명 정도의 참여자들이 그토록 묵혀 온 과거의 갈등 경험들이 한 번에 용해되어 버리는 전환이 일어났으며, 용서와 책임을 스스로 졌고, 새로운 미래를 위해 선택함으로써 앞으로 나아갈 수 있는 첫발을 내딛는 모습을 볼 수 있었다.

정의와 평화를 세우는 길은 그 이슈에 대해 논쟁하는 데 있지 않다. 오히려 먼저 서로 가슴을 열어 진실과 자비가 눈을 맞출 때, 정의와 평화의 길은 열리게 된다. 그리고 그 정의와 평화를 향한 실천 계약을 자발적으로 동의하여 맺을 때 진실과 자비는 강화된다. 화해는 이렇게 진실과 사랑의 대화와 정의와 평화를 일구는 구체적인 틀이 만나 호두나무의 호두처럼 그 속과 밖으로 서로 결합함으로써 열매가 되어 우리가 받는다. 이를 통해 공동체 구성원들은 자기 변화와 공동체의 성장을 경험한다.

개인과 공동체, 그리고 국가에 일어나는 폭력과 갈등 상황은 규모와 성격은 달라도 그 패턴과 작동 방식은 같다. 갈등을 피할 수는 없다. 그러나 대응 방식은 우리가 선택할 수 있다. 증오, 분리, 상처로 남는 결과를 가져오도록 대응할 것인지, 아니면 내면의 치유, 서로 간의 관계 회복, 공동체의 복원과 성장을 가져오도록 대응할 것인지, 모든 것은 우리 선택에 달렸다. 그리고 그 선택의 결과로 펼쳐지는 실재는 매우 다르다. 국가 폭력과 전쟁에 대한 상흔의 기억으로 보훈에 관해 생각하게 되는 이 6월에 진정한 치유와 화해는 서로 대면한 가운데 진실한 대화를 통해서 일어난다는 점을 확인하고, 그럼으로써 서로 마음을 잇는 구체적인 승승win-win의 사업들이 제시되고 실행되기를 기대한다.

지금까지 우리는 너무 지쳐왔다. 선명성을 놓고 상대를 공격하고 압박하며 논리와 정당성에 따라 상대를 비난하고, 실제로는 책임질 수 없으면서도 안전을 보장한다는 거짓 선전과 정치가와 군인들에 의한 안전 보장과 책임의 공약 남발, 철저히 보복으로 맞서겠다는 국민을 향한 위험한 약속, 융통성 없는 명분과 실리 찾기의 외교적 수사문, 이해와 자비가 전혀 없이 힘의 논리와 두려움만으로 만들어지는 정치학, 실제적인 조치와 매뉴얼이 없는 공수표로서의 선언…. 이 모든 것이 규모와 주체가 다를 뿐 앞에서 말한 교육 공동체의 갈등 논리와 질적으로 별반 다를 것이 없다.

신념적이든 이념적이든 지역적이든 타자를 자신과 분리되고 맞서 겨루는 관계로 볼 때는 증오, 분리, 그리고 상처를 강화하는 방식으로 반응하고 조치하게 된다. 이제는 치유와 화해가 일어나는 갈등 대응 패턴이 필요하다. 갈등 당사자와 공동체 구성원들 사이에 진실과 사랑이 눈을 맞추고 정의와 평화가 입을 맞추는 단계가 있어야 치유와 화해가 일어난다.

4. 관계를 회복하는 데 관심 있는 야훼

카인은 고개를 떨어뜨리고 몹시 화가 나 있었다. 야훼께서 이것을 보시고 카인에게 말씀하셨다. "너는 왜 고개를 떨어뜨리고 있느냐? 네가 잘했다면 왜 얼굴을 쳐들지 못하느냐? 그러나 네가 만일 마음을 잘못 먹었다면 죄가 네 문 앞에 도사리고 앉아 너를 노릴 것이다. 그러므로 너는 그 죄에 굴레를 씌워야 한다."

"오늘 이 땅에서 저를 아주 쫓아내시니, 저는 이제 하느님을 뵙지 못하고 세상을 돌아다니게 되었습니다. 저를 만나는 사람마다 저를 죽이려고 할 것입니다." "그렇게 못 하도록 하여주마. 카인을 죽이는 사람에게는 내가 곱 갑절로 벌을 내리리라." 창4:6-7:14-15

관계는 삶의 질서와 활력의 기초다

인생에서 경험하는 큰 떨림과 활력, 그리고 기대감들은 관계 맺음, 곧 '연결하기'에서 비롯된다. 우정이나 사랑이 싹트고 그 시작을 알리는 것도 그러하다. 이것은 인간세계의 삶의 원리이기 이전에 자연 존재의 생명을 증식하고 번성하는 생태계의 근본 원리이기도 하다. 모든 세포, 유기체, 몸, 자연물은 자신의 건강과 생존력을 얻기 위해 자기를 개방하고 다른 세포, 유기체, 몸, 자연물과 정보를 교류하며 순환하는 과정을 거친다. 곧 관계를 맺고 연결하는 방식인 것이다. 그래서 관계 맺음이 어려워질 때 질병, 쇠약, 죽음이 찾아온다. 그 단적인 예가 바로 암이다. 다른 세포와 관계없이 자기 증식이 일어나는 대표적인 사례다.

비폭력 실천가나 화해 사역자는 근본적으로 갈등 당사자들에게 누가 더 정당한지 묻거나 어떤 해법이나 조언을 제시하지 않는다. 그보다는 어떤 관계가 깨어졌는가, 관계의 역동성을 어떻게 찾을 것인가에 초점을 두고 그들의 대화를 인도한다. '세계의 스승'이라 불리는 인도 철학가 지두 크리슈나무르티가 한 "삶에서 궁극적인 것은 관계를 통한 변화이다"라는 말은 비폭력 실천가와 화해 사역자들이 유념하는 경구이다. 왜냐하면, 모든 변화는 대립과 논쟁으로 등을 돌린 당사자들이 얼굴과 얼굴을 맞대고 서로 눈을 응시하는 연결하기에서 시작되기 때문이다.

처음을 여는 것은 관계다. 태초에 말씀은 관계를 불러내어 실재를 만들었다. 관계 이전의 상태는 혼돈이었고, 관계가 생겨 정체성과 의미라는 질서가 만들어졌다고 성서는 증언한다. 빛과 어둠, 하늘과 바다, 물고기와 나무, 초목과 동물들이 자기 공간과 관계하여 풍성한 삶으로 초대된다. 이것이 삶의 근본적 토대이다. 그러한 관계가 온전히 살아있을 때 우리는 타락과 죄가 없는 상태의 원형인 '에덴'을 맞이한다. 타락과 죄는 서로 연결되지 않음, 관계없음의 결과이기 때문이다.

윤리적 기준으로 징벌하는 삶의 비극

인간이 에덴에서 쫓겨났다는 것은 현재 우리가 경험하는 세상의 실재가 당연하거나 자연스러운 것이 아님을 암시한다. 에덴은 우리 상상에만 있는 잃어버린 고향이 아니다. 우리가 에덴을 기억하는 것은 지금 우리가 당연하고 '정상적'이라고 생각하는 현실을 향해 진지하게 도전해보는 것들을 실재화하게 만든다: '무엇이 잘못된 것인가?' '우리는 어디로 가는 것인가?' '너는 나에게 있어 어떤 의미인가?' '타 존재와 직면하여 나는 어떤 행위를 선택해야 하는가?' '우리 각자가 경험하는 두려움, 모호함, 상처를 어떻게 극복할 수 있는가?' '내가 좌절하지 않고 일어서서

살아봐야지 하는 마음은 어디에서 올 수 있는가?' 이 모든 질문의 핵심
에는 '관계inter-related-ness'가 근본 인식의 문제로 놓여 있다.

> 네가 만일 마음을 잘못 먹었다면 죄가 네 문 앞에 도사리고 앉아 너
> 를 노릴 것이다. 그러므로 너는 그 죄에 굴레를 씌워야 한다.

많은 신학자와 종교학자들은 다툼과 전쟁은 카인과 아벨이 신을 위한
예배의 차이를 두고 다툰 데서 기원한다며 '창세기 4장'을 즐겨 인용해
그럴듯하게 설명한다. 여기서 바로 신의 저주와 강제, 그리고 징벌이라
는 응보형 처벌의 논리들이 파생했다. 더 나아가서 이런 논리에 근거해
신의 이름과 정통이란 명분으로 "신이 그러하므로 우리도 ~하는 게 가
능하다"라며, 이제는 한 개인이나 한 그룹이 타자, 타 그룹을 처단하고
억압하고 배제하는 행동을 정당화하고 신념화하고 있다.

나는 창세기 4장을 읽으며 전혀 다른 두 가지 중요한 메시지를 받는다.
첫째는 이미 카인의 내면에서 일어난 관계의 단절이다: "네가 만일 마음
을 잘못 먹었다면…." 마음에서 일어난 관계의 단절, 끊긴 연결은 필연적
이고 자연스런 결과를 가져온다: "…죄가 네 문 앞에 도사리고 앉아 너를
노릴 것이다." 죄는 그러한 관계의 단절, 연결의 끊김에서 발생하는 필
연적인·자연스러운 결과이다. 그것은 자기 충족 예언의 법칙처럼 자동으로
오는 예측된 결과일 뿐이다. 이것은 기독교 윤리가들이 말하는 것처럼
어둠은 실체가 있는 것이 아니라 단지 빛이 모자라거나 없을 뿐이라고
한 것과 연결된다. 빛이 없으면 당연히 어둡다. 관계를 맺지 않으면 당연
한 결과이듯 죄는 필연적이다. 이것은 신의 의지와 상관없이 스스로 비
참한 결과를 불러들이는 격이다.

둘째로 죄에 대해 신은 징벌하지 않는다는 것이다: "그러므로 너는 그

죄에 굴레를 씌워야 한다." 신은 징벌하는 입장이 아니라는 것은 어찌 보면 당연해 쉽게 넘어갈 수도 있지만, 지금의 교리에 철저히 물들어 있는 사람들에게는 당혹스럽고 지진을 일으키는 폭탄적인 말처럼 들릴 것이다. 왜냐하면, 이 징벌론을 전제하여 기독론대속자 그리스도이 정교하게 설정되어 있기 때문이다. 그리고 크고 작은 십자군 전쟁이 역사 속에서 국가나 공동체 간, 관계에서 나와 너 사이에, 그리고 자기 내면에서 수없이 일어났기 때문이다. 심지어는 이 응보형 징벌론으로 그동안 함께 지낸 공동체 구성원조차, 형제·자매까지도 처벌하고 배제하는 끔찍한 일들이 정당하고 자연스러운 것처럼 일어났다. 그러나 신의 입장은 다르다. 징벌이 아니라 '그 죄에 굴레를 씌우는' 선택을 하도록 설득하고 권면하고 있다.

관계를 끊는 폭력의 시나리오에 익숙해지다

도대체 징벌하는 신의 모습은 어디에서 기원하는 것일까? 나는 이것이 가장 의심스럽다. 그렇다면 죄에 대한 신의 태도는 어떠할까?

저를 만나는 사람마다 저를 죽이려고 할 것입니다.

한때, 성서를 보면 하나님이 아담과 하와를 창조하고 카인과 아벨을 낳게 했는데 이들 외에 '저를 만나는 사람들'은 도대체 어디서 생겼느냐는 농담 섞인 질문에 주석가들이 고민한 적이 있었다. 메노나이트 신학자 존 하워드 요더는 『어린양의 전쟁』2012, 대장간이란 책에서 이 구절을 "폭력에 대한 원시적 정의定義"로 규정하였다. 나는 다른 의미에 대한 이해를 말하고 싶다. 이 구절은 관계의 단절이 가져오는 폭력의 각본과 그 작동에 대한 보편적이고 근본적인 패턴에 성찰을 준다.

관계의 분리를 낳은 카인의 행동은 일정한 패턴을 만들어 그러한 동질적 경험 '저를 만나는 사람마다' 이 똑같은 행동 패턴 '저를 죽이려 할 것' 을 가져온다. 분리된 정체성을 지닌 '나' 라는 에고ego는 폭력의 생활양식을 끊임없이 창조한다.

처음엔 개인 내면에 '마음을 잘못 먹은 것이 죄가 너를 노리는' 개인적 응보형 결과가 일어났고, 이제 집단적으로 사회화되고 구조화된 폭력 각본은 '저를 만나는 사람마다 저를 죽이려고' 하는 공동체와 사회에서 그것을 발전시키고 악순환의 고리를 창출한다. 그래서 폭력의 신화는 '정당한' 폭력으로 폭력을 해결하는 폭력 구원론으로 검증 없이 작동된다. 국가 안보라는 이름으로 희생자들을 정당화하고 숭고화하며, 상대 진영의 민간인을 폭격하여 살해하는 것도 적의 형제, 동료이기 때문이라며 폭력을 정당화한다. 왜냐하면, 이제는 '저를 죽이는' 것이 나의 안보와 복지를 강화하는 데 연결되기 때문이라는 논리가 의심 없이 들어오기 때문이다. 무섭도록 가슴 쓰린 진실이지만, 이제는 희생자들도 의심 없이 폭력에 따른 희생을 수용하게 된다.

신의 선제 의지의 핵심

그렇게 못하도록 하여 주마. 카인을 죽이는 사람에게는 내가 곱 갑절로 벌을 내리리라.

여기서는 잘못과 죄에 대한 신의 근본적인 태도를 알 수 있다. 나는 이를 '신의 선제 의지' 라 표현한다. 후대의 기독교 역사에서 벌어지는 잘못과 범죄들을 신앙인으로서 어떤 잣대와 방식으로 대응할지 예표이자 범례, 평가 지침으로 삼아야 할 것이 바로 이 '신의 선제 구원 의지' 다. 핵심은 범죄자를 죽이는 것이 아니라 관계를 재설정하고 복원하는 데 있다.

우리는 앞서 "네가 만일 마음을 잘못 먹었다면 죄가 네 문 앞에 도사리고 앉아 너를 노릴 것이다. 그러므로 너는 그 죄에 굴레를 씌워야 한다"라는 구절에서, 마음의 잘못 먹음연결의 끊어짐이 신의 개입에 의해서가 아니라 자기충족적 예언의 법칙으로서 스스로 어떤 결과를 가져오는지, 스스로 죄의 행동에 굴레를 씌우라는 신의 촉구를 읽을 수 있었다. 이것은 경고나 강요가 아니라 인간 스스로 자기 행동의 결과를 관찰하도록 하는 객관적 서술이다.

그러나 "죽이는 사람에게 곱절로 벌을 내리리라"는 경고에서는 살인자와 범죄자에게 인간 스스로 응보형 대응을 하지 못하게 하는 신의 선제 구원 의지가 강하게 표출되어 있다. 여기서 신이 요청하는 것은 곱절로 내리는 벌이 아니다. 요더는 『어린양의 전쟁』66쪽에서 이렇게 표현하였다: "야훼 자신은 복수에는 관심이 없다…. 그러나 중요하게 여겨지는 신적 발의divine initiative는 야훼가 보편적으로 가해지는 보복 행위에서 카인의 생명을 보호하려고 개입하신다는 것이다. 보호의 표시는 카인의 몸에 새겨진 표시이다."

우리는 여기서 신이 인간사에 개입하고 계시하시는 근본 목적은 바로 생명을 보호하고 관계를 복원하는 것임을 깨닫게 된다. 신의 보편적인 선제 의지는 악과 잘못을 뿌리 뽑고 제거함이 아니다. 오히려 그것이 선으로, 생명으로 전환시키는 것이다. 이렇게 선과 생명을 통해 관계를 회복하는 것이 바로 비폭력 실천가나 화해 사역자가 지니는 근본 태도이다.

5. 맞서 싸운 상대가 천사로 바뀌다

기독교 내의 비폭력 평화운동 역사상 이루어진 크고 작은 사건들의 중심에는 자신과 갈등하는 상대에 대한 근본적인 인식의 변화가 녹아 있다.

비폭력은 단순히 갈등과 대립 문제를 싸우지 않고 타협하여 좋게 끝내는 방식이 아니다. 진정 자기가 원하는 것을 얻는 방식이며 상대가 내가 원하는 것을 자발적으로 주도록 기회를 만드는 것이다. 옳고 그름, 좋고 나쁨, 좋아함과 싫어함의 판단에 따라 잘잘못을 가려내어 상대의 승복을 받아내는 데 초점이 있지 않다.

사례를 들어보자. 20년간 결혼생활을 해 온 한 부부는 그동안 쌓인 갈등을 그런대로 잘 봉합해 살아왔다. 그러나 자식들이 대학에 들어가면서 나가 살게 되고, 아내가 이제 양육에서 벗어나 자기 성장에 신경을 쓰면서 사이가 예전 같지 않게 되었다. 남편의 관점에서는 아내가 자기 성장을 위한 홀로서기라는 구실로 '마땅히 해야 할 것'을 하지 않는 데에 불만과 실망스러움이 커져 폭발할 지경까지 이르렀다. 아내는 그동안 경제권이 없었고 자녀 양육이라는 어쩔 수 없는 상황으로 '마땅히 누려야 할 자기의 몫'을 오랜 세월 희생해 왔다는 자각 때문에 그런 남편에게 분노와 미움이 쌓여 저항하게 되었다.

그 결과 두 사람 사이에는 애정이 급속히 식고 대화가 대개 "…을 왜 안 했어?" "그건 당신 잘못이야!" "당신이 …한 것은 정당하지 않아!" "당신은 자신만 생각하는 이기적인 사람이야!" "그래, 한번 따져보자. 일이 이렇게 된 게 누구 책임잘못인지!" 이런 형태로 진행되었다. 서로 말을 안 하고 말거나, 고통을 주어 자신의 불만족한 상태를 알리고, 상대의 잘못을 논리적으로 지적하여 공격적으로 말해 상태를 악화시킨다. 결국은 아이 때문이거나 미래에 독립하는 데 현실적인 대안이 보이지 않아 그냥 살지만, 진정한 소통이 끊겨 한 공간에 있되 삶을 각자 사는 경우가 되었다.

여기서 문제는 자신이 진정으로 원하는 것에 초점을 맞추기보다 상대가 얼마나 잘못했고, 내가 얼마나 정당한지를 확인하는 데 에너지를 쏟아부어서, 결과가 어떻게 나든 진정한 해결책이 아니라는 것이다. 결국, 등 돌려 서로 안 보고 비난하여 상대방의 입을 막고 서로 건드리지 않고 자기 몫과 자기 생활만 챙기고, 네가 잘못을 인정하지 않으면 나도 그대로 행동하겠다는 그런 상황에 머물러 있게 된다. 일이 이쯤 되면 상대방이 야속해지면서, '낯선 자'나 더 나아가 '적'의 이미지로 굳으면서 서로 성격이 맞지 않는다는 신념이 강화되고 속으로 조용히 이별의 길을 걷게 된다.

본질은 소통하는 방식과 상대를 보는 인식에 있다. 자연을 보면 알 수 있듯이, 차이와 다름은 생을 풍성하게 한다. 차이와 다름은 갈등의 원인이 아니다. 그런데 옳고 그름을 앞세워 자신들의 관계를 결투의 공간으로 만들고 에너지 전체를 소모하면서 자연스럽지 않은 관계를 만든다. 상대에게 주고 이바지하려는 인간의 가장 자연스럽고 강력한 욕구를 상실하고 투사가 되는 것이다.

비폭력 영성을 생활에서 실천하는 데에 야곱의 이야기는 우리에게 다른 통찰을 가져다준다. 둘째로 태어난 그는 사회적 약자로서 '자기의 몫'을 찾아 쟁취하는 데 놀라운 수완과 성실성을 발휘하였지만, 자기 가족이나 다른 그룹과 부족들에게 갈등과 반목, 시기심이 생기는 결과가 뒤따랐다. '자기 몫'을 주장하는 것이 잘못되었다는 게 교훈이 아니라, 정당해 보이는 그 주장이 자신이 기대한 결과와 다른 것을 가져온다는 통찰이 나오는 것이다. 자기 몫은 챙겼지만 관계는 나빠지고, 그래서 자기의 안전도 위협을 받게 되었다는 사실이다. 그런데 야곱의 이야기는 몇 가지 새로운 다른 가능성을 우리에게 전달해준다.

바로 그날 밤, 야곱은 일어나 두 아내와 두 여종과 열한 명의 아들을 데리고 얍복 나루를 건넜다. 자기에게 딸린 모든 것도 건네 보냈다. 그리고 야곱은 혼자 뒤떨어져 있었는데, 갑자기 어떤 분이 나타나 동이 트기까지 그와 씨름을 했다. 그분은 야곱을 이겨낼 수 없으리라는 것을 알고 야곱의 엉덩이를 쳐서 환도뼈를 다치게 했다. 그러고는 동이 밝아오니 이제 그만 놓으라고 했지만, 야곱은 자기에게 복을 빌어주지 않으면 놓아 드릴 수 없다고 떼를 썼다. 일이 이쯤 되자 그분이 야곱에게 물었다. "네 이름이 무엇이냐?" "제 이름은 야곱입니다." "너는 하느님과 겨루어냈고 사람과도 겨루어 이긴 사람이다. 그러니 다시는 너를 야곱이라 하지 말고 이스라엘이라 하여라." 이 말을 듣고 야곱이 말했다. "당신의 이름이 무엇인지 가르쳐주십시오." 그분은 "내 이름은 무엇 때문에 물어보느냐?" 하고는, 야곱에게 복을 빌어주었다. 야곱은 "내가 여기서 하느님을 대면하고도 목숨을 건졌구나." 하면서 그곳 이름을 브니엘이라 불렀다. 그가 다친 다리를 절뚝거리며 브니엘을 떠날 때 해가 떠올랐다. 창32: 23-32

여기서 발견할 수 있는 새로운 가능성은, 첫째로 비폭력적인 삶은 문제를 덮어두는 것이 아니라 문제가 해결되기 위해 긴장을 일으킨다는 것이다. 문제를 드러내고 그것에 대해 상대와 온 마음을 다해 씨름한다. 얍복 나루에서 그는 밤새 싸우며 그 문제가 얼마나 중요한지를 서로 인식하게 하고 주목하여 응답하도록 했다.

둘째, 갈등하고 싸우는 대상이 '적대자'가 아니라 결국은 '천사'로 노출되는 상황이 된다. 싸움은 상대를 쳐 없애거나 굴복시키는 것이 아니다. 밤새도록 싸워 그의 '선진리'을 드러내게 하는 것이다. 논리로 맞서서 상대의 정당성을 파괴하는 데 초점을 두지 않고, 상대가 진정으로 본래 어떤 사람인지 자신의 긍정적인 선함을 결국 드러내도록 돕는 것이다. 상대는 '천사'가 된다. 그럼으로써 나의 정체성도 바뀐다. '야곱'이 '이스라엘'로 바뀌면서 자신에 대한 관점도 바뀐다.

셋째, '겨루어 이김'은 궁극적으로 상대의 축복을 얻어내는 데 그 목적이 있다. 그가 적대자로 남지 않고 더 넓은 진리에 서서 상대가 축복을 줌으로써 신뢰와 우정이 형성된다. 이것이 화해의 근본이다. 미워하고 적대하는 관계가 바뀌어 서로 삶을 인정하고 축복해주는 새로운 관계가 형성되는 것이다.

"그가 다친 다리를 절뚝거리며 브니엘을 떠날 때 해가 떠올랐다"

적대자가 천사로 바뀐 체험을 통해 그는 겉으로는 더욱 못난 자가 되었다. 자기 몫 챙기기에 수완이 빨라서 누구보다 길을 앞서 나갔던 그는 가장 뒤처진 자가 되고, 세상을 그토록 빨리 걷던 자가 느리게 걷는 사람으로 바뀌었다.

그러나 그는 이제야 처음 자기 생에서 '해가 떠올라' 그 빛을 쬐는 경험을 하게 된다. 삶에 내리쬐는 아침 햇살의 기운을 받으면서 처음으로

'가짐'이 아닌 '누림'에서 감격을 얻게 된다. 환도뼈의 상처심각한 갈등의 경험는 이제 새로운 경지를 드러낸다. "당신의 결점은 영광이 나타나는 방식이다. 그곳은 빛이 당신에게로 들어가는 곳이다.루미" 이제부터 그는 어느 곳이든 자신이 밟는 공간마다, 그리고 만나는 관계마다 '브니엘 신을 대면하기'을 경험한다. 그의 일생도 선물을 주는 자로 바뀌게 된다:

> "… 형님 얼굴을 쳐다보는 것이 마치 하느님을 뵙는 것 같습니다. 하느님께서 저를 잘 돌보아주셔서 제 살림은 이렇게 넉넉하답니다. 그러니 제가 드리는 선물을 받아주셔야 하겠습니다."창33:10-11

'자신의 몫'을 챙기는 자가 '선물을 주는 자'로 바뀌면서 그의 생은 더욱 안전해지고 풍성해졌다.

비폭력의 실천은 단순히 갈등을 비폭력적으로 해결하는 데 머무르지 않는다. 그것은 상대를 변화시키고 '천사로 바꾸기' 자신과 상대도 '선물을 주는 자'로 바뀌게 한다. 이렇게 변화된 것은 상대를 끝까지 포기하지 않고 밤새 놓지 않고 '겨루어' 서로 안에 있는 선진리을 교류하고 더 큰 선진리으로 통합하여 그것이 드러나도록 온 마음으로 투쟁하여 나타난 결과다. 이제 선물을 주고받는 축복주기의 삶으로 변화되었다.

이러한 축복을 통해 이제는 새로운 안목을 갖는다. 형제의 얼굴이 보이고, 그리고 그 얼굴을 통해 하나님을 만나는 체험의 경지로 나아간다. 만나는 사람에게서 신을 보는 단계가 되는 것이다. 이것이 '아브라함, 야곱 그리고 이삭의 하나님'이라고 한 신앙의 선조로서 야곱이 우리에게 주는 깊은 교훈이다. 적대자를 천사로 만나라. 신의 실재를 보는 것은 진실로 형제의 얼굴이 제대로 보일 때 가능하다. 보이는 인간도 제대로 볼 수 없는데, 보이지 않는 신을 본다는 것은 얼마나 어려운 일인가.

6. 진정성 있고 의미 있는 대화를 위한 원리들

　며칠 전 매우 흥미 있는 일을 경험했다. 한국의 환경운동과 시작을 같이한 "기독교환경운동연대"가 창립 30주년을 맞아 기획한 기념 토크쇼의 진행을 맡게 되었는데, 이후 서너 차례 여러 사람 여러 장소에서 그때 전체 진행이 얼마나 매끄럽고 편안하였으며 집중되고 흥미롭게 귀에 쏙쏙 들어왔는지 칭찬하는 말을 들었다.

　사실 인터넷으로도 중계된다는 3시간짜리 토크쇼를 제안받았을 때는 머쓱하고 내키지 않은 생각이 들었다. 한 번도 해보지 않은 데다, 지금은 나아졌지만 그래도 종종 내 말이 좀 어렵다거나 느리다는 평을 들어 왔기 때문에 자신이 없었던 것이다. 그런데도 이 단체를 잘 알고 환경 문제에 대해 맥락을 아는 사람이 진행해야 하는 조건이 있어서 사람을 찾지 못해 나에게 부탁한다는 말에, 그러자고 대답은 했지만 영 개운치가 않은 상황이었다.

　그런데 실제 진행하고 나서 기대하지 못한 칭찬을 듣게 된 것이다. 나는 과연 어떤 원리가 뒤에 숨어 있어서 그런 것이 가능했을까 하고 궁금해졌다. 그 경험 속에서 몇 가지 작동 원리들을 성찰하면서 나에게 명료하게 잡히는 바가 생겼다.

　이 원리들에는 비폭력 대화, 회복적 서클, 그리고 최근 6주 동안 실시한 요한 갈퉁의 트렌센드 갈등 전환 평화 워크숍 등이 한데 녹아 있었는데, 나에게 새롭게 다시 다가왔다. 대화가 일대일이든, 아니면 서클로 모인 다수든 갈등 중재의 상황이든 상관없이, 진정하고 의미 있는 대화를 위해 갖추어야 할 요소들이 명료하게 이해되었다.

원리 I. 안전한 공간과 환대의 분위기 조성하기

초대 손님들과 토크쇼 1시간 반 전에 만나 식사를 하면서 간단히 상견례를 했다. 어디서 온 누구인지, 그리고 지금 각자 상태가 어떠한지에 대한 이야기를 돌아가며 나누었다. 모두가 토크쇼는 처음이었고 멀리서 여러 시간을 들여 서울까지 온 참여자도 있고, 전체적으로 토크쇼에서 뭘 말해야 할지 자신 없어 하고 부담스러워하는 분위기였다. 무엇을 묻고 대답해야 할지를 적어놓은 상세한 시나리오도 없어 당황하는 이들과 나는 몇 가지 진행 흐름에 대해서 서로 동의와 의견을 나누었다. 참여하는 자신의 의도가 무엇이고 이것이 서로에게 어떤 의미로 다가오는지, 토크쇼의 대략적인 흐름에 어떤 제안이 있는지를 확인한 것이다.

참여자들의 불안과 당황은 자연스러운 일이었다. 진행자인 나도 마찬가지였다. 그런 의미에서 자기 자신, 그리고 모두가 무엇을 위해 이 자리에 와 있는지를 확인하는 것이 용기를 준 셈이 되었다. 그리고 진행 상항에 관해 충분히 이야기 나누어 서로 동의하는 과정을 통해 두려움, 막연한 불안, 내용의 불확실성에 직면할 수 있게 되었다. 모호함과 긴장에도 불구하고 대략적인 흐름을 공유하니 연결의 끈이 생겼고, 같이 해보자하는 신뢰감이 생기며 환대하는 분위기가 형성된 것이다.

개인 문제를 갖고 찾아온 내담자이든, 갈등 당사자를 만나든, 그 어떤 사람과 대화하든지 '환대하고 안전한 분위기'를 형성하는 것은 눈에 보이지 않지만 매우 중요한 터전을 제공한다. 두려움이나 불안 같은 감정에 주목하고 그것에 이름을 붙여 드러내는 것은 안전한 공간을 만드는 하나의 방식이다. 그리고 무엇을 하길 원하는지, 대략 어떤 흐름으로 진행될 것인지 서로 확인함으로써 이에 대해 존중받고 있음을 느끼고, 또한 좋은 아이디어에 대해 수용해주는 것은 진행자와 상대방참가자, 내담자, 당사자이 직면한 문제에 에너지를 쏟기보다는 바라는 방향에 신경을 쏟게 한다.

원리 2. 만남과 초대의 목적과 의도를 의식하기

내가 이 대화에 참석한 이유나 동기를 분명히 의식하는 일은 직면하는 준비 안 됨, 불편함, 모호함 등의 장애물을 넘어 우리가 앞으로 나갈 수 있는 에너지와 방향성을 제시해준다.

여기에는 다음의 세 가지 요소가 필요하다. 첫째로는 대화에서 나의 중심 세우기다. 진행자 또는 중재자로서 아니면 대화의 파트너로서 내가 지금 이 순간 여기에 있는 의도가 무엇인가를 말할 때, 그 이야기 속에 있는 나의 중심 의도는 무엇인가? 만일 생명의 고통에 주목하고, 약한 자에 대한 존중, 기여, 공공성, 변화, 연대가 자신의 중심 의도였다면, 상대의 말에 응답할 때 자신이 말하고자 하는 이 중심 의도를 잃지 않고 그것들이 실현되는 방식으로 말하는 것이다.

둘째는 상대 이야기를 들을 때 그대화의 상대자, 갈등 당사자, 도덕적 가해자/피해자, 적대자가 무엇을 말하든, 그 진술에 찬성하든 하지 않든 자기 마음에서 판단을 내려놓는다. 그리고 상대가 표현하려는 진정한 의도, 내적인 중심 에너지의 흐름을 읽고 핵심이 되는 진실을 다시 말로 짧게 확인해준다. "그러니까 당신은 ~해서 ~하신다는 건가요?" 이것은 상대의 논증과 설명에 다시 설명으로 반응하는 것이 아니다. 그가 주로 말하는 사람, 관계, 상황의 표현들 뒤에 있는 의도와 가치의 핵심을 꺼내 표면에 드러난 것들과 연결해준다. 그리고 내가 진술한 게 맞는지 상대로부터 확인한다.

셋째는 대화 진행자나 갈등 조정자로서 '나'와 '너' 사이만 아니라 관련된 숨은 당사자들이를테면 관객, 대화에서 언급된 영향 받는 타자들을 포함한 '우리'를 새 주체로 놓고 '나-너-우리' 각각의 목적과 의도를 의식한다. 즉, 전체성의 관점에서 대화의 흐름에 참여한다. 각각의 목적이나 의도가 명료하지 않아도 의식을 그런 데에 열어놓는 것이 중요하다 이 세 주체에게 중요하다고 직감적으로 느끼는 것을 대화의 흐름 속에서 나누고 명료화해 가는 것이다.

대화의 흐름은 나의 지식이나 관점을 설명하거나 해결을 이끄는 데 있지 않다. '나-너-우리'에게 공통된 관심사나 중요한 것을 의식하며 이에 응답하고 그것을 확인하는 것이다.

원리 3. 대답보다 열린 중요한 질문을 하기

대화를 요청받을 때나 혹은 중재자로서 갈등 당사자들을 만날 때, 사람들은 대개 대화의 주제나 갈등 상황에 대해 뭔가 대답을 알고 있어야 한다는 유혹을 받는다. 적어도 그 영역에 관한 전문적인 지식이나 상황에 대한 이해 없이 응답한다는 것은 무책임하다고 스스로 판단해서, 자신에게 그런 준비가 없을 때 당황하고 미안해하며 자신 없어 한다.

대화 진행자나 갈등 중재자에게서 가장 중요한 것은 이야기되는 이슈나 화제 혹은 문제를 명료하게 이해하는 것보다는 내담자, 갈등 당사자들, 토론자, 논쟁자에게 중요한 '열린' 질문'예, 아니오'로 대답하지 않고 생각을 도출해 내는 질문을 하는 것이다. 중요한 열린 질문은 주목하게 하고, 에너지를 발생시키며, 지각과 창조성을 갖고 잠재적인 것을 현실화하는 새로운 가능성을 출현시킨다.

예를 들어, 생태운동에 관하여 토크쇼를 진행할 때 "기존 교회나 기존 신앙에 대해 실망하신 적이 있나요?" '예, 아니오'로 대답 가능 혹은 "그런 삶을 살 때 뭐가 문제였나요?"문제에 에너지를 쏟는 과거 지향적 질문 식으로 질문하지 않고 가능성을 열고 더 깊이 탐구하도록 초대하는 열린 질문을 하는 것이다: "어떻게 그런 삶으로 전환하는 계기를 갖게 되었나요? 무엇이 자신에게 중요하게 다가왔나요?" "전에 없던 새로운 신앙의 어떤 차원에 대해서, 자신에게 의미 있는 삶의 경험을 바탕으로 무엇을 말하고 싶은가요?"

"기존의 교회, 신앙 방식에 무엇이 문제가 있다고 생각하나요?"가 열린 질문처럼 보이나 실제로 에너지를 봉쇄된 갈등 국면에 쏟게 하기 때문에 중요한 질문은 아니다. 가능성보다 비난과 비판의 에너지를 증폭할 여지가 더 많다. 그보다는 "생태적 삶으로 자신의 신앙, 목회 방향을 바꾸었을 때 그런 태도, 그런 인식, 그런 삶을 선택하는 것이 어째서 당신에겐 중요하게 다가왔나요? 어떤 새로운 만남을 경험하셨는지 한 가지 에피소드를 말씀해주시겠어요?"라고 질문해 상대가 에피소드를 말하면 그 이야기 속에서 공명한 중심 의도, 가치, 의미의 핵심을 반영해주어 연결시키는 것이다.

또 다른 사례가 있다. 남편의 외도를 목격하고 이혼을 준비하는 한 여성에게, 혹은 동료와 관계에서 힘들어하는 사람에게 그 사람의 고통을 깊이 느끼면서 이렇게 묻지 않기로 한다: "무엇이 문제인가요?" 이렇게 묻는 순간 과거로, 그간 쌓아놓은 수많은 잘못과 옳고 그름의 논쟁의 바다 속으로 들어가게 된다. 이러면 순식간에 미로 속으로 상대를 밀어 넣게 되는데, 나 자신도 그 미로에서 벗어날 가능성을 줄이려 노력해야 하며, 아니면 그 상황 위에서 판단자와 관찰자로 서서 무엇이 옳은지를 대답해주거나 제안을 하도록 상대에게 강요하게 된다. 열린 중요한 질문은 다른 형태를 취한다: "무엇이 자신이 원하는 바람직한 결혼이라고 생각하시나요?" "우정이라는 것, 동료와 맺는 이상적인 관계는 어떠하길 바라세요?" 이것이 이미 문제의 올무 속에 갇혀 있는 상대가 미래를 향해 선택할 수 있는 가능성과 창조성에 주의를 기울이게 한다. 그것이 에너지를 일으키고 가능성을 향해 더 깊이 탐구하게 한다.

　이러한 열린 중요한 질문에 상대가 진지하게 응답할 때, 여기서 행동 가능한 지식이 발생하게 된다. 지식이 먼저 있고 그 지식이 행동을 발생하게 하는 것이 아니다. 해답이 나와야 행동하게 되는 것이 아니다. 모호함, 궁지 속에서 열린 중요한 질문은 문제 상황을 새로운 차원에서 보게끔 창조성을 만들고 그 과정 속에서 '행동 가능한 지식'을 출현시킨다. 지식과 행동은 동시 발생적으로 흘러나오게 된다. 그리고 이를 통해 우리는 "아하! 그렇구나"하는 뚫림의 경험, 새로운 지평의 경험을 얻게 된다. 진행자나 중재자는 해답이 없이도 대화 손님이나 갈등 당사자들에게 열린 중요한 질문을 던져 스스로 탐구하도록 돕고, 새로운 가능성이 출현하도록 '돕지 않고도 도울' 수 있다.

　대화 진행자나 갈등 중재자가 열린 중요한 질문을 발견하는 데에는 다음과 같은 질문들이 도움된다:

- "실제 삶 혹은 그것을 탐구하는 사람들의 실제 작업에 그 질문은 상관이 있는가, 이것은 진정한 질문인가?"
- "나의 이 질문으로 상대가 어떤 작업을 하길 원하는가? 즉, 나는 이 질문이 어떤 종류의 대화, 의미, 느낌을 일으킬 거라 상상하는가?"
- "이 질문은 희망, 상상력, 참여, 새로운 사고 그리고 창조적 행동을 쉽사리 생산하는가, 아니면 과거 문제와 장애에 초점 두기를 쉽게 증진하는가?"

원리 4. '공동의 지성co-intelligence'이 작동되도록 하기

대화 공간에 누가 참여하든지, 중요한 것은 어떻게 이들의 진실들을 모아서 소통되게 할 것인가이다. 여기서 핵심은 두 가지다. 하나는 각각의 진리들을 모아서 진리 전체가 드러나게 하는 것이고, 또 하나는 이 전체의 진리가 대화 공간에서 지도력을 갖추고 전체를 이끌어 나가게 허락하는 것이다.

대화 서클의 이미지로 보면 각자는 서클의 가장자리에서 자신의 진리를 서클 중심에 내려놓고, 중심에 모인 공동의 진리, 공동 지성collective wisdom, co-intelligence, 혹은 mutual intelligence이 다시 서클에 앉은 사람들과 연결되는 것으로 설명할 수 있다. '대화dialogue'는 dia둘, 통해서와 logus진리, 말의 합성어로서 서로의 진리를 연결하는 것, 또는 말을 통해 깊이 있는 진리를 드러내는 것으로 정의할 수 있다.

이러한 대화의 핵심은 타자 안에 있는 진리를 긍정하고 이것을 노출하는 행위다. 타자를 선물로 보며 그/그녀의 존재와 진리가 서로를 더욱 풍성하게 해준다는 확신에서 이루어지는 것이다. 그리고 참여자가 상호 작용하여 관계와 연결이 일어날 때 '나—너—우리'를 아우르는 '공동 지성'이 이러한 연계망을 통해 새롭게 출현한다.

공동 지성이 실제로는 어떻게 나타나게 할 수 있을까? 토크쇼 진행자로서 나는 나의 진실을 바탕으로 중심 의도와 목적을 의식하면서 자신을 표현하였다. 내가 아는 것을 말하는 것이 아니라 내 가슴의 중심에 있는 바를 주제와 관련하여 짧고 간결하게 꺼내놓았다. 그리고 상대가 말하면 액면 뒤로 들어가 그가 내면의 중심에서 무슨 진실을 말하고자 하는지 '말하지 않은 실재'를 들으려 노력하고 이를 확인한다. 가령 이렇게 말이다:

- "그러니까 OOO께서 말씀하신 내용은 새라는 자연 속의 가장 연약한 존재를 통해, 우리가 그들의 고통을 배려하고 돕는 것을 넘어서 오히려 이들의 연약한 존재를 통해 삶의 지혜를 배우고, 자본주의에 깊이 연루된 위기를 알아차리며, 생존에 대한 염려를 넘어서 삶의 아름다움을 축하하며 살 수 있는, 새로운 차원의 선물을 얻는 생태적 인간상을 갖자고 말씀하신 것 맞나요?"
- "세 분의 말씀을 듣고 보니까 핵심은, 녹색교회가 단순히 시골에 들어가는 것이 아니라 마을을 살려내어 아이들의 웃음소리를 듣게 하고, 교회라는 울타리를 넘어 마을 사람들과 경계 없이 더불어 살면서 서로 힘을 주고, 도농 간의 연대를 통해 도시 신앙인들에게도 뭔가 삶의 활력과 의미를 준다는 것이지요?"
- "말씀하신 것 중에 제게 중요하게 다가온 것은 생명이라는 게 가장 궁극의 가치이고, 생명의 관점에서 보자면 서로 연결되어 있어서 결국은 '나'의 경계를 넘어 마을 그리고 더 나아가서는 지구의 타자들의 생명에도 관심을 두며, 인식이 전체로 자연스럽게 확대될 수밖에 없는데, 그런 점에서 우리가 이런 전체성으로 자신을 여는 게 중요하단 말씀이었습니다. 제가 제대로 들었는지요?"

더 나아가 진행자인 '나'와 초대 손님인 '너'의 진실만이 아니라 어떻게 객석을 포함한 '우리'의 진실을 공유할 것인지를 의식한다. 그러려면 중간에 객석을 향해 열린 중요한 질문을 한다. 대개 진행자가 듣고 나서 "무슨 질문 있나요?" 또는 "코멘트 하실 추가 사항이 있나요?"라고 호기심이나 궁금증에 근거하여 대답을 유도하는 질문보다 더 깊이 나아가야 한다:

- "지금 우리는 00에 대한 주제를 초대 손님들과 나눴는데요, 이에 대해 자신에게 어떤 울림이 있었는지, 진실로 다가온 중요한 것이 있으시면 함께 나눠주시기를 초대합니다."
- "지금 우리는 00 주제에 대해 두 초대 손님들에게서 중요한 화두를 받았습니다. 하나는 다매체가 소통 가능성의 지평을 넓혀서 기독교 환경운동의 잠재적 활동가들에게 접근 가능성을 높여준다는 것이고, 다른 하나는 아무리 온라인 매체가 중요하다 해도 그것은 수단이지 실체가 무엇이냐는 것은 여전히 중요하다는 것입니다. 이 두 입장의 진실에 직면해서 내 마음속에 떠오르는 울림의 목소리가 있다면 함께 나눠주시도록 초대합니다."

초대 손님들의 이야기에서 핵심적인 진실을 확인하고, 객석에서 또 다른 진실들이 다양한 목소리를 내도록 기회를 허락한다. 이로써 진실 전체가 공명하도록 한다. 그럴 때 공동 지성은 사람들과 아이디어들을 연결하고 서로 작용하도록 하여 전혀 예측하지 못했던 방식으로 더욱 생생하고 활력이 넘치는 풍성한 삶으로 전체를 움직이게 된다.

나의 의견은 나 중심에서 말하기, 상대 의견은 상대의 중심에서 듣기, 그리고 우리 전체는 중심에서 중요한 것이 흘러 소통되게 하기. 이렇게 세 축이 일어날 때 공동 지성은 이 상호 작용의 연결 속에서 저절로 출현한다. 사전에 전혀 예측하지 못한, 그리고 대답을 알 수 없던 상황에서 공동 지성은 '효과 있게' 일한다. 우리가 소유할 수 없고, 단지 그런 방식으로 자신을 개방할 때 새로운 실재로 나타나는 것이다.

여기서 민감한 사항은 단순히 '내 말 하기' '내 목소리 내기' 나 '네 말 듣기' '네 목소리 듣기' 정도의 개인 참여에 머무르지 않는 것이다. 더 관심을 둬야 하는 것은 '나와 우리의 관계'의 전체성을 염두에 두고 각자가 전체성에 이바지하는 방식으로 이야기하도록 전환되는 부분이다.

특히 객석에서 응답을 다룰 때 조심해야 하는데, 먼저 질문을 받지 않는 것이 중요하다. 공동 지성이 발휘되어 전체가 깊은 자각이나 통찰로 들어가 배움을 얻으려면 먼저 자신에게 중요한 것을 드러내어 나누기를 요청하여 '지식 그물망'을 짜는 순간을 허락하는 것이다. 그런 다음 질문이 있다면 두 번째에서 기회를 준다. 그런데 청중 일부는 초대 손님이 말하지 못한 부분에 대해 자신의 지식을 알리려고 가르치는 자의 처지에서 말하거나 그에게 도전하려고 논쟁형으로 질문하는 경우가 있다:

- "선생님의 말씀을 듣자니 철새가 찾아오는 12월 3일을 '환영의 날'로 기념하기 위해 교인들이 지키고 있다고 들었는데, 새가 예민해서 그들을 위협할 수 있지 않을까요?"
- "전철을 타면 스마트폰으로 대부분 뭔가를 하는데, 이건 지나친 상황 아닌가요?"

질문이 도전적일 때, 논쟁을 하려거나 발표자가 아직 생각하지 못해 드러난 허점을 날카롭게 지적할 때, 진행자가 갖추어야 할 태도는 발표자와 질문하는 사람 사이에 누가 옳고 그른지를 맞붙게 하거나, 지금 여기서 그런 질문이 뭐가 잘못되었는지 암시를 주는 것이 아니다. 질문한 사람이 자기 목소리를 낸 것을 존중하면서, 표면에서 주장하는 견해 뒤의 중심 의도를 파악하여 공동 지성이 작동되는 방향으로 에너지의 흐름을 전환하는 것이다:

- "아하, 그러니까 선생님의 질문은 새의 안전함을 돌보려면 그런 환영 의식은 어떤 식으로 표현될 수 있는지, 그것이 궁금하시다는 거

군요. 이에 대해 초대 손님은 무엇을 제안하실 수 있겠어요?"
- "때때로 다매체가 편리와 가능성에 도움을 주는 것은 사실이지만
  우려할 만큼 관계가 단절되는 역기능도 발생할 수 있다는 점에서
  다매체 사용의 한계나 제한에 대해 고려할 점들이 무엇인지 알고
  싶다는 말씀인가요?"

회의나 모임에서 진행자는 엉뚱한 질문을 하거나 논쟁을 걸어오는 사람을 골치 아픈 사람으로 바라보거나 일어나서는 안 되는 상황이 발생했다는 우려를 나타내기가 쉽다. 그보다는 말하는 이면의 중심 에너지와 의도를 살피고 진정성을 드러내도록 도움을 주어서 논쟁자의 말을 선물로 받는 기회로 전환하는 것이 필요하다.

원리 5. 대화 구조를 안전하게 만들기

진행자는 그 어떤 상황에서도 능숙한 진행 기술과 부드럽고 친절한 품성을 보여야 회의나 모임을 주관할 자격이 있다고 생각하는 경우가 많다. 사실 이것은 도움이 되기도 하지만 그렇다고 좋은 대화 진행의 전제 조건은 아니다. 더욱 중요한 것은 대화하기에 안전한 구조를 설정하고 이를 지키며 온전히 깨어 있는 것이 필요하다.

우리는 안전한 대화 구조가 문제를 스스로 해결해 나가거나 기대 이상의 공동 지성을 출현시켜 궁지에서 벗어나고, 공유된 목적에 관해 에너지를 얻기에 결정적이라는 생각을 제대로 해본 적이 없다. 왜냐하면, 상대 인격을 평가하는 데에 초점을 두어 옳고 그름을 따져 논쟁하고 두려움이나 수치심을 주거나 강제하고 교훈을 주려는 대화 방식에 익숙해져 있어서, 대화하기 안전한 구조가 어떤 새로운 지평을 여는지 그 감각을 잃어버렸기 때문이다. 안전한 대화 구조를 설정하는 데는 두 가지 확신

이 필요하다:

- 과정을 신뢰한다.
- 참여자들을 신뢰한다.

구성된 대화 과정 자체가 공동의 선을 향해 작동할 것이라는 믿음, 그리고 참여자들 안에 선의와 진실이 있으며 이바지하고자 하는 의도가 있음을 믿는 것은 매우 다른 결과를 가져온다. 그리고 이런 두 가지 신뢰를 자기 내면에서만 지니지 않고 대화 공간 속에 구조화하는 것이 결정적으로 결과에 영향을 끼친다. 다음의 방식으로 진행하는 것이다:

- 첫째, 상대가 자신의 진실을 드러내도록 공간을 만든다. 들은 뒤에 핵심을 간결하게 정리해 말해주어 상대가 자기 진실이 그것이 맞다고 확인하게 한다.
- 둘째, 내가 진실을 드러내도록 공간을 허락한다. 상대가 못 보고 놓친 부분을 말하여 나의 뛰어남을 드러내는 것이 아니라, 초점이 된 주제와 관련하여 나의 진심이 무엇인지를 표현한다.
- 셋째, 상대와 나의 진실을 연결하고 '우리'의 진실을 연결함으로써 적대적 관계가 아닌 더 큰 진리에 이바지하는 관계로 서로 발전시킨다. 여기서 신뢰가 싹튼다.

쟁점에 관해 자신의 느낌과 진심을 드러내게 함으로써 당사자들 사이의 소통과 연결을 가능하게 하여 안전한 공간을 마련해준다. 이것이 주로 갈등 중재자들이 하는 역할이다.

더 나아가 다양한 시각들이 드러나 전체를 보도록 하고 나타난 상황이면에 있는 심층 구조를 확인해 그것이 새로운 가능성을 낳도록 이끌 때 더욱 생산적인 대화가 된다. 앞의 토크쇼 사례의 경우, 자본주의의 폭

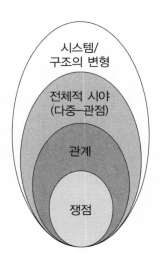

력쟁점과 생태적 타자의 지혜를 수용하면서 갖는 새로운 관계새와 맺는 새로운 관계의 필요성뿐만 아니라, 새에게서 말미암은 변화, 도농 간의 변화, 마을의 활력에 대해 기독교 중심의 사고를 넘는 전체적인 시야다중-관점를 얻는 것, 그리고 더 나아가 도농 간 직거래의 중요성과 프로그램을 통해 구조화하기, 한국 내에서 유기농을 생활화하는 것만 아니라 지구 전체의 생태계와 원격 타자의 아픔에 도움을 주는 프로그램까지 이야기되면서, 구조가 변하고 새로운 통찰이 일어나면서 신선한 감동이 다가오게 되었다.

이렇게 대화 진행자는 시간상으로는 '상대의 진실 수용/노출 → 나의 진실 표현 → 우리의 진실 경험하기'라는 진행 구조를 가지고 4가지 요소인 '쟁점 → 관계 → 전체적 시야 → 시스템/구조'로 진행되는 내용 구

조를 의식하면서 대화에 온전히 깨어 있을 때, 모두가 풍성한 수확을 맛보게 된다. 서로 안전한 공간이 유지되도록 붙잡고 대화 구조에 이바지하며 소통을 통해 새롭게 출현한 공동의 지혜/지성이 각 개인과 전체에 적절하게 기여하게 되는 것이다.

7. 기독교 비폭력 실천가가 받는 은총

삶의 황금률; "남에게 대접받기를 원하는 대로 남을 대접하라"

진리와 은총의 실재를 세상 삶에서 가시화하는 것은 성육신을 믿는 기독교인의 최고 가치이자 존재 이유다. 이를 위해 예수께서는 당시 유대 랍비 전통의 말인 '원치 않는 것은 남에게 하지 마라'를 뒤집어서 '대접받기를 원하는 대로 남에게 대접하라.'라고 가르치셨다. 이는 굉장히 혁명적인 사고를 요청한다. 나의 행동 근거를 상대의 존중 어린 태도라든지, 마땅한 행동, 그의 윤리적 선함을 전제하지 않고 오직 자기 안에 근거를 두고 행동한다는 것 때문이다. 상대가 그럴 만해서 잘해주는 것이 아니다. 예수님은 자신이 진정 원하고 바라는 것이 원인이고, 그에 따른 내 행동이 결과로 표현된다는 놀라운 의식 변화를 요청하는 것이다. 비폭력 실천가로서 나는 이 황금률에 몇 가지 신비로운 삶의 작동 원리가 숨어 있다고 생각한다.

'끌어들임'의 법칙

흔히 우리는 누군가를 사랑하면서 동시에 누군가를 미워하는 일이 가능하다고 믿는다. 마치 내 심장에 누군가를 사랑하는 공간과 누군가를 미워하는 공간이 따로 있는 것처럼 말이다. 그러나 실재는 연결되어 있고, 우리의 영혼은 나누지 못하는 하나의 온전성을 지니기에 사랑과 미움이 동시에 가능하지 않다.

나의 사랑과 공감과 자비, 그리고 신뢰는 타자와 우주의 사랑과 공감, 자비, 그리고 신뢰를 끌어들인다. 반면에 나의 분노, 파괴적인 에너지, 분리감은 타자와 우주로부터 그와 같은 에너지를 끌어들인다. 삶에서 내가 햇살 속에 있으면 밝고 명랑하며 즐겁고 평화로운 삶의 분위기와 정황을 마주하게 되고, 반면에 내가 음지 속에 있으면 좌절, 무력감, 슬픔, 외로움의 삶을 마주하게 된다. 왜냐하면, 생명계는 상호 소통하는 열린 시스템이며, 물리적 현상과 정서적 현상, 그리고 우리의 영적 현상은 생명으로서 똑같은 법칙에 의존하고 있기 때문이다.

따라서 내가 누군가를 미워하면서 나 자신을 사랑하는 일은 불가능하다. 이미 누군가를 미워했다면, 나의 참모습인 온전성에 먼저 손상이 있었을 것이다. 그러지 않고 남에게 손상을 주는 일은 불가능하다. 거꾸로 나를 향한 진정한 사랑 없이, 아니 나 자신의 존재가 사랑임을 알지 못하고서는 남을 향해 사랑을 표현하기가 불가능하다.

주는 것은 언제나 받는다

물리적 세계에서 내 것을 준다는 것은 나에게 있는 것이 남에게 건너간다는 뜻이므로 인과관계의 법칙을 지닌다. 더는 내 것이 아니다. 그러나 영혼 세계에서는 나의 것을 주면 상대에게 가버리지 않고 내게 돌아온다. 좀 더 정확히 말하자면 내가 준 것만이 나의 것이 된다.

비물질적인, 경계 없는 영역에서는 원인 뒤에 결과가 오는 것이 아닌 연기 법칙 또는 순환 법칙이 존재하기 때문이다. 즉 이것이 일어나면 저것이 일어나고, 저것이 일어나면 이것이 일어난다. 이것이 사라지면 저것이 사라지고, 저것이 사라지면 이것이 사라진다. 이것과 저것은 분명히 다른데 동시에 발생하고 사라지면서 서로 영향을 준다.

비폭력 대화나 갈등 해결의 현장 사례에 적용해보면, 상대의 고통, 갈등, 손상에 개입하고 경청하면서 관여하는 것이 겉으로는 나의 에너지와 시간과 노력을 소모하는 일로 보일 수 있다. 그러나 진정성을 가지고 그런 상황에 개입하여 온전히 깨어 있는 상태로 있어 보면 많은 경우 뜻밖에도 지치거나 소모되는 것이 아니라 에너지가 충전되고 의미를 발견하며 삶에 대한 통찰을 얻게 되면서 더 큰 자아에 대한 감각이 생기고 세상 안에서 세상을 넘는 그 무엇에 대한 직관을 얻게 된다.

말하자면, 손상, 파괴, 분열, 갈등의 상황에서 도저히 불가능해 보였으나 끝내 서로 연결이 되고 문제가 해결이 될 때, 서로에게서 일어나던 적대감이 해소되고 당사자들이 궁지에서 벗어나는 새로운 돌파구를 헤쳐나가며 찾는 것을 볼 때 뜻밖의 선물을 받는다. 안도감은 물론이고 그 어떤 궁지에서도 인간에 대한 신뢰를 얻고, 암흑의 긴 터널 뒤의 희미한 빛의 손짓을 의식하면서 강렬한 희망과 삶의 온전성을 경험하게 된다. 이것이 비폭력 실천가가 느끼는 보람이자 자기 성장의 비결이다. 영혼 안에서 주는 것은 언제나 받는다. 그리고 주는 만큼 자신이 성장한다.

대접하는 '수고'를 삶의 '에너지'로 바꾸기

우리가 하나님을 낮과 밤의 하나님, 햇빛과 비를 골고루 주시는 하나님으로 고백하는 것은 영혼에서 낮과 햇빛만이 아니라 밤과 비 또한 신을 만나는 거룩한 체험이라고 말하는 것이다. 기쁨, 찬양, 성취, 충일감을 뜻하는 낮과 햇빛의 길인 영적 신비의 체험만이 유일한 길이 아니다. 추락, 어둠, 낙담, 분리, 손상, 폭력의 현장은 그 자체가 신께 가는 거룩한 길이요, 그분의 보이지 않는 '뒷면'이다.

밤과 비 또한 신을 만나는 거룩한 길로 여기고 체험하는 데에는 하나의 장애물이 존재한다. 바로 일어나는 사건사람, 관계, 상황에 대한 자기 판단에 주목하는 일이다. 이 '판단쇼'의 올무에 갇혀 있을 때 나는 지침, 에너지의 소모, 낭패라는 부정적 감각과 '아니오'라는 막힘이 일어난다. '수고스러움'이라는 에너지 소모 경험에 직면하게 되는 것이다. 그러고 는 이것이 삶의 자연스런 법칙이라고 우리는 생각한다. 그러나 이건 전혀 삶의 자연스런 법칙이 아니다. 생명계는 어둠과 비를 통해 자기 성장과 목적, 방향, 에너지를 얻는다. 인간만이 왜곡된 지식으로 다른 관점을 지닌 것이다.

우주 안에 존재하는 것들은 그 무엇도 사소한 것이 없다. 살아있는 생명계는 엔트로피 법칙에너지가 소모되어 더는 움직임 없이 굳어져 버리는 것이 존재하지 않는다. 열린 체계로 존재할 때 모든 정보와 에너지에 전환이 일어난다. 내가 남을 온전히 공감하고 경청해주며 그 순간 깨어 있는 상태로 대접하고 있을 때, 그에게서 내가 대접받는다. 인간성이 파괴된 채 격렬히 분쟁하고 증오하는 흐름 속에서 새로운 그 무엇이 출현한다. 감추어진 보편적 인간성에 대한 신뢰가 나타난다. 적대감을 내려놓고 서로의 진심을 진지하게 들으며, 미래를 향해 새로운 선택을 하게 되는 전환이 일어나게 된다. 에너지가 충전되고 삶의 의미가 넘친다.

자신이 하도록 원하는 데에 의식의 초점을 둬라

비폭력의 핵심은 적대자나 갈등하는 상대와 싸워 이기는 것 즉, 이겨서 패퇴시키는 것이 아니라 자기 진심과 진정으로 원하는 것을 서로 교류하여 함께 선을 이루는 데 목적이 있다. 이를 위해서 자신의 진심을 제대로 말하고, 들을 때는 상대가 무슨 말을 하든지 그의 진정한 의도와 감정을 읽어내는 것이 중요하다. 그러나 우리 대부분이 비난, 강제, 판단 그리고 평가라는 틀 속에서 상대와 소통하는 습관이 있기 때문에 자신과 상대가 진정으로 원하는 욕구를 제대로 전달하지 못하고 있다.

비폭력 대화의 창시자 마셜 로젠버그는 밤에 가로등 아래서 열쇠를 찾는 한 남자에 비유하면서, 우리의 문화적인 조건과 환경이 자신이 원하는 것을 찾을 수 없는 곳에 우리가 관심의 초점을 두도록 가르치고 있다고 설명한다. 자기 관심의 초점의식의 빛을 자신이 추구하는 것을 얻을 가능성이 있는 곳에 비추는 훈련 방법으로 의사소통 하는 것이 중요하다. 우리가 정말 원하는 것은 이해와 자비이며, 여기에 의식의 초점을 두고 상대와 사건을 맞이하도록 한다.

주는 것과 받는 것은 모두 하나다

이처럼 비폭력 실천가로서 '대접하기'는 나의 노력과 시간과 에너지를 소모하는 게 아님을 경험한다. 뜻밖에도 당사자들이 스스로 자기 문제를 해결하는 전환을 경험하며 존중과 배려가 연결되며 일이 풀려나가는 것을 보면서 오히려 '대접을 받는' 경험을 한다. 이 새로운 차원의 경험이 자신의 '수고스러움'을 넘어 보람과 의미, 감동과 에너지를 오히려 부여받는 것이다.

이것이 비폭력 실천가들이 금전적인 사례나 안정적인 보수에 대한 기대 없이 일하면서도 그 활동에 자신의 삶을 거는 매력적인 이유이기도 하다. 폭력의 문화와 구조가 일상화된 패턴을 뚫고 새로운 삶의 가능성을 예고 받는 그 맛봄이 강렬하기에 헌신하는 게 아닐까.

기독교 비폭력 실천가는 '대접하기-대접받기' 및 '수고-보람'의 패턴을 초월하여 더욱 앞으로 나아간다. 폭력과 갈등의 현장이 이미 신이 '거룩하게 현존'하는 곳locus이라는 인식을 체험하는 것이다. 여기에는 '자기' 경험이 아니라 '신체험'의 경험이 존재한다. 자신이 실천한 물 한 방울의 행위에서 대양을 깨닫는다. 물 한 방울은 대양 속에 적셔 들어간다. 거기에는 '나'의 경험이 없다. '그분' '궁극적인 그 무엇' '하나님의 그것'의 현존으로 들어가는 문이 될 뿐이다. 나는 하나의 문을 열게 되는 것이다. 또 다른 차원으로 들어가는 경험이 일어난다. 전체 속으로 일치와 자기 개방이 펼쳐지는 것이다.

이것이 곧 일이 기도가 되고, 워크숍이 예배worship가 되는 이유다. 멈추지 않고 일하는 것이 지침으로 끝나지 않고 경배와 헌신으로 전환된다. 그래서 예수께서는 말씀하신다. "하나님이 일하시니 나도 일한다." 이는 '내'가 일하는 것이 아니다. '하나님이 일하신다'라는 궁극적인 존재의 터전 위에 설 때 나는 일하게 된다. 나는 통로가 될 뿐이다. 그래서 일이 더는 일이 아니다. 그리고 모든 일은 그분의 일현존이 된다.

많은 일은 오직 '하나'의 일, 그분의 일이 된다. 그분의 현존의 변형일 뿐이다. 많은 일이 있음에도 혼란하지 않다. 왜냐하면, 하나의 일이요 한 분의 일이기 때문이다. 삶의 모든 것, 모든 존재, 모든 행위는 한 분이신 궁극 존재의 '환대' 속에 있다. 환대의 전체성이 존재의 비밀이다. 이것이 기독교 비폭력 실천가가 도달하게 되는 궁극 목표다. 하나의 일이 되기 : 예배, 헌신, 일, 노력, 시간 보내기, 탐구, 실천, 대화, 지침, 열정…. 이 모든 것이 '하나님의 현존'으로 하나의 일이 된다.

이렇게 우리의 삶은 일이 사명이 되고 은총이 된다. 은총이 먼저 있으면서 존재의 기반이기 때문이다. 주는 것은 '일'이 아닌 '기도'가 되고, 결국 거룩한 분의 현존을 돌려받게 된다. 하나로 일치시키는 하나님의 현존 안에서 주는 것과 받는 것, 대접하기와 대접받기는 모두 하나로, 한 분에게로 흐른다.

8. 폭력의 각본을 바꾸는 비폭력의 지혜

자극되는 상황 전환하기

잘 생각해보면 우리가 인생에서 마주치는 자극 상황들이 모두 힘들게 끝나는 것은 아니다. 생존 본능 때문에 우리의 기억은 대개 위험하고 힘든 상황을 더 쉽게 그리고 빨리 기억하지만, 그럼에도 우리는 자극 상황을 자기도 모르게 뜻밖에도 만족스러운 결과로 전환한 경험이 있다. 만일 그러지 않다면 그 사람은 지금 존재하지 않을 것이기 때문이다! 복잡하고 해야 할 일이 많은 이 세상에서 우리는 하나의 문제가 해결되면 또 다른 해결해야 할 문제로 빨리 넘어가는 '실행 모드'로 사는 게 보통이기 때문에, 해결한 것보다는 앞으로 해결해야 할 것에 관심과 마음이 쏠리는 게 사실이다. 그래서 우리는 만족스럽게 문제를 해결했던 생생한 기억을 쉽게 갖고 있지 못하다.

그러나 어느 때엔가 자극 상황을 만족스럽게 해결한 경험을 다시 명료하게 불러내보면 '폭력의 각본'에 따른 악순환을 바꿀 수 있는 실마리를 찾을 수 있다. 나는 이것을 '비폭력의 지혜'라고 부른다.

이 '비폭력의 지혜'는 우리가 소유할 수는 없지만, 그 지혜에 나 자신을 개방해놓고 작동되는 원리를 내가 의식하고 있으면 거의 틀림없이 그 자극 상황은 만족스러운 배움과 성장으로, 그리고 관계의 개선과 질적인 도약의 선물로 전환하게 될 것이다.

어느 때인가 나는 기독교계의 한 환경단체가 주관한 포럼에서 사회를 맡은 적이 있다. '지구 온난화에 대한 교회의 책임'이란 주제로 두 시간에 걸쳐 진행된 이 포럼에서는 목회자와 평신도 지도자들이 모여 지구 온난화에 대한 대응을 모색했다. 두 사람의 발제가 끝나고 남은 30분은 참석자들에게 질문을 받았다.

그때였다. 한 분이 시골 어느 교회 장로라고 자신을 밝히면서 매우 격앙되고 듣기에 거친 소리로 한국 교회들을 비판하기 시작했다. 앉아 있는 사람들이 듣기에 불편할 정도로 훈계하고 비난하는 투의 이야기를 계속 이어서 하셨고, 2~3분이 지나니까 앉은 사람들 일부가 '뭐야, 저 사람은?' 하는 표정과 자세들로 바뀌어 가는 것을 내가 사회자로 목격하게 되었다. 사회자인 나로서는 개입해야 할지 말아야 할지 갈등이 일어나기 시작했고, 그 장로님도 불편해하는 사람들의 표정들을 보면서 이야기의 일관성을 잃어가더니 정작 무슨 말을 하고 있는지 모르는 말을 5분 이상 하시다가 분위기에 밀려 그만 대충 정리하시고 주저앉으셨다.

이때까지는 사회자로서 나도 매우 당황하고 있었고 어떻게 해야 할지 난감해하던 상황이었다. 그런데 그분이 앉자마자 나로서는 뜻밖의 말을 하게 되었다. "그러니까 장로님 말씀을 요약하자면 이렇게 중요한 지구 온난화의 문제에 한국 교회가 응답하고 있지 않다는 게 신앙인으로서 매우 화가 나고 이해할 수 없다는 것이지요? 이렇게 긴급하고 중요한 일에 기독교계가 발 벗고 나서서 하나님의 창조 질서를 보존하는 일에 앞장서는 모습을 보고 싶은데 그렇지 못한 상황이 신앙인으로서 분노가 치민다는 말씀이군요. 그래서 장로님의 교회에서라도 뭔가 해보고 싶은데 그 방법을 몰라 그걸 알려달라는 말씀이신데, 제가 들은 것이 맞나요?"

뜻밖의 일이 일어난 것은 의도하지 못한 내 말만이 아니었다. 내 말을 듣는 순간 그 장로님은 매우 크게 고개를 끄덕이며 안심이 된다는 뜻의 몸짓을 보이셨고, 그 모습을 보자 본 모두가 딱딱한 얼굴들이 환하게 바뀌면서 자세를 다시 고쳐 전체의 분위기가 화기애애해졌다.

　마무리 발언에서 참가자들은 포럼에 대해, 그리고 어느 사람은 포럼 진행에 대해 특히 흡족한 코멘트를 하였다. 끝나고 서로 인사하는 때에 그 장로님도 내게 다가와 악수를 청하셨다. 내가 만일 중간에 발언을 중지시키고 경우에 맞지 않는 말씀을 말아달라거나 용건만 말씀해주시라고 했더라면 어떤 분위기로 끝났을까 생각하니, 참으로 아슬아슬했고 다행이었다고 기억될 모임이었다.

　이 사례를 통해, 비폭력 실천가는 어떤 상황에도 침착하게 대응하는 모범을 보인다고 말하려는 게 아니다. 실상 내가 그 시간에 얼마나 당황이 되고 불안을 느꼈을지는 인간이면 누구나 다 느끼는 공통된 감정이었다고 보면 된다. 내가 나누고자 하는 것은 힘든 상황에서 그 결과가 손상, 분리, 상처의 결과로 쉽게 이어질 수 있다는 예감이 든 때조차 다시금 '비폭력의 지혜'에 자신을 연결하는 것이 큰 도움이 된다는 확신이다. 이 비폭력의 지혜는 '비폭력 대화'에 능숙하지 않아도 작동된다. 이 것으로 폭력의 각본이 전환되는 경험을 하게 될 것이다.

　'비폭력의 지혜'의 일부만 소개하면 다음과 같다.

－ 모든 인간에게 신성함이 있음을 굳게 믿는다. 겉모습, 지위, 부, 인종, 직업, 나이에 관계없이 모든 인간은 신성한 그 무엇을 내재하고 있으며 그것이 그의 본래 가치를 확인한다는 신념을 지닌다.
－ 위의 원칙에 따라 논쟁이나 갈등 상황에 있을 때 상대 안에 있는 선함the good에 다가가려 노력한다. 상대의 언어나 행동이 나의 신념과 가치에 맞지 않을지라도 그 선함에 다가서는 것을 포기하지 않는다.
－ 자기 진심을 명료하게 구체적으로 표현한다. 그 상황으로 말미암은

자신의 느낌과 상대의 느낌을 확인하고 자신의 진정성이 전달되는 방식으로 상대에게 말을 건다.

- 때로 위기를 피할 수 없을 때는 상대가 예상하지 못한 창조적인 방식으로, 그리고 나와 상대에게 있는 최선의 자아the best self가 작동할 수 있는 방식으로 응답한다. 여기서는 나와 상대의 공동의 것, 공통의 인간성을 드러내는 방식을 선택할 수 있다.

- 폭력이 아닌 비폭력적인 대응을 한다. 비폭력적 대응이란, 진실이 더욱 강화되고 충전되는 존중의 방식으로 대화하고 행동하는 것을 말한다. 상대에게 행한 것은 나에게도 행하는 것임을 이해한다.

- 어떤 상황에서 판단이 어려울 때는 자신의 직관을 신뢰하고 따른다. 무엇을 해야 할지, 언제 말하거나 행동할지, 언제 그만두고 멈출지에 대한 자신의 직관을 믿는다. 여기에는 자기 존중, 자기 존엄성에 대한 밑바탕과 분위기가 있어야 한다. 즉, 위기 상황에서 두려움이나 수치심이 아닌 자기 존엄성에 대한 감각이 있을 때 그 직관은 잘 작동된다.

- 상대를 존중하고 배려하는 자세로 대한다. 이는 자기 존엄성에 버금가는 상대에 대해 가져야 할 태도이다. 이를 위해서 판단하지 않고 경청한다. 경청은 존중과 배려의 가장 기본적인 자세이자 상대와 연결되기 위한 만능열쇠다.

위와 같은 제안은 이미 예수, 프란체스코, 간디 등을 통해 실험되었던 지혜들이다. 그리고 이 지혜들은 마음을 열고 삶이 편안해지는 능력을 체험하게 해준다. 또한 무의식적 반응을 끊게 하고 의식적으로 유념하며 살게 해주며, 무의식적으로 점점 더 습관이 비폭력적으로 바뀌게 되면서 자연스러워져 비폭력 지혜가 저절로 출현하는 빈도수가 많아지게 된다.

9. 예수의 부활은 평화 능력의 부여받음이다

그리스도를 영으로 만나 예수의 제자가 되었다고 주장하는 사도 바울에게 영적 투쟁은 인간 내면의 문제도 아니고, 적으로 지칭할 어느 특정 인간이나 그룹과의 싸움도 아니다. 바로 우리 사회의 지배체제를 정당화하는 권세와 그 세계관이다.

> "우리가 대항하여 싸워야 할 원수들은 인간이 아니라 권세와 세력의
> 악신들과 암흑세계의 지배자들과 하늘의 악령들입니다."엡6:12

권세, 세력의 악신, 암흑세계의 지배자들, 하늘의 악령들에 대한 초점은 더욱 근본적인 문제를 가리키는데, 복음은 그런 점에서 이 세상에서 샬롬이 통치하도록 이끈다. 삶을 제한하고 분열시키며 파괴하고 소외시키며 분쟁을 일으키는 힘들에 대항하여, 생명의 창조자에 대한 경배는 필연적으로 파멸과 죽음의 모든 세력에 맞서는 싸움이라는 영적 투쟁을 동반한다.

이는 바로 예수와 그의 제자들이 당시 유대교와 구별하여 하나님을 새롭게 이해해 분리되어 나오는 실마리가 된다. 거룩의 개념을 제의적 관점이 아니라 평화의 관점에서 새롭게 본 것이다. 우리는 이 사실을 초대교회가 부활을 어떻게 이해하고 있는가에 대해 깊이 숙고함으로 더욱 명확히 알 수 있다. 초대교회에서 십자가와 부활에 대한 이해는 평화와 관

련짓지 않고는 이해할 수가 없기 때문이다.

부활, 평화 능력을 부여받다

성서는 부활의 현상, 즉 '어떻게'에 대해 아무런 묘사가 없다. 단지 엠마오의 두 제자의 경우처럼 뭔가를 확연히 볼 수 있게 해준 놀라움의 경험으로 묘사한다. 부활은 새로운 시대의 시작을 나타내며, 예수가 예표한 하나님 나라의 삶의 양식이 영원한 효력이 있음을 확증해주는 표현으로 나타나고 있다. 그리고 제자들은 그 부활에 참여함으로써 참된 평화로 화해에 이르는 삶의 과정을 밟게 된다. 부활은 샬롬 통치를 위해 헌신하도록 방향을 전환하고 그러기 위한 평화 능력을 부여받는 일이었다.

안식일 다음날 저녁에 제자들은 유대인들이 무서워서 어떤 집에 모여문을 모두 닫아걸고 있었다. 그런데 예수께서 들어오셔서 그들 한가운데서시며 "너희에게 평화가 있기를!" 하고 인사하셨다. 그리고 나서 당신의 손과 옆구리를 보여주셨다. 제자들은 주님을 뵙고 너무 기뻐서 어쩔줄을 몰랐다.

> 예수께서 다시 "너희에게 평화가 있기를! 내 아버지께서 나를 보내주신 것처럼 나도 너희를 보낸다"라고 말씀하셨다. 이렇게 말씀하신다음 예수께서는 그들에게 숨을 내쉬시며 말씀을 계속하셨다. "성령을 받아라. 누구의 죄든지 너희가 용서해주면 그들의 죄는 용서받을것이고 용서해주지 않으면 용서받지 못한 채 남아 있을 것이다." 요 20:19-23

문을 잠그고 두려워 떠는 제자들에게 하신 첫 번째 말씀이 바로 "너희에게 평화가 있기를"이었다. 이 평화의 말씀은 단순히 두려워하는 제자들을 안심시키는 말씀이 아니라, 산상수훈과 식탁 교제, 그리고 십자가로 이어지는 샬롬 통치의 극명한 표현이자 예수의 목회 요체다. 그 평화를 선물로 받고 이제 평화의 선교를 제자들에게 또한 위탁한다. 이는 다시 평화를 기원하며 그 평화를 세계와 나누도록 평화의 선교로 부르신다. "너희에게 평화가 있기를! 내 아버지께서 나를 보내주신 것처럼 나도 너희를 보낸다." 평화를 선물로 받고 이를 다시 세상에 부여하기 위한 책임감이 제자들에게 생기는 것이다.

그러나 양을 이리떼에게 보내는 것과 같은 폭력적인 세상에서 단순히 예수에 대한 기억과 삶의 모방만으로는 감당할 수가 없다. 그래서 기독교인의 삶에 가장 결정적인 능력 부여가 일어난다. "이렇게 말씀하신 다음 예수께서는 그들에게 숨을 내쉬시며 말씀을 계속하셨다. '성령을 받아라…'" 개인의 능력 한계와 악마적인 사회 구조에서 받는 고난과 억압의 그 어떤 상황 속에서도 생명을 주시고 능력을 주시어 성취하도록, 창조적인 평화 능력이라는 성령을 부여받게 되는 것이다. 이로 말미암아 이제는 의지가 아니라 능력을 부여받음으로써 자유 행위가 된다.

조력자이자 중재자로서 성령이 주시는 평화의 은사를 통해 제자들은 이제 세상으로 나가는 적극적인 사명을 부여받는다. 화해의 사명을 띠고 세상으로 파견된 것이다. "누구의 죄든지 너희가 용서해주면 그들의 죄는 용서받을 것이고 용서해주지 않으면 용서받지 못한 채 남아 있을 것이다." 생명을 약화시키고 분열시키고 파괴했던 죄가 용서되면서 그 죄가 역사 속에 만든 악마적인 구조도 해체된다. 이것이 성령의 활동이요 은사다. 그러한 활동에 참여하는 것이 제자들과 그 초대 신앙 공동체에 일어난 진정한 부활절 사건이 된다. 그 성령이 조력자로서 주는 것이 바로 평화 능력임은 그의 고별인사에서 잘 나타난다:

"나는 너희에게 평화를 주고 간다. 내 평화를 너희에게 주는 것이다. 내가 주는 평화는 세상이 주는 평화와는 다르다. 걱정하거나 두려워하지 마라." 요14:27

부활 사건으로서 평화 능력의 회복은 후기 사도 바울의 신앙 공동체의 증언과도 맥을 같이한다. 다음 성서의 증언을 유념해보자.

"아버지께서는 모든 충만으로 예수 안에 거하게 하시고 그의 십자가의 피로 화평을 이루사 만물, 곧 땅에 있는 것들이나 하늘에 있는 것들을 그로 말미암아 자기와 화목케 되기를 기뻐하심이라" 골1:19-20

여기서 명확히 보듯이 십자가의 길은 바로 화평케 하는 길이요, 그 목적은 땅과 하늘의 것들이 그와 더불어 화목케 된다고 분명히 밝혔다. 이렇게 예수의 초기 제자들에게 있어서 십자가와 부활은 평화와 화목이며, 이는 주가 "우리의 평화" 엡2:14라는 신앙고백과 오차 없는 일관성을 보여주는 특성이기도 하다. 성령에 의한 평화 능력의 회복은 이제 새로운 시작을 알리며 자발적으로 헌신하고 고난을 극복하도록 자기 초월성을 부여받으면서 미래를 향한 문을 보여준다.

십자가의 권능

부활에서 나타난 이러한 평화 능력의 회복은 폭력의 악순환을 끊기 위해 예수께서 지신 십자가 수행과 연관되어 있다.

"십자가로 권세와 세력과 천신들을 사로잡아 그 무장을 해제시키시고 그들을 구경거리로 삼아 끌고 개선의 행진을 하셨습니다." 골2:15

여기서 십자가는 하나님의 샬롬의 통치, 곧 비폭력 수행을 통해서 악마적 구조를 무장 해제하는 비폭력적인 무기가 된다. 폭력의 악순환을 끊는 것이다. 예수의 죽음은 지배체제의 폭력성을 드러내고 그러한 질서를 무너뜨리는 것이었다.

콘스탄티누스 황제의 개종과 더불어 기독교가 제국의 종교가 되자 기독교의 성공과 목표는 제국의 성공과 제국의 목표와 직결되었고, 제국을 보호하고 유지하는 것이 신앙의 결정적 판단의 기준이 되었다. 국가 종교로 변질한 기독교 교회는 제국 자체에 도사린 악마를 보지 못하고 오히려 제국의 원수들에 악마가 있다고 보면서 십자가를 무기로 하여 십자군 전쟁이나 종교 전쟁을 일으켰다. 또한, 속죄와 구원은 믿는 자와 하나님 사이에서 처리되는 개인적인 화해와 영혼 내부의 일로 전락함으로써 그리스도의 사역이 지배체제에 대한 비판이라는 원래 초기 제자들의 생각은 완전히 사라지게 되었다.

그러나 에베소서 6:12절과 골로새서 2:14절이 증언하듯이 초대교회의 명확한 관점은, 그리스도가 정복한 것이 바로 권세들이라고 말한다. 골로새서 2장 13-14절에 따르면 용서는 우리 자신의 억압과 다른 사람들의 억압에 우리가 공범자였던 것을 용서함이다. 우리가 소외되었던 것은 단지 하나님을 배반한 데 따른 결과만이 아니다. 우리가 세상의 헛된 철학의 속임수와 세속의 원리라는 사회적 규정에 사회화된 결과이기도 하다. 십자가와 부활은 이것들을 무력화하는 권능을 지닌다.

평화와 화해의 메시지인 복음

지금까지 주류 기독교는 대체로 세상의 권력이 지닌 폭력의 가면을 벗겨버리는 일에서 성공하지 못하였다. 때로는 정당한 전쟁이라는 국가 이데올로기를 가지고 정치 권력에 개입했고, 피의 속죄론을 사회가 아닌 개인에게 일방적으로 내면화하였으며, 하나님 나라를 사후 세계나 먼 미래에 투사하였다. 그래서 복음이 지닌 가장 본질적인 평화와 화해의 메시지를 상실하였다. 따라서 복음이 지닌 원래의 혁명적인 요소가 사라졌고, 지금의 기득권층인 보수 기독교는 아예 복음 속에 있는 이 혁명적인 요소들을 빼버리고 '나비는 날아간 빈 고치' 만을 지키며 숭배하는 현상이 되어버렸다. 그래서 화해와 평화를 이야기하면 두려워하고 그런 목소리를 내는 자를 십자가에 매달려고 한다. 마치 예수 당시 산헤드린의 대제사장이 예수를 고발할 때처럼, '국가나 전체 백성보다 한 개인이 희생하는 것이 더 낫다' 는 인식 속에서 안정을 해치는 평화주의자들의 목소리를 못들은 체하거나 아예 입을 못 열게 '좌익' 으로 몰고 마는 것이다.

그러나 예수를 주로 고백하는 초대교회는 "하늘에는 영광, 땅에는 평화"라는 천사의 소식을 통해서 평화의 사역은 예수의 탄생과 더불어 시작하였음을 증언하였고, 예수의 죽음과 부활 이후 초대교회는 그리스도가 평화이자 화해임을 사도 바울을 통해 명확히 전달하고 있다. 그리고 이것이 복음의 핵심이다.

> 그리스도야말로 우리의 평화이십니다. 그분은 자신의 몸을 바쳐서 유대인과 이방인이 서로 원수가 되어 갈리게 했던 담을 헐어버리시고 그들을 화해시켜 하나로 만드시고 율법 조문과 규정을 모두 폐지하셨습니다. 그리스도께서는 자신을 희생하여 유대인과 이방인을 하나의 새 민족으로 만들어 평화를 이룩하시고 또 십자가에서 죽으심으로써 둘을 한 몸으로 만드셔서 하느님과 화해시키시고 원수 되었던 모든 요소를 없이하셨습니다. 엡2:14-16

초대교회가 그리스도를 어떻게 이해했는지가 바로 여기서 밝혀진다.

나는 이 문장을 『과학 혁명의 구조』에서 패러다임 이론을 제기한 토마스 쿤의 용어에 기초하여, 초대교회에 일어난 '신앙 의식의 혁명적인 패러다임 전환'이라고 부른다. 이것은 예수, 사도 바울, 그리고 그들을 따르는 초대교회에서 공유되었던 놀라운 의식 전환이며, 아직도 우리가 도달하지 못한 새로운 신앙 의식이다. 예수로부터 시작해 사도 바울로 완성된 초대교회의 신앙 실천 핵심이 어떻게 달라졌는지를 명확히 알 수 있는 것이 이 본문이다. 이것은 어떤 의미인가?

첫째, 우리가 신화적 세계관에서 과학적 세계관으로 돌아온 지 불과 얼마 되지 않은 이 시기에, 그리고 완전히 신화적 세계관에서 신을 예배하는 것을 사물, 사건, 일, 인생의 중심으로 보았던 당시에 그리스도를 완전히 다른 각도로 제시하는 것이다. 초자연성으로 규정하지 않고 평화라는 최고의 윤리성으로, 다시 말해 적대성을 해소하는 연결자로 보면서 존재와 윤리를 연결했다는 점이다. 이는 그리스도를 예배의 대상화로서가 아니라 실천의 능력화로 전환시켜 그리스도를 따르는 이로 하여금 진실로 실천praxis으로 뛰어들게 만든다.

둘째, 당시 유대인과 이방인은 정말 현실적인 '원수' 그 자체였다는 점에서 당시의 사회적 분리와 적대의 사회적 상황에 대해 엄청나게 변혁적인 도전이었다는 점이다. 거룩의 울타리를 개인이 아닌 민족 전체가 하는 것을 신의 요청으로 본 유대인들에게 '유대인과 이방인을 하나의 새 민족으로' 만드는 일이 그리스도의 본질적 사역이라는 것은 엄청난 의식의 혁명적 발상인 셈이다. 오늘날 한국 기독교가 반공 이데올로기로 북한을 공격하는 데 앞장서는 입장이 당시의 보수 유대인들과 똑같은 상황이라면, 이 사도 바울의 고백은 한국 교회의 현재 신앙 패턴에 커다란 해일일 수 있다. 그런데 아무런 마음의 도전이 없는 것은 정말로 이상하기만 하다.

셋째, 거룩함에 대한 이해, 즉 하느님께 영광을 돌리는 이해가 달라졌다. 이는 직접적으로 신께 영광 돌리는 일은 불가능하다는 이해다. 예수 탄생의 고지에서 천사가 한 말처럼 '땅의 평화가 하늘의 영광'을 가져온다. 이 둘은 짝이다. 산상 설교에서 예수께서 말씀하신다. "이같이 너희 빛이 사람 앞에 비치게 하여 그들로 너희 착한 행실을 보고 하늘에 계신 너희 아버지께 영광을 돌리게 하라."마 5:16 상대가 기독교인의 행실을 보고 그들이 찬양할 때 비로소 하느님이 영광 받으신다는 점에서, 하느님께 영광을 돌리는 길은 타자를 통해 가는 간접적 방식인 셈이다. 바울에게 있어서도 인간의 화해가 신의 거룩함을 드러내고 그분의 거룩함에 참여하는 길이 된다.

정리하자면, 초대교회에 있어서 그리스도는 무엇보다 평화이시고 화해하게 하시는 분이라고 고백한다. 그분의 능력은 화해의 능력이다. 곧 원수 된 담을 헐어버리고, 분리된 자를 한 몸으로 만드셔서 원수 된 요소를 도말해버리는 분이며, 이것이 그들이 새로 이해한 거룩함이었다. 이런 증언을 오늘날 되살려서 우리에게 중요한 질문을 하자면 이렇다. "우리는 어떻게 원수들 안에 있는 하느님을 발견할 수 있을까?" 원수를 사랑하고 악을 선으로 이기라는 말씀이 예수님의 진정한 말씀이라고 믿는다면, 원수 안에 있는 하나님의 형상을 우리는 어떻게 볼 것인가.

2부 자비, 연결, 대화

1. 술에 취한 사람에게 손 내민 비폭력 대화

2. 느낌과 욕구를 통해 신의 자비를 만나다

3. 진실과 자비가 눈에 보이는 대화

4. 마음의 가난과 온유함이 요구되는 대화

5. 판단하지 않는 삶에서 받는 충만함

6. 분배와 돌봄, 조화가 있는 '안식'

7. 작고 여린 타자로부터 열릴 때

8. 피조물의 탄식 속에서 성령의 탄식을 듣다

9. 이해와 연민의 수행으로 성장하고 변화하기

1. 술에 취한 사람에게 손 내민 비폭력 대화

2주 전 주일에 생긴 일이다. 예배 설교 시간에 담임 목사님이 강단에서 몇 마디 시작하고 있는데, 갑작스럽게 위층에서 소란한 소리와 함께 고함이 들렸다. "A 장로 나와! 이런 인간은 그냥 놔둬서는 안 돼!" 전에 없던 일이라 교회 안이 술렁거리면서 설교가 끊기는 초유의 사태가 발생하였다.

B 장로가 일어나 무슨 일인지 알아보러 나갔고, 교인들이 그 사람을 억지로 끌어서 복도로 나가 엘리베이터를 태우는 소리가 간간이 들렸다. 그는 끊임없이 큰 소리를 지르며 A 장로를 욕했다. 교인이 200명 정도인 중소형 교회에서 전에 없던 일이 일어나 잠시 혼란과 충격을 느끼던 나는, 아무래도 계속해서 시끄러울 수 있고 염려도 되어 자리에서 일어나 나가보았다. 어떻게 해야 할지는 모르겠지만, 예배도 돕고 사태를 함께 해결해야 한다는 책임감도 있었기 때문이다.

1층으로 내려온 그는 나와 이야기 나눠본 경험은 없지만, 안면이 있는 신도였다. 핏대가 오른 그는 건장한 체격의 한 집사님의 완력에 이끌려 교회 밖 거리까지 거의 끌려나오다시피 했다. A 장로는 말렸고, 그의 아내인 집사님은 어쩔 줄 몰라 발을 동동 굴리며 서 있었다.

사태가 파악이 안 되어 잠시 떨어져 있던 나는 그가 지금 술에 취해 있다는 것을 발견했고, 대충 파편적인 이야기를 통해 얼마 전에 그가 술을 마시고 기도하러 오자 A 장로가 나가라고 하면서 교회 문을 잠근 일을 알게 되었다. 그는 건장한 체격의 집사와 옥신각신하고 있었는데, 몸으로 통제를 당하는 것이 그를 몹시 짜증 나게 하는 것으로 보였다. 특히 자기 아내가 옆에서 어쩔 줄 몰라 하자 화가 났는지 "당신은 들어가!"라며 고성을 치고 있었다.

분위기는 정리되기는커녕 그대로 지속되었고, 교회 밖이 바로 도로여서 지나가는 사람들이 교회 앞에서 일어나는 일을 보는 것도 참 민망한 상황이었다. 나로서는 키나 체격에서 그를 통제할 힘이 없었고, 술에 취해 있는 그에게 다가가서 개입하는 것이 안전은 둘째 치고 과연 술 취한 사람과 대화가 이성적으로 될지 확신이 안 서 머뭇거리고만 있었다. 그러나 아무래도 완력으로 그를 붙잡아 두고 타이르는 집사님과 장로의 행동이 그를 설득할 것 같지가 않겠다는 판단이 생겨 다가가 개입하게 되었다.

나 – "화가 무척 나신 모양이에요?"
그 – "이게 교회입니까? 기도하러 왔는데 A 장로가 강제로 나가라고 했다고요…. 그 ××는 가만두어서는 안 돼!"

그러면서 아내가 잡아끄는 것에 꽥 고성을 냈다.

그 – "당신은 가만히 있으라고!"
나 – "정말 그동안 힘이 많이 드셨군요. 그 일로 정말 화가 나셨다는 거군요."

그러고는 아내 분께 여기는 내가 책임질 테니, 옆에 있으면 더욱 화를 내게 하니까 들어가 계시면 좋겠다고 들여보냈다.

그 – "아니, 부목사님. 이런 교회가 어디 있습니까? 기도하려는 나를 내쫓고, 나더러 '당신 따위는 우리 교인이 안 돼도 돼' 라고 그 A 장로가 했다니까요…."

일단 내가 부목사라는 것을 그가 알고 있고 뭔가 나에게 호소한다는 생각이 들자, 눈짓으로 그 건장한 집사에게 떨어져서 들어가도록 부탁했다. 당신을 위협할 사람이 아무도 없다는 것을 확인시켜주기 위함이었다.

나 – "그래서 무시당한 느낌에 자존심이 상하시다는 것이군요. 제가 성도님이 어떤 상황이었는지 듣고 싶고 어떻게 하면 좋겠는지 그 방법을 생각해 보고 싶어요. 일단 저기 카페에 가서 저와 이야기를 나누시겠어요? 성도님의 말씀이 매우 마음에 와 닿고 궁금하기도 해서 꼭 듣고 싶은데, 괜찮으시겠어요?"

한 10분 정도 이렇게 이야기는 진행되었다. 그는 A 장로가 얼마나 나쁜지 계속 이야기하면서 무시당했다고 말했고, 나는 계속 그가 고통이 얼마나 컸겠는지, 자신이 존중되고 싶었을 텐데 그렇지 못해 힘들었을 것이라고 공감해주었다. 다행히 그는 카페에 같이 가는 것에 동의하였다. 그렇게 둘이서 마주 앉아 30~40분간 대화하게 되었다.

카페에서도 언성이 좀처럼 내려가지 않은 그는 어느 스님에게서 서예를 지도받았다는 것, 그리고 A, B 장로가 매우 편협하고 속이 좁은 사람들이어서 과거에 몇 번 상처 받은 적이 있다는 것을 토로하기 시작하였다. 이런저런 이야기 속에서 나는 일의 발단을 이해하게 되었다.

나 – "선생님은 신앙인이라면 좀 더 남에게 열려 있는 태도를 보이기를 바라시고, 말보다 사랑의 실천이 눈에 보이도록 행동하시는 것을 보고 싶으시다는 거지요. 제가 제대로 이해했나요?"

그는 이 말에 갑작스럽게 편안해지며 말소리를 낮추고 내게 자기 속에 있는 이야기를 하기 시작했다. 자기 신세를 들려주었다.

얼마 전에 전세 계약일이 다가오면서 집주인이 2천만 원을 올려 달라고 했는데 결국은 다른 곳으로 이사하기로 했다는 것, 바로 이틀 전에 딸이 졸업했다는 것, 그리고 자신이 12억의 재산가였지만 친구에게 몇억의 사기를 당했다는 것이 그 골자였다.

나 – "선생님은 남편으로서 착한 아내에 대해 그리고 가정에 대해 도움이 안 되어서 참 마음이 아팠겠군요. 졸업하는 딸을 보면서 딸이 고맙고 대견하면서도 지금은 아무것도 없는 선생님이 아빠로서 뭔가 해줄 수 있는 게 없어서 매우 미안하고 안 됐다는 것이지요? 그래서 속이 상해서 술을 드시게 되었다는 것이군요."

내가 이렇게 말하자 그는 갑자기 눈물을 흘리기 시작하더니 한동안 격정에 휩싸이게 되었다. 아빠로서 딸에 대한 자신의 진정한 마음을 내가 알아준 것이 고맙고 제대로 해주지 못하는 아빠로서 지니는 안쓰러운 마음이 확인됐기 때문일 것이다.

또한 아내가 암으로 7년 반을 보내면서 이를 위해 많은 재산을 날렸고, 공기 좋은 정릉으로 왔다고 말하였다. 아내가 매우 착해서 고맙고, 이를 위해 재산을 아깝게 여기지 않고 병원비용에 썼는데, 그녀가 자신이 그녀를 사랑하는 맘을 아는지 모르는지 오직 교회만 다니고 자신과 소통이 안 된다는 것을 말해주었다.

> 그 – "아내는 오직 교회밖에 몰라요. 착하긴 하지만 내가 무슨 생각을 하는지 전혀 모르고 있어요."
>
> 나 – "그러니까 선생님은 어떤 일이 있어도 아내를 사랑ᆫ다는 것이 전달되었으면, 당신이 내게 소중하다는 진심이 그대로 전달되었으면 하시는군요. 그리고 때로는 선생님이 바깥일로 힘든 상황에 처해서 힘들 때 서로 마음을 나누고 선생님의 힘듦도 이해받기를 원하신다는 말씀이지요?"

여기서 그는 고개를 끄덕이더니 친구들의 경우를 말하면서 아픈 아내, 힘들어 하는 아내를 놓고 바람을 피우는 사람의 이야기, 그리고 친구들에게서 자신과 소통이 안 되는 그런 아내를 버리라는 심한 조언까지 들었지만 자신은 그러지 않는다는 설명을 하였다. 자신은 그런 사람들과 다르다는 것, 그리고 이것은 집안의 유교 전통에서 온 것인데 자신은 그런 얘기들을 귀로 흘려보냈고 돈도 아까워하지 않고 집을 팔아 아내의 병원비를 댔다는 것이다.

> 나 – "선생님에게는 책임이 중요하고, 어떤 어려운 상황에도 착한 아내를 보살피는 것이 선생님만의 중요한 가치이신 거군요. 어떠한 상황에도 약한 사람을 버리지 않고 경제적인 이득이나 손실보다는 돌보고 책임지는 것을 가장 소중하게 생각하고 이를 지키고 싶다는 것이지요. 그것이 또한 유교의 성현의 가르침에 따르는 길이기도 하고 이에 동의한다는 말씀이신 거군요."

공감을 주는 이런 나의 말에 자극되었는지 40대 중년 남자로서 말하기 어려운 이야기를 꺼냈다. 이사를 해야 하는 형편에, 아내와 이야기가 잘 안 되어서 키우던 진돗개 한 마리를 어쩔 수 없이 최근에 해남에 있는 어머니댁에 갖다 드리고 왔다는 것이다. 가면서 휴게소에 내려서 이별이라 생각하고 먹을 것을 주는데, 그놈도 뭔가를 알아차린 것처럼 짖지도 않고 먹지도 않고 슬픈 표정이었다는 것이다.

    나 – "선생님은 그동안 그 진돗개가 선생님을 알아봐줘서 위로가 되고 자기 마음을 알아주고, 말로는 아니지만 서로 애정도 나누고 소통도 되었는데, 이제는 못 보게 되어 생살이 떨어지는 듯한 아픔이 있다는 것이군요. 그리고 주인과 이별한다는 것을 아는 것 같은 그 개의 태도를 보고 지켜주지 못해서 미안하고 가슴이 아팠다는 것인가요?

여기서 두 번째로 그는 눈물을 흘리고 만다. 정말로 그는 개에게 애정을 쏟았고 위로가 되었는데 버린다는 게 죄책감이 들었다는 것이다.

    나 – "선생님께서 그 개를 남에게 팔지 않고 그래도 멀리 해남까지 바쁜 일정 속에 일부러 차에 싣고 어머니에게 갖다 드린 것은, 선생님에게는 이별의 아픔이지만 또한 혼자 계시는 어머니께 그 진돗개가 위로와 힘이 되고 서로 의지가 되면 아들로서 조금이나마 어머니께 도움이 되실 것을 기대하신 것인가요? 그래서 아들 대신 그 개가 어머니에게 조금이나마 대신 효도를 할 수 있고, 그래서 자주는 못 가지만 어쩌다 내려가 보면 어머니와 그 개가 서로 의지하며 살아가는 것을 보고 싶으셨던 거지요?"

죄책감으로 미처 발견하지 못한 자신의 진심을 내가 확인해주니 자신의 진정한 의도가 이해되는 것처럼 그는 고개를 끄덕였고, 조금은 안심이 된다는 표정을 지었다.

때마침 B 장로가 예배를 끝내고 상황을 보러 카페에 나타났다. 나는 장로님에게 이유와 상황이야 어찌 되었든 이 자리에서 교회를 대표해 상대가 무시당했다는 것에 사과하도록 요청했고, 그 성도는 일어나서 그 사과를 받고 서로 악수를 하게 되었다. 그 성도가 때때로 산을 간다는 말에 함께 산에 오르기로 약속하였고, 마침 들어온 아내의 도움으로 이야기가 잘 되었다고 말씀드리고 댁에 가실 수 있도록 하였다. 나중에 보니까 그는 다시 오후 예배 직전에 교회 담임목사실을 찾아왔는데, 아무래도 자신이 예배 중에 소란스럽게 한 것이 담임 목사에게 잘못한 것 같다며 사과하러 왔다고 했다.

이 일을 경험하면서 나는 비폭력 대화가 정상적인 온전한 상태에 있을 때에 주로 작동된다고 이해하고 실습했었는데, 이렇게 술에 취한 사람에게도 가까이 갈 수 있다는 큰 경험을 하게 되었다. 특히 내가 봉변을 당할 수도 있는 상황에서 자기 방어의 그 어떤 것도 내려놓고 연결만을 통해 변화할 수 있다는 것을 체험한 것이 큰 소득이었다. 내가 누군가에게 도움을 준 행위가 아니라, 오히려 내가 비폭력의 힘이 어떻게 작동되는지를 이해할 수 있도록 그 기회를 선물로 받았다는 것에 큰 감사가 일었고, 비폭력은 약하지 않고 강한 힘이 있다는 확신을 다시 한 번 갖게 되었다.

2. 느낌과 욕구를 통해 신의 자비를 만나다

"나는 양들이 생명을 얻고 더 얻어 풍성하게 하려고 왔다." 요10:10

신학교에서 목회가 예배, 교육, 친교, 봉사, 선교의 영역으로 나누어져 있다고 배워서 나는 한동안 그것들 각각이 잘 되면 목회가 잘되는 것으로 알았다. 마치 학교에서 국어, 수학, 영어 등의 교과목들을 잘하면 사회에서 온전하고 성취한 인간이 되는 줄로 알던 것과 비슷하게 말이다. 그런데 언젠가부터 삶이나 영적인 것은 이런 파편화된 것과는 다른 그 어떤 통전적인 관계를 통해 이루어진다는 사실을 깨달았다. 도덕적이든 영적이든 성장은 성취와는 상관없이 타 존재와 '연결되어 있음'이 주는 안전함, 친밀감, 신뢰, 두려움 없이 주기와 받기 등의 감각에서 일어난다. 어떻게 보면 배움이란 존재하는 감각에서 온다고 말할 수 있다.

목회가 교회의 기능적인 일에 몰두하여 존재하는 감각을 상실하면서부터 반복만 있다. 영적인 것을 성취나 힘의 소유로 연관 지어 이해하면 존재하는 감각과는 점점 멀어져 매너리즘에 빠지게 된다. 왜냐하면, 존재하는 감각은 강하고 굳센 영역에서 일어나지 않고 약하고 여린 상태에 자기를 개방에서 일어나기 때문이다.

'늑대'와 '도둑'이 있는 현실에서 자기를 보호하지 않는 '양'으로 우리가 살아가는 게 과연 마땅한 일일까? 더구나 힘으로 자신을 방어하지 않은 양이 온전한 생명을 얻고 더 나아가 '충만한' 생명을 넘치도록 얻는 게 가능한 일인가? 사실 우리는 직업과 학력의 높낮음에 상관없이 갈등과 싸움 그리고 분노를 다루는 데 있어서 똑같은 태도를 보인다. 지위나 권력, 정당성의 논리, 신체적 폭력 등 힘으로 맞서서 대응하거나 회피하거나 굴복한다. 처벌, 보상, 수치, 죄책, 의무, 복종 아닌 다른 것으로 삶이 풍성해지고 방어적 태도 없이 삶을 누릴 수 있다는 게 환상처럼 느껴진다.

다르게 말해보자. 우린 생각하는 신이 아니라 활동하는 신을 향해 얼마만큼 마음이 다가서 있는가? 즉 신이 사랑이요 자비로운 분이라고 고백하는 것이 머리가 아니라 실제로 우리의 가슴에서 이뤄지고 자비와 사랑의 현실적인 작동이 그대로 얼마나 느껴지는가? 비난하지도 비판하지도 벌하지도 않고, 나와 타자가 선물로서 그대로 수용되는, 사랑과 자비가 현실이 되는 방식이 어떻게 가능한지 고민거리가 되기나 한 것인가?

비폭력혹은 공감적 대화의 중심 목적은 타자를 온전히 경청하고 자비로운 마음으로 주는 방식으로 타인과, 신적 자비의 에너지와 연결하는 것이다. 이는 머리가 아니라 의지적으로 가슴에서 나온다. 그 가슴으로부터 우리는 자신과 타인에게 자연스럽게 봉사한다. 의무, 복종, 체벌에 대한 두려움, 보상에 대한 희망, 죄책감이나 수치심에서가 아니라 우리의 본성, 즉 서로 주는 것을 즐기는 강력한 본성에서 나온 것이다. 물론 힘과 지배에 익숙하도록 사회화되어 감추어져 있기는 하지만 말이다.

신의 실재를 이론적이고 추상적으로 개념화한 데 익숙한 기독교인들은 옳고 그름의 패러다임으로 거룩의 경험을 이해해 갈등하고 에너지가 소진됨을 경험한다. "너희는 남에게 바라는 대로 남에게 해주어라. 이것이 율법과 예언서의 정신이다"마7:12는 추상화와 개념화에서 벗어나 신의 자비가 실재하는 역동성을 일상에서 체험하도록 제안한다. 마태복음 5장에서는 일상에서 하는 비폭력 수행인 "마음의 가난, 슬퍼함, 온유함,

옳은 일에 굶주림, 자비를 베풂, 마음이 깨끗함, 평화를 위해 일함, 옳은 일로 박해를 당함"이 신의 자비를 실재와 현실로 경험하는 자에게서 나타나는 능력의 체험이라는 사실을 말해준다.

비폭력 대화는 일상에서 하나님 통치의 삶에 대해, 즉 하나님 자비에 연결하는 데 관심을 둔다. "하나님 나라는 너희 가운데 있다"처럼 "among-ness/between-ness"라는 관계성은 비난과 위협이라는 강한 강요와 요구의 방식이나 조언, 충고, 가르치기 등의 부드러운 강요와 요구의 방식이 아니라 단지 연결되는 것을 통해서 변화가 일어난다는 놀라운 확신에 기초한다. 성서학자가 주장하듯 하나님 나라가 개념상의 공간이 아니라 역동성과 활동을 의미하는 것이라면, 비폭력 대화는 연결하기를 통해 긍정의 에너지원인 욕구 속에 스미고 느껴지는 신성함의 실재, 곧 "지금, 여기에 있음. 현존함"한 거룩한 분을 경험함으로 진리와 은총이 충만해진다. 잃은 자/약한 자가 생명을 얻고 더욱 삶이 풍성해지는 길이 열린다. 여기서 갈등은 더는 문제가 아니다. 갈등은 '밭에 묻힌 보화' 요 영적 잠재성을 깨닫는 통로가 된다.

우리 존재의 터전이자 근본 토대인 신의 자비는 이에 대한 감각이 내면의 욕구인 일치, 평화, 조화, 자유로움, 활력 등을 통해 경험되는데, 그것은 느낌욕구가 충족된 느낌 아니면 욕구가 충족되지 못한 느낌으로 메시지를 얻는다. 이 느낌과 욕구의 강력한 에너지를 볼 때 그의 근거가 되는 신적인 자비를 확인할 수 있다. 이는 곧 '속에서 나오는 샘'이고 이를 통해 다함이 없는 풍부함을 경험하게 된다. 나는 이 풍성한 신적인 자비 에너지를 보고 맛보고 느끼며, 인간과 연결되었을 때 사랑받는 신적인 실재와 연결된다. 그러면 신은 내게 매우 살아 있다. '지금 여기'라는 현실 감각과 신적 자비의 실재 감각이 동시에 노출되는 것이다.

과거 전통적인 영성은 내면적 영성, 곧 자기 내면으로부터 나오는 에너지가 사회 변화를 창조할 것을 믿어 "앉아 있는 영성"을 지향한다. 이러한 빛을 내뿜는 영성에 따르면 지금까지 역사에서 성취한 소수를 제외하고 일반 대중은 실패한 엘리트 영성인 것이다. 앉아서가 아니라 움직이며 연결하기를 통해 오는 '역동적 영성'은 사람들을 삶에 관여하게 하여 자신의 성장과 세상의 변화를 가져오게 한다. 어떤 방식으로든 우리가 주는 것을 통해 감동초월이 일어나고 삶의 풍성함을 경험하게 한다.

비폭력 대화를 통해 깨닫는 것은, 우리의 정체성은 우리가 자신을 주는 방식에 달렸다는 것이다. 이는 다른 사람의 메시지를 어떻게 받는가와 연관되어 있는데, 공감하며 받는 것, 그 사람 안에 살아 있는 것과 연결되는 것, 판단하지 않는 것, 상대 앞에서 살아 있는 것, 그리고 그가 원하는 것을 단지 듣는 것이다. 그러므로 비폭력 대화는 기독교가 이해하는 사랑을 단지 드러내는 것이다. "너의 이웃을 네 몸처럼 사랑하라." "판단 받지 않도록 판단하지 마라."

또한, 비폭력 대화 실천가는 폭력이 우리가 교육받아 학습된 것 때문이지 우리 본성 때문에 일어나는 것이 아니라고 믿는다. 신학자 월터 윙크에 따르면 우리는 약 8천 년간을 우리의 자비로운 본성에서 벗어나 우리를 분리시킨 폭력을 즐길 수 있는 방식으로 교육받아 왔다. 어린 시절 만화영화에 등장하는 뽀빠이와 브루투스, 톰과 제리를 보면서 '결투 신화'를 교육받아 왔다. 기본적으로 인간은 악하고 자기중심적이라는 신화, 선한 삶은 악한 힘을 부숴버리는 영웅적 삶이라는 신화, 생은 희소성에 근거한다는 신화들이다. 신학자 월터 윙크는 지배 문화가 억압을 유지하기 위해 신에 대한 가르침들을 어떻게 사용하는지 썼는데, 그것이 왕과 사제들이 종종 가깝게 연결된 이유다. 왕은 억압을 정당화하기 위해 처벌과 지배 등을 정당화하는 방식으로 거룩한 책을 해석할 사제가 필요했다.

그래서 우린 오랫동안 파괴적인 신화론의 지배를 받으며 살아왔다. 파괴적인 신화는 인간을 비인간화하고 대상화하는 언어를 요구했다. 옳은, 그른, 선한, 나쁜, 이기적인, 비이기적인, 테러리스트, 자유 투사와 같은 말들이 우리의 의식 속에 자리 잡았고, 서로 도덕적으로 판단하는 입장에서 사고하도록 학습됐다. 또 만일 나쁜 것 중 하나를 하면 마땅히 처벌을 받아야 하는 자격이 되는 것이 정의가 되었다. 그리고 좋은 일을 하면 그땐 마땅히 보상을 받을 자격이 있는 것이다. 불행히도 약 8천 년간 우리는 그런 의식에 종속돼 왔다. 이것이 지구 상에서 일어나는 폭력의 핵심 중의 핵심이다.

비폭력 대화는 신의 자비가 실재라는 확신, 곧 신에 대한 온전한 사랑과 '이웃을 네 몸처럼 사랑하라' 라는 예수의 계명을 실제로 살아내는 방식일 뿐만 아니라, 폭력적인, 지배적인, 강제하는 방식보다 우리를 우리의 자연스런 본성에 더욱 가깝게 살아가도록 하는 사고와 언어와 의사소통을 통합하는 일이다. 연결함으로써 우린 우리 안에 진실로 살아 있는 것에 연결되어 서로 참살이에 이바지하는 즐거움으로 되돌아가게 된다.

3. 진실과 자비가 눈에 보이는 대화

삶의 작동 원리로서 성육신 사건

최근 기독교 평화 활동가로 나의 정체성을 세울 수 있게 해준 하나의 체험이 있었다. 요한복음 1장에서 말하는 기독교의 가장 보편적 진리인 성육신을 삶의 실재로 체득하는 경험이었다.

'진리와 은혜가 눈에 보이는 현실'로, 곧 진정성과 자비가 보이는 실재로 작동하며 몸embodiment을 입을 수 있고, 인간에게 보편적인 가능성으로 주어졌다는 깨우침이 다가온 것이다. 구약의 '하나님 형상imago dei'을 그간 하나의 아이디어나 관념으로 생각했는데, 복음의 핵심은 바로 이렇게 진실과 자비가 '충만함'으로 '세상' 월터 윙크의 말에 따르면 더 좋은 번역은 "지배체제" 속에서 작동하는 원리이자 실재로서 눈에 보인다는 것이었다. 그간 비폭력 대화를 실습하고 교육하면서 비로소 비폭력 대화가 기독교의 진실과 자비가 실재이자 빛으로서 힘을 갖고 작동한다는 이 사실what이 어떻게 구체적으로 작동될 수 있는지, 그 방법how을 알게 되면서 투명하면서도 내면에 걸림이 없는 평온함을 맛보기 시작했다.

안內과 밖外은 서로 품는다

기독교인들은 대개 개인 구원과 사회 구원은 융합하기 어려운 과제라고 인식한다. 구원을 받고 자유를 얻는 개인적인 성취가 먼저 있은 후에야 비로소 사회적인 문제에도 영향을 줄 수 있다고 생각한다. 반대로 진보 진영 사람들은 이웃의 고난과 아픔의 현실을 외면한 자기 수도 방식은 무책임하고 비윤리적이기에, 그들의 삶을 힘들게 만드는 폭력의 사회적 시스템을 바꾸지 않고는 개인의 구원 문제가 해결될 수 없다고 생각한다.

'이것이 먼저냐? 저것이 먼저냐?' 란 이분법적 태도와 달리 사회적 양심 문제를 고민하는 기독교인들은 아침 일찍이나 특별한 기간에 내적 영성 생활을 하면서 일부 사회 참여적 활동에도 적극 개입하고자 한다. 주변에 민중교회운동을 하던 몇 분은 기나긴 운동의 참여와 해결되지 않는 이슈들이 반복되는 데 피로감을 느껴 영성에 관심을 두고 자기 충전에 노력을 기울이려고 여러 영성 프로그램에 참여하고 있다는 이야기를 종종 듣는다.

'이것도 저것도' 의 방식을 취하는 태도는 자기 '영혼' 을 정화하는 것과 사회적 이슈들에 참여하기를 결합하는 형태다. 여기서는 "같이 함께" 는 있지만 서로 동전의 양면처럼 아직은 영역이 구별되어 양쪽 균형을 잡기 위한 노력과 긴장을 하게 된다. 문제는 사회 활동이 영적 수련의 장이 아니라 개인이 영적 수도를 통해 얻은 에너지를 소진하는 곳이 되고, 다시 에너지를 공급받으려고 개인의 내면적인 영적 수도를 해야 한다는 데 있다.

나는 '이것이냐 저것이냐' 의 우선 선위의 택일 방식이나 '이것도 저것도' 모두 기독교 평화운동에서는 궁극적으로 도움이 되지 않는다고 확신한다. 빛, 일치, 내적인 평화만 아니라 어둠, 분열, 일상적 삶에도 똑같이 신이 현존함을 믿는 나는 그간 앉아서 하는 방석-명상이 아니라 '움직이는 명상' 인 나의 활동이 어떻게 신의 현존을 맛보는 계기로 전환될 수 있는가에 관심을 둬 왔다.

이런 나의 질문에 관해 통찰하게 된 것은 몇 년 전에 퀘이커 교육 사상가인 파커 파머와 현대 평화학의 아버지인 요한 갈퉁이 제시하는 '뫼비우스 고리' 법칙을 이해하면서였다. 종이 띠를 만들어 양 끝을 붙이면 그 원의 안과 밖은 만나지 않고 서로 구분되어 있다. 그러나 한 번 꼬아서 뫼비우스 고리를 만들면 안은 밖을 만나며, 밖으로 '멀리' 갈수록 안으로 '깊이' 들어오게 된다. 여기서 내가 얻은 통찰은 이것이다. 안은 밖을 품고 밖은 안을 강화한다! 타자에게 다가가면 새로운 깊이의 '초월'이 일어난다. 이 초월의 경험은 실천을 계획하는 데 에너지를 주고 실천에서 배우도록 한다. 행동이 영성 수련이 되어 그 행동에서 동기 부여와 힘을 새롭게 얻을 수 있다는 것이다.

이러한 통찰이 내게 준 영향은 컸다. 행동 후에는 쉬어야 한다는 요구가 적어지고 행동과 쉼, 일과 재미가 별로 구별되지 않으면서 스트레스를 받지 않게 되었다. 이건 정말 희한한 경험인데, 사실 나는 따로 쉬고 싶은 내적 요구가 요즘 들어 별로 느껴지지 않는다. 그리고 전에 이런 코멘트는 들어보지 못했는데, 남들에게서 대할 때 편하고 안정적인 느낌이란 말을 자주 듣는다. 나의 내면은 요즘 중심에 안착되어 있는 느낌이 자주 든다. 이는 비폭력 대화를 만난 뒤 욕구를 의식하게 된 덕분이기도 하다. 언제 어디서나 이 행동 뒤에 어떤 욕구가 충족되고 불충족되어 있는지 자각하고 욕구에 머무르다 보니 어느 때 어느 곳에서도 안전한 감각을 지니고 있다.

절망과 실패에 따른 자기 비난은 선물이다

불과 며칠 전, 비폭력 대화에 따른 갈등 조정 중재 워크숍 1년 과정 가운데 첫 번째 과정을 밟으면서 생긴 일이다. 3인 1조로 의자를 세팅하고 앉아 조정자로서 양쪽이 문제를 해결하도록 요청하고 돕는 실습이었다.

그런데 그 실습에서 내가 모델로 보여준 것이 만족스럽지 않고 내내 마음에 걸려서, 저녁 성찰 모임에서까지 내가 실패한 것에 대한 아쉬움을 고백하기까지 했다.

다음날인 마지막 날, 수확하기 시간에 자기 내면의 느낌과 욕구와 연결하는 작업을 하면서 나는 이 문제를 다시 돌아보았다. 이 자극되는 상황에 대한 내 생각은 "나는 제대로 배울 수 없는 인간인가 봐!", "왜 나는 배우는 게 이토록 느린 거야!"였다. 이러한 자기 비판 속에서 충족하고 싶은 욕구는 손쉽게 찾았다. 그것은 능률, 성취, 수완, 능력, 소통의 욕구였다. 이러한 것들이 충족되지 않아서 아쉬웠던 것이다. 여기에 스스로 애도를 하면서 다시 다른 질문을 던졌다. "자극이 됐던 그 상황에서 충족된 욕구는 무엇인가? 잠깐만, 아니 실패했는데 무슨 충족된 욕구가 있단 말인가?" 이상스러운 질문이고 뜻밖이자 모순되는 질문이었다. 어쨌든 의식을 모아서 이것에 집중해보았는데, 발견된 것은 놀랍고도 뜻밖의 것이었다.

내가 답답해하고 낙심하던 이유는 바로 나 자신의 문제를 해결하기 위해서가 아니라 나는 요즘 매우 편안해서 내게 갈등이 있는 것을 찾는다면 매우 시간이 걸릴 정도로 갈등이 없다 남에게 이바지하고자 하는 열정이 있어서였다는 자각이 일어난 것이다. 뭔가 깊은 감동이 나를 스치고 지나갔다. 내 안에 있는 선의에 고마움과 감사가 일어나게 된 것이다. 나를 힘들게 만든 자기 판단과 자기 비난이 이제는 내가 진정으로 누구인지를 알려주는 선물이 되면서 전환이 일어났고 이 때문에 위로와 힘을 얻게 되었다.

절망과 실패는 비폭력 대화의 욕구 의식에서 보면 그것 자체가 초월을 일으키는 암호가 된다. 우리가 만나는 수많은 거절과 절망 그리고 실패는 따로 한적한 곳에서 명상 수련으로 힘과 에너지를 얻어서 이것들을 상쇄시키는 방법으로만 문제가 해결되는 것이 아니다. 낮과 밤의 하나님, 선인과 악인에게 함께하시는 하나님에 대한 신뢰가 있다면, 밤과 악의 경험들은 하나님의 거룩한 현존을 알려주는 선물로 변형된다.

적대자enemy가 신성을 계시한다

마태 기자는 '하나님의 아들자녀'이 되는 길로 "평화를 위해 일하기" 5:9와 "원수를 사랑하고 박해하는 자를 위해 기도하기"5:44를 연결한다. 그래서 예배보다 원한을 품은 형제와 화해하는 것을 우선순위에 놓는다 5:23-24. 말하자면 본디 인간성은 자신을 자극하는 부정적 이미지인 '적 enemy 이미지'를 어떻게 다루는가에 달렸다고 이해할 수 있다. '적 이미지'는 자기 내면에서든 관계에서든 자기의 한계이고, 충족하지 못한 욕구의 왜곡된 반영이다. '적 이미지'는 또 하나의 자기 모습인 것이다.

이에 도움을 주는 성서 예화가 있다. 갈릴리 호수에서 만난 어둠과 폭풍우의 격랑 속에서 예수가 "저편으로 건너가자!" 하시며 물 위를 걷자 제자들이 "유령이다!"라며 소리를 질렀다. 순간 예수는 자신의 정체성을 나타냈다. "나다!" 어둠과 풍랑이 신성한 현존을 계시하는 것이다. 타자로 건너감은 신적 현존을 불러일으킨다. 그 신적 현존은 통합과 화해가 이루어지는 연결의 깊이를 말한다.

그래서 어둠과 풍랑의 '위협'과 '두려움'의 권세가 그 힘을 잃게 되고 가야 할 방향이 더욱 오롯이 명료화된다. 아니, 오히려 그 어둠과 풍랑 덕에 두려움의 에너지가 변형되어 갈 길을 재촉하게 하고, 다리에 힘이 붙고, 보이지 않던 것이 보이고, 갱생의 변화가 이루어진다. 우리는 이를 제자들의 삶에 일어난 실존적인 부활예수가 다시 몸으로 사셨다는 '신화적 부활'에 대비시킨, 본 회퍼의 말이라고 명명할 수 있다. 이러한 현실은 비폭력 대화 실천가들에게도 마찬가지로 일어난다. 비난과 비판의 부정적 에너지어둠과 풍랑 뒤에서 다가오는 신적 현존을 경험하는 것이다.

사회적 현실 속에서 그리스도의 모습을 본다는 생각은 시간상으로 더 멀리는 마더 테레사, 샤를 드 푸코 그리고 본 회퍼 등까지 올라간다. 그들이 영향을 받았던 것은 마태복음 25장의 최후의 심판에 대한 새로운 통찰에서였다. 그 본문은 양과 염소를 가름하는 기준을 말하면서 "너희는 내가 굶주렸을 때 먹을 것을 주었고…. 내가 병들었을 때…. 너희가 여기 가장 보잘것없는 이에게 해준 것이 바로 나에게 해준 것이다"라고 했다. 여기에서 놀랍게도 예수의 신성이 위치가 바뀐다. '저 위'에서 '바닥'으로, 저세상에서 지금 이 세상으로 그리스도의 정체성이 전환된다.

21세기에 들어와 '9.11사태'로 '폭력과의 전쟁'이 시작되는 등 전 지구적으로 지역 분쟁과 폭력이 어둠과 풍랑으로 다가오는 시기에, 원시 기독교 공동체와 20세기 영적 수도자와 신학자들 이해에 기초해보면 우리에게 가장 큰 도전은 "적을 통해 그리스도의 모습을 보기"라고 확신한다. 자신이 분노하고 비난하는 대상을 통해서 신적 현존을 경험하는 새로운 작업이 21세기 영성에 꼭 필요하고, 비폭력 대화는 이런 점에서 치유와 화해를 위한 방법적 도구를 제공한다.

진실과 자비가 현실이 되고 충만할 정도로 우리가 실제로 그것을 느낄 수 있으며, 그것이 우리에게 빛과 생명이 될 뿐만 아니라 궁극적인 실재이며 작동 원리로 존재한다는 확신은 기독교 비폭력 실천가들, 특히 비폭력 대화 실천가들에게는 이해가 되는 확신이다.

4. 마음의 가난과 온유함이 요구되는 대화

마음이 가난한 사람은 행복하다. 하늘나라가 그들의 것이다.
온유한 사람은 행복하다. 그들은 땅을 차지할 것이다. 마5:3,5

인생의 본질적인 문제: 어떻게 자극 상황을 대할 것인가

일상에서 수없이 다가오는 자극 상황들, 견디기 어려운 소음, 직면하기 불편한 상황, 짜증 나게 하는 일, 서로 간의 마찰 등을 우리는 어떻게 맞이하고 있나? 견디고 인내한다는 것도 쉽지가 않다. 그렇다고 맞대어 따지고 옳은 논리를 가져와 논쟁해서 이겼다 쳐도 즐겁지가 않고 나 자신이 더러워진 느낌이 든다. 그렇다고 못 본 체 잊고 있기엔 너무나 속상하고 마음을 뒤죽박죽하게 한다.

아예 나를 무시하지 못하도록 어떤 영향력을 갖고 있으면 내가 안전하진 않을까? 권력이 있거나 사회적 지위가 높거나, 전문직에서 독보적이면 사람들이 날 건드리지 않고 내버려 두진 않을까? 돈, 명예, 지위, 영향력 가운데 그 무언가를 가지고 있으면 나를 불편하게 하는 자극 상황이 훨씬 적지 않을까? 이론적으론 그럴 것 같은데 그러려면 실제로 너무 많은 에너지와 시간과 노력이 든다. 또 어느 정도여야 할지 알 수가 없다. 그리고 그런 희소성 있는 위치에 올라가는 이는 정말 소수다. 더구나 그 자리에 앉기까지 오직 순수한 노력만이 있는 게 아니라 관계의 그물망 속에 얽혀서 지배 권력과 타협하기가 불가피하다. 정작 문제는, 그렇게 게임에 들어가도 내가 뭘 위해 사는지 알 수 없게 되어버린다는 점이다.

마태복음 5장에 적힌 예수의 비유를 따르면, 행복한 삶이라는 건 눈에 보이는 무언가를 지니고 있는데 있지 않고 마음의 상태에 있다. 가만히 보면 이것은 인식 패러다임의 놀라운 전환이다. 마음의 가난함을 통해 하느님 나라가 성취되고 온유함을 통해 땅을 얻는다! 다시 말해 마음이 가난하여 자유로운 체험의 경지에 이르고 온유하여 덕을 세우며 생명을 풍성케 하는 기여의 힘을 부여받는 것이다.

일부 비폭력 대화 실천가들이 직면하는 궁지

행복한 삶을 위해 비폭력 대화를 배우고 실천하는 사람들이 점점 늘어난다. 분명한 건, 비폭력 대화는 언어의 기술을 뜻하지 않는다. 언어는 통로이고 실제 힘은 그 사람의 진정한 의도와 에너지의 흐름에 있다. 즉 깨어 있는 의식과 관련된 것이다.

비폭력 대화 학습 초기에는 매우 충격적인 도전을 받고 자신의 잠자는 의식이 흔들린다. 교정하기, 논쟁하기, 심문하기, 비난하기, 강제하기, 자기 이야기하기, 설득하기, 위로하기 등이 실상은 폭력적인 행위였다는 것을 알 때 충격이 오는 것이다. 자식에게, 동료에게 잘되라고 했던 그 모든 말들이 사실상 서로의 연결을 끊어뜨리는 지배 언어였다는 인식을 할 때 크게 충격받는 참여자들을 수시로 만난다. 그리고 분노와 짜증을 내던 자신이 많이 변화했다며 감사하다는 말을 자주 듣는다.

그런데 이런 허니문 단계를 지나면 그다음부터는 약간의 고행이 시작된다. 앞으로 나아가는 것이 없는 듯하고 자신 안에서 무의식적인 판단과 평가가 자꾸 올라와 괴로움이 시작되는 것이다. 그래서 초기에 맛본 그 황홀한 맛은 가고 내면에서 힘든 고투가 시작된다. 그리고 때때로 절망한다.

이것을 피하려고 일부는 그래도 전보다는 많이 나아지지 않은가 하고 자신을 합리화한다. 또한 비로소 자신을 표현할 수 있는 용기를 얻어서 전보다는 더욱 대담하게 비폭력 대화 형식에 자기 욕구를 담아 상대에게 적극적으로 표현하기 시작한다. '부드럽게 공격하기' 패턴을 갖는 것이다. 상대는 질려버린다. "그래. 전에 하던 강제적이고 단언적인 말은 안 해서 고마워. 그렇지만, 일방적으로 그렇게 부드럽게 공격해 오는 것이 영 나는 불편해." 부부 간의 한쪽이 비폭력 대화를 할 때 그의 파트너가 종종 하는 말이다. 나 역시 비폭력 대화 실천가들에게서 이런 방식으로 자극받는 경우가 종종 있다.

어째서인가? 비폭력 대화를 실천하는 데에 아직도 장벽이 남은 것일까? 우리는 여기서 비폭력 대화의 핵심은 문제 해결을 위한 제안에 있는 것이 아니라 상대와 연결되는 데 있다는 것을 이해해야 한다. 그리고 그 연결은 바로 머리가 아니라 가슴의 열림, 곧 '마음의 가난과 온유함'과 관련되어 있음을 깨달을 필요가 있다. 연결될 때 만나는 자신을 초월한 더 큰 자아 정체성의 깨달음을 의식하지 않으면 비폭력 대화는 수단으로 전락하게 된다. 연결을 통해 우리는 더욱 넓은 삶의 지평을 보고 보다 적절한 행동을 취하게 된다. 그리고 그 열린 지평은 좁은 자기 정체성을 열어 사물과 사건 속에서 새롭게 의식되는 제약이 없는 자기 정체성을 보게 된다. 자기 몸의 피부에 갇힌 정체성이 아니라 하늘과 땅으로 연결된 열린 공간에 존재하는 정체성이다.

비폭력 대화에 마음의 가난과 온유함 적용하기

비폭력 대화를 실천하는 데 중요한 것은 상대를 어떻게 인식하느냐다. 나에게 자극이 되는 사람과 상황, 관계가 처음에 어떻게 인식되는가? 그 대상이 '적'이라든가 '문제를 일으키는 자', '불편한 자'로 설정되는 순간 가슴이 닫히고 머리에선 시비 논리가, 몸에선 자기 보호 본능이 작동되면서 말하기 전에 이미 내 신체와 에너지가 적대적인 분위기와 에너지를 분출한다. 그러면 상대는 이미 내가 말하기 전부터 내게서 느껴지는 그런 눈빛과 몸의 자세로부터 재빨리 그 에너지를 읽고는 무의식적으로 자기를 보호하려는 자세를 취하게 된다.

자신에게 일어나는 자극 상황이 '문제'로 인식될 때, 머리는 비폭력 대화의 공식을 따르고 있지만 몸과 마음은 이미 자기 방어와 공격의 에너지를 발산하기 때문에 '죽은 공감'이 되어버리고 마는 것이다. 비폭력 대화 형식을 갖고 말하지만 결국 상대는 그 진심에 연결이 안 된다.

마음의 가난과 온유함의 상태는 발생하는 것에 대해 판단과 평가와 자기 생각 없이 순수히 바라보고 있는 것을 말한다. 일어나는 그 모든 것을 환대하기라고 표현할 수 있다. 옳고 그름의 잣대 없이 그대로 주목하고 받아들인다. 이는 매우 중요하다. 사람, 관계, 상황에 온전히 주목하고 내 생각과 가치와 신념을 내려놓은 채 상대 진실에 동의하든 안 하든 상관없이 받아들이는 것이다. 그럼으로써 자신에게 들어온 삶의 실재를 생각이 아닌 개방된 열린 마음으로 감싸 안으면서 상대의 틀 속에서 그의 존재와 진실을 본다. 모든 판단과 제한의 경계를 넘어서면 '빈 공간'이 보이는데, 이것이 곧 '하늘나라'의 공간이다.

마음의 가난이 '하늘나라'가 주는 자유 체험의 경지를 열어준다면, 온유함은 개인이 자기 정체성을 깨닫게 되는 커뮤니티 안에서 진리를 풍성하게 하는 데 이바지한다. 마음의 온유함은 홀로된 '내 것'을 주장하지 않고 '너'와 '우리'의 관계 속에서 자기 정체성을 유지하는 것이다. 자기 진리를 포기하는 것을 의미하지 않는다. 오히려 자신의 진실과 상대와 우리의 진실을 함께 품고 있다는 점에서 초월의 힘을 지닌다. 이는 '상대'의 견지에서 '나'를 보고, 우리의 공유된 가치를 통해 '나'와 '상대'를 함께 봄으로써 오는 능력이다. 지배하지 않으면서 일으키고, 강제하지 않으면서 살리고, 돕지 않으면서 풍성하게 하는 안전한 공간을 나와 공동체 사이에 작동시킨다. 온유함이 각자가 진정한 목소리를 내도록 하면, 공동의 지혜가 작동되면서 서로를 풍성하게 하는 생명력과 마음의 일치가 일어난다. 그렇게 '땅을 차지하게 된다.' 공간을 지배하는 것이 아니다. 소통과 일치의 공간을 확대하고 심화시킨다는 것이다.

"새 하늘과 새 땅"

여기에서는 서로 일치하는 가운데 자기 독특성을 내놓고 전체에 이바지하며, 개체를 넘어선 일치의 분위기를 만들어 간다. 진실이 소통되는 공간, 진실을 말하는 마그네틱 장 같은 공간이 열리고 확대되면서 자유가 숨을 쉬고 생명을 얻으며 서로 삶이 풍성해진다. 다름과 다양성이 선물로, 서로의 복지를 기여하는 요소로 바뀐다. 이것이 우리가 꿈꾸는 해침이 없는 "새 하늘과 새 땅" 계시록의 새 지평이다.

이렇듯 마음의 가난과 온유함의 영토인 '새 하늘과 새 땅'에서 모든 자극 상황은 새로운 통찰과 배움으로 바뀐다. '불편한 자', '거리끼는 것', '적대자'로 자극 상황을 대하는 것이 아니라 새로운 호기심으로 그것을 전적으로 환대하고, 상대에 기여하고 삶이 풍성하도록 안전한 공간을 열면 모든 자극은 선물이 된다.

5. 판단하지 않는 삶에서 받는 충만함

그러나 주님께서 사무엘에게 이르셨다. "너는 그의 준수한 겉모습과 큰 키만을 보아서는 안 된다. 그는 내가 세운 사람이 아니다. 나는 사람이 판단하는 것처럼 그렇게 판단하지는 않는다. 사람은 겉모습만을 따라 판단하지만, 나 주는 중심을 본다."삼상16:7

너희가 판단을 받지 않으려거든 남을 판단하지 마라.마7:1

그러므로 남을 판단하는 사람아, 누구를 막론하고 네가 핑계하지 못할 것은 남을 판단하는 것으로 네가 너를 정죄함이니 판단하는 네가 같은 일을 행함이니라.롬2:1

이스라엘의 시원적 계시로서 신적 현존

어린 시절이던 불과 3–40년 전까지도 귀신과 도깨비라는 신화적 존재가 여전히 부엌, 뒤뜰, 산, 계곡에 있었다고 우리는 믿었다. 이러한 신화적 세계관이 인류 문명의 지난 1만 년의 역사인 점을 이해할 때, 3천 년 전에 모세를 통해 신관이 새로 쓰인 것은 인류 문명에서 인식 구조와 가치의 패러다임이 크게 전환된 혁명적인 사건에 해당한다. 그것은 어떤 사막의 가시떨기 나무에서 사라지지 않는 불꽃을 체험하면서 일어났다. 장소에 따른 신을 숭배하는 것으로부터 역사적인 활동 근원으로서 "야훼YHWH"를 새롭게 이해하기 시작하면서 야훼신을 따르는 새로운 신앙자들이 장소와 환경에 대한 두려움에서 벗어나 영원의 시각 안에서 시간적 현존이 이루어지게 된 것이다.

야훼, 곧 "나는 스스로 있는 자다. 나는 있으려 하는 있음이다.I will/shall be that I will/shall be"라는 문장의 약자로 형성된 이 이름은 신의 이름을 부르는 데서 오는 불경성 때문에 그 모음을 쓰지 않아 어떻게 불러야 할지 몰랐다. 그래서 임시로 '나의 주'라는 '아도나이'의 모음을 이 거룩한 4자음에 결합하여 '여호와'라는 호칭으로 불러 이제는 야훼가 더 가까운 호칭이라는 데 접근을 보았다. 그러나 중요한 것은 이름이 아니라, 신의 계시를 받았다는 그 의미에 있다.

모세가 거룩히 구별된 장소가 아니라 흔한 떨기나무에서 신의 현존을 체험하고, 특히 그의 이름이 무nothingness인 충격과 실존의 위협 속에서 '있으려 하는 있음스스로 있음, 자존'으로 신적 현존을 경험함으로써 거룩의 의미가 변한 것이다. 이는 '대상화'된 공간의 신을 숭배하는 것이 아니라 '거룩한 목소리에 대한 자각적 현존'이라는 새로운 주체적 결단으로 무리가 형성되고 운명에 저항과 더불어 희망하는 힘을 공유하게 되었다. 바로 이 자각과 함께 계약을 맺은 거룩한 교제 공동체 '이스라엘'이 탄생하게 된 것이다.

이러한 유대교 내 갱신운동인 '예수 운동'에 있어서도 가장 큰 쟁점이 바로 이 신적 현존의 무제약성과 직접성에 있었는데, "하나님 나라가 가까이 왔다", "하나님 나라는 너희 가운데 있다" 이 신적 현존의 무제약성과 직접성 때문에 삶에서 근본적인 전향이 있었기 때문이다. 그것이 바로 사도 바울의 처지에서 보면 율법과 복음의 구별이다.

율법의 특색은 도덕적 판단이다. "~을 해야 한다, ~을 하지 마라."의 원래 취지는 거룩함에 울타리를 쳐서 이를 보호하려는 의미였으나, 오히려 그 판단 때문에 죄가 무엇인지 명료해져 그 죄의 힘으로부터 놓이지 못하는 아이러니한 올무에 걸려 있다고 본 것이다. 이는 진리를 알면 자유로워지고 생명을 얻고 길을 가는 존재가 되며 영적인 삶으로서 사랑하는 능력이 충만해진다는 요한복음 기자, 사도 요한, 성 바울의 일관된 주장에서 볼 때, 장소로부터의 구속은 이루어졌지만 율법이라는 계율로부터 구속은 여전하다고 본 점에서 갱신운동의 합목적성을 띄게 된 것이다.

새 이스라엘로서 그리스도를 따르는 제자들과 옛 이스라엘 무리와 충돌은 같으면서도 그 표현 방식은 매우 중요한 쟁점이 되었다. 옛 이스라엘은 신적 현존을 보존하기 위해 거룩의 울타리를 쳐서 '중심'을 안전하게 보호할 필요성을 제시한다. 그 거룩한 중심을 보호하는 막으로 계율이 필요하다 본 것이다: "수단/울타리는 거룩에 들어가는 장막/커튼이다."

거룩한 현존을 직접 만나는 새 이스라엘의 새로운 선택

그리스도 제자들은 예수라는 사람으로부터 신적 현존의 인격적 감염과 충격을 받으면서 새롭게 각성하였다. '신적 현존'을 제대로 경험할 수 있는 것은 "온전한 현존"으로 사는 것이며마5:48 "그러므로 하늘에 계신 너희 아버지의 온전하심과 같이 너희도 온전하라"; 골3:14 "이 모든 것 위에 사랑을 더하라. 이는 온전하게 매는 띠이니라" 이는 성령의 삶으로 비유되곤 한다.

성령의 인도로 사는 자에 대해서는 요한복음 기자의 설명에 대표적으로 표현되어 있다. "바람이 임의로 불매 네가 그 소리는 들어도 어디서 와서 어디로 가는지 알지 못하나니 성령으로 난 사람도 다 그러하니라요3:8" 장소나 그 어느 것에 매이지 않는 '어디서 와서 어디로 가는지 알지 못함'의 순간, 지금 여기에 '온전히 현존being fully present' 하는 삶. 그리고 과거 기억과 미래의 기대가 닿지 않고 사랑 안에서 존재하기가 핵심 문제다: "어느 때나 하나님을 본 사람이 없으되 만일 우리가 서로 사랑하면

하나님이 우리 안에 거하시고 그의 사랑이 우리 안에 온전히 이루어지느니라"요일4:12 예수의 가족인 요한이 서신을 통해 남긴 예수의 삶에서 받는 충격은 바로 사랑 안에 존재함인데, 우리가 하느님을 보지는 못했으되 사랑하면 하느님을 본다는 이 궁극 경험이다. 이로써 새 이스라엘은 율법을 넘어서 신적 현존에 직접 돌파해 들어가게 되었다.

개인의 온전한 현존과 거룩한 현존의 연결은 산상수훈이 제시하는 '마음의 가난, 애통, 온유, 의의 목마름, 청결, 긍휼히 여김, 화평케 함' 등의 근본 마음가짐을 통해 이루어지며, 이것은 하나님 나라의 시민권에 해당하는 자세로 설명된다. '세상에 속하지는 않되' 세상에 침투하는 이 '하나님 나라'는 먹고 마심이 아닌 "성령을 통해서 누리는 정의와 평화와 기쁨"롬14:17이라는 온전히 현존하는 삶을 추구한다.

온전한 현존의 문빗장으로서 '판단 않기'

거룩한 현존에 연결되어 온전히 현존하며 세상에 설 때에 우리는 원수, 이방인에 대해서 갖는 근본적인 정체성의 오해와 분리, 차별들을 새로운 차원으로 이해하게 된다. 우리와 만물의 정체성을 신의 거룩한 자녀이자 창조물로 인식하고, '나/우리' 대 '너/그들' 논리에 따라 강제, 정복, 징계, 폭력으로 반응하고 힘으로 지배하는 관계 방식을 새로 바라보게 된다. 정상적으로 보이는 현실 이면에 오래되고도 새로운 현실인 '자유와 섬김, 돌봄과 화해의 하나님 나라'를 만날 수 있는 혁명적인 시야가 열리게 되는 것이다.

그러므로 '판단하지 않는' 것은 첫째로, 사물과 사건의 진실을 왜곡하지 않는 것을 넘어서 존재론적 근원인 '신적 현존'의 무제약성과 궁극성이라는 실재에 중심을 세우는 길이다. 이는 나 또는 모든 존재의 생명과 실존의 터전이 이 무제약적인 신적 현존에 기반을 두고 거기서 연원한다는 연결성을 자각하는 것이다. 이를 통해 우리는 은총불교 용어로는 '상관적 자비의 관계성'이 우리 실재에 앞서 존재함을 인식하게 되는데, 여기서 두려움을 내려놓고 사랑의 능력을 부여받게 된다.

둘째로, '판단하지 않는다' 함은 우리의 인식론적 오류를 교정한다. 공동 관계성 그리고 우정의 존재로서 만물의 코이노이아거룩한 교제로 초대된 우리로 하여금 삶이 희소성에 근거한 쟁투의 전쟁터여서 타자나 사물을 적대시하는 것이 아니라 생명의 충만함과 영광을 향한 기쁨의 과정에서 파트너십과 다양성을 선물로 경험하게 하는 것임을 이해하게 된다.

> 주께서 생명의 길을 내게 보이시리니 주의 앞에는 충만한 기쁨이 있고 주의 오른쪽에는 영원한 즐거움이 있나이다. 시16:11
> 내가 온 것은 양으로 생명을 얻게 하고 더 풍성히 얻게 하려는 것이라. 요10:10
> 우리가 다 수건을 벗은 얼굴로 거울을 보는 것같이 주의 영광을 보매 그와 같은 형상으로 변화하여 영광에서 영광에 이르니 곧 주의 영으로 말미암음이니라. 고후3:18

"있으라"라는 태초의 말씀 사건은 존재는 우리가 '옳고 그름' '좋고 싫어함' '익숙하고 낯섦'이라고 판단하는 것과 상관없이 "있으라" 하신 분의 현존과 전달자로서 신비를 품고 있고, 따라서 다양성과 다름은 삶의 풍성함과 생생함을 얻게 하려는 데 있다. 에고를 넘어 '타자와 관계함 속에서 내가 있음'으로 그들을 통해 배우고 순전한 모습으로 형성되고 영광의 형상으로 계속 변화하는 자유와 영광의 순례자들로서 동료 의식을 갖게 된다. 이것이 은총에 기반을 둔 인식론적 확장이다.

셋째로 '판단하지 않는' 것은 진리와 은총의 신적 실재가 세상에서 온전히 능력으로 작동되는 길을 열어놓는다. 이것은 논리가 아니라 에너지와 힘을 지니고 있다. 소통을 가능하게 하고, 서로 힘을 얻도록 능력을 부여한다.

나와 상대의 외모, 입장, 의견에 판단이 없을 때 우리 내면에는 흔들리지 않는 '중심'이 세워진다. '판단'이 아닌 '관찰'을 통해 내 내면은 투명해지고 상대의 흔들림을 껴안아 떠받쳐주는 자유롭고 안전한 공간을 확보해주게 된다. 그렇게 될 때 상대는 내가 온전히 현존하고 있는 것을 선물로 받아 자신의 흔들림 속에서 또한 '중심'을 잡는다.

이렇게 역으로 '판단' 없는 이해와 연민으로 상대에게 다가가면 상대의 입장과 의견이나 차이를 넘어서 진정한 '중심'을 투명하게 보게 되니 진심이 나에게 다가오게 된다. 그의 본성을 왜곡하지 않고 진심 그대로 전달받음으로써 스스로 자기 배움과 새로운 가능성을 선택할 수 있는 지평이 열린다. 그래서 자유를 증진하는 방식으로 말을 걸 수 있다.

왜냐하면, 판단 없이 실재와 사건을 이해하면 결국 외적인 사물이 자기 내면에 빛으로 다가와 내 안의 혼란과 모호함에 명증한 이해를 높이기 때문이다. 반대로 내가 중심을 잡음으로써 형성된 내면의 빛은 상대와 사물에 비치면서 관계와 이해력을 가져오는 쌍방 소통을 일어나게 한다. 여기서 자유와 생명의 충만함은 저절로 그리고 자연스럽게 출현한다. 종에서 친구로, 지배에서 섬김으로, 상처 입은 완고함에서 온전한 약함으로, 불안과 두려움에서 이해와 연민으로 전환된다. 기독교 신비주의자들, 특히 마이스터 에크하르트가 그러한데, 이를 '하나님의 형상'이라는 잠재성에서 '하나님의 아들'의 탄생으로 표현했고 여기서 능력과 '왜'라는 이유가 없는 삶'이라는 자유의 삶을 묘사했다.

'판단하지 마라.'라고 한 것은 그것이 그대에게 그 자체로 올무가 되기 때문이다. 나의 옳고 그름에 따른 정당성과 타당함이 상대를 '새로운 가능성'을 품은 변화할 수 있고 변화의 과정 속에 있는 존재로 보지 못하고 '과거'의 것을 토대로 현재와 미래를 재단하게 된다. 그리고 그 정당성과 타당성이 아무리 옳다고 해도 나오는 결과가 분리, 상처, 분노를 가져오기 때문에 나의 기쁨과 선택을 유실시키고 만다. 삶의 여행 중에 앞에 놓인 암초나 소용돌이는 삶의 일부다. 그 일부에 내 의지와 시간과 주의를 모두 쏟을 때, 나머지 공간에 있는 태양의 찬란함, 투명한 하늘, 흘러가는 구름, 황홀한 낙조, 지저귀는 물새, 무한한 수평, 물고기의 약동의 전체성을 음미하는 것을 놓치고 만다. 전체를 통한 이 충만함을 잃음으로서 우리는 선물인 삶의 약동을 잃고 지루해지게 된다.

우리는 판단이 없을 때 낮과 밤, 햇빛과 비의 전체성에서 낮과 햇빛이 주는 충만함만 아니라 밤과 비가 주는 삶의 신비, 생의 의미의 숭고한 높이, 그리고 흔들림 속에 떠받쳐주는 신적 존재의 깊이에 대해 놀라움과 환희를 경험하게 된다. 낯선 자와 적은 나를 온전한 삶으로 인도하는 신적 현존의 전달자로 변모하여 나에게 나타난다. 성 바울이 느낀 그 충만함의 경험이 이를 확증해준다.

그 넓이와 길이와 높이와 깊이가 어떠함을 깨달아 하나님의 모든 충만하신 것으로 너희에게 충만하게 하시기를 구하노라. 엡3:19

6. 분배와 돌봄, 조화가 있는 '안식'

시나이 산에서 야훼가 모세에게 말씀하셨다. "너는 이스라엘 백성에게 이렇게 일러주어라. '너희는 내가 주는 땅으로 들어가서 야훼의 안식년이 되거든 그 땅을 묵혀라. 너희는 6년 동안 밭에 씨를 뿌리고 6년 동안 포도 순을 쳐서, 그 소출을 거두어라. 7년째 되는 해는 야훼의 안식년이므로 그 땅을 아주 묵혀 밭에 씨를 뿌리지 말고, 포도 순을 치지도 마라. 너희가 거둘 때 떨어진 데서 절로 자란 것을 거두지 말고, 순을 치지 않고 내버려둔 덩굴에 절로 열린 포도송이를 따지 말며 땅을 완전히 묵혀야 한다. 너희 땅을 묵히는 것은 너희뿐 아니라 너희 집에 머무는 너희 남종과 여종과 품꾼과 식객까지 모두 먹여 살리기 위한 것이다. 그러면 너희 가축과 너희 땅에 사는 짐승도 땅에서 나는 온갖 소출을 먹고 살 수 있을 것이다. 너희는 또 일곱 해를 일곱 번 해서, 안식년을 일곱 번 세어라. 이렇게 안식년을 일곱 번 맞아 49년이 지나서 일곱째 달이 되거든 그달 10일에 나팔 소리를 크게 울려라. 죄 벗는 이날 너희는 나팔을 불어 온 땅에 울려 퍼지게 하여라. 50년이 되는 해를 너희는 거룩한 해로 정하고 너희 땅에 사는 모든 사람에게 해방을 선포하여라. 이 해는 너희가 희년으로 지킬 해다. 저마다 제 소유지를 찾아 자기 지파에게로 돌아가야 한다. 50년이 되는 해는 너희가 희년으로 지낼 해이니, 씨를 심지도 말고 절로 자란 것을 거두지도 말며 순을 치지 않고 내버려두었는데 절로 열린 포도송이를 따지도 마라. 이 해가 희년이니, 이 해를 거룩하게 지내야 한다. 너희는 밭에서 난 소출을 먹고 지낼 수 있을 것이다."레 25:1-12

창세기에서 하나님의 창조의 완성은 인간을 만드신 6일째로 끝나는 것이 아니라 제7일에 마쳤다고 했다. 이는 공간과 존재물들의 창조만이 하나님의 관심이 아니라 제7일의 '안식하심'도 그분의 관심이요, 안식이 창조를 완성한다는 의미이기도 하다는 것이다. 노동을 위해 안식은 중간의 임시 역이 아니라 종착역이고, 기쁨을 회복하는 말로써 그분이 행하신 일의 목표이기도 하다. 단순히 축복만이 아니라 거룩하게 하셨다. "하나님이 일곱째 날을 복 주사 거룩하게 하셨으니"창2:2 이는 '존재화 → 축복됨/선함 → 성사화'라는 과정을 통해 존재물들이 신의 거룩함 안에 포용되는 존재가 거룩한 것이 아니라 거룩함 속에 존재가 포함되는 안식의 궁극성을 보여주는 것이다. 안식은 존재의 최고의 질선함을 넘어 거룩함을 부여받기를 경험하는 상태를 의미한다. 안식을 통해 시간이 거룩함을 덧입고, 축복과 조화, 고요함, 일 없이 존재하는 것의 순수성과 희열을 통해 영원을 경험하게 되는 것이다. 신 자신도 최고의 충만함을 안식을 통해 인식하게 된다.

따라서 "그 땅으로 여호와 앞에 안식하게 하라"라는 말은 단순히 만물의 영장이라며 우월한 특권 의식을 지닌 인간이 열등한 다른 동식물을 돌보는 윤리적 자비 행위를 보이고 의무감 대로 실행하라는 명령이 아니다. 이미 창조 사건에서 보여준 것처럼 안식은 존재를 완성하게 하고 창조의 궁극 목적이기 때문에 신의 샬롬을 질서화하려는 하나님 자신의 선언이자, 인간이 자기 행위를 절제하도록 요구하는 신의 명령이다.

창조 사건과 출애굽 사건은 자유를 질서화하고 안식을 공유한다는 점에서 서로 연결되어 있다. 거룩함은 안식 그 자체에 부여된 것이다. "하나님이 일곱째 날을 복 주사 거룩하게 하셨으니" 모든 피조물이 안식을 맛보는 시간일곱째 날이 거룩함을 만들고, 이를 통해 하나님의 현존이 드러나게 된다. 우리가 맛보는 거룩함과 신의 거룩함은 서로 부르기 때문이다.

"그 땅이 여호와 앞에 안식하게 하라"라는 것은 따라서 안식을 주지 못하는 인간의 모든 노동 행위에 대한 신의 분명한 반대와 경종을 뜻한다. 생존, 축복, 선함, 안식 그리고 거룩함이라는 창조 사건의 흐름은 모든 피조물에게 허락된 것이다. 인간과 모든 생물은 '생육하고 번성하며 땅에 충만하라'에 따라 6일, 6년은 열심을 다해야 하지만 일곱째 날, 일곱째 해는 안식을 통해 존재 최고의 질적 경험고요, 평화, 축복, 조화으로 궁극 완성의 기쁨을 맛보아야 한다. 이것이 보시기에 좋은 것일 뿐만 아니라 '보시기에 좋은' 것의 윤리적 실천이기도 하다.

"이는 땅의 안식년임이니라"레25:6라는 말씀은 권력을 지닌 인간의 자기 관심과 자기 이익의 남용을 억제한다. 기독교인만이 아니라, 인간만이 아니라 사회 전체, 자연 전체가 안식하도록 부른다. 단순히 주일 성수, 안식일 준수를 고집하는 것만으로 충분하지 않다. 안식을 땅에 세우고 낙원을 맛보는 것이 필요하다. 안식일은 이러한 지복적인 낙원을 암시하는 은유이며, 하나님이 현존하심을 확증한다. 땅에서 이윤을 짜내려는 우리의 노력은 땅에게 안식을 주어야 한다는 명령에 맞게 균형을 가져야 한다. 이것이 화해의 사역이며 힘의 지배가 아닌 돌봄을 생활화하는 것이다.

안식년의 소출이 단순히 사회적 약자인 종, 품꾼 그리고 식객에게만 돌아가는 것이 아님을 주목해야 한다. 안식년의 혜택은 생태적 약자인 "땅에 있는 들짐승"레25:7에게까지 돌아간다. 이는 창조 사건에서 제7일 안식의 입장에서는 당연하고 자연스런 결과다. 묵히고 먹이게 하라는 안식년에 소유 대신 존재가, 움켜쥠 아닌 내어줌이, 독점과 지배가 아닌 분배와 돌봄이, 정복이 아닌 조화라는 초월적 감각이 사회적·생태적 약자를 주목하는 것이다.

땅이 여호와 앞에 안식하게 하라는 것은 의무가 아닌 자기 승화의 문제요, 자기 정체성과 관련되어 있다. 이는 인간을 인간 되게 하고, 삶을 삶 되게 하며 모두를 본래의 창조 사건이 경험하였던 '보기에 좋았다'와 '제7일을 거룩하게' 하신 궁극의 삶의 목표를 실현하는 길이다. 왜냐하면, 안식일은 여호와의 신성에 맞닿아 있기 때문이다. 성서는 단지 생태 보존에 머무르지 않는다. 사회적 · 생태적 약자의 충만함, 고요, 평화, 조화라는 안식의 궁극 상태를 더욱 적극적으로 이야기한다. 그리고 이것이 거룩함을 구성한다.

"땅은 내 것이요 너희는 나에게 몸 붙여 사는 식객에 불과하다." 레 25:23

7. 작고 여린 타자로부터 열릴 때

– 메리 올리버의 두 시를 묵상하며 –

괜찮아

작은 거미 한 마리가 문 열쇠구멍으로 기어들어왔어. 난 거미를 조심스럽게 창문에 올려놓고 나뭇잎을 조금 줬어. 그녀가 만일 암놈이라면 거기서 바람의 그리 부드럽지 않은 말을 듣고 남은 생을 계획할 수 있도록.

거미는 오랫동안 움직임이 없었어. 밤에 어떤 모험을 걸었는지는 모르겠지만. 낮에도 움직일 수가 없었는지. 아니면 무슨 일이 일어나기를 기다리고 있었던 건지 아니면 그저 잠든 것이었는지, 모르겠어.

이윽고 거미는 작은 병 모양이 되더니, 방충망에 위아래로 줄 몇 가닥을 만들었어. 그리고 어느 날 아침, 떠나버렸어.

무덥고 먼지 낀 세상이었어. 희미한 빛이 비치는, 그리고 위험한. 한 번은 작은 깡충거미가 현관 난간 위를 기어가다가, 내 손에 들어와, 뒷다리로 서서, 더할 수 없이 아름다운 초록 눈으로, 내 얼굴을 빤히 보았어. 너는 그게 아니라고 하겠지만 진짜로 그랬어. 따뜻한 여름날이었어. 요트 몇 척이 항구 주변을 미끄러지듯 나아가고 항구는 뻗어나가 대양이 되지. 세상의 끝이 어디인지 누가 알 수 있겠어. 열쇠구멍의 작은 거미야, 행운을 빈다. 살 수 있을 때까지 오래 살아라.

머리를 풀어헤친 옥수수밭 옆에서

나는 모른다
해바라기가
늘 천사인지
그러나 가끔 그런 건 확실하다.

그 누가, 제아무리 천상의 존재라도,
원하지 않겠는가
한동안
그런 씨앗 얼굴을 갖는 걸

주머니가 주렁주렁 달린
잎들의 옷을 입은
그 용감한 등뼈를 갖는 걸

여름날
쓸쓸한 시골의
뜨거운 들판에
머리를 풀어헤친 옥수수밭에
서 있는 걸
나는 그 정도는 안다

들판을 한가로이 거닐며
그 얼굴들의
빛나는 별들을 볼 때

나는 말도 부드러워지고
생각도 부드러워져서
상기한다
모든 것이 머지않아 다른 모든 것이 된다는 걸.

미국의 존경받는 교육학자이자 저명한 사회 운동가인 파커 파머의 글 중에 "내면의 빛이 세상으로 흘러나가고 세상의 빛이 내면으로 흘러들어 온다"라는 구절이 생각난다. 그러한 투명한 영혼이 될 수 있다면 일상사와 거룩함이 분리되지 않고 만나 서로 비출 수 있으리라 생각하는데, 그게 어떻게 가능할지 요즘 깊은 관심이 간다.

개인의 영혼은 단순히 홀로 내면에 침잠해서 나타나는 것이 아니다. 파머가 이야기하듯이 공동체를 통해 나타나는 것이다. 인간 세계에서만 아니라, 인간 아닌 존재들의 공동체로부터 자신의 영혼과 자기 생을 들여다보는 내성적 관찰이 이뤄지는 것이다. 메리 올리버의 글은 그렇게 인간 아닌 존재로부터 삶의 존귀함, 약자의 품위, 존재의 너그러움, 변용과 넉넉함을 보여준다. 위대함에서가 아니라 일상성에서 그 일상을 벗어버린 존재의 신비와 도약이 있는 것이다.

쉽게 상처받을 수 있는 존재를 따스하게 보는 연민과 사랑의 눈을 통해서 강자를 인도하는 약자의 선물들을, 마음의 무장을 해제하고 열어젖혀 주목하고 다가가 '마주 대해서 눈을 바라보고 서로 인사하는' 라이너

마리아 릴케 만남의 궁극성을 알려준다. 메리 올리버는 우리가 일상에서 뭔가 놓치는 생의 절실한 주제들을 간접적으로 끄집어내고 있다.

우리의 예배가 신의 이름으로 뭔가를 잃어버리고 중독하게 만드는 마음의 경직성을 가져오지 않는지 생각해본다. 그렇게 인간적 타자든 생태적 타자든, 세상에 존재하는 '부드러운 교감' 과 접촉을 방해하는 교리와 무작정한 헌신으로 서로 뭔가 중요한 것을 놓치게 하는 메커니즘이 되고 있지는 않은 걸까?

나는 창조 이야기 속에서 '보시기에 심히 좋았다.' 라는 구절에 크게 감동한다. 창조자 자신이 "있으라" 하시고, 그 현존해 있음에 '심히 좋은' 충격을 받으셨다는 그 주목하기와 재귀적 영향이 나에겐 참으로 큰 기쁨이다. 영원자가 피조물로부터 '보시기에 심히 좋은' 감정을 느끼고 그로부터 영향을 받을 수 있을 정도로 자신을 내려놓는 그 절대적 개방성이 내 가슴을 울리게 하는 것이다.

미미하고 여린 존재인 작은 거미를 자세히 그리고 따사롭게 주목하여 서로 대면하고 인사하는 이 일상의 의식을 통해 우리가 경험하는 추락, 무의미성, 허무, 지루한 반복, 내면이나 주변의 소음들이 용해되고 새로운 관심이 솟아오르는 조용한 희열을 맛보는 것은 정말 커다란 선물이다. "행운을 빈다. 살 수 있을 때까지 오래 살아라." 마음속에서 격정이 일어나며 삶을 품는 간절함이 발생하는 것이다.

뜨거운 들판에서 해바라기와 옥수수가 침묵하며 '서 있음' 이 일상적이면서도 범상치 않은 것은 그것을 바라보는 눈의 따사로움 때문이다. 대지에 뿌리박고 이동할 수 없는 운명으로 정지된 모습 속에 '씨앗 얼굴' 과 '빛나는 별들' 이 품어져 있음을 앎으로서 숨어 있는 초월과 도약을 간파해낸다: "모든 것이 머지않아 다른 모든 것이 된다는 걸."

이것이 신앙의 기사騎士가 지닐 수 있는 태도다. 신을 대상화하지 않고 일상의 사물을 '사건으로' 접하는 것이야말로 다원론적이고 생태적인 현시대의 신앙인이 갖추어야 할 신앙의 덕목이다. 일상의 거미, 해바라기, 옥수수 속에서 "더할 수 없이 아름다운 초록 눈으로, 내 얼굴을 빤히 보고" "그 얼굴들의 빛나는 별들을 볼" 수 있는 공간이 그 작고 여린 타자들로부터 열릴 때, 비로소 우리는 행운과 축복을 기원할 수 있는 마음이 생기고 그런 마음을 품을 수 있도록 도와준 그들이 선물로 다가오게 된다.

행운을 비는 간절함이 들고, 눈을 들어 땅에서 하늘로 시야를 움직이게 해준 그들로 말미암아 내가 열린 존재가 되고, 지금 이 순간의 거룩한 현존과 서로 연결되어 만남의 궁극적인 교감이 출현한다. 이로써 나의 '나 됨'과 삶의 엄숙성을 자각하게 된다. 신이 자신을 드러내지 않고 사물을 통해서 삶의 고귀함과 모두가 연결되어 있음을 알려줌으로써, 우리는 일순간의 예감을 얻는다. 이것은 대상을 보는 나의 눈이 곧 그분의 눈이므로, 내가 잡는 것이 아니라 내가 잡히는 셈이 된다.

거미, 해바라기, 옥수수에 접촉되고 잡힘으로 나는 비로소 나의 에고를 넘어 삶의 자유, 만끽함, 물음 없는 삶의 신비로운 흐름에 나를 위탁할 수 있다. '모든 것이 머지않아 모든 것이 됨'을 깨어 있는 의식으로 보게 된다. 이렇게 순수한 황홀만이 남는 것이다. 신앙faith은 신조belief; 지적인 동의와 다르다. 현실에 숨어 있는 거룩함, 자비로움 그리고 선물 받음에 대해 경이와 호기심의 눈을 갖는 것이다. 세상 모든 것이 성서text이고, 삶의 맥락context 또한 텍스트를 함께 품고con-text; con-"together" 있다. 실재에 대한 열림이 바로 신앙이다. 그것은 살아있는 체험이다.

8. 피조물의 탄식 속에서 성령의 탄식을 듣다

모든 피조물은 하느님의 자녀가 나타나기를 간절히 기다리고 있습니다.
피조물이 제 구실을 못하게 된 것은 제 본의가 아니라 하느님께서 그렇
게 만드신 것입니다. 그러나 거기에는 희망이 있습니다. 곧 피조물에게
도 멸망의 사슬에서 풀려나서 하느님의 자녀들이 누리는 영광스러운 자
유에 참여할 날이 올 것입니다. 우리는 모든 피조물이 오늘날까지 다 함
께 신음하며 진통을 겪고 있다는 것을 알고 있습니다. 피조물만이 아니
라 성령을 하느님의 첫 선물로 받은 우리 자신도 하느님의 자녀가 되는
날과 우리의 몸이 해방될 날을 고대하면서 속으로 신음하고 있습니다.
우리는 이 희망으로 구원을 받았습니다. 눈에 보이는 것을 바라는 것은
희망이 아닙니다. 눈에 보이는 것을 누가 바라겠습니까? 우리는 보이지
않는 것을 바라기에 참고 기다릴 따름입니다. 롬8:19-25

그리스도 예수의 12 제자가 스승과 동고동락하면서 피와 살을 접촉하
고 그리스도를 '몸'으로 만났다면, 바울은 그리스도 예수를 만난 적이
없음에도 스스로 '하나님의 뜻에 따라 그리스도 예수의 사도로 부르심
을 받은' 자라고 우겨서 사도가 된 사람이다. 그는 히브리인 중의 히브리
인이요, 정통 유대교의 위대한 랍비였던 가말리엘 문하생으로서 보수적
유대교 엘리트였다. 그런데 다마스쿠스로 가는 길에서 낙마하는 경험을
통해 '영으로' 그리스도를 만나 인생의 극적 전환을 이루게 된 것이다.
바울의 '낙마 경험'은 그의 시각과 관점을 변화시켜 기독교 옹호자로 다

시 탄생하게 되었으며, 예수의 하나님 나라 운동을 실질적으로 지속 가능하도록 초기 기독교 공동체를 세운 자가 되었고, 이방인의 사도로서 특히 성령의 역사를 증거하는 전도자로서 삶을 살았다.

롬 8장은 이러한 바울이 이해한 복음의 핵심이 담긴 '성령의 역사'를 기술한 장이며, 하나님의 자녀됨 즉 참된 기독교인의 증표에 대해 먼저 말하고 있다. 즉 그리스도의 사람이란 의례 형식을 감추고 단체에 소속하거나 믿음 체계를 공언하는 자가 아니라 '속에 하나님의 영이 거하는' 9절 자로서 '하나님의 영으로 인도함을 받는' 속 사람의 인간이라는 것이다. 그는 철저한 기독교인the Radical Christian-원래 radical의 어원은 뿌리 root에서 나온 말이다의 원조라고 볼 수 있다. 혈과 육의 접촉 혹은 그에 대한 기억과 추억으로 그리스도 예수를 증거하고, 자신의 사도성이나 우월적 지위를 내세우던 동시대의 다른 예수 추종자들과는 사뭇 대조적이라 그만큼 개혁적이고 급진적이라 할 수 있다. 이 사실은 바로 본문을 통해서도 나타난다. 기독교 비폭력 실천가의 눈으로 매우 충격적인 도전을 받은 것은 생태적 타자의 고난에 관한 메시지에서다.

피조물의 고난과 함께 하시는 성령

첫째, 피조물의 고난에 대한 눈뜸이다. 바울의 신앙은 단순히 인간의 죄와 육신의 일에 제한되지 않는다. 그는 인간의 '죄의 종노릇'과 '옛 사람'의 일롬6:6에 대해서 율법으로도 어쩔 수 없는 인간 실존을 깊이 통찰함에도, 그를 넘어서서 피조물의 고난을 볼 만큼 시야가 넓었다. 우리가 오늘날 보는 환경 파괴의 지속적인 악화와 그 거대 규모에 비하면 그 당시 피조물의 고통은 양적인 면에서 보다 덜할진대, 그의 예민한 영적 감수성은 피조물의 고난을 지나치지 않는다. 오히려 그는 피조물의 고난의 현실을 신앙의 문제로 연결하고 있다. 즉 피조물의 탄식 속에서 성령의 탄식을 함께 듣고 보는 것이다.

이는 매우 의미심장한데, 현대 정통 기독교인들에게는 낯선 것이다. 기독교가 국교로 바뀐 이후 기독교가 제국화된 중세 이래, 이방 세계로부터 자신들을 방어하고 자국을 강하게 통치하며 영원하고 불멸한, 최고선을 주장하는 주류 신학과 기계적 사고가 시작된 근대에 이런 약한 이미지는 위험하다고 여겨져 뒷전으로 밀렸다. 기독교는 오랜 세월 '성령의 탄식'과 관련한 주제에 대해 침묵해 왔던 것이다. 그러나 바울은 처음부터 성령에 대한 신앙을 전개하면서 신의 자비로우신com+passionate-즉 "같이 고통을 느끼는" 본성에 대해 새로운 주장을 전개했다. 보잘것없는 한낱 피조물들이 고난을 겪는 현상들은 우리 인간들 죄의 종 노릇을 한 결과요, 그래서 영광의 자유에 이른 하나님 아들자녀의 출현을 고대하며 성령의 깊은 탄식을 유발했다. 그의 신앙은 보편적이면서 우주적인 영역을 지향하는데, 이런 시야가 그를 낯선 이방 세계를 위한 증언자로 만든 것이다.

둘째, 피조물의 탄식을 통해 새로운 신앙에 눈뜸을 허락한다. 신성의 본질에 참여하는 성령이 인간과 사물의 세계를 넘어 '저 위'에 초월적으로 존재하며 아무런 고통을 못 느끼는 게 아니라 '탄식'을 하신다는 고백이 놀랍다. 신의 마음이 지닌 공감과 자비의 깊이를 소개한 것이다. 그리하여 성령은 그들을 위하여 구속의 사역을 펼치고 있다. 우리의 연약함은 성령의 할 일이 온전하도록 하며, 성령의 활동은 연약함을 통해 더욱 드러나게 된다: "… 성령이 말할 수 없는 탄식으로 우리를 위하여 친히 간구하시느니라."롬8:26

셋째, 복잡하고 어찌할 수 없는 비극적 상황에서 성령의 역사에 대한 궁극적인 낙관이 존재한다. 비참한 현실이 신앙인의 눈을 뜨게 해준다. 이것은 바로 출애굽 사건에서 모세에게 '내가 그들의 고통을 보고, 듣고 이제 내 백성을 위해 행동하겠다'라면서 출현하신 신의 자기 계시와 연결된다. 강제 고역과 지배의 종살이 현실이 신앙의 눈을 뜨게 한 것이다. 이렇듯이 자기 계시 비극을 제대로 볼 수 있는 것은 다름 아닌 '속에 하나님의 영이 거하심' 9절으로 투명한 영적인 눈이 가능한 때문이다. 그래서 피조물의 탄식은 자신의 문제가 되는데, 이는 곧 신앙 문제요 영적 문제다. 그러나 비극으로 말미암은 눈뜸으로 끝나지 않는다. 궁극적으로는 생명의 성령이 '죄와 사망의 법에서 해방' 2절시키고 '영광의 자유' 21절에 이르게 하신다. 결국 승리는 하나님의 선제권, 곧 성령의 역사에 있게 된다. 여기에 우리가 절망을 이길 수 있는 열쇠가 있다. 장차 나타날 영광은 현재의 고난을 극복할 수 있는 전망을 제공한다.

따라서 성령의 깊은 탄식은 우리를 절망에 빠뜨리거나 무기력을 강화시키는 것이 아니다. 오히려 그로부터 새로운 힘과 위로와 놀라운 전망을 갖게 된다. 기독교인의 삶은 눈에 보이는 현재의 고난과 보이지 않는 '장차 나타날 영광'이라는 두 좌표에서 형성된다. 생의 비극적 현실에 대한 진지한 대면이 X축이라면 Y축은 신의 사랑에 따른 현실로 '영광의 자유에 이름' 21절이다. 영광의 자유에 도달하려는 소망이 현실의 '종 노릇'을 '하나님 자녀 됨' 23절을 가능하게 하는 에너지원으로 만든다. 그 소망 덕분에 비극이 오히려 헌신을 일으키게 한다. '성령이 연약한 우리를 도우신다'는 임마누엘의 신앙이 궁극적 낙관주의를 가능하게 하는 것이다. 그렇게 됨으로써 기독교인은 재생과 헌신의 길을 걷게 된다. 바로 우리 인간만이 아니라 모든 피조물도 장차 보일 영광의 자유에 참여할 것이라 소망하면서.

생태계의 위기와 미래 세대의 생존에 대한 불확실성에 선 지금 과연 우리는 바울처럼 피조물의 탄식을 신앙의 문제로 인식하고 있는가? 또한, 성령이 인간의 삶과 피조물의 세계에 계시며 우리들의 연약함과 상처받음에 '친히' 개입하여 더욱 치열하게 활동하심을 맥박으로 느끼는가? 그리하여 우리가 각성하고 생태적 죄의 종살이로부터 구속받기 위한 강렬한 간구가 속에서 일어나고 있는가? 바울은 이런 질문들을 우리에게 던지는 것이다.

9. 이해와 연민의 수행으로 성장하고 변화하기

말씀이 육신이 되어 우리 가운데 거하시매 우리가 그의 영광을 보니 아버지의 독생자의 영광이요 은혜와 진리가 충만하더라. 요1:14

나는 길이요 진리요 생명이다. 나를 거치지 않고서는 아무도 아버지께 갈 수 없다. 요14:6

폭력의 각본이 놓은 덫에 걸리다

공적 기관인 학교, 법원, 정당, 병원에서 접하는 지배체제는 조금만 주목하면 권위와 강제, 길들임과 굴종의 메커니즘이 비교적 쉽게 드러나는데, 소위 전문직이라 일컫는 교사, 의사, 상담가, 변호사 등의 직업 속에서 사람들을 지배하는 메커니즘은 좀 더 눈여겨 보아야 한다. '더욱 잘알고 더 훈련받은' 이러한 사회 계급은 '널 도와줄게. 내가 네 문제에 대해 어떻게 해야 할지 더 잘 알고 있어.' 하면서 학생, 환자, 내담자, 피고에게 힘과 영향력을 행사하는데, 월터 윙크의 말에 따르면 '구원해주는 신화'가 우리 사회에 퍼져 있는 것이다. 나는 이에 대한 염려가 마음속에 있다.

가정법원에서 화해 권고 위원으로 활동하며 비폭력 대화와 조정 중재를 실천하는 동료로부터 종종 청소년 폭력 사례를 다룬 이야기를 듣는다. 법관의 형 집행 선고나 검사, 변호사가 누가 얼마나 옳은지 판단을 내리는 과정에서, 갈등 당사자들의 진정한 의도는 발견되지 않고 진정성 있는 관계를 향한 소망은 흩뜨려진다고 한다. 공감적 대화를 통해 쌍방의 관계의 질을 잘 연결하여 해결의 실마리를 찾아가는 과정에 변호사와 함께 팀으로 들어가는데, 그의 법적 해석과 정당성 논리가 당사자들의 관계를 더 악화시켜 종종 일을 뒤틀리게 한다는 것이다. 바로 '내가 널 도와줄게.'라는 방식 때문이었다.

교사는 어떨까? 학교에서 벌어지는 왕따나 폭력 사건부터 작은 말다툼이나 휴대전화 문자로 비방하는 사건까지, 일이 발생하면 교사는 잘할 수 있건 없건 양쪽의 사건 전말을 듣고 판정을 해주거나 자신의 해결책을 들이밀어 양쪽이 받아들이길 강요하면서 사건을 처리하는 게 보통이다. 학생의 갈등 문제에 개입하지 않으면 일이 제대로 처리될지 충분히 고려하는 과정은 생략된 채 좋은 교사가 아니거나 교사로서 해야 할 의무를 게을리했다고 판단하게 되기 때문이다. 그 결과가 만족스러울지는 차치하고 자신의 역할과 의무에 대한 최소한의 소임을 다해 자기 위로 혹은 자기 책임 이행을 확인하려 한다.

그런데 문제는 그렇게 해결할 때 결과가 가져오는 변화가 어떠하냐는 것이다. 나는 다음 세 가지 질문이 자신의 전문성이 지배 체제를 견고히 하고 있는지를 분별하는 데 사용할 수 있는 근본 물음이라고 본다. 첫째는 누군가는 이기고 누군가는 지는, 옳고 그름, 선하고 악함의 판정을 하는 쪽으로 내가 돕고 있는가? 둘째는 당사자의 최종 선택을 두려움, 죄책감 혹은 수치심이 드는 쪽으로 이끌고 있는가? 셋째는 맞서기, 회피하기, 굴복하기 중의 어느 한 가지 대응 방식으로 서로를 대하게 하는가? 셋 중에 하나라도 해당한다면 당신은 의도성은 없었을지라도 실제로는 지배체제를 공고히 하는 공모자로서 당신의 지위, 영향력, 힘을 발휘하도록 한다고 자신 있게 말할 수 있다.

우리가 아무리 애쓰고 노력해 나아가도 이 세 가지 질문에서처럼 문제를 처리하다 보면 마치 다람쥐 쳇바퀴 돌듯 앞으로 많이 나가도 그 결과가 없으며, 피로감으로 누적되어 결국은 다른 상상력을 갖지 못하고 그 쳇바퀴라는 올무에 갇혀 길들게 된다.

폭력의 각본을 넘기 위한 새로운 실재

'팍스 로마나'라는 검과 힘, 그리고 강제적 법의 통치의 지배체제 앞에서 새로운 대안으로 나온 예수의 바실레이아하나님 나라 운동은 그 기원이 샬롬을 현실화하는 데 관한 것이었다. 인격적이고 실천적인 차안에서 만나는 초월다시 말하면, 초월의 내역사화의 경험이고, 이는 '진리와 은총의 충만함'을 현실화하는 것을 말한다.

> 말씀이 육신이 되어 우리 가운데 거하시매 우리가 그의 영광을 보니 아버지의 독생자의 영광이요 은혜와 진리가 충만하더라. 요1:14

예수와 그를 따르는 제자들이 본 현실은 도저히 무너지거나 흔들릴 것 같지 않은 견고하고 팽창하는 권력과 힘이 로마를 지배하고 있었다. 이런 '로마의 평화' 체제 앞에서 이들은 다른 '봄seeing'이라는 인식이 있었는데, 바로 로고스궁극적인 무차별한 관계성가 우리 현실로 돌진해 들어온다는 "말씀이 육신이 되어 우리 가운데 거하시매" 신비로운 인식이었다. "우리가 그의 영광을 보니…."

이러한 인식은 경쟁, 다툼, 분열, 소외, 결핍, 몰이해, 저주라는 삶의 방식으로 으레 보았던 관습적인 삶의 패턴에 관하여 새로운 자각을 불러일으켰다: "은혜와 진리가 충만하더라." 예수에 초점을 맞춘 이 표현은 '우리가 그의 영광을 보니'라는 초대교회의 집단적 인식과 공동의 가치 인식이 깔린 고백이며, 그전에 먼저 그들 사이에서 '우리 경험'이라는 뭔가 특별한 것이 일어나는 외화外化의 과정을 암시하고 있다. 이들이 증언하는 것의 핵심은 예수를 통해 본 새로운 현실인 '은혜와 진리의 풍성함'이다.

비폭력 실천가는 분리, 상처, 손상, 폭력, 강제 등이 일어날 때 사람들이 주장하는 자기 삶에 대한 지배와 소유권을 다른 눈으로 본다. 이는 말씀이 육신이 된다는 보편적 성육신, 곧 은혜와 진리의 풍성함으로 나타나는 로고스를 자기 삶으로 내재화, 일상화하는 실재를 보는 눈이다. 사실상 인식과 자각이 실재보다 더 중요한데, 인식이 실재를 출현시킨다는 원리야말로 현 지배 상태를 유지하는 견고한 사회·문화적 시스템에 변혁을 가져올 힘을 얻을 수 있는 가장 효과적인 방식임을 간파하게 된다. 개방성, 관계, 평등, 일치, 신뢰 등이 살아 있는 모임 형태인 '서클 프로세스'를 진행하는 사람이나 비폭력 실천가는 자기의 인식이 무엇을 진정으로 보고 있는지 명료하다. 혼란, 갈등, 다툼, 파괴, 분열 등의 표상이 눈에 보여도 도피하지 않고 직면하고 있으면서, 회복적 서클 개발자 도미니크 바터의 말을 빌리자면 '갈등의 폭풍우 속으로 들어가면서' 자신에게 해결책이나 대답이 없더라도 진리와 은혜가 충만하게 드러나도록 하는 데에 집중하여 이것이 작동될 수 있는 '안전한 공간'을 견고히 붙잡는 수행을 한다.

두 가지 수행으로 표현할 수 있다. 진리란 갈등 상황에서 당사자들의 관점과 속마음욕구을 '이해'하는 수행으로 전환된다. 은혜란 연민으로, 사랑 혹은 자비로움으로 감싸 안아 상대를 보는 수행으로 전환된다. 그렇게 해서 안전한 공간에서 각자의 '진정함' 진리들이 이해되고 소통되도록 한다. 자신의 관점을 넘어 상대의 관점과 속뜻이 진실로 들리도록 하면서 여기에서 자연히 상대의 진실에 가닿고 연결되는 마음이라는 연민자비로움을 불러일으킨다. 이 두 가지 수행 '이해와 연민'을 통해 우리는 앞으로 나아간다. 진정으로 당사자들이 원하는 미래를 함께 선택하고 이를 위해 함께 일하도록 이바지하게 되는 것이다.

새로운 현실성을 지속시키기

지배 체제에 대항하고 대안적 미래를 위해 요한 공동체에서 일어난 새로운 현실성궁극적이고 무차별적인 관계성의 진리와 은총의 충만함은 놀랍게도 경이로울 정도로 실존적 방향을 일으켰다. 인간의 모든 것이 신의 영역에 지배된다는 당시 세계관에서 이것이 특별한 사회적, 공동체적 수행으로 바뀌었기 때문이다. 다른 세상이 아닌 이 땅의 것이었고, 교리적이거나 개념적이지 않고 생활적이고, 숭배적이지 않고 실천적이었다.

모든 인간은 특이한 경험을 한 사람을 신적 존재로 받들어 예배 드리는 대상으로 올리는 유혹을 받는데, 우리는 이것을 선포하는 자로 오신 예수를 선포된 자로 등극한 그리스도로 바꿔서 본다 그런 절차로 가지 않았다는 것이다. 오히려 '진리가 너희를 자유롭게 한다'라고, '나는 너희를 종이 아니라 형제로 여기겠다.' '스승이며 주인 내가 너희의 발을 씻어 주었으니 너희도 서로 발을 씻어 주어야 한다'라고 증언하는 요한 공동체의 분위기를 보면 이는 더욱 명확해진다.

요한 기자의 예수 운동 공동체는 새로운 자의식을 갖고 생활 수련을 통해 거룩함, 곧 신을 경험하는 수행을 취했다. 그것은 참나I-AM가 '온전히 현존하기'로 현실 상황에 들어가는 것이다. 이것은 요한복음에서 예수가 자신을 드러내는 반복된 신비 진술 "나는… 이다"; ego eimi에서 볼 수 있다. 다음 7가지가 그렇다.

* 나는 하늘에서 내려온 빵이다.
* 나는 세상의 빛이다.

* 나는 양이 드나드는 문이다.
* 나는 착한 목자이다.
* 나는 부활이요 생명이다.
* 나는 길이요 진리요 생명이다.
* 나는 참 포도나무이다.

"나는 …이다"는 모세에게 하나님의 정체성에 대한 질문에서 받은 "나는 …이다라는 분이다 I am that I am" 하는 신비어의 문장 구조를 요한 공동체, 아니 적어도 요한 기자가 차용한 것으로써 궁극적인 것에 대한 경험을 표현한 신비 진술이다. 여기에서는 예수라는 개별 존재에 집중되는 것이 아니다. 상호 연결과 지원, 서로를 풍성하게 하기의 핵심 가치와 그런 삶의 방식을 나타내는 빵, 문, 빛, 목자, 포도나무의 이미지 속에서 우리는 제약 없는 책임을 지닌 살아 있는 신적 인격성을 만남을 고백한다. 그리고 이들 이미지는 우리가 사는 이 땅의 현실, 삶의 영역에서 일어나는 것이다.

여기서 한 문장을 통해 좀 더 성찰하자. 왜냐하면, 이 문장이 그동안 다른 종교에 대한 정복주의, 배타주의를 일으키는 핵심 문장으로 이해되어서 수많은 전쟁과 폭력, 인종 갈등, 종교 갈등십자군 전쟁, 30년 전쟁 등만이 아니라 한 가족 안에서조차 종교가 불화의 진원지가 되어 왔기 때문이다.

> 나는 길이요 진리요 생명이다. 나를 거치지 않고서는 아무도 아버지께 갈 수 없다. 요14:6

비폭력 실천가로서 나는 이 문장을 이렇게 해석한다.

① 신비 문법인 "나는 …이다"는 "길, 진리, 생명"이 핵심이라고 보아야 한다. 길, 진리, 생명이라는 실천을 거치지 않고는 아무도 아버지께 갈 수 없다.

② "나는 …이다"는 이미 7개의 신비 진술 문장에서 보듯, 로고스에 대한 나의 "궁극적이며 무차별적인 관계성"이 보여주는 관계성연결, 일치이 가장 핵심적인 의미다. 예수의 마지막 제자들을 위한 기도 "아버지와 내가 하나인 것처럼 이 사람들도 하나가 되게"요17:21-22가 이를 증명한다

③ 길, 진리, 생명은 인격적이고 관계적인 삶의 원형을 진술한다. 이것은 한 개인의 에고를 넘는 온전한 자아의 실천 영역을 말하는 것이며, 길은 닫힘/벽이 아닌 엶/개방이고 진리는 독선이 아닌 사랑의 눈에 기초한 진정함, 생명은 분리/절단/소외/죽임이 아닌 상호 풍성케 하기"약자가 생명을 얻되 더욱 풍성케 하기"요10:10라는 삶의 차원을 말한다.

④ '나I-am를 거치지 않고서는' 이란, 이러한 길/진리/생명의 행위가 존재가 되는 인격적 실존으로서 참자아에고 없는 보편적이고 무제약적인 관계성을 자기 존재의 정체성으로 갖는가 아니고는 아버지무차별적인 절대적 관계성이자 일치이신 궁극자에게로 갈 수 없다로 해석된다. 따라서 여기서 '나'는 역사적 신체성을 지닌 예수라는 개별 존재the self를 의미하는 것이 아니라 신성한 인격적 실존으로서 무제약적 사랑의 참자아the True Self를 말한다.

우리는 여기서 신비 문장에 대한 오해를 피하려고 예수께서 제자들에게 "진실로 진실로 말하거니와…"로 계속하여 "말씀"하였던 것을 상기할 때, 다음 한 단어를 이 신비 문장에 첨가하면 더욱 명료히 이해하게 된다.

'참true' 나는 길이요 진리요 생명이다. '참' 나를 거치지 않고는….

예수의 말을 듣는 제자들은 자신의 에고에 대한 집착에서 떠나 무제약
적 관계성의 부름으로 자신의 삶을 헌신하는 길을 걸었던 것이다. 그렇
지 않고 개별적 역사적인 자아의 목소리였다면 그런 방향정위의 힘은 일
어날 수가 없었을 것이다.

"나는 … 이다"와 "나는 …있다"의 수행

분리, 폭력, 다툼, 화가 있는 현장에서 이해와 연민의 수행을 통해 그
러한 자극 상황들을 당사자들이 서로 더욱 알게 되고, 자기 배움과 공동
체의 성장으로 변화되는 기회로 삼는 것이 바로 '길, 진리, 생명'의 수행
방식이다. 그리고 그러한 현장에서 자신의 관점과 이득/손실을 넘어 적
대자들이 서로 손을 잡고 미래를 향해 함께할 수 있는 것을 제안하여 구
체적인 행동 계획을 만들어내는 그 과정 속에서 우리는 새로운 초월을
본다.

여기서 초월이란 우리 속의 '관계의 깊이'에 대한 것이다. 분리와 단절
이 변화되어 관계성이 발현될 때, 우리는 더더욱 깊고 온전한 자기 정체
성인 '숨어 있는 온전성토머스 머튼의 용어'을 발견하게 된다. 퀘이커 교육
사상가인 파커 파머가 초월을 해석한 부분이 이에 도움이 된다.

우리는 초월을, 자아와 세계의 실재들로부터 벗어나 위로 혹은 밖으
로 도피하는 것으로 생각하는 일반적인 경향을 거부해야 한다. 오히
려 초월이란 사랑의 영이 우리 실존의 심장부로 뚫고 들어오는 것,
불어 들어오는 것, 우리로 하여금 자신과 세계를 전보다 더 큰 신뢰
와 희망을 품고 보도록 '영을 불어넣는 것' in-spiration이다. 초월을

경험하는 것은 벗어나는 것이다. 자아와 세계로부터 벗어나는 것이 아니라, 그 둘이 서로를 끝없이 반영하고 결정하는 마주 선 거울들의 방으로부터 말이다. 기도는 우리를 밖으로 끄집어낸다. 자아와 세계의 닫힌 순환 논리 바깥으로 말이다. 파커 파머 『가르침과 배움의 영성』 중에서

요한 기자가 제기하는 관계성의 이미지들인 빵, 문, 빛, 양, 목자, 포도나무, 그리고 그것이 실천되는 내면의 에너지들인 부활, 길, 진리, 생명, 이 모두는 관계연결과 일치를 통한 화해의 수행라는 행동을 가리키고 있다. 이를 통해 진리/진정함과 은혜/자비로움의 충만함을 현실과 나의 삶에서 눈으로 직접 보고, 이것을 삶으로 증거하는 "let your life speak" –퀘이커의 중요한 사회적 증언 격언 것이 예수 운동의 핵심이라고 요한은 말한다. 요한 기자는 이것이 실현되는 신뢰의 공동체, 사회 변혁의 핵심 주체로서 신앙 공동체를 제시하고 있다.

'보이지 않는 온전성' 혹은 '궁극적인 무차별적인 관계성'을 드러내고 출현시키도록 하는 비폭력 실천가의 태도나 자세는 무엇일까? 바로 지금 여기서 '온전히 현존하는' 깨어 있는 의식이다. 나는 개체로 분리된, 피부 껍질에 둘러싸여 외부와 구분된 "나"로서가 아니라 "나는 …이다" I am라는 역동적 관계성에 자신의 진정한 정체성이 있다는 것을 자각하며 온전히 현존하기를 수행하는 것이다. 행동의 근저에 존재로 있는 이 방식을 통해 나는 "나는 …이다 I am"가 "나는 …있다 I am"와 함께 있을 때 해답과 해결책 없이도 상대방을 돕고, 또한 온전히 현존함을 통해 "있음 Is-ness" 마이스터 에크하르트가 하나님을 가리키는 다른 이름이신 신을 현실에서 만나게 된다. 레너드 제이콥슨은 온전히 현존하기를 다음과 같이 수행하기를 제안한다.

나는 마음으로부터
현존으로 깨어나려고 여기에 있다.
나는 과거와 미래로부터
지금 이 순간으로 깨어나려고 여기에 있다.
나는 두려움으로부터
사랑으로 깨어나려고 여기에 있다.
나는 분리되어 있다는 환상에서 깨어나
신과 하나임을 경험하기 위해
여기에 있다.

3부 화해, 진리, 빛

1. 평화의 능력으로 평화를 살다

2. 검을 내려놓고 하나님의 자녀 되기

3. 풍랑의 에너지를 진리와 생명의 에너지로 변화하기

4. 적을 통해 하나님의 모습을 어떻게 볼 것인가?

5. 평화와 화해의 제자, 바울

6. 갈등 해결과 화해 사역으로 가는 길

7. 세상의 빛과 세상의 소금

8. 펜들힐에서 만난 퀘이커 평화운동

9. 기독교 비폭력 영성과 실천을 위한 10가지 요소

1. 평화의 능력으로 평화를 살다

너희는 무엇을 먹고 마시며 살아갈까, 또 몸에는 무엇을 걸칠까 하고 걱정하지 말아라··· 공중의 새들을 보아라··· 또 너희는 어찌하여 옷 걱정을 하느냐? 들꽃이 어떻게 자라는가 살펴보아라···마6:25-31

평화를 위해 일하는 사람들은 현실에서 직면하는 수많은 문제를 예민하게 느낀다. 그들은 세상에 일어나는 사건들이 마치 존재하지 않는 것처럼 무심하게 살지 못한다. 오히려 직접적으로는 자신과 관련이 없어 보이는 문제들도 마치 자신에게 일어나고 자기 문제인 것처럼 아파하고 분노를 느끼며 가위눌리는 무거움을 느낀다. 약자들이 흘리는 수많은 눈물이 하나도 보이지 않는 양 그렇게 태연히 살아가기에는 심장이 너무나 따스하고 맥박이 더욱 거칠게 뛴다. 안녕하지 않고, 한 번도 주목을 받지 못하고 어느새 사라져 버린 생태적 약자들의 침묵은 가슴을 찢는다. 아스팔트 도로 가운데 방벽으로 횡단하지 못하고 차에 깔려 뜻밖의 죽음을 맞이한, 주목받지 못하는 수많은 동물들의 시체를 지나치면서 가슴이 떨리고, 보이지 않는 거대한 감옥과 마주칠 때마다 헉헉거리는 심장 소리를 듣는다.

분별이 없고, 서로를 조종하며 공격하는 문화적 분위기 속에서 그 어떤 신뢰할 만한 자기 방어의 무기나 도구 혹은 굳건한 방패막이나 둘러싼 성채도 없이 현실로 내던져졌다는 사실은 우리를 무척이나 두렵게 한다. 삶의 이상이 성공, 영향력, 물질적 부에 있고, 내놓을 자랑거리가 있다는 건 비현실적인 꿈처럼 보인다. 그만한 능력도 기회도 얻기 힘들다. 오르지 평화가 가슴속 유일한 열망인 사람이 당장 현실적으로 부딪치는 문제는, 어떻게 먹고 마시며 살아갈까, 추위를 가리도록 몸에는 무엇을 걸칠 수 있을까 하는 소박한 것들이다.

내 행위로 얻은 이득이 누군가의 희생으로, 누군가의 눈물과 고통으로 이루어진 것이라면 어떻게 그런 일이 자연스럽고 당연한 일로 비추어지는지를 이해하지 못한다. 나의 편리를 위해 내가 쥐고 소비하는 이 일회용 생활 도구 때문에 얼마나 많은 숲의 나무가 베이고 그럼으로써 다른 약자들의 삶의 자리와 먹거리가 얼마나 사라질지 생각하기에, 그런 것을 단지 생각하는 것만도 벅차다. 펀드나 투자로 이익을 보는 일도 누군가는 잃고 있음을 알기에 마음이 가지 않는다. 그렇게 생각하다 보면 사는 게 보통 일이 아니다. 아니 남들에게 쉽게 보이는 생존하기조차 그토록 버겁게 느껴진다.

최소한 내게 필요한 먹거리와 나를 따스하게 보호할 수 있는 살림도구조차 마련하기 힘들어지는 때, 당연해 보이는 생활 방식 앞에서 추위에 노출된 '염려하는 존재'일 때 뜻밖에 자기 삶에 새로운 지평이 열리게 된다. 생활의 밑바닥에 추락해 있는 덕택으로 약함의 선물을 깨닫게 된다. '공중의 새'와 '들의 백합'에 대해 눈뜨기다.

토끼들이 하루는 회의를 열었다. 하늘에서는 독수리와 매가 달려들고, 땅 사방에서는 크고 작은 맹수들이 달려드니, 이에 지치고 힘들어서 이런 결론을 내렸다. "우린 저 하늘의 독수리처럼 자신을 방어할 강한 발톱도 없고, 숲의 맹수들처럼 남과 대적할 이빨도 강한 힘도 없으니, 우리 모두 죽으러 갑시다!" 모든 토끼가 그 말에 수긍하여 동의하였다. "그럽시다!" 숲 속 연못에 빠져 죽을 심산이었다. 그때 연못에서 놀던 개구리들이 토끼 한 무리가 몰려오는 것을 보자 질겁하며 물속으로 첨벙 들어갔다. "토끼들이 쳐들어온다!" 자신들을 보고 놀라는 개구리들을 보면서 토끼들은 한없는 위로를 받아 뭔가를 깨닫고 발길을 돌렸다.

약자가 그 약함을 버리지 않고 자기를 방어하는 무장 없이도 어떻게 '온전히' 삶을 살 수 있을까? 예수가 말한 '세상에 있되 세상에 속하지 않는' 삶이란 것은 어떻게 가능할까? 성공, 부, 명망, 영향력을 향해 경쟁하며 줄 서지 않고, 그럼으로써 다가오는 생존에 대한 절실함과 염려함이 주는 무거운 '중력'이 어떻게 '은총'이 되어 온전한 기쁨으로 살 수 있는 것일까? '바닥의 작은 자'들의 백합와 '바닥에서 뿌리 뽑혀 따로 떨어진 자' 공중의 새가 어떻게 자기 존재됨을 온전히 실현하면서 생을 즐기는가를 보라! '작은 자백합, 새'가 그 작음을 버리고 강한 자나 큰 자로 변하여 염려를 벗어나는 게 아니다. 그 작음을 지켜 그대로 온전히 충만한 생을 맛보며 산다는 것이 핵심이다. 가령 뼛속까지 시린 자본주의라는 추위 속에서 자기를 지킬 수 있는 아무런 방어막 없이 존재할 때 삶을 염려하기보다 통찰을 얻어 더욱 온전한 작음을 100퍼센트 즐기는 것이다. 토끼들이 개구리를 보고 염려가 사라진 게 아니다. 약함은 그대로 있되 더욱 생생한 토끼의 삶으로 변화되는 것이다. 그 열쇠는 '뿌리'와 '날개'에 있다고 믿는다. 자기의 온전한 본성, 충족을 바라는 자기 내적 욕구로 그대로 진실하게 들어가는 것이다. 방어하지 않고, 억제하지 않고 표현되는 자기 본성에서 나오는 기쁨과 희열이 세상의 무게와 위협을 관통하게 된다. 이는 한쪽을 버리고 다른 한쪽을 취하는 문제가 아니다.

오랫동안 시골에서 지내던 때의 일이다. 아침 산책 중에 폐가가 된 초가집 돌담 옆을 지나는데, 그 집 옆으로 세워진 굴뚝에 쳐진 커다란 거미줄을 갑작스럽게 대면하게 되었다. 그러자 나는 몸이 움직이지 않고 얼어붙는 상태가 되었다. 거미줄 속에 칭칭 감겨 죽어 있는 잠자리의 참혹함과 거미의 흉측함이 내 가슴속에 섬뜩한 그 무언가를 전한 것이다. 그리고 동시에 거미줄에 맺힌 이슬들을 보았다. 간밤에 맺힌 이슬들은 초롱초롱 투명하게 영롱한 구슬처럼 아침 햇살을 반사하면서 현기증 나도록 짙은 황홀감을 주면서 내 가슴을 동시에 후볐다. 참혹한 비극과 찬연하게 방사하는 영롱한 방울 미소들의 겹침이란! 두 상반된 실존의 공존과 상호 포섭과 융합을 만난 것이다.

'들의 백합'과 '공중의 새'는 염려함과 뿌리박기 혹은 날개달기라는 실재를 상호 포섭하면서 생생하고도 온전한 생의 기쁨을 전달한다. 여기서 거룩한 투명성이 드러난다. 한쪽을 거부하고 한쪽으로 넘어가는 게 아니라, 현실을 포함하되 그것을 넘어서는 더 큰 전체성을 여는 것이다. 백합과 새를 넘어서 들과 하늘의 생생한 넓음과 충만함을 감싸 함께 드러내주는 것이다. 작다는 것, 방어할 수 없다는 것이 변하진 않는다. 그대로 있다. 그러나 뿌리를 내리고 날갯짓을 할 때 백합과 새는 세상에 있지만 더는 이 세상 것이 아니게 된다.

다른 사람들이 추구하는 성공, 물질적 부, 강함, 영향력에 별 아쉬움 없이 살면서 작은 자로서 먹고 마시고 걸치는 일상을 대면하는 것만도 대단한 일이다. 그러나 거기서 끝나는 것으로는 약하다. 자신의 원칙, 가치, 신념을 지키고 살 수는 있다. 말하자면, 남들과 달리 평화라는 주제를 진지하게, 남의 희생을 심각하게 받아들이는 삶을 흔들림 없이 지켜가는 것에 주목을 받을 수는 있다. 그러나 그 작음의 삶이 더 넓은 경지를 품어서 드러내고 있는가? 들과 하늘을 품어서 생생하게, 홀로 자기됨에 충일한 기쁨을 발산하고 있는가? 의무와 책임, 신념과 주장을 넘어서 그런 생이 기쁨이라는 화학적 변화를 일으키고 있는지 말이다.

평화가 온전한 자기 본성이 되어 거기에 뿌리박고 그것으로 날갯짓할 수 있는 자유와 기쁨이 없다면, 그것은 아직도 무언가 선물로 주어진 자기 존재의 깊이를 잊고 있는 것이다. 진정한 평화는 주의주장이나 토론에 있지 않다. 자기 본성으로, 벌거벗고 방어 없이 자기 삶으로 그것을 드러내는 것이다. 그럴 때 백합에게 바람은 춤을 선사한다. 새에게 그것은 비상이 된다. 뿌리와 날개라는 평화의 능력 없이는 그대는 평화를 염원하고 있고 평화에 대해 말하는 것일 뿐 평화를 사는 것은 아니다. 뿌리와 날개 없이는 삶은 '걸어가는 죽음'이다.

공중의 새, 들의 백합을 보라! 그 생생함의 넘침이 어떻게 그 작음 속에 흐르고 있는지를 눈치채라. 그럴 때 평화는 강력한 에너지가 됨을, 자신의 진정한 본성임을 알게 된다. 작음이 춤이 되고 비상이 된다. 약함으로 더욱 생생해진다. 자기 방어 없이도 기뻐 넘치는 오롯한 생이여!

2. 검을 내려놓고 하나님의 자녀 되기

평화를 위하여 일하는 사람은 행복하다. 그들은 하느님의 아들이 될 것
이다…. "'네 이웃을 사랑하고 원수를 미워하여라.' 하신 말씀을 너희는
들었다. 그러나 나는 이렇게 말한다. 원수를 사랑하고 너희를 박해하는
사람들을 위하여 기도하여라. 그래야만 너희는 하늘에 계신 아버지의
아들이 될 것이다. 아버지께서는 악한 사람에게나 선한 사람에게나 똑
같이 햇빛을 주시고 옳은 사람에게나 옳지 못한 사람에게나 똑같이 비
를 내려주신다. 너희가 자기를 사랑하는 사람들만 사랑한다면 무슨 상
을 받겠느냐? 세리들도 그만큼은 하지 않느냐? 또 너희가 자기 형제들
에게만 인사를 한다면 남보다 나을 것이 무엇이냐? 이방인들도 그만큼
은 하지 않느냐? 하늘에 계신 아버지께서 완전하신 것 같이 너희도 완전
한 사람이 되어라."마5:9, 43-48

인간은 누구나 살면서 '무엇이 축복받은 인생인가?' 를 생각하고 복을
얻으려고 노력한다. 축복은 기독교 신앙에서 중요한 위치를 차지한다.
축복은 무엇인가? 먼저 우리 문화에서는 오복五福이란 개념이 있다. ①
수복壽福; 오래 사는 것 ②부귀富貴; 재물과 명예가 넉넉한 것 ③강녕康寧; 건강
하게 사는 것 ④유호덕攸好德; 복덕 짓기를 좋아함 ⑤고종명考終命; 명대로 잘
살다가 편히 죽는 것 이다.

이스라엘"하나님의 백성"의 조상 아브라함은 만민의 복의 근원이 되어
이 복을 향해 80세 가까운 나이에도 장차 지시할 땅을 향해 떠났다. 이
복을 소유하려고 "본토, 친척, 아비의 집을 떠나 장차 보여줄 땅"으로 유

랑하던 이스라엘에게 예수님은 8복음에 대한 산상설교를 통해서, 복 있는 영토는 보이는 것이 아니라 어떤 관계와 마음의 태도이자 삶의 방식이라고 말씀하신다. 예수님께서 소개하는 이 8복은 우리의 기대를 온통 흔들어놓고 기존의 고정된 생각을 밑뿌리부터 흔들어버리기 때문에 이 8복을 우리가 진지하게 대면하는 게 쉽지는 않다.

이 산상수훈에서 말하는 복과 그 복을 누릴 수 있는 자격이 있는 사람은 바로 기독교의 정수인 그리스도 제자직에 연결되어 있어서, 우리가 이에 응답하지 않고는 제자로서 자격을 얻을 수 없다. 또한, 이 8복은 세상의 복이라는 '넓은 문'과 달리 아무나 갈 수 없는 '좁은 문'이기에 결단이 필요하다. 예수로부터 주어진 이 8복이 얼마나 생생하고 마음의 혁명과 같이 혁신적인 에너지를 담고 있었는지를 이해하려면, 1세기 초 유대 갱신주의에서 예수를 따르는 무리가 그리스도인으로 분리되는 중요한 상징들을 점검하면 도움이 된다.

- 로마 형법에 따른 형틀인 십자가의 전환
- 복음유앙겔리온의 전환
- 집회 장소의 회당시나고그에서 민회에클레시아로 전환

폭력과 지배체제의 중심 상징으로서 처형의 틀인 십자가와 적을 점멸하고 승리했다는 승전보로써 유앙 겔리온, 즉 복음을 바꾸어 그리스도에 의한 세상에서 화해와 섬김을 중시하고, 종교 집회를 통해 거룩의 길로 가는 회당의 방식이 아니라 세상 일을 서로 의논하는 모임장소인 민회에클레시아를 거룩의 장소로 선택하는 이 모든 것은, 성공을 위한 것이 아니라 하나님의 평화를 이 땅에 이룩하려는 샬롬의 삶을 위한 것이었다. 그리고 8복의 내용, 즉 심령이 가난함, 애통해함, 온유함, 의에 주림, 긍휼히 여김, 마음 청결, 화평케 함, 의를 위한 박해받음 또한 이 샬롬의 제자가 지닐 것이기도 하다. 이는 바로 로마 제국의 칼의 지배에서 벗어나 샬롬 지배를 향한 그리스도인들의 열망이 있는 것이고, 그리스도를 통해 새로 깨닫게 된 그들만의 소명이기도 했다. 곧 '평화의 하나님' 을 소개하고 그분의 삶에 전염되어 뒤를 따르는 자들의 확신이었다. 초대 기독교의 새로운 소명을 이해하기 위해 잠시 성경을 돌아보자.

> "예수께서 무리를 보시고 산에 올라가 앉으시니 제자들이 나아온지라."마 5:1

이 장면을 머릿속으로 그림을 그려 상상해보자. 이스라엘의 무리가 산에 오른다. 하나님의 법궤를 받으려고 모든 백성이 산에 오른다. 모세가 호렙산에 오른 것과 다르다. 여기까지 올라오는 데 여럿 존재하는 이정표를 통과해야 비로소 이스라엘에서 선택받은 '제자' 들이 되어 소명 받는 자리로 나오게 되는 것이다. 그 샬롬의 이정표들은 다음과 같다.

첫 번째 이정표: 형제자매를 지키는 자 되기

창세기 1장은 모든 존재가 '좋음', 더 강조하면 "심히 좋다very good"모두 7번 – 1:4, 10, 12, 18, 21, 25, 31고 말한다. 태초의 사건에서는 모든 존재가 선하며 그들의 관계가 선함을 선언한다. 이것이 하나님이 창조한 피조물이요 세계다. 샬롬을 지닌 에덴은 물질적 번영과 복지, 옳은 관계 그리고 진실을 말하는 마음의 올곧음을 말한다. 타락 이전에는 이렇게 조화로운 선"심히 좋은"의 상태였다. 여기서 추방된 아담 형제 사이에 불화가 생겼다. 카인은 그의 형제 아벨과 폭력을 통해 형제를 죽임으로써 하나님께 반문한다: "내가 아우를 지키는 자이니까?"창4:9

그의 자기 방어적인 질문에서는 아우를 지키는 자가 아니라고 대답하지만, 하나님은 그의 폭력에 대해 분명히 "아니오"라고 말씀하셨다. 우리에게 가장 가까운 이들인 우리의 형제자매와 가족은 각자에게 지키는 자이다. 창세기 마지막 장에서 요셉이 "지키는 자"의 모델로 나타난다. 그는 자기 형제를 용서해주고 그들을 판 자들을 오히려 돌보게 된다.창 50:15-21

> "당신들은 나를 해하려 하였으나 하나님은 그것을 선으로 바꾸사 오늘과 같이 많은 백성의 생명을 구원하게 하시려 하셨나니, 당신들은 두려워하지 마소서. 내가 당신들과 당신들의 자녀들을 기르리이다하고 그들을 간곡한 말로 위로하였더라."창50:20-21

"내가 내 형제를 지키는 자이다"라는 요셉의 말은 에덴에서 쫓겨난 우리 사회에서 하나님의 샬롬을 되찾는 우리의 여정에 첫 번째 이정표이자 신호등이 된다.

두 번째 이정표: 하나님과 네 이웃을 사랑하라.

하나님께서 자신이 창조한 백성이 타락하자 홍수로 심판한 후 새롭게 시작하기 위하여 지상의 모든 가족이 축복을 받는 특별한 사람을 세우셨는데, 그가 바로 아브라함과 사라다. "모든 족속이 너로 말미암아 복을 얻게 될 것이라"라고 한 축복의 메시지를 받은 이들은 어느 뜨거운 날 마므레 상수리나무가 있는 곳에서 낯선 사람 3명을 일부러 영접하여 발을 씻기고 떡을 대접하면서 이 언약을 받은 것이다. 곧 이삭을 얻을 것이란 약속에 따라 대가 이어지게 된다. 그리고 이 축복의 열쇠를 지닌 이 무리들로 인해 두 근본 원칙이 함께 사는 데 계약이 된다. "너는 마음을 다하고 뜻을 다하고 힘을 다하여 네 하나님 주 여호와를 사랑하라"신6:10, "원수를 갚지 말며 동포를 원망하지 말며 네 이웃 사랑하기를 너 자신과 같이 사랑하라."레19:18

옛 이스라엘 "하나님의 백성"이 새 이스라엘로 바뀌는 중요한 특징의 하나는 바로 이 이웃에 대한 개념 변화다. 구약에서 이웃은 한 나라 안의 백성인 동포를 의미하였으나 신약에서 예수님은 이를 확장하신다. 어떤 율법 교사와 영생과 관련해 논쟁할 때 "누가 내 이웃입니까?"라는 질문에 강도를 만난 사람이 적대 관계에 있는 나라 사람이었지만 구해서 상처를 돌보고 시간과 돈까지 허비한 사람을 말씀하셨다.눅10:29-37 자기와 같은 종류의 혈육과 인종을 넘어서며 경계가 없이 고통과 박해를 받는 자가 바로 내 이웃이라는 새로운 개념을 제시하였던 것이다. "하나님과 이웃을 사랑하기"는 자비의 하나님 그리고 자비가 필요한 사람에게 이웃되기라는 새로운 윤리적 차원을 우리에게 제시한다.

세 번째 이정표: 검을 내려놓고 십자가를 져라

고대 이스라엘은 하나님의 샬롬을 깨닫는 데 거듭거듭 실패를 하게 된다. 그들의 실패에 따른 하나님의 심판은 무거웠지만, 그렇다고 희망의 끈이 없어진 적은 없었다. 하나님은 그들에게 "평화의 왕"사9:6-7, 곧 메시아를 약속하였다.

"이는 한 아기가 우리에게 났고 한 아들을 우리에게 주신 바 되었는데 그의 어깨에는 정사를 메었고 그의 이름은 기묘자라, 모사라, 전능하신 하나님이라, 영존하시는 아버지라, 평강의 왕이라 할 것임이라. 그 정사와 평강의 더함이 무궁하며 또 다윗의 왕좌와 그의 나라에 군림하여 그 나라를 굳게 세우고 지금 이후로 영원히 정의와 공의

로 그것을 보존하실 것이라 만군의 여호와의 열심이 이를 이루시리
라.”

문제는 예수께서 오시며 사람들이 메시아를 새로운 의미로 해석하는
데 있었다. 고대 이스라엘은 하나님께서 메시아를 통해 샬롬 공동체를
지상에 세우시고 이집트에서 종노릇하는 그의 백성을 해방하며, 승리
의 전사로서 메시아를 따라 거룩한 전쟁을 할 것이라는 기대가 있었다.
그런데 후기 예언자 전통에서 하나님의 샬롬은 “정복하는 왕”이 아니라
“고난받는 종”사53으로 오신다는 사상이 싹트게 되었다. 이 “고난받는
종”과 “정복하는 왕”은 완전히 서로 다른 것이었다.

> “그는 멸시를 받아 사람들에게 버림받았으며 간고를 많이 겪었으며
> 질고를 아는 자라 마치 사람들이 그에게서 얼굴을 가리는 것 같이 멸
> 시를 당하였고 우리도 그를 귀히 여기지 아니하였도다. 그는 실로 우
> 리의 질고를 지고 우리의 슬픔을 당하였거늘 우리는 생각하기를 그
> 는 징벌을 받아 하나님께 맞으며 고난을 당한다 하였노라. 그가 찔림
> 은 우리의 허물 때문이요 그가 상함은 우리의 죄악 때문이라 그가 징
> 계를 받으므로 우리는 평화를 누리고 그가 채찍에 맞으므로 우리는
> 나음을 받았도다. 우리는 다 양 같아서 그릇 행하여 각기 제 길로 갔
> 거늘 여호와께서는 우리 모두의 죄악을 그에게 담당시키셨도다.”사
> 53:2-6

이러한 차이가 1세기 예수 당시의 유대인들이 하나님의 샬롬 공동체를
세우는 예수에 관해서 혼란스러워한 것이다. 예수께서 고난과 죽음 그리
고 부활을 거친 고난 받는 종으로서 메시아 됨을 가르쳤을 때, 심지어 베

드로조차 "주여 그리 마옵소서. 이 일이 결코 주께 미치지 아니하리다"
라고 반대를 할 정도였다. 이런 응답에 예수께서는 베드로에게 단호히
말씀하셨다.

> "사탄아, 내 뒤로 물러가라. 너는 나를 넘어지게 하는 자로다. 네가
> 하나님의 일을 생각하지 아니하고 도리어 사람의 일을 생각하는도다
> 하시고 이에 예수께서 제자들에게 이르시되 누구든지 나를 따라오
> 려거든 자기를 부인하고 자기 십자가를 지고 나를 따를 것이니라."마
> 16:23-24

네가 사람의 일을 생각하지 하나님의 일을 생각하지 않는다 하신 것은
제자들의 수석으로서는 매우 강력한 경고이자 그분의 제자로 부름을 받
는 우리 기독교인들에게 중요한 경고다. 제자가 되려면 십자가를 지라
는 예수의 말씀은 제자들에게 먹히지 않았다. 예수를 잡으러 온 대사제
의 군사들이 겟세마네에 왔을 때, 제자 중 한 명이 검을 휘둘러 한 병사
의 귀를 치자 예수께서 말하였다:

> "네 칼을 도로 칼집에 꽂으라. 칼을 가지는 자는 다 칼로 망하느니
> 라."마26:52

칼이 로마의 군사적 평화를 위한 방식이라면, 십자가가 곧 하나님의
샬롬으로 가는 방식이다. 이것이 '로마의 평화Pax Romana'와 '그리스도
의 평화Pax Christi'의 큰 차이다. 칼은 분열과 지배, 정복과 적의 파괴를 통
해 잠정적인 평화를 이루지만 십자가는 가정, 사회 그리고 더 나아가 우
주적인 평화를 이루어낸다. 사도 바울은 골로새서에서 이 십자가의 피로

인해 만물이 화해하고 서로를 받아들인다고 한다.

> 아버지께서는 모든 충만으로 예수 안에 거하게 하시고 그의 십자가
> 의 피로 화평을 이루사 만물 곧 땅에 있는 것들이나 하늘에 있는 것
> 들이 그로 말미암아 자기와 화목하게 되기를 기뻐하심이라. 전에 악
> 한 행실로 멀리 떠나 마음으로 원수가 되었던 너희를 이제는 그의 육
> 체의 죽음으로 말미암아 화목하게 하사 너희를 거룩하고 흠 없고 책
> 망할 것이 없는 자로 그 앞에 세우고자 하셨으니 만일 너희가 믿음에
> 거하고 터 위에 굳게 서서 너희 들은 바 복음의 소망에서 흔들리지
> 아니하면 그리하리라. 이 복음은 천하 만민에게 전파된 바요 나 바울
> 은 이 복음의 일꾼이 되었노라. 골1:19-23

이것이 영으로 그리스도를 만난 사도 바울의 확신이자 십자가의 도이
다. 검이 아니라 십자가가 화해와 평화를 이루는 힘과 능력이자 유일한
통로이다. 이로 말미암아 우리가 치유되고 거룩해지며 만물이 다 화목하
고 기뻐함을 입는다.

네 번째 이정표: 예수의 길로서 화해의 제자직을 걷기

새로운 이스라엘인 예수의 제자가 되는 분명한 기준과 삶의 방식은 예
수의 산상수훈마5-7장에 녹아 있다. 예수께서 분명하게 말씀하시기를,
옛것을 폐지하러 온 것이 아니라 성취하러 오셨다고 말씀하셨다. 옛 이
스라엘이 준수한 하나님과 형제, 그리고 이웃에 대한 사랑은 예수의 가
르침에서도 근본적이다. 그러나 여기에 새로운 것이 첨가되었다.

1) 화해가 강조되었다.

예수는 가족의 의미를 좀 더 확대하고 심화시킨다. 형제를 죽이는 것은 물론 금지다. 그러나 살인하는 것을 넘어 형제자매에게 분노하고 그들을 미워하는 것도 살인의 일종이라고 더욱 철저히 말한다. 음욕의 의미를 신체적인 접촉만이 아니라 마음의 상태까지 확장시킨다. 쉬운 이혼에 재갈을 물린다. 증오, 음욕, 그리고 쉬운 이혼은 가족에게 있어서 샬롬의 파괴자이고, 화해는 샬롬을 창조한다.

2) 선으로 악을 이기기, 그리고 사랑의 범위를 적에게까지 확대하기

구약에서 정의는 "이에는 이, 눈에는 눈"이었으나 이것을 예수가 철저히 변형시킨다. "원수를 사랑하고 적대자를 위해 기도하라." 이것은 엄청난 주문이다. 사도 바울은 이 예수의 말씀을 이렇게 전한다.

> "아무에게도 악을 악으로 갚지 말고 모든 사람 앞에서 선한 일을 도모하라. 할 수 있거든 너희로서는 모든 사람과 더불어 화목하라."롬 12:17-18

형제와 자매는 매우 중요하다. 예수께서는 말한다.

> "너희가 너희를 사랑하는 자를 사랑하면 무슨 상이 있으리오, 세리도 이같이 아니하느냐. 또 너희가 너희 형제에게만 문안하면 남보다 더 하는 것이 무엇이냐. 이방인들도 이같이 아니하느냐. 그러므로 하늘에 계신 너희 아버지의 온전하심과 같이 너희도 온전하라."마5:46-48

인류를 위한 하나님의 대담한 계획인 샬롬평화이 예수가 우리의 그리스도가 된다는 의미에서 얼마나 결정적으로 중요한지 이정표들을 살펴

보니 더 확실히 알 수 있는 것 같다. 예수의 탄생 이야기를 통해 "하늘의 영광"은 "땅의 평화"와 연결되어 있음을 알 수 있는데, 이는 예수 탄생의 핵심 의미이기도 하다. 땅의 평화가 하늘의 영광을 드러내며, 하늘의 영광은 땅의 평화에 의존한다는 것이다. 이는 로마 왕의 탄생이 주는 검의 평화가 아닌 십자가의 평화를 말하는 초대 기독교의 정체성과 연관되어 있다. 또한, 헤롯의 베들레헴에서 아기 예수가 탄생할 당시에는 아기를 학살하는 정치적 박해와 종교 지도자들의 불신앙과 갈등이 심각했다는 점을 생각해보면 더욱 중요한 의미가 있음을 알 수 있다.

산상 수훈의 8복은 우리 삶에서 흔히 볼 수 있거나 그리워하는 복이 아니다. 마음의 가난한 자, 슬퍼함, 온유, 의에 굶주림과 갈증, 자비, 마음의 순수, 평화를 위해 일함, 의를 위한 박해, 이것들은 세상에서 행복을 생산하지 못한다. 그래서 하나님이 현재와 미래의 축복을 보증한다. 축복을 약속한다는 것은 메시아적 왕국의 전령자 예수를 통해 하나님의 은총으로 기적이 일어난다는 의미다. 예수는 그가 오시고 선포하시고 왕국을 개시하시는 가운데 축복을 현실화한다. 이러한 믿기지 않는 비전에 대한 확인은 바로 자비로운 하나님 자신으로 확인된다. "임마누엘" 곧 우리와 함께하시는 하나님으로 말미암아 지복더없는 행복은 그것이 이 세상에서 존재하지 않는 정확히 그곳에서 축복됨을 약속한다.

여기서 특히 우리가 유의할 것은 "평화를 위해 일하는 자"가 "하나님의 자녀"가 된다는 것이다. 이것은 적을 사랑하는 것과 연결된다.

> "평화를 위해 일하는 자는 행복하다. 그들은 하나님의 자녀라 불릴 것이다."5:9
>
> "너의 적을 사랑하고 너를 박해하는 이들을 위해 기도하라. 그래야 너는 하늘에 있는 네 아버지의 자녀가 될 것이다."5:44-45a

평화를 위해 일하기와 적을 사랑하기의 상호 연결점은 바로 둘 다 자신의 정체성이 하나님의 자녀로 표시된다는 것이다. 자녀가 된다 함은 부모의 이미지와 덕성과 마음을 물려받는다는 뜻이다. 여기에 기독교인을 위한 소명이 있다. 하나님의 자녀가 된다는 것은 따라서 이러한 새롭고 철저한 사고와 행동을 훈련받도록 부름을 받는 일이다. 구약에서는 보복을 금지하는 명령은 존재한다. 그러나 예수께서는 그의 제자들이 평화를 위해 일하도록 그들이 생각할 수 없는 것을 하도록 가르쳤다. 바로 '적을 사랑하기'다. 이는 인간 능력을 넘어선다. 왜냐하면, 적에 대한 인간의 자연스러운 응답은 보복하거나 가능하면 적을 지우려 하기 때문이다. 적을 친구로 전환할 수 있는 방식으로 대응하는 것은 거의 아무도 생각할 수 없다. 그러나 이것이 예수가 그의 목회를 개시하는 복음이다. 이는 하나님의 본성과 능력으로 이루어지는 것이다. 해와 비를 악인과 선인에게 골고루 주시는 하나님의 자비로움에 힘입어, 이방인이나 세인과 달리 그들은 이렇게 평화를 행함으로써 스스로 하나님의 진정한 자녀임을 보여준다.

예수님께서는 이 8복음의 설교를 마치시고, 소금과 빛이 되어 우리가 살아갈 것과 가장 핵심적인 삶의 방식을 이야기하셨다. 이는 아무도 깊이 생각하지 못한 '하나님께 영광을 드리는' 방법이었다.

> "이같이 너희 빛이 사람 앞에 비치게 하여 그들로 너희 착한 행실을 보고 하늘에 계신 너희 아버지께 영광을 돌리게 하라." 마 5:16

기독교인은 아무도 직접 하나님께 영광을 드릴 수 없다. 자신 안의 빛을 다른 사람에게 비추어 이웃과 다른 사람이 우리의 착한 행실을 보고 인정하고서 그들이 하늘 아버지께 영광을 돌려야 가능하다. 이것이 바리

새파 사람들과 구별되는 기독교의 가장 독특한 가르침이며, 샬롬의 제자가 되는 근본적인 소명이다. 산상수훈은 교리나 개념, 신학을 요구하지 않는다. 매우 직설적이고 단호하게 샬롬 나라의 백성으로서 실천하길 요구한다. 그 비전은 또한 명확하다. 적을 사랑하여 하나님의 자녀가 되기, 이웃과 타인에게 선을 베풀어 하나님께 영광 돌리기, 이것이 바로 하나님의 대담한 계획이자 우리를 부르시는 소명이자 도전인 것이다.

3. 풍랑의 에너지를 진리와 생명의 에너지로 변화하기

예수께서 곧 제자들을 재촉하여 배를 태워 건너편으로 먼저 가게 하시고 그동안에 군중을 돌려보내셨다. … 그동안에 배는 육지에서 멀리 떨어져 있었는데 역풍을 만나 풍랑에 시달리고 있었다. 새벽 네 시쯤 되어 예수께서 물 위를 걸어서 제자들에게 오셨다. 예수께서 물 위를 걸어오시는 것을 본 제자들은 겁에 질려 엉겁결에 "유령이다!" 하며 소리를 질렀다. 예수께서 제자들을 향하여 "나다, 안심하여라. 겁낼 것 없다"라고 말씀하셨다. … 예수께서 "오너라." 하시자 베드로는 배에서 내려 물 위를 밟고 그에게로 걸어갔다. 그러다가 거센 바람을 보자 그만 무서운 생각이 들어 물에 빠져들게 되었다. … 예수께서 곧 손을 내밀어 그를 붙잡으시며 "왜 의심을 품었느냐? 그렇게도 믿음이 약하냐?" 하고 말씀하셨다. 그리고 함께 배에 오르시자 바람이 그쳤다. 마14:22-32

거대한 태풍의 시대적 징조 속에서

기독교 평화 전통의 비폭력 훈련가로서 요즈음 느끼는 시대적 도전들은 매우 심각하다. 점점 얼어붙는 남북관계, 지구 온난화, 세계 질서를 이끌어 온 미국의 재정적자, 유럽연합 국가들의 부도 사태, 극심한 국제 분쟁, 국내 전시 행정으로 인한 재정 낭비와 위기, 원자력 발전 문제, 진보와 보수 사이의 불통, 힘을 숭배하는 조직 문화 등이 위기의 파고로 몰려오고 있다.

인간이 이성적 동물이라는 게 무색할 만큼, 개인들이 모인 공동체와 사회가 더욱 분리와 상처, 폭력과 손실로 돌진해 나가는 이 집단적인 어리석음과 자연과 사회적 약자들의 고통에 눈먼 잔인함들을 우리는 어떻게 이해해야 하는가? 각자의 바람과 가치에 위반되고, 엄청난 사회적 비용이 들어가며 결과가 전혀 만족스럽지 않은 데도 우리는 왜 개인, 집단, 공동체 그리고 국가 영역에서 똑같은 일을 자꾸 반복하는 것인지 이해가 되지 않는다. 제정신이 아닌 개인의 삶, 단체와 공동체, 지역 사회 그리고 국가의 정책 결정과 그 행위가 이제는 거대한 위협과 부메랑이 되어 자신에게 고통을 주는 결과가 닥쳐오고 있는데도, 우리는 무섭게도 태연해하는 사회 속에서 살아가고 있다. 그리고 그러한 삶을 정당화하는 것은 '저놈이 나쁜 놈이기 때문이다' 라는 단순한 이유에서다.

위협과 두려움인 적에게 다가가기

거센 바람을 만나 앞으로 나가지 못하는 제자들에게 나타난 예수님의 이야기를 통해 새롭게 확인하는 것은, 거센 풍랑에 무서워 떨면서 타고 있는 좁은 배에서 안전을 추구하지 말고 거기서 나와 물을 걸으라는 주님의 초대다. 거대하게 몰려오는 사회, 국가 그리고 지구적 문제들의 폭풍우 속에서 어떻게 무력감으로 움츠리지 않고 원하는 미래를 세울 가능성을 선택할 수 있는가 하는 고민 앞에서, 이는 활동가인 내가 얻은 해답이다. 폭풍우 속에서 길을 만들어 가는 주님의 자리를 분별하는 것과 물속으로 뛰어드는 참여를 신앙의 수행으로 받아들이는 것이다.

여기서 분별이란 일, 관계, 사람, 상황의 폭풍우 속에서 자신을 "나다 am"라고 신분을 노출한 주님을 확인하는 것이다. 곧 상대의 말, 태도, 행위에 대해 적대적 감정을 갖고 위협과 무서움의 논리로 사는 것이 아니라 서로의 의견과 사상과 신념의 차이를 넘어 '길, 진리, 생명' 에 이바지하는 게 무엇인지 항상 그 속에서 알아차리며 진실에 응답하는 일이다. 이것이 결국 '그리스도의 현존' 을 경험하는 것이 된다. 그리스도는 갈등의 폭풍우 속에서 강제, 판단, 평가하지 않고 "무제약적 현존"으로 서 계시면서 우리로 하여금 "오라"고 초대를 하신다. 그리고 나는 일, 관계, 사람, 상황 속에서 '오라'라는 초대를 깨어 의식하면서 자신을 개방하는 것이다. 오해와 분노 그리고 위협과 두려움에도 불구하고 나의 연약함을 방어하지 않고 있음으로써 다른 안전의 감각을 얻게 된다. 참여란 세상의 폭풍우가 가진 "권세와 어둠의 주관자, 그리고 하늘의 악한 영"의 통치에 두려워하지 않고 "샬롬의 통치"라는 신의 주권성을 폭풍우 속에 세우는 것이다. 이것이 프란체스코, 마틴 루터 킹, 마더 테레사, 도로시 데이 등이 보여준, 세상의 작은 자 속에서 그리스도의 모습을 찾는 신앙의 행동이었다. 우리는 이 참여를 "화해의 사역"이라고도 부른다.

아쉬운 것은 한국 기독교의 대다수를 차지하는 보수주의자들은 전통:ortho-doxy, 즉 올바른 가르침을 지키는 자들에 대한 원래 의미 신의 주권성을 세상의 파도가 없는 안전한 교회보트 속에서 찾고 거기에 머물러 있다. 그래서 교회 밖 세상 문제에 조금이라도 들어가는 것은 자기 정체성을 벗어나고 진보의 일인 양 이분법의 논리를 가진다. 나는 진보나 보수에 대한 논쟁에는 관심이 없다. 오직 관심은 신의 주권성을 어디까지 어느 정도까지 세울 것인가이다. 영혼 속에서만, 교회에서만, 일요일 혹은 예배 시간이라는 제한된 시간 안에서만 조그만 보트에 타고 있듯 안전을 구하며 무서움으로 떨기보다는 그 파도 위를 걸으며 오라고 하신 주님의 음성을 듣고 지금이 우리가 움직일 때임을 알아야 한다. 왜냐하면, 주님이 거기서 풍랑에서 자기 존재를 드러내시고 앞서 걸어가고 있기 때문이며 또한 우리를 부르고 계시기 때문이다. 그럴 때 거친 바람은 이들이 물속으로 뛰어드는 것에 놀라 멈추고 만다. 어떻게 그렇게 멈추었는지는 신비로 남지만 그렇게 된다. 역사의 수많은 무력 갈등과 지배 체제는 그렇게 물속에 뛰어든 소수에 의해서 전환이 되고, 새로운 평화의 질서가 형성되어 왔다. 그러나 뛰어드는 곳이 거대한 폭풍우여서 무모하게 뛰어든 게 아니라 의도와 목적의식을 분명히 하고 갔다는 것이다. 이는 거대한 풍랑 속에서 "나다I-AM"라고 말씀하신 분을 알아차렸기 때문이다. 풍랑의 에너지를 "길, 진리, 생명"의 에너지로 바꾸려는 그리스도의 참모습을 보았기 때문이다.

인간성을 회복하기 위해 갈등의 폭풍우 속으로 들어가기

1990년대 초 동부 로스앤젤레스에서 가톨릭 십자가 선교회Dolores Mission Catholic Church의 회원들인 한 여성 그룹은 갱들의 폭력이 자기 이웃에 가져오는 무거운 비용을 보고 그 해결을 찾고 있었다. 교구 안에서 8명의 갱이 활동하고 있었는데, 갱들의 살인과 부상이 거의 매일 일어났다. 특별히 폭력이 극심하던 주간에, 그 여인들은 기도 그룹으로 모여 성서를 읽고 있었다. 한 여인이 갑작스레 발견하여 놀라게 된 것을 마치 전기 충격을 받은 듯한 표정으로 이야기했다. 갈릴리 바다의 폭풍우는 그들이 사는 보일 하이트 거리에서 벌어지는 갱 전쟁이고, 자신들은 개인의 안전이 깨질까 두려워 연약하고 부서지기 쉬운 보트에 의존하듯이 자신들도 문을 꼭 걸어 잠근 집안으로 도피했다는 것이다.

그러고는 그들이 안전해질 수 있는 유일한 길은 확신을 지니고 총알이 날아다니는 선 밖으로 나오는 것임을 설명하였다. 제자들이 물 위를 걸었듯이 폭력으로 찌든 거리 속으로 들어가면 폭력을 잠재울 것이란 확신에서였다. 긴 토론 후 그날 밤 소수 남성을 포함한 70명의 여성이 갱 구역 속으로 페리그리나치온순례 행진을 시작했다. 전투 준비를 하다 놀란 갱들을 보고 어머니들은 그들을 초대하여 음료와 간식을 제공하고 그들이 어렸을 때 익숙했던 노래를 같이 부르도록 초대하였다. 매일 밤 어머니들은 걸었다. 일주일 내에 갱과 관련된 폭력은 급격히 줄었다. 새롭게 형성된 조직인 '이웃의 평화를 위한 위원회'도 전쟁의 규칙을 깨고 그들 지역에서 일어나는 폭력에 비폭력적으로 관여함으로써 고조되는 폭력과 보복의 오랜 관습에 도전하고, 폭력의 지대를 사랑의 지대로 변혁시켜 갔다. 어머니들은 '저편'에 있던 갱들의 인간성을 희미하게나마 볼 수 있었고 그들 안의 두려움과 염려를 내보내고 갱들의 인간적인 얼굴을 대면함으로써 의사소통을 하고 변화의 과정을 창조하게 되었다. 여성들은 실직과 경찰들의 잔인성에 대한 갱들의 고민을 듣고 빵 공장, 빵집, 그리고 아동양육센터를 세우고 일자리를 창출하여 그들이 일자리를 얻는 기회를 주었다. 이는 갈등 해결 기술을 배우게 되는 공간이 된 것이다. 좀더 인간적인 환경을 창조하는 데로 나아가는 조치들을 시작했다. 그들은 함께 인간이 되는 위험을 무릅쓰고 해낸 것이다. 바로 "물 위를 걷기"라는 비전을 통해 해냈던 것이다.

우리의 안전은 수많은 폭력 상황으로부터 회피하거나 종교적인 성채를 쌓는 것이 아니라 그 속으로 들어가서 '나다'라고 자신의 정체성을 드러내는 분을 주목함으로써 주어진다.

'안전한 공간'을 넘어 '새로운 눈'을 얻기

눈뜬 자이기에 행동하는 자가 되는 것이다. 목격했기에 저절로 행동이 따르는 것이다. 자기 행동의 정당성은 스스로 입증한다. 그 무모함은 역사의 결과로 나타난다. 그 결과는 미리 입증할 수 없다. 뛰어들면서 일어나는 과정들이 순간순간 결과를 창조하고, 뛰어든 경험 덕분에 그는 새로운 시야를 얻게 된다. 폭풍우 속에서 위험을 무릅쓰고 물에 뛰어드는 이유는, 주님이 있는 저편의 공간이 안전해서가 아니다. 저편이 아니라 뛰어든 자기 안에서 경험하는 '자기 없음'의 상태가 안전한 것이다. 그 순간 알아차림으로 현존해 있으면 '그리스도의 현존'을 만나게 된다.

그렇게 될 때 외부의 거친 폭풍우와 파도가 변혁적인 에너지와 방향을 주게 되고, 나는 이미 건너편 없는 도달한 존재로서, 아니 도달할 것 없는 존재로서 자유로워지게 된다. 공간이 안전을 주는 것이 아니다. '새로운 눈'이 안전을 준다. 새로운 눈을 통해 새로운 실재는 열린다. 이것이 기독교 평화 사역자이자 비폭력 실천가로서 나의 확신이다. 국내와 전지구적인 폭력의 폭풍우 속에서 그 모든 폭풍우를 잠재우는 힘과 능력이 없음에도 내가 할 수 있는 작지만 중요한 선택 하나는, 자기 내면의 참 목소리를 듣는 분별과 시대적 요청에 대해 나름으로 선택하여 참여하는 행동을 서로 연결하며 사는 것이다. 언제나 이 분별과 참여라는 창조적 긴장의 끈을 놓지 않고 온전히 현존하며 경험하는 삶을 통해 뭔가 다른 실재에 대한 가능성을 연다는 신념을 새롭게 다짐해본다.

4. 적을 통해 하나님의 모습을 어떻게 볼 것인가?

'네 이웃을 사랑하고 원수를 미워하라.' 라고 하신 말씀을 너희는 들었
다. 그러나 나는 이렇게 말한다. 원수를 사랑하고 너희를 박해하는 사람
들을 위하여 기도하여라. 그래야만 너희는 하늘에 계신 아버지의 아들
이 될 것이다. 마5:43-44

적은 그리 멀리 있지 않다

비폭력 대화 워크숍이나 단체와 학교에서 벌어지는 갈등과 폭력들과
관련해 활동하다 보면 '적'이라는 단어가, 막연히 저 멀리 있는 것이 아
니라 우리의 가까운 현실에 살아 있음을 느낀다. 부부가 겉으로는 서로
사랑하는 사람으로 보이지만 사실은 상대의 강제와 무관심, 권위주의적
태도, 혹은 듣기 어려운 언어로 힘들어한다는 40대나 50대의 고백을 드
물지 않게 듣는다. 자신을 인정해주지 않고 비난의 화살을 쏟아내는 부
모나 시어머니 또는 친척들과 소통이 단절되었거나 그들의 비인격적인
태도 때문에 깊은 좌절감을 받고 관계가 끊긴 경험에 대한 하소연이 봇
물 터지듯 한다.

공감하며 듣고 있노라면 어떻게 그리 오랜 시간을 살아왔는가 싶을 정
도로 가슴 시린 이야기가 많다. 원수가 저 멀리 있는 게 아니라는 것, 연
인, 동료, 친척, 지인이라는 딱지로 살지만 실제로는 가해자, 원수로 대
면하는 일이 자주 발생하여 가슴앓이를 너무나 많이 하고 있다. 이런 현

실에서 우리는 종종 말할 수 없고, 들어줄 사람도 없고, 또 드러내면 안전하지도 않아 속으로 쌓는 일들이 많다.

2013년부터 학교에 새로운 폭력 현상이 급속히 늘어났다. 모바일 메신저를 사용하면서 사이버 상에서 집단적인 언어폭력이 발생하기 시작했다. 아예 모르거나 싫은 아이를 집단적으로 따돌리는 것보다 오히려 더 빈도수가 많은 것은 친구였던 사이가 한두 오해나 상호 이해할 수 없는 사건으로 다투고 증오하고, 그래서 서로 적이 되어 등을 돌리는 일들이다. 사실 어른보다 복원력이 빠른 아이들 관계에 부모들이 더 분노하여 학교폭력위원회나 소송으로 비화하고 있다. 오프라인에서 언어로 전달하는 속도보다 온라인에서 서로 자신을 지지하는 사람들을 끌어들이고 상호 작용하는 속도가 훨씬 빨라서, 자극되는 말과 행동이 부메랑이 되어 오가는 과정에서 가해자와 피해자, 최초 원인 제공자와 중간 개입자라는 구분과 정체성이 모호해지도록 얽힌다. 그럼으로써 학생을 지도하고 문제를 해결하는 데 난감해하는 담임교사나 학생부장 교사의 하소연을 듣게 된다.

원수는 실상 가족이나 소속된 공동체 등 '현실에서' 우리와 가까이 대면하는 실재다. 겉으로는 부모, 친척, 친구, 직장 동료, 공동체 일원으로 있지만 실제로는 분리, 상처, 폭력, 손해의 경험으로 원수로 지내고, 그로 말미암은 심리적 비용과 아픔은 드러내지는 않지만 매우 크다. 원수지간 상황이 이럴 때 오히려 길게 가고, 상대에게 기대가 있었기에 상처가 더 깊으며 이로 말미암은 심리적인 절망과 무력감은 그 일을 계속 생각하게 하여 자신의 영혼까지 해치는 정도가 된다. 이때 겪는 무거운 정서와 소진하는 시간, 의기소침해지는 활력성의 상실, 그리고 자신의 정체성과 타인이 낯설어지면서 의식하지 못하는 사이에 이러한 것들이 자동적인 반응이 되어 우리 의식을 점유하게 된다. 바울이 "우리가 대항하여 싸워야 할 원수들은 인간이 아니라 권세와 세력의 악신들과 암흑세계의 지배자들과 하늘의 악령들"이라 말했듯이, 적은 한 인간을 넘어서서 보편적으로 경험하는 '원수가 되는' 작동 원리에 있다.

새로운 거룩함을 배우는 그리스도 제자

마태 공동체가 유대인들의 세계 속에서 자기 정체성을 분리하여 예수라는 청년을 통해 다른 길을 걷게 된 데에는 거룩함을 자각하는 근본적인 패러다임 전환이 있었기 때문이다. 원래 유대 갱신운동으로 시작한 '예수 운동'은 두 흐름에 대한 저항에서 일어났다. 첫 번째는 제국주의인 로마의 힘이 주는 무기와 강제적인 권력 통치에 대한 안티 운동으로서 섬김, 작은 자에 대한 돌봄과 연민, 종속과 지배로부터의 해방과 자유의 삶에 대한 보편적 염원이 예수 운동의 한 에너지 축이었다. 이것은 마태 공동체가 더 넓게는 초대 교회들 예수에 대한 응답으로써 외면적 환경에서 오는 폭력성에 심각한 절망을 느낀 데 따른 새로운 선택이었다. 또 다른 하나는 거룩함, 곧 하나님을 어떻게 만나고 어디서 경험하며 그분은 누구신가에 대한 근본 통찰의 변화에서 출발하였다. 이것은 내적 현실, 곧 자신들이 누구이고 무엇을 하는 존재인가에 대한 내적 성찰에서 나왔다. 신정정치를 꿈꾸는 유대교에서, 그리고 신화적 세계관으로 사는 고대에서 누구를 예배하는가, 그리고 어떻게 예배하는가는 단순히 안식일에 성소에 들려 해야 하는 종교적 의무의 범주를 넘는, 자신의 정체성과 공동체의 존재 이유에 대한 근본 문제였다.

이 두 번째 통찰은 찬찬히 이해해야 그 의미가 얼마나 크고 충격적인지 비로소 드러난다. 현대 기독교인들에게는 종교적 제의를 통해 '저 멀리 계신 신'을 숭배하는 것이 거룩한 길로 가는 일반적이고 보편적인 방법이지만, 오히려 이 땅에 '다가오신 신'을 자각하여 우리 사회가 탈지배

체제로써 평화와 화해를 향하도록 가는 길이 궁극적인 길이라는 것이다. 본인은 전자의 통찰을 '정치적 통찰'이라 부르고 후자를 '종교적 통찰'이라고 부른다. 무엇이 거룩한 것인가, 하나님의 거룩한 본성이 무엇인가에 대한 근본 자각이 변화하는 것이 예수 운동의 핵심이다. 이 종교적 통찰과 '이 땅에서 하나님 나라를' 실현하는 샬롬 통치'라는 정치적 통찰이 서로 맞물려 '예수 운동'을 뒤따름으로써 그리스도 제자직이 형성되었다. 이 통찰은 마태 공동체에서 '하나님의 자녀'의 독특성과 그것을 언제 어떻게 사용하는지를 눈여겨보면 알 수 있다.

우선 마태 5장-7장은 당시 자신들이 속한 유대인들에게 가장 권위 있던 모세가 시내산에서 율법을 받은 것과 동등한 유비로써, 십계명을 받는 것과 같은 말씀의 선포를 받는다. 그래서 5장 1절을 보면 모세는 시내산에 혼자 올라가 하나님의 말씀을 받았지만 이제 마태 공동체는 제자들이 산에 함께 올라가 말씀을 받는다. 집단적인 체험이었다. 서로 증인이고 같이 현장에서 눈으로 목격하고 함께 들어 모두가 신의 사신인 것이다.

그 계명인 산상수훈은 신에 대한 섬김과 이웃에 대한 섬김으로 나누는 십계명과 완전히 다르다. 산상수훈은 이 땅에서 삶이 어떻게 신과 연관되어 있는지를 전체적으로 보여준다. 마음의 가난, 슬퍼함, 온유함, 옳은 일에 굶주림, 자비 실천, 마음의 깨끗함, 평화를 위해 일함, 의를 위해 박해받기는 하나님을 섬기는 일이 이 땅에서 이루어지는 것이지 신을 섬기고 이웃을 섬기는 것으로 분리되어 있지 않다. 삶에서 거룩한 길을 걸으며 하나님께 영광을 돌리는 것은 자신의 빛을 사람들에게 비추어 그 착한 행실을 상대가 인정할 때5:16 비로소 이루어진다. 직접 찬양하고 예배드리며 기도하는 것으로 신의 영광에 가는 것이 아니라, 자신의 행실을 남들이 보고 그들이 하나님을 찬양함으로 이루어지는 간접의 길인 것이다. 이것이 율법의 완성이다5:20. 그래서 예배보다 우선 형제와 갈등과 반목이 있으면 가서 먼저 화해5:24하는 것이 예배보다 더 중요하다고 한 것이다. 간음, 이혼, 맹세, 보복 등 우리가 겪는 현실 문제들을 어떻게 대하는가가 신을 섬기는 일과 연관되어 있다. 자기 이익이나 입장을 견고하게 방어하기 위해서가 아니라 상대를 품고 상대와 관계를 맺고 돌보려면 근본적인 마음을 내야 한다.

5장을 넘어서 6장의 핵심인 주기도는 이 땅에서 거룩하게 살기이고 "아버지의 뜻이 이 땅에서도 이루어지소서. 그래서 서로 잘못한 자들을 우리가 용서하듯이 우리를 용서하시고 악에서 구해주소서" 종교적 외형으로서 단식이 아닌 판단하지 않기7:1, 열매를 맺는 행위가 종교적 생활의 진정성을 심판하며 7:15 거짓 예언자에 대한 분별 기준, 반석처럼 말씀을 실행하기7:24가 지혜 있는 삶이라는 것이다. 5장–7장에서 말한 평화와 화해의 핵심이 군중이 놀라워한 이유이고"이 말씀을 마치시자 군중은 그의 가르치심을 듣고 놀랐다7:28" 율법학자와 다른 권위의 본질7:29의 핵심이었다. 그러한 가르침이 산에서 있고 나서야 사람들이 그 말씀에 결단하며 뒤따랐다.: "예수께서 산에서 내려오시자 많은 군중이 뒤따랐다."8:1 이것이 예수 운동의 본질이자 앞으로 다가올 그리스도 제자들의 미래를 전망하는 예시적 사건이 된다.

거룩의 길은 건물 성전솔로몬 성전, 헤롯 성전처럼 돌로 지어진 정해진 공간의 성전, 몸 성전신앙의 대상화로서 예수를 기리는 예배 성전을 넘어 생활 성전예수의 말과 행위에 따라 실천하며 신을 만나기에서 철저하기를 요구하고, 특히 평화와 화해를 실천하는 이는 '하나님의 아들' 이라는 사람들이 자신에게 부여하는 명칭을 그들에게 똑같이 부여하며 그것이 그리스도의 본질에 가까이 가는 삶임을 역설한다.

평화를 위해 일하는 사람은 복이 있다. 그들이 하느님의 아들이 될

것이다.마5:9

원수를 사랑하고 너희를 박해하는 사람들을 위하여 기도하여라. 그
래야만 너희는 하늘에 계신 아버지의 아들이 될 것이다.마5:44-45

이런 선포는 단순하지 않다. 당시에는 목숨을 걸고 위험을 자초하는
선포였던 이것은 마태 공동체가 왜 자신들이 기존의 유대교와 다른 길을
걸을 수밖에 없는지 명확한 핵심을 다루고 있다. '하느님의 아들' 을 아
무 데나 쓸 수 없는 유대 사회에 살면서 과감하게 누가 '하느님의 아들'
이 되는지를 새롭게 공포함으로써 이들은 루비콘 강을 건너는 역사적 발
걸음을 시도했던 것이다.여기서 '시도' 란, 이후 제국종교로 바뀌면서 지금까지
기독교가 이것을 망각해왔기 때문에 실현되지 않는 꿈을 꾼 그들이 있었다는 점에서
시도다 이것이 마틴 루터가 95개조 종교개혁을 하면서도 교리주의, 형
식주의에 No라고 한 자각이 무엇을 향한 Yes인지 빠뜨린 부족한 개혁이
된 이유의 근거가 되고, 오늘날 개신교가 어떻게 아직도 성직주의와 종
교적 제의에 대한 맹신에 갇혀 있으며 예수 운동에 얼마나 멀리 있는지
를 보여준다. 현재의 개신교는 '프로테스탄트' 라는 말 그대로 '저항' 은
있지만, 평화와 화해를 향해 근본적인 방향을 정하는 것을 놓쳐버린 셈
이 되었다.

그래서 많은 개신교 주석가들은 이 문구를 다음과 같은 성향으로 받
아들이도록 한다. 첫째 해석 방향은, 예수께서 이런 주문을 하셨는데 우
리는 그렇지 못하니 우리가 얼마나 '원죄' 에 물들어 있는지 원죄의 교리
를 강화하는 방식으로 해석하며 우리를 꾸짖고 그리스도의 신성을 높이
는 교훈적인 성찰을 이끌어내는 흐름이다. 대다수 보수적인 개신교 전통의 해
석 방법으로써 이것은 경직된 교리주의에 입각한 명백한 오해이다 둘째 해석은 라
인홀드 니버 등 개신교 현실주의 윤리학자들의 입장인데, 성직자와 평신

도의 역할을 구분하는 것이다. 즉, 예수의 이러한 윤리적 요구는 신을 섬기며 살아가는 성직자에게는 해당되지만 악한 현실을 살아가는 일반 평신도는 따를 수 없는 계명이기에 지킬 필요가 없다는 점에서 한계를 설정한다. 그렇게 해서 성직자에게는 고도의 윤리적 도덕성을, 일반 평신도에게는 윤리적 타협을 제시해 안심하게 만든다. 이것은 개신교 중도 좌파의 입장으로 결과적으로 많은 개신교도를 자본주의를 변혁시키는 누룩/빛/소금이 아니라 자본주의의 돈과 로마의 평화와 같은 지배 문화에 안심하게 살도록 마취약을 준 꼴이 되어버렸다. 셋째, 이 본문을 문자적으로 받아들여 세상과 타협하지 않고 사는 소수의 핵심 그룹이 역사에 있어서 되풀이하여 나타나게 되었다. 프란체스코 전통, 재속 수도회, 그리고 역사적 평화 전통형제교회, 메노나이트교회, 퀘이커 등은 이러한 예수의 선포를 진지하게 있는 그대로 받아들이고 삶에서 실험하며 진리의 등불 삼아 자기 삶을 비추고 성찰해 이로 말미암은 희생을 달게 받는 삶을 공동체에 세운다.

원수를 대하는 방식과 의미

"산에 올라가 앉으시자 제자들이 곁으로 다가왔다. 예수께서는 비로소 입을 열어 가르치셨다."마 5:1 그런데 문제는 원수를 사랑하라는 것이 기독교인들에게조차 너무나 비현실적인 것처럼 들린다. 특히 보수적인 기독교인들에게 악은 징벌하고 처벌하고 절단하며 배제하는 것이 최선이라고 생각하기에 이 예수의 요청은 전혀 먹히지 않는다. 효과나 실효성에서 의문이 가기 때문이다. 상대가 적인데, 그렇게 되면 약한 모습을 보여주는 것이 아닌가? '원수'를 그렇게 사랑으로 대하면 상대는 바뀌지 않을 텐데? 간혹 신앙이 비이성적이어서 내가 이해는 못하지만 원수를 사랑하라 했으니 그저 신앙으로는 따르는데 실제로 가능하지 않아 걱정이라는 하소연을 듣는다.

정말 원수를 사랑으로 대하는 것은 비이성적인 차원의 영역이고 성자들만 지닐 성품으로서 일반인이 뒤따르기엔 어려운 과제인가? 다음과 같은 세 가지 측면에서 어떻게 원수를 대할 수 있고 그 결과가 어떠할지 성찰해볼 수 있다.

첫째, 원수에게 보복하기

이 대응 방식은 원수가 나에게 준 상처와 고통 그리고 손실을 보상하려면 나의 고통을 알려주는 것이라고 확신하는 데서 나온다. "너는 내가 지금 어떤 형편에 있는지 알지 못하지? 내가 억울하게 이렇게 당했는데, 너는 아무런 느낌이 없지? 나는 울고 있는데, 너는 발 뻗고 잠만 잘 자고 있지?" 그러니까 너는 네가 내게 무슨 영향을 주었는지 전혀 받은 교훈이 없고, 내 억울함과 힘듦이 너에게 전해져서 네게 뭔가 변화가 일어나려면 너는 말이나 부드러운 행동으로는 전혀 알 수 없을 거야. 내가 당한 것 일부를 네가 맛보아야만 정신 차리게 될 거야. 너도 당해봐야 내 심정을 알겠지." 상대는 원수이고 얼마나 잘못된 인간인지 내가 잘 알고 있어서 그것을 고치고 내가 어떤 상황인지 알려주려면 그가 나에게 한 '같은 종류'의 그 무언가를 최소한 돌려주거나 더 강하게 전달해야 하고, 그럴 때 상대방은 잘못됨을 알아차리고, 인정하고, 다시는 그러지 않을 것이라는 믿음이 여기에는 확고하다. 고통을 부과하는 방식으로 대응해야 효과가 있다는 것이다.

나는 이것을 '일차원적 대응 방식'이라고 부른다. 상대가 나에게 행했다고 해석한 방식 그대로 혹은 그중 일부로 되돌려주는 같은 종류의 상호 응답 방식이기 때문이다. 이 방식은 내 응답이 비록 숭고할지라도 "네가 변화해야 해. 이것이 너를 위한 길이기 때문에 너에게 똑같이 해주는 거야" 그 결과는 전혀 다르게 나타난다. 힘으로 눌리면 다시 기회를 보아 폭발하고 공격을 받으면 다시 반격해 들어온다. 아니면 굴종하여 겉으로는 바뀐 것 같이 행동하지만 실상 마음에서는 또 다른 분노와 판단을 일으킨다. 나에게 일시적으로 친절하지만, 마음은 승복하지 않는 것이다. 보복하기는 결국 두려움, 수치심을 유발해서 자신이 9를 잘하고 상대가 1을 잘했더라도 상대는 1의 정당성을 근거로 다시 도전해 오기 때문에 악순환을 끊을 수 없게 된다. 그러면 결국 논쟁과 다툼을 지속하고 그 결과 상처뿐인 영광, 주변에 손뼉 치는 사람 없는 승리를 얻게 되고, 그 영광과 승리이후 씁쓰레함과 자기 자신에 대한 회의감도 일어나게 마련이다. "뭘 얻으려고 내가 이렇게 한 것이지?" "이런 결과를 얻으려고 한 것은 아니었는데 …."

이러한 대응 방식은 내가 옳고 상대가 잘못인 게 명확한 진실이라 할지라도 나의 타당성 혹은 정당성은 서로에게 분리, 상처, 손상을 주는데, 그 비용이 아무리 무겁고 크더라도 그것을 알아차리는 분별감을 상실한다는 점이 문제다. 예를 들어, "너하고는 앞으로 말도 하지 않겠어"라고 회피하면 그로 말미암은 불편함이 수개월 지속하여 치르는 비용이 많이 들고 부정적인 영향과 결과를 크게 받는데도, 그런 비용을 참아내도록 나의 정당성이 역할을 한다. "그래도 네가 사과하기 전까지 나는 태도를 안 돌릴 거야. 네가 잘못한 거잖아. 내가 왜 태도를 바꿔야 하는데?" 치르는 대가의 비용이 얼마나 큰지 알더라도 내가 옳다는 타당성은 그 비용의 질문을 잠재우고 견디게 한다. 이 얼마나 무섭고 우둔한 방식인가? 그래서 새롭게 얻는 삶의 생동감과 자유를 맛보는 다른 방식에 대해 눈을 감아버린다. 타인에 강제하는 힘이 효과가 있다고 믿고, 상대의 잘못을 교정하기 위해 그 힘을 사용하는 것이 정당하고 필요하다고 생각한다. 그 결과는 구속, 처벌, 고통 부과, 분노, 안 보기, 상대의 논리나 진영을 훼손하기 혹은 무너뜨리기 등이 있다. 그렇게 함으로써 나도 모르게 어느새 내가 싫어하던 '적 닮아가기'를 실습하게 된다. 상대가 나에게 한 싫은 것을 나도 이젠 자연스럽게 그리고 정당하게 상대에게 하게 된다.

조지 오웰의 소설 『1984』에서 나오는 대화의 한 장면이 이 태도를 잘 표현한다:

> "어떤 방식으로 한 사람이 또 다른 사람에게 힘을 사용하는가?" 윈스턴은 생각했다. "그를 고통스럽게 하는 방식으로" 맞다. 그가 고통받고 있지 않다면, 어떻게 그가 자신의 의지가 아니라 너의 뜻에 복종하고 있는지를 확신할 수 있겠는가? 고통과 굴욕감을 주는 것이 힘이다.

둘째, 원수와 협상하기

이것은 보통 갈등 해결 방식으로 나타난다. 나와 다른 적에 불만과 불편함이 존재하지만 보복하기가 주는 분리, 고통, 손상의 악순환 사이클을 알기에, 그리고 나의 현재와 미래의 삶이 힘들기에 상대와 타협하여 지내는 것이다. 이는 나의 고통과 상대방의 고통을 교환하는 것이다. 여기에는 나의 고통을 통해 상대에게 나아가도록 접근하고 서로 신뢰를 발전시키는 대화 의지를 갖는다. 나의 고통을 말하면서도 상대의 견해를 들으려는 개방성에 대한 헌신을 보여준다. 그래서 적어도 고통으로 서로 갖는 무거운 비용들을 더 증가시키는 어리석음을 중지하고, 서로 어떤 이익을 얻을 수 있는지 물음으로써 맞교환하거나 타협하는 길을 택한다. 이것은 나를 넘어 상대를 보기 때문에 이차원적 대응 방식이라 볼 수 있다. 나의 입장에 있지만 너의 요구를 들을 귀를 여는 것이다.

이 방식은 안전을 위해 자기를 방어하고 폐쇄하여 이를 침입하는 상대를 공격하고 보복하는 것보다는 상대를 인식한다는 점에서 성숙한 방식이라고 볼 수 있다. 나의 고통을 통해 너의 고통과 처지를 이해하며, 추가 손실이 증대할 수 있다는 이해나 각자 원하는 것이 있다는 공통적인 측면에 관해 통찰할 때 타협 혹은 교환의 관계가 발생하게 된다. 이는 서로 분리감, 상처, 손상을 어느 정도 치유하고 덜 강제적인 형태로 민주적이며 상호 복지를 지향한다는 점에서 상당히 고무적이다. 그런데 여기서는 무엇이 한계인가? 타협이나 교환은 있지만, 상대에 대한 '적 이미지'가 바뀌진 않았다. 단지 손상을 더 주지 않거나 만족하지는 않아도 약간의 추가적인 이득이나 자기 입장의 확보가 가능하기 때문에 일어나는 선택인 셈이다. 최소한 내가 보복하는 식으로 대할 때 나에게 돌아오는 몫이 작거나 고통이 돌아온다는 교훈을 통해서 피해를 최소화하려고 인내하고 관용한다. 더 긍정적이게는 각자의 고통을 이해하면서 서로가 동의하고 만족할 수 있는 방향으로 문제를 해결할 수 있는데, 타협이나 현상 유지를 선택할 수도 있다. 그렇지만, 여기에도 한계는 있다. 상대에 대한 이미지가 그리 바뀌지 않은 채 참아내고 일부의 이득을 얻는 데 머물러 있기 때문에 역시나 상대는 경계의 대상으로 존재하게 된다.

셋째, 원수를 사랑하기

원수를 사랑하기는 상대를 몰락시키거나 참아내고 서로 원하는 것을 교환하기를 넘어선다. 이것은 간디가 말한 '상대에 대한 진정한 승리는 적을 넘어뜨리는 것이 아니라 상대를 꽉 붙잡고 궁극적으로는 상대가 선을 행하도록 하게 하는' 방식이다. 원수를 사랑하는 능력은 이해와 연민의 힘에서 나온다. 이것은 상대가 저지른 행위와는 구별된 감추어진 인간성을 보게 되면서 그런 능력이 나타나게 된다. 갈 데까지 간 두 당사자가 조정하는 자리에 앉았을 때, 처음에는 전혀 말이 안 통하고 거센 분노와 좌절이 오간다. 그럴 때 계속하여 서로 연결되기 위한 공감을 해줌으로써 자기가 갖고 있던 상대의 '적 이미지'의 가면이 떨어져 나가고 인간성을 지닌 얼굴로 제대로 보이기 시작한다. 이때 이해와 연민이 싹트면서 전환이 일어나는데, 서로의 진심이 들리고 가슴이 열리면서 상대의 궁지와 비참함 그리고 그 행위 뒤의 충족하지 못한 욕구들에 귀가 열리면서 화해할 가능성이 열린다. 자신의 비통함이 심장을 파열시키지만, 이 과정을 통해 추락과 파괴가 아니라 가슴이 열려서 새로 전체를 보는 시각을 얻기 때문에 가능한 것이다. 구겨진 조각이 펼쳐짐으로써 새로운 것이 열리고 삶이 질적으로 바뀐다. 여기에는 나와 너를 넘어 '우리'라는 감각, 어쩔 수 없이 서로 연결된 공동 운명이라는 감각이 찾아온다. 이것이 삼차원적 대응 방식이다. 가장 깊은 대응 방식이고, 슬프지만 항상 따스한 애도, 달콤한 아픔이 발생한다. 그리고 자기 배움과 성장이 나타난다. 적이 더는 적이 아니라 나에게 새로운 눈을 열어주는 '선물 주는 자'로 작용한다.

한 예를 들어보자. 뉴욕 경찰청 스티브 맥도널드 경관은 열다섯 살짜리 소년인 쉐보드 존슨이 쏜 총에 한 발이 척추를 관통하여 큰 부상을 입고 병원에서 18개월을 보냈다. 이 끔찍한 사고 이후 힘든 정신적 내상을 겪고 인공호흡기를 달고 살아야 했던 경관은 그 소년을 용서했는데, 사람들이 용서한 것을 후회하지 않느냐고 묻자 이렇게 답했다.

"수개월이 지나고 수년이 흘렀습니다. 저는 쉐보드를 용서한 것을 한 번도 후회한 적이 없습니다. 돌아보면, 우리의 용서가 다른 누군가의 인생에 이토록 큰 영향을 주게 될 줄은 몰랐습니다. 우리는 우리 자신을 위해 용서했습니다…. 용서를 통해 가장 큰 도움을 받은 것은 우리 자신입니다. 하지만, 더 중요한 것은 우리의 용서가 다른 사람들에게도 도움을 주었다는 사실입니다. 교황과 대통령, 주지사와 평범한 사람들이 우리를 그들의 사무실이나 집으로 초청해 우리 이야기를 들려달라고 합니다. … 결국, 하느님은 가장 끔찍한 것을 가장 아름다운 것으로 바꾸셨습니다. 저는 하느님이 우리의 능력과 무능함을 동시에 사용하신다고 생각합니다. 하느님은 우리의 팔과 다리, 우리의 생각과 마음을 우리가 가진 모든 것을 사용해 다른 사람들에게 하느님이 살아계신 분이며 좋은 분이라는 사실을 전하게 하십니다. 그리고 그분은 우리가 서로 사랑하기를 원하십니다. 용서는 진정 우리 자신의 치유를 위한 것입니다. 우리는 때로 작은 상처를 입을 수도 있고, 때로는 그 상처가 마음 깊이 남을 수도 있습니다. 하지만, 결국 선택은 우리의 몫입니다. 그리고 그것은 위태로운 우리의 영혼을 살리는 길입니다." −잭 캔필드 · 마크 빅터 한센 외 지음, 『더 좋은 세상을 위한 행진』 중에서

원수를 사랑함으로써 우리는 과거의 비극적 고통이 주는 무거움과 비로소 헤어질 수 있는 동기와 이유를 얻게 되고 자신을 용서하고 놓아주게 되는 선물을 받는다. 물건은 남에게 주면 남의 것이 되고 나에겐 남아있지 않은 것이 되지만, 영혼에서 일어나는 것은 남에게 주면 반드시 그만큼 나의 것이 된다. 그래서 영혼 안에서 주는 것은 나에게 그대로 일어나고 선물이 된다. 삶의 비극적 상황에서 보편을 발견하고 서로 지닌 인간성과 비극에 대한 연민이 서로를 풍성하게 하여 어렵고 힘든 것에서 아름답고 강한 것을 뽑아내게 되는 셈이다. 우리가 원수를 사랑하면 자신과 상대를 무겁게 내리누르는 두려움과 수치심, 그리고 도덕적 판단의 굴레로부터 자유로워짐으로써 둘 다 새로운 시간에 대한 감각을 되찾는다. 갈등을 조정하는 나에게는 그것이 오히려 더욱 감사한 일로 다가온

다. 나의 영혼도 새로워지고 구함을 받았기 때문이다.

'적 이미지' 해체하기 실습

'적 이미지'는 낯선 자에게서 나타나는 것이 아니라 내게 익숙한 자에게도 나타난다. 그러한 적 이미지는 지금 이 순간을 살고 새로운 미래를 선택하는 데 장애가 되는데, 나에게 적 이미지가 있는 사람을 만날 때 이미 그것이 '자동조종장치'로 작동하여 그 결과를 결정짓는다. 내가 상대에게 붙인 고정된 딱지가 적 이미지로 내 안에 살아 있어 변화할 가능성이 있는 상대에 고정된 틀을 씌우게 되고, 상대는 나의 그러한 기대와 반응에 따라서 그 방식대로 행동하게 되는, 이러한 비극의 악순환을 겪는다. 상대가 새로운 가능성에 접촉하고 자발적으로 변화할 수 있고 서로가 안에 있는 진심을 나눔으로써 삶이 풍성해지려면 내 안에 있는 적 이미지를 해체해야 할 필요가 있다. 이것은 먼저 자기 내면에 살아 있는 에너지인 느낌과 욕구를 충분히 공감하면서 일어난다.

먼저 내가 적 이미지를 지닌 상대를 머릿속에 불러낸다. 그를 떠올릴 때 일어나는 판단과 비난의 메시지를 관찰하며 '주목하는 자'가 된다. 상대에 대한 판단을 억누르는 것이 아니라 떠오르는 생각과 판단들을 '지켜보는 자'로 존재하면서 발생하는 판단들을 알아차리는 것이다. 그러면서 그 뒤에 있는 내 느낌을 찬찬히 들여다본다. 내 안에서 일어나는 감정, 그리고 그 감정에 따라 변화하는 몸의 감각들을 하나씩 확인하고 주목한다.

비폭력 대화에서 '느낌'은 자동차 내부의 보이지 않은 엔진 계기판처럼, 그렇게 느끼도록 하는 주인공인 욕구들가치들, 혹은 내가 진정으로 원하는 것들이 무엇인지 확인해준다. 수용, 배움, 책임, 이해, 돌봄, 연결, 사랑, 존중, 자기표현, 자유, 교제, 친밀…. 찬찬히 하나하나 느낌 뒤의 주인공들을 확인하며 그 욕구들을 찾아낸다. 욕구를 어느 정도 찾았으면 이제는 그 욕구들을 음미하며 뭔가 변화가 느껴질 때까지 그 욕구들 하나하나에 머물며 감싸 안고 있는 것이 중요하다. 점차 편해진다든지, 감정이 이완되고 애도 혹은 통찰이 생겨 가벼워지면 이제는 상대가 어떨지 추측하며 위의 과정을 밟는다. 상대는 어떤 생각, 감정일까? 그가 그렇게 말하고 행동한 데에 충족하고자 한 욕구는 무엇이었을까? 추측하여 생각해본다. 중요한 것은 정확성이 아니다. 그렇게 시도해보고 다시 판단이 일어나면 나를 다시 공감하면서 내 판단 뒤의 느낌과 충족하고자 하는 욕구를 다시 확인한다. 그리고 다시 상대를 공감해본다. 그의 느낌과 욕구가 무엇이었을지 추측한다. 상대가 충족하고자 했던 욕구들이 어느 정도 떠오르면 내 욕구와 그의 욕구를 포함하여 나에게 어떤 부탁이 있는지, 이것들을 희생하지 않고 서로 들어줄 수 있는 부탁이 자연스럽게 떠오르는지 지켜본다. 그리고 떠오르면 그것을 실행한다. 상대를 만나기 전에 실습하는 것이다.

이 연습은 단번에 이루어지지는 않지만 충분한 시간을 갖고 하면 상대를 받아들일 공간이 내면에 생기고 나 또한 이 실습으로 통찰이 일어나게 된다. 그리고 선택할 것이 보이게 된다. 이러한 실습은 원수가 나에게 내가 무엇을 소중히 생각하는지 비로소 깨닫게 해주는 선물이 된다. 이 경험을 통해서야 비로소 내가 누구인지 더욱 잘 알게 되는 기회를 얻는다. 원수가 선물을 주는 자로 바뀌어 나타날 때, 거기에는 황홀감과 생생한 충만감, 좀 더 명료해지는 느낌이 있다. 질적인 도약이 내면에서 일어나 긴 여운을 남긴다. 삶이 얼마나 충만한지를 새롭게 보게 된다. 거룩함을 새로 자각하게 되는 것이다.

5. 평화와 화해의 제자, 바울

"할 수 있거든 너희로서는 모든 사람과 더불어 화목하라." 롬12:18

"…하나님은 화평 중에서 너희를 부르셨느니라." 고전7:15

하느님께서는 그리스도를 내세워 우리를 당신과 화해하게 해주셨고 또 사람들을 당신과 화해시키는 임무를 우리에게 주셨습니다. 곧 하느님께서는 인간의 죄를 묻지 않으시고 그리스도를 내세워 인간과 화해하셨습니다. 그리고 그 화해의 이치를 우리에게 맡겨 전하게 하셨습니다. 고후 5:18-19

사도 바울이 회심하게 된 배경에는 그가 속한 유대 경건주의의 흐름을 간직한 채 경험한 두 가지 계기가 있다. 돌로 맞아 죽어가면서 평화로운 얼굴과 확신을 비춘 스테파노의 죽음과, 다마스쿠스 길에서 '바닥'에 낙마하며 비닐이 눈에서 떨어진 사건이다. 평화의 주라고 고백된 그리스도 영에 사로잡히며 자기 삶에 대한 소명을 지니게 되었는데, 거룩에 이르는 새로운 길을 깊이 확신하며 화해와 평화의 길을 제시한 것이다. 이것이 그의 회심의 바탕이다.

바울의 회심이 얼마나 독특한지 유대 문학에서는 오직 한 번단 5:2만 나오는 평화의 하나님이주로 '만군의 하나님'이 대세였다 사도 바울의 서신에서는 전부 '평화의 하나님'이다. 바울에게 있어서 평화는 하나님의 존재와 행동 방식의 근본적인 형태를 묘사하는 현실성이자 힘이었다. 그러나 이는 그의 단순한 주관적인 확신에서 비롯된 것만은 아니다.

이미 예수 공동체에서 보여준 그의 제자들과 추종하는 소수 무리가 보여준 거룩한 친교 식사와 그 친교의 정점인 "평화의 키스" 의식의 목도, 그리고 이미 그렇게 사는 그들의 삶의 모습에 충격과 공감을 받아 나온 것이기도 하다. 즉 초대교회의 실제 생활 모습에서 영향을 받기도 했다는 것이다. 그의 서신의 머리말과 맺음말 부분에서 "은혜/자비와 평화"의 안부를 묻고 그것의 기원으로 볼 수 있는 증거들이 이를 확신시킨다. 예; 롬 1:7, 고전 1:3, 고후 1:2, 갈 1:3, 빌 1:2, 살전 1:1 살후 1:2, 몬 1:3, 엡 1:2, 골 1:2, 딤전 1:2, 딤후 1:2, 벧전 1:2, 벧후 1:2, 요1:3 유 1:2 롬 15:33, 고후 13:11, 갈 6:16, 살전 5:23, 살후 3:16, 엡 6:23, 벧전 5:14 등

여기서 바울은 그리스도의 영으로 계시된 하나님이 은혜와 평화의 기원과 근원이 되며 평화의 능력은 하나님으로부터라는 특별한 인식을 하고 있다. 그래서 평화를 사랑하고 완성하며 보존하는 것이 하나님의 종의 직책이라는 의식을 가진 바울은 그의 편지로 궁극적으로 하나님과 인간의 증오가 극복되는 재창조"새로운 피조물"를 주장할 수 있었고, 그런 재창조는 신의 선제 활동으로 이루어지고 하나님의 자녀로서 화해의 삶을 살아가도록 회복과 순종이 그 안에서 자라나는 축복을 의미하는 것이다.

사도 바울이 제안하는 새로운 피조물이란 자신의 존재와 행위를 일치시켜 화해와 평화의 능력을 보여주는 자이고, 그것이 그에게는 "새로움" 혹은 "평화의 기쁜 소식복음; 엡2:17"의 진실성의 핵이 된다. 이로써 기독교인의 삶은 화해/평화를 중심에 놓고, 평화의 주이신 그리스도, 성령이 역사하는 평화를 이루고, 그리고 통치자와 권세에 저항하는 탈지배를 지향하는 적극적인 비폭력을 수행해야 한다는 것이 그의 사상의 핵심으로 자리 잡게 된다. 로마에 있는 기독교인들에게 자기 서신을 통하여 하나님 나라는 곧 의, 평화, 기쁨이며 이것으로 하나님과 이웃을 기쁘게 한다

고 했는데, 로마의 평화에 길들지 말고 그리스도의 평화에 전념하라는 이러한 권고를 바탕으로 예증이 된다. 이런 근본 인식이 있었기에 바로 초대 공동체가 신, 세상, 인간, 그리고 신앙 공동체에 대해 서기관과 바리새인의 의보다 나은 거룩한 길로서 평화와 화해의 제자로서 수행을 제시한 '새로운 길' 복된 소식이라고 주장할 수 있던 것이다.

평화의 하나님과 화해를 위해 일하는 제자

하나님에 의해 의롭다 함을 받는 길은 하나님과 평화를 유지하며 사는 삶이며 그러한 평화는 우리가 하나님께 나아가는 길을 연다.예; 롬5:1-11 제의 의식이 아니라 화해가 하나님께 가는 길을 연다는 것은 예수와 더불어 사도 바울에도 공통되는데, 이는 당시와 현재에도 파격적인 선언이다. 그리스도 사역의 핵심은 화해의 사역이며갈3:15-18 십자가의 길은 바로 부정의 세력을 거세하는 '화해 사역'의 길이며, 그를 통해 죄인과 원수된 우리가 하나님과 화해를 이루었고 자유함의 능력을 받는다. 그리고 성령께서 그러한 능력을 주신다.롬8:6 "영의 생각은 생명과 평화", 갈5:22 즉 하나님과 누리는 평화롬5:1는 하나님의 영을 통한 평화와 맥을 같이한다. 롬8:6

평화의 하나님, 화목케 하시는 주에 대한 근본 이해와 이에 대한 존재론적인 통찰은 그리스도인들도 그러한 윤리적인 삶을 살도록 부르신다. "할 수 있거든 너희로서는 모든 사람으로 더불어 평화하라."롬12:18 이는 고전 7:15에서도 볼 수 있다. "하나님은 화평 중에서 너희를 부르셨느니라."다른 예; 고전15:13 "소망의 하나님이 모든 기쁨과 평강을 믿음 안에서 너희에게 충만케 하사 성령의 능력으로 소망이 넘치게 하시기를 원하노라" 성령은 "의와 평화와 기쁨"롬14:17의 삶을 가능하게 하고 평화는 또한 성령의 9가지 열매 중 하나이기도 하다.

평화는 우선 하느님의 능력두나미스을 통해서 이루어진다. 평화를 이루는 하나님의 사역은 부활을 통해 더욱 확실히 드러난다. "사람들은 예수를 죽였으나 하나님께서는 그를 살리셨다." 사도 바울이 말한 바로 예수의 부활은 예수의 신성을 징표한 것이기보다는 평화의 길을 확증하는 하나님의 결의를 보여준 사건이다: "우리 주 예수 그리스도를 죽은 자들 가운데서 이끌어 내신 평화의 하나님이…."히13:20 죽은 자로부터 처음 난 자이신 예수를 통해 이 세상을 구성하는 근본 요소들은 재구성되고 또 확증되었다는 것이다. 즉 화해와 평화의 길은 궁극적이다.

부활은 어둠과 혼돈의 지배 질서가 아닌 하나님의 샬롬 통치가 현실이 된다는 것을 말한다. 그리스도의 부활 사건에서 하나님의 선한 창조가 재정립된다. 원래의 창조 의도인 "보시기에 좋았더라"가 갱신되고 존재들의 질서가 되돌아오며 평화 능력이 덧붙여져서 회복이 이루어진다. 사도 바울에 있어서 부활은 그 초점이 예수의 육체적 소생에 있지 않도 평화 능력의 회복과 그것을 확증하는 데 있으며, 이것이 그가 육과 다르게 썩지 않는 '몸'이라 표현한 중심 의도이다. 그러므로 이제 사람들은 오로지 부활과 성령으로 평화의 사역자, 평화의 사신이 될 수 있다. 이렇게 탈지배, 탈분열, 탈폭력의 새로운 질서로 새 피조물로 이끄신다.

이러한 확증은 바로 예수께서 평화의 본을 보여주신 까닭이다. 예수는 평화의 사역자이시다.엡2:14 "그리스도는 우리의 평화"라는 이 확신은 평화를 향한 길에 제자들이 "뒤따르는" 헌신을 요구한다. 그것이 또한 교회가 해야 할 일이다. "내가 그리스도를 본받는 자 된 것 같이 너희는 나를 본받는 자가 돼라."고전11:1 "너희는 내게 배우고 받고 듣고 본 바를 행하라. 그리하면 평화의 하나님이 너희와 함께 계시리라."빌4:9 이에 대한 또 다른 예증으로서 바울은 고린도 교회에 말한다. "…하나님은 화평 중에서 너희를 부르셨느니라."고전7:15 그리스도의 몸으로서 교회의 존재

목적은 이렇게 평화로 부름에 있다.

여기에는 근본적인 신학적 확신이 있다. 첫째는 우리가 아직 죄인이자 하나님의 원수였을 때 이미 하나님께서 그리스도를 통해 화해의 길을 여셨다는 것이다. "우리가 하나님의 원수로 있을 때에도 그분의 아들의 죽으심으로 하나님과 화해하게 되었다고…. 지금 그로 말미암아 하나님과 우리 사이에 화해가 이루어졌습니다."롬5:1-11 따라서 우리가 해야 할 일은 "할 수 있거든 너희로서는 모든 사람과 더불어 화목하라"라는 것이다.롬12:18 구체적으로 다음과 같다. "아무에게도 악을 악으로 갚지 말고 모든 사람 앞에서 선한 일을 도모하라."롬12:17; "네 원수가 주리거든 먹이고 목마르거든 마시게 하라…. 악에게 지지 말고 선으로 악을 이기라." 롬12:20-21 이러한 윤리적 비전은 오직 평화가 하나님, 주, 성령의 본질과 하시는 일의 공통된 핵심임을 이해했기 때문에 자연스럽게 드러난 것이기도 하다.

하늘과 땅의 모든 피조물을 위한 평화의 비전

예수께서 평화에 대한 영적인 불길을 지피고 사도 바울이 이에 장작을 더 넣어 화해와 평화에 대한 현실성을 신학적인 통로를 통해 확실히 보여주었다면, 바울 후기 제자들인 골로새서와 에베소 저작자들의 신념은 이에 대한 우주적 지평을 확대하였다. 에베소서와 골로새서에서는 예수와 바울이 준 영적 통찰이 얼마나 놀랍게 우주적 하모니로 승화되어 있는지를 알 수 있다:

> "그런즉 누구든지 그리스도 안에 있으면 새로운 피조물이라 이전 것은 지나갔으니 보라 새것이 되었도다. 모든 것이 하나님께로서 났으며 그가 그리스도로 말미암아 우리를 자기와 화목하게 하시고 또 우

리에게 화목하게 하는 직분을 주셨으니 곧 하나님께서 그리스도 안에 계시사 세상을 자기와 화목하게 하시며 그들의 죄를 그들에게 돌리지 아니하시고 화목하게 하는 말씀을 우리에게 부탁하셨느니라. 그러므로 우리가 그리스도를 대신하여 사신이 되어 하나님이 우리를 통하여 너희를 권면하시는 것 같이 그리스도를 대신하여 간청하노니 너희는 하나님과 화목하라. 하나님이 죄를 알지도 못하신 이를 우리를 대신하여 죄로 삼으신 것은 우리로 하여금 그 안에서 하나님의 의가 되게 하려 하심이라."엡 2:14-18

"아버지께서는 모든 충만으로 예수 안에 거하게 하시고 그의 십자가의 피로 화평을 이루사 만물 곧 땅에 있는 것들이나 하늘에 있는 것들이 그로 말미암아 자기와 화목하게 되기를 기뻐하심이라"골 1:19-20

에베소서와 골로새서는 평화에 대한 새로운 방향성을 제시한다. 평화는 단순히 제자들, 예수의 추종자들에게만 주어진 것이 아니다. 그리스도의 평화의 권능은 "세상을 자기와 화목케 하는"데로 나아가며, 그 '세상'은 만물이라는 우주 공간으로 확대된다. 하나님의 화목 사역의 비전은 하늘과 땅의 모든 피조물을 통하여 평화를 이루는 행동이다. 여기에는 모든 분리와 적대가 의미를 잃는 평화의 새로운 현실성과 그 충만함이 표현된다. 이것이 하나님이 뜻하시는 평화의 우주론적 보편성이요 창세기에서 보여준 원창조의 갱생과 회복이다.

따라서 그리스도의 십자가의 피와 부활로 이루어지는 새 창조는 원창조를 강화하면서 단순히 자연 생명이 '존재하라'하는 것을 넘어 평화와 화목에 기반을 둔 만물 간의 친교코이노이아에서 절정에 달한다. 더는 지배, 분리, 증오가 없는 평화가 바탕이 된 사회, 평화가 전달되고 평화를 보존하는 사회, 그리고 평화로 충만한 우주 만물의 친교에 대한 비전이 여기서 보인다.

에베소 교회와 골로새 교회는 이러한 새로운 비전과 현실을 형상화하는 미션을 받고 있다. 평화의 충만함을 향해 우주적 인간 공동체로서 광의의 교회에클레시아, 이는 원래 건물 개념이 아니라 '모임gathering'를 뜻한다. 안에서 만물이 그 구성원이 되고 대립과 증오가 없는 친교와 일치, 그리고 지속적인 화합이 이루어진다. 이것이 "만물 안에서 만물을 충만케 하시는 자의 충만"엡1:22-23이며 하나이신 그리스도 몸의 성장에 대한 하나님의 뜻이다. 새로운 통일체이자 그 충만함은 평화가 확장되며 이루어지게 된다.

평화 사역의 저항성: 통치자와 하늘 권세를 향한 투쟁

이렇게 우주적인 인간 공동체를 향한 샬롬의 방향 설정은 평화의 역량과 능동적인 비폭력 투쟁 없이는 승리할 수 없다. 정확하게 평화의 도구로서 그리스도인들은 하나님의 전신갑주를 입어야 한다. 그리고 이러한 투쟁에 가담함으로써 비로소 "평화의 복음" 선포가 준비되는 것이다.엡6:15 이들은 평화의 하나님과 평화이신 주에 대한 비전에서 신의 개입을 수동적으로 기다릴 만큼 순진하지 않다. 오히려 이들의 행동은 죄, 육체, 죽음의 권세가 지닌 집요함과 그 규모에 대한 심각성을 일깨워준다.

싸움의 목표는 단순히 겉으로 보이는 꼭두각시 "혈과 육"엡6:12이 아니라 더 근본적인 어둠과 허공의 통치자들, 권세들에 강력히 대응하는 것이다. 이는 모든 권세의 굴레로부터 모든 피조물의 궁극적인 해방을 향한 바울의 열망롬8:18-25과도 일치한다. '그리스도는 우리의 평화' 라고 고백하는 것은 그리스도가 이러한 저항의 의지와 용기, 그리고 지혜를 시작하게 하고 역동적인 힘을 선사한다는 것이다.

예수와 바울에서 시작한 평화의 제자들은 이 세상 지배체제를 움직이는 주범들을 식별하고 변혁에 대해 매우 날카로운 후각을 지니고 있다. 골로새서 2:13-15절을 한번 살펴보자. 여기서 ㄱ 과 ㄷ은 분사형으로 ㄴ을 꾸며주며 ㄴ은 핵심어로서 행동과 선언을 보여준다.

ㄱ. 또 범죄와 육체의 무할례로 죽었던
　　ㄴ. 너희를 하나님이 그와 함께 살리셨다
ㄷ. 우리의 모든 죄를 사하시고

ㄱ. 우리를 거스르고 불리하게 하는 법조문으로 쓴 증서를 지우시고
　　ㄴ. 제하여 버리셨다
ㄷ. 십자가에 못 박으시고

ㄱ. 통치자들과 권세들을 무력화하여
　　ㄴ. 드러내어 구경거리로 삼으셨다
ㄷ. 십자가로 그들을 이기셨느니라

본문에서 보듯 이 세상의 권력과 허공의 권세는 패배하였고 공개적으로 드러난다. 제국과 이 제국을 뒷받침하던 혼돈의 하늘 권세는 무력화되고 그리스도가 승리자가 되어 그들을 이기신다. 따라서 우리는 외칠 수 있게 된다. "그리스도는 주이시오 승리자이다."고전15:24-38; 살후2:3-11

에베소서 6:12 이하는 말한다:

"우리의 씨름은 혈과 육을 상대하는 것이 아니요 통치자들과 권세들과 이 어둠의 세상 주관자들과 하늘에 있는 악의 영들을 상대함이라.

그러므로 하나님의 전신갑주를 취하라. 이는 악한 날에 너희가 능히 대적하고 모든 일을 행한 후에 서기 위함이라."

이제 '평화의 복음'은 단순히 말과 선언만이 아니다. 그것은 '하나님의 갑옷'이라는 전략과 도구를 갖춘다. 비둘기의 온유함만이 아니라 뱀의 능동적인 지혜라는 예수의 요청에 따라 평화를 위해 일하는 제자들이 이를 위해 훈련한다. 이는 이 세상 권세의 증오를 일으키기 때문에 더욱 적극적인 전신갑주, 하나님의 전신갑주를 필요로 한다. 기독교 화해 중재자의 목표는 악의 근원을 응시하는 것이다. 악의 현상을 꿰뚫고 그 뒤에서 조종하는 근본적인 세상의 가치관과 영적 권세들에 맞대응하는 데 있다. 그렇게 함으로써 진정한 만물의 주되신 하나님의 주권을 모든 공간과 시간 위에 세우게 된다. 단순히 기도와 예배하는 시간과 교회라는 공간에서만이 아니다.

하나님의 주권은 보편적이어야 한다. 만물을 꿰뚫고 만물 위에 서야 한다. 모든 적이 하나님의 발아래 놓여야 한다. 그러나 그 수단으로 상대가 지닌 것과 같은 종류의 힘을 사용하는 것이 아니다. 바로 하나님의 자비와 신실성에 근거를 둔 강력한 비폭력적인 실천으로 이루어진다. 개인의 내면에서만 아니라 공적인 체제와 구조, 법과 정치 형태 속에서 이루어져야 한다. 그들 속에서 권세의 영적 형상을 분별하고 하나님의 발아래 복속시키는 변혁의 과정이 필요하다. 이는 군사적 전쟁이 아니라 영적 전쟁이다. 염두에 두어야 하는 것은 이것이 하나님의 싸움이란 것이고 우리가 의지하는 것은 하나님의 무기라는 점이다. 중세의 십자군을 요청하는 것도 아니다. 구원, 의, 진리, 평화, 성령은 강력한 비폭력의 무기다. 이런 전신갑주가 제대로 내 몸에 맞을 때 악에 대항하여 서는 것이 가능해진다.

하나님과 평화, 이웃과 평화가 유지되려면 하나님의 전신갑주를 입는 영적인 투쟁이 기독교 생활에 중심이 되어야 한다. 결코 폭력, 군사적 힘, 혹은 지배를 사용하지 않는다. 진리는 오직 진리에 의해, 평화는 오직 평화에 의해서만 건설된다. 그리고 기독교인은 정사와 권세에 대항하여 서라고 요청을 받고 있다. '평화의 복음'은 이렇게 사탄을 발로 누르는 평화를 성령을 통해서, '그리스도 안에서' 선물로 부여받게 된다. 평화를 위해 사는 것은 기독교 신앙의 본질이다. "그리스도의 평화가 너희 마음을 주장하게 하라. 너희는 평화를 위하여 한 몸으로 부르심을 받았나니 너희는 또한 감사하는 자가 되어라."골3:15 평화는 그러므로 하나님의 제자들을 향한 축복이다. 그러므로 환란 속에서도 기뻐하고 감사하는 자가 된다.

6. 갈등 해결과 화해 사역으로 가는 길

네 형제가 죄를 범하거든 가서 너와 그 사람과만 상대하여 권고하라. 만일 들으면 네가 네 형제를 얻은 것이요, 만일 듣지 않거든 한두 사람을 데리고 가서 두세 증인의 입으로 말마다 확증하게 하라.

만일 그들의 말도 듣지 않거든 교회에 말하고 교회의 말도 듣지 않거든 이방인과 세리와 같이 여기라. 진실로 너희에게 이르노니 무엇이든지 너희가 땅에서 매면 하늘에서도 매일 것이요 무엇이든지 땅에서 풀면 하늘에서도 풀리리라. 진실로 다시 너희에게 이르노니 너희 중의 두 사람이 땅에서 합심하여 무엇이든지 구하면 하늘에 계신 내 아버지께서 그들을 위하여 이루게 하시리라. 두세 사람이 내 이름으로 모인 곳에는 나도 그들 중에 있느니라. 마18:15-20

마태 공동체가 기존의 유대교와 로마의 군사적 정복과 폭력의 지배로부터 분리돼 나오게 된 것은 바로 이 세상에서 화해, 비폭력, 평화를 통해 하나님을 만나는 거룩한 길을 발견해서였다. 산상수훈은 하나님의 자녀로서 화해를 위해 일하는 방법과 과정을 설명함으로써 서기관과 율법학자들보다 나은, '의'로서 화해하는 제자의 사명을 삶으로 실천하도록 요구한다. 대개 예수의 담화는 비유를 통해 모호하게 전달되지만, 화해에 대한 권고는 매우 직접적이고 명료하다. 그중 하나가 바로 마태복음 5장 44절의 "네 원수를 사랑하고 너를 박해하는 자를 위해 기도하라"라는 말씀이다. 성서 비평학자들은 인간의 보편적 상식을 뛰어넘는 문장이 보존되어 있을 때 그 문장은 참되다고 인정한다. 이 문장은 그래서 예수의 참된 말로 전승되었고, 보전된 것을 보면 마태 공동체가 매우 중요한 가르침으로 생각한 것임을 또한 알 수 있다.

마태가 가르치는 예수의 제자직의 핵심이자 가장 힘든 훈련 과정은 바로 '화해 사역'이다. 세상을 위한 소금과 빛, 제단 앞에 오기 전에 이 세상의 갈등을 해결하고 상대를 판단하기 이전에 자신의 들보를 보라는 등의 예화에서 보듯이, 화해 사역은 새로운 예수 운동의 정체성의 근본이 되었다. 이는 18장에서 더욱 구체적이며 분명해진다. 예수의 제자들의 삶의 목표는 화해를 이루는 삶에 달렸고, 갈등과 분리된 자들의 관계를 치유하고 회복시키는 사역으로 부름 받았으며, 이를 통해 하나님을 만난다는 명료한 인식을 공유했던 것이다. 이것은 예수 가르침 중에 가장 구체적이고 실제적인 말씀이다. 사도 바울은 영으로 그리스도를 만나서 그리스도 사역의 핵심인 화해를 자기 사명의 핵심으로 삼았다. 그가 십자가와 화해를 어떻게 하나로 일치시키는지 성경을 통해 볼 수 있다.

그는 우리의 화평이신지라 둘로 하나를 만드사 원수된 것 곧 중간에 막힌 담을 자기 육체로 허시고 법조문으로 된 계명의 율법을 폐하셨으니 이는 이 둘로 자기 안에서 한 새 사람을 지어 화평하게 하시고, 또 십자가로 이 둘을 한 몸으로 하나님과 화목하게 하려 하심이라. 원수된 것을 십자가로 소멸하시고 또 오셔서 먼 데 있는 너희에게 평안을 전하시고 가까운 데 있는 자들에게 평안을 전하셨으니 이는 그로 말미암아 우리 둘이 한 성령 안에서 아버지께 나아감을 얻게 하려 하심이라. 그러므로 이제부터 너희는 외인도 아니요 나그네도 아니요 오직 성도들과 동일한 시민이요 하나님의 권속이라 너희는 사도들과 선지자들의 터 위에 세우심을 입은 자라 그리스도 예수께서 친히 모퉁잇돌이 되셨느니라. 그의 안에서 건물마다 서로 연결하여 주 안에서 성전이 되어 가고 너희도 성령 안에서 하나님이 거하실 처소가 되기 위하여 그리스도 예수 안에서 함께 지어져 가느니라. 엡2:14-22

여기서 핵심은 십자가의 본성과 그 능력을 바로 원수된 자와 화목하게 하고 이를 통해 모두가 서로 연결되어서 주 안에서 거룩한 성전이 되기로 표현하고 있다는 점이다. 이는 정말 대담한 비전이자 오직 영으로 그리스도를 만나지 않고는 표현될 수 없는 선언이다. 이처럼 초대교회에서 화목과 평화 이루기는 그리스인 정체성의 핵심을 이루고 있었다. 예수가 화해 실천의 타당성을 제시했음에도 오늘날 목회 현장에서는 화해를 가장 실천 가능성이 낮은 과제로 설정했을 뿐만 아니라 실제 신앙생활에서 가장 등한시한다. 더욱이 우리는 그동안 "두 사람이라도 합심하여 구하고…. 두세 사람이라도 내 이름으로 모이는" 것의 목표를 마치 작은 규모라도 교회가 존재하는 것을 지지하는 것으로 해석하는 잘못된 오류를 범해 왔지만, 실제로 이 본문은 다름과 차이를 지닌 갈등 당사자들의 화해를 위한 사역을 뜻하는 것이었다. 여기서 몇 가지 통찰을 발견할 수 있다.

1. 상대를 향해 직접 나아가기: "네 형제가 죄를 범하거든 가서 너와 그 사람과만 상대하여…."

우리는 갈등을 직면할 때 상대를 비난하고 그의 적 이미지를 갖게 됨으로써 직접 만나려 하지 않는다. 상대를 만나는 것이 불편하고 비난의 행위를 마주한다는 것이 어려운 고통이기 때문이다. 그래서 국가경찰, 사법당국가 대신 처리해주기를 원한다. 그렇게 됨으로써 내가 받은 상처에 대한 이유나 내 고통을 상대가 이해할 기회를 상실하게 된다. 그리고 상대 또한 이를 통해 배워야 할 삶의 교훈이나 인간적인 고통의 나눔을 잃게 된다. 갈등하는 상대/적과 등을 돌리는 것이 아니라 직접 상대를 향해서 나아가는 기회를 지니라는 것은 따라서 매우 어려운 과정을 포함하는데, 이는 그리스도의 요청이다. 여기에는 상대를 적으로 이미지화하거나 비난하는 메커니즘을 단절하는 인식적, 실천적 요구가 담겨 있다. 상대를 향해 나아가기는 갈등과 충돌에 직면할 때 우리가 본능적으로 자동 응답하는 맞서 싸우기, 회피하기 혹은 얼어붙기와 다르게 적극적으로 비폭력적인 대응을 펴는 것이다.

또한, 증오와 폭력의 근본인 고착화된 적 이미지를 치유해야 한다. 여기에는 두 가지의 공감하기가 따라오는데, 하나는 불안과 두려움이라는 나 자신의 감정과 선입견을 자각하고 이를 인식하여 자기 연결과 자기 공감을 실천하는 것이다. 또 하나는 상대에 대한 나의 편견과 감정을 인식하고 그를 낯선 자, 적으로 이미지화하는 과정을 해체하여 상대와 연결을 시도하는 것이다. 이렇게 자신과 연결하고 상대와 연결하는 것이 첫 번째 갈등 해결의 작업이다. 이는 어려운 거대한 도전이다. 자기 방어와 비난과 정죄의 태도 없이 상대와 연결되려 한다는 것은 "기도로 충만한 연약성"Prayerful Vulnerability, 존 폴 레더락이 『화해를 향한 여정』에서 사용한 용어 없이는 불가능하다. 이는 하나님이 주시는 내적인 영적 훈련인 것이다. 양심conscience이란 용어가 말해주듯이 나와 상대의 눈으로 보는con-science= see together 영적 훈련을 통하면 하나님의 공간을 허용하는 새로운 의식들음과 배움의 자세을 창조하게 된다. "직접 가라." 이를 실천하는 것은 삶에서 깊이를 드러내는 영적 과정이며 이 깊이는 상대와 만나 나타난다.

2. 증인들을 세우기: "만일 듣지 않거든 한두 사람을 데리고 가서 두세 증인의 입으로 말마다 확증하게 하라."

여기서 증인을 세운다는 것은 지금 일어나는 것과 앞으로 일어날 일에 대해 더 나은 분별을 위해서 함께 일하는 사람들로 구성된 하나의 몸을 만든다는 것이다. 이는 평가나 판단, 조언과 설명하기 등이 허용되는 논쟁 집단 형성과는 다르다. 여기서 증인 됨은 반성과 이해, 그리고 경청이 일어날 수 있는 안전한 공간의 형성을 말하는 것이다. 갈등은 나와 상대가 서로 솔직해지고 투명해질 기회가 되는데, 여기에서는 하나님의 자비가 작동될 수 있고 서로의 입장이 그대로 존중되고, 판단보다는 경청과 이해가 허락될 수 있는 안전한 공간이 작동될 수 있게 된다. 증인 됨은 옳고 그름을 해결하는 데 있는 것이 아니라 상호 연결과 존중에 초점이 있다. 이것이 수백 년간 퀘이커가 지속해 온 '명료화 모임cleanness committee'의 본질이다. 비난과 두려움과 위협을 주지 않는 서너 명의 증인들은 '정직하고 열린 질문'을 통해 당사자가 스스로 자신의 문제를 해결하고 자기에게 무슨 일이 벌어지고 있는지 분별할 수 있도록, 마치 '손 안에 든 작은 새가 스스로 날 수 있도록 지지해주는 감싸 안은 손'처럼 순수한 마음으로 지지해주는 둥지가 되어준다. 그럼으로써 자기 안에 있는 신성한 빛이 자신을 스스로 일깨우고 문제의 본질을 명료히 보도록 돕는다.

여기서 증인들은 인도하지 않고 수용하고 따르는 역할을 하게 됨으로써 어떤 조언과 첨가 그리고 설명도 더하지 않고 그의 내면에서 전적으로 일어나는 것을 기다리는 '존재로 있기be fully present'로 머문다. 그렇게될 때 그런 공간은 거룩의 공간이 된다. 이때 증언자로 있는 게 그대로 영적 훈련이 되고 존재로 있는 게 영적인 수행이 된다. 갈등에 참여하는 것은 놀랍게도 영적 수행으로 깊이 들어가는 수행이 되는 것이다.

대개 증인이 된다고 하면 누가 옳은 자리에 있는지 판별하고 가르기 위해 초대받았다고 생각하여 그것을 심판의 도구로 생각해 왔다. 그러나 여기 증인이 된다 함은 하나님의 자비의 공간을 창조하는 도구다. 그리하여 결과보다는 과정을 통한 길, 능동적 경청에 따라 상호 이해와 명료함 그리고 깊은 신뢰로 안내받는 길로 나아간다.

3. 화해는 교회의 사명이자 존재의 목적이다: "만일 그들의 말도 듣지 않거든 교회에 말하고…."

로마 제국 당시 일반인의 이슈를 토론하기 위한 회합 모임이던 에클레시아가 기독교인들에 의해 교회로 차용되었을 때, 그것은 로마의 악명 높은 십자가 형틀이 종교적 상징으로 차용된 것과 같은 방향에서 그 의미가 달라졌다. 적대자와 논쟁을 통해 갈등을 해결하는 것이 아니라 화해와 일치를 통해 교회라는 신뢰 공동체를 만든 것이다. 새로운 에클레시아는 서로 투명해지려는 영적인 친교와 신뢰가 있는 안전한 공간을 창조한다. 여기서 차이가 있는 각자가 서로 만나고, 그러한 세속적 공간이 하나님을 만나는 장소로 변형된다. 비폭력적인 공감적 소통을 통해 상호 더 깊은 이해와 배움을 일으켜 성장을 돕는 것으로 갈등을 여기고 더 커다란 믿음 공동체를 형성한다.

아흔아홉 마리의 양보다 잃은 양 한 마리에 대한 목자의 심정을 보면 교회가 무엇을 하는 곳인지 보인다. 초기 기독교 공동체에서는, 특히 마태 공동체에서 교회라는 곳은 갈등을 다루는 방식이 일반 사회와 로마의 원로회의 등과는 전적으로 질이 달랐다. 전체는 개인의 갈등과 고통에 예민하였으며, 성령의 은사인 자비가 실제로 움직이고 있었던 것이다. 일반적으로 교인은 친절하고 정숙해야 하며 갈등은 있어서는 안 된다는 생각이 있어서 갈등이 일어나면 이것을 교회의 문제로 인식하기 십상이다. 그리고 문제가 생기면 전통적으로 사제들의 권력과 지배 구조로부터 일방적으로 해결되었다. 그러나 원래 본문을 보면, 우리가 잊고 있던 것은 갈등에 대한 사역이 교회의 본질적인 사역이고 영적인 훈련에 해당한다는 점이다. 왜냐하면, 화해는 교회의 사명이기 때문이고, 화해와 갈등에 대한 사역은 본질적으로 영적인 것이라고 예수의 제자들은 이해하고 있었기 때문이다.

따라서 하나님 백성의 모임인 에클레시아는 갈등을 제대로 다루고 이를 위해 함께 일하고 변형시키는 장소가 된다. 소외와 고통과 두려움으로부터 잃은 자, 작은 자, 마지막 된 자들을 친교와 신뢰가 있는 안전한 공간으로 초대하여 회복과 이해와 성장으로 가는 변혁을 일으켜낸다. 이것이 곧 세상에 있으면서 세상에 속하지 않은 기독교인이 하는 영적 수행이다. 초기에 직면한 교회 지도력의 가장 중요한 핵심이자 지금까지 존재하는 평화교회 전통은 갈등 당사자들을 불러 화해의 과정 속으로 인도하고 이들을 지지하며 올바른 화해 과정을 밟게 하는 기술과 영적 훈련이었다.

4. 집요하게 처음부터 다시 시작하라: "교회의 말도 듣지 않거든 이방인과 세리와 같이 여기라."

이방인과 세리같이 대하라는 말을 대부분 이제는 할 만큼 했으니 포기하고 죄인으로 취급하라는 말로 인식해 왔다. 직접 찾아가고, 증인을 세우고, 교회에서 말하도록 하였어도 말을 듣지 않는 이들에게는 우리 자신들을 스스로 분리해서 서로 간에 선을 긋고 그들과 거리를 두어야 한다는 말처럼 오해할 수 있는 말이다. 그러나 본문 18:15-20 앞뒤에 배치된 예수의 말을 보면 전혀 맞지 않음을 이해하게 된다. 이 본문 앞에는 바로 잃은 양 한 마리에 대한 두려운 그리스도의 권고가 있다: "너희는 이 보잘것없는 사람들 가운데 누구 하나라도 업신여기는 일이 없도록 조심하여라. 하늘에 있는 그들의 천사들이 하늘에 계신 내 아버지를 항상 모시고 있다는 것을 알아 두어라."18:10 그리고 이 본문 뒤에는 가장 실행하기 어려운 예수의 직접적인 강력한 권고가 나온다: "일곱 번뿐만 아니라 일곱 번씩 일흔 번이라도 용서하여라."18:22

그렇다면, 화해할 수 없는 사람을 "이방인과 세리"로 취급하라는 의미는 무엇인가? 사도 바울이 에베소 교회에 전하길 "그리스도는 우리의 평화이고 자신의 몸으로 유대인과 이방인을 서로 원수가 되어 갈리게 한 담을 헐어버리시고 화해시켜 하나로 하신"엡2:14 분이라는 것이다. 이는 당시의 초대교회의 분위기를 반영하는 것이다. 신뢰와 친교의 공동체 밖에 있는 이들을 대표적으로 상징하는 "이방인과 세리"들을 찾고 관계를 맺고 연결하기를 포기하지 않고 지속하라는 새로운 시작을 예수는 자신의 제자들에게 권고하고 있으며, 이것이 마태 공동체가 추구했던 제자직의 중심 흐름이었다. 어떠한 형태로든 이들 '보잘것없는 사람들'18:10을 업신여기지 않고 다시 관계하여 연결하기를 추구하는 이유는 하나님이 우선으로 그들을 대면하고 있기 때문이다. 즉, 예수께서 명확히 지목하신 것처럼 "그들의 천사들이 하늘에 계신 내 아버지를 항상 모시고 있다는 것을 알아 두어라"라고 말씀하셨기 때문이다 이것은 초대교회를 제외하고 콘스탄티누스의 제국종교로서 오늘날까지 온 제도권 기독교가 완전히 그 실천성을 잃어버린 복음이다.

그리스도는 화해, 비폭력, 평화의 능력이며, "그리스도는 우리의 평화이시다"엡2:14 따라서 논쟁자, 적대자, 원수라 할지라도 관계와 연결하기를 통해 교제를 이루어내야 한다. 단절과 소외는 오해와 무시, 폭력과 다툼을 가져오는 악의 지배를 가능하게 하지만, 관계하고 연결하기는 상대로 하여금 선을 행하도록 하는 인간성하나님의 형상을 촉발시키기 때문이다.

우리가 갈등을 피하지 않고 서로 동의하지 않아도 갈등을 향해 나아가는 이유는, 에클레시아가 화해의 존재 의미를 담고 있고 거기서 갈등은 배움과 성장을 주는 영적 에너지로 변화되기 때문이다. 적대자와 논쟁자가 갈등을 통해 화해하는 그 뜨거운 눈물과 감동의 현장이 하나님의 신실성과 자비의 실재를 경험할 수 있는 영적인 곳임을 체험하게 하기 때문이다. 화해의 목적은 관계를 치유하고 회복시키는 것이다. 그러나 그러한 회복은 원래 상태로 복원하는 것과는 다르다. 이는 고통의 근원과 잘못된 것, 그리고 그것을 나타내는 구조적인 것을 이해하게 되고, 관계에 헌신하면서 변형된 실재를 달리 인식하는 것이다. 말하자면 하나님, 자신, 그리고 타자에 대한 이해의 패러다임이 달라지고 깊어진다. 관계가 치유되는 경험을 통해 진리에 근거한 배움과 성장이 존재하기 때문이다.

예수는 뚜렷한 어조로 말하였다. "진실로 너희에게 이르노니 무엇이든지 너희가 땅에서 매면 하늘에서도 매일 것이요 무엇이든지 땅에서 풀면 하늘에서도 풀리리라." 우리 삶에서 매고 푸는 것은 하늘과 연관되어 있고, 갈등에 대한 화해 사역은 영적 훈련과 이어져 있으며, 그러한 인간적인 일이 직접적으로 하나님의 일이 된다. '매고 푸는' 화해 사역은 예수의 말씀에서 다시 강조된다. "진실로 다시 너희에게 이르노니 너희 중의 두 사람이 땅에서 합심하여 무엇이든지 구하면 하늘에 계신 내 아버지께서 그들을 위하여 이루게 하시리라." 땅에서 합심하여 구하는 것은 바로 자본주의적인 소유나 기복적 기도로 얻으려는 그런 것이 아니다. 그것은 바로 논쟁자, 적대자, 원수와 관계하고 연결되는 간절하고도 끊임없는 간구이며, 화해를 통해 '하나님 형상'의 회복을 이루는 것이다.

그러한 화해 사역에 하나님께서 함께하신다. 비록 두셋이 모일지라도! "두세 사람이 내 이름으로 모인 곳에는 나도 그들 중에 있느니라." 이것은 적은 숫자가 모여 예배드리는 것을 의미하지 않는다. 사람들 대부분이 이 새로운 거룩의 길을 따르지 않고 이해조차 못하지만, 예수의 정신에 따라 자신의 삶을 여기에 헌신하기로 선택한 소수의 사람이 모이는 곳에 하나님의 현존이 허락된다. 이것이 교회 곧 부르심을 받은 이들의 모임이다. 그 부르심이란 바로 화해이며 여기서 하나님은 자신을 드러내신다. 이것이 마태 공동체가 예수를 통해 얻은 흔들릴 수 없는 공동 경험이었다. 그들이 하는 치유와 회복, 그리고 화해를 구하는 일에 하나님이 함께하신다는 강력한 메시지이며 예수의 사역 중심이 여기에 있음을 확인한다. 매는 것과 푸는 것은 화해의 삶을 상기시키며, 이러한 화해 사역이 바로 "하나님이 함께한다"라는 임마누엘의 영적 체험이 된다는 명백한 선언을 예수께서 직접 자신의 입을 통해 증거한다. 이는 말씀 그대로 진실이다.

갈등이 거룩을 만나는 장소가 된다. 갈등은 거룩한 땅으로 우리를 인도한다. 그것은 갈등이 나 자신과 이웃을 만나는 것만이 아니라 진실로 하나님을 만나는 길이 되기 때문이다.

7. 세상의 빛과 세상의 소금

너희는 세상의 소금이니 소금이 만일 그 맛을 잃으면 무엇으로 짜게 하리오. 후에는 아무 쓸데없어 다만 밖에 버려져 사람에게 밟힐 뿐이니라. 너희는 세상의 빛이라 산 위에 있는 동네가 숨겨지지 못할 것이요 사람이 등불을 켜서 말 아래에 두지 아니하고 등경 위에 두나니 이러므로 집 안 모든 사람에게 비치느니라. 이같이 너희 빛이 사람 앞에 비치게 하여 그들로 너희 착한 행실을 보고 하늘에 계신 너희 아버지께 영광을 돌리게 하라. 마5:13-16

마태 공동체는 자신들이 속한 유대교 전통에서 예수를 중심으로 한 새로운 갱신 운동을 시작하면서 정체성을 주변과 분리시키는데, 그 중심핵은 바로 신에 대한 영광을 어떻게 돌리는가에 관한 해석과 실천의 문제에 있었다. 당시 사회 경제적 현실은 일반 민중의 삶을 황폐하게 하고 사회 기반이 해체되는 위기를 가져오고 있었다. 이러한 폭력적인 상황에서 예수와 그의 신념 공동체는 성전을 중심으로 율법주의의 규례를 준수하며, 성전과 회당의 제사 문화를 넘어 마을 회의에클레시아ecclesia를 열어 풀뿌리 지역 운동을 기반으로 삼았다. 마을에서 마을을 다니고, 국가 안보와 지배 이념을 넘어 풀뿌리 서민의 삶을 보호하는 안보를 지향하는 변혁 운동을 벌이며 사람들을 불러 모았다.

이 변혁 운동에 담긴 예수의 신념은 바로 시내산 십계명을 다시 표현한 것으로, 산상수훈5:1-12의 진복팔단과 실천 요강13절-16절이다. 산상수훈은 호두의 '속'이고 실천 요강은 '겉'이다. 우리는 산상수훈이 신을 어떻게 믿어야 하는가에 대한 교리적, 개념적 진술이 아니라 삶에 둘 가치와 의미 문제를 제시하고 있다는 점에 강조점을 찍어야 한다. 신앙적으로 표현하자면, 신이 우리에게 어떻게 살라고 요청하시는지를 묻는 것이지 우리가 하늘로 올라가는 제의적 삶을 진술한 것이 아니라는 데 주목해야 한다. 실제적이고 실천적인 요청인 것이다.

실천 요강으로 보자면 이는 더욱 뚜렷하다. 16절은 이렇게 쓰여있다. "이같이 너희 빛이 사람 앞에 비치게 하여 그들로 너희 착한 행실을 보고 하늘에 계신 너희 아버지께 영광을 돌리게 하라." 신께 영광을 돌리는 방법은 우리의 기도나 제의와 같은 직접적인 봉헌 행위가 아니다. 독자는 이 말에 매우 충격을 받거나 어리둥절하리라 영광을 돌리는 방식은 내 안의 빛이 타자인 이웃에게 전해져서 그들이 우리의 '착한 행실'을 보고서 그들이 아버지께 영광을 돌릴 때 비로소 받아들여지는 것이다. 간접적인 방법, 곧 삶의 실천을 통해 타자가 인정하는 우회의 방식이다. 놀랍지 않은가?

이는 앞의 구절을 더 성찰할 때 알 수 있다. 소금과 빛은 그냥 소금과 빛이 아니라 "세상의 소금"과 "세상의 빛"이다. 소금과 빛은 '우리/그들'이란 논리가 없다. 경계 없이 '내內 집단'을 넘어서 외부로 퍼져 나간다. 본문이 보여주듯이 불특정 다수의 '세상', 일반인인 '사람', 내 종교 신념을 넘는 '산 위에 있는 동네'와 '모든 사람'이라는 사회적 공공성에 그 효과와 효험성이 있을 때 빛과 소금은 제대로 자기 정체성을 갖는다.

삶의 덕성으로서 진복팔단은 실천 요강인 빛과 소금의 공공적 실천을 통해 확증된다. 여기서 주목해야 하는 것은 평화 목회의 중심축인 빛과 소금에 관한 것이다. 이것은 기독교 전통에서 평화와 비폭력을 추구하였던 수많은 실천가와 평화 교회들퀘이커, 형제교회, 메노나이트 등이 실천 전략으로 지녀온 확신이다. 우리 안에 있는 신적인 빛을 확신하고 그것이 사회적으로 드러나도록 화해를 위해 일했다.

　이 빛은 단언할 수 없지만 경험되는 '하느님의 그 무엇'으로서 내적 확신에 관한 것이다. 그것은 우리의 어둠과 무지를 밝힌다. 세상에서 무엇이 일어나고 있는지를 보는 '분별'을 가능하게 하는 영적인 실재이다. 빛은 분별, 능력, 생명진정한 자아의식을 가져다준다. 이 빛으로 궁극적인 것에 대한 감각, 사리를 깨닫는 힘, 진리에 대한 에너지를 공급받는다. 그러나 이 빛은 교리나 지적인 소통에서 발휘되지 않고 영혼에서 일어나는 알아차림을 통해 열린다. 그것은 습득되기보다는 베일이 벗겨져 안의 것이 노출되는 것이다. 화해는 사회적 증언으로서, 이는 타자가 우리의 '착한 행실'을 보고 신께 영광 돌리도록 타자에 개입하는 것이다. 이웃을 내 몸으로 연결하기, 사회적 약자든 생태적 약자든 그들의 고통이 내 몸 안에서 일어나는 것으로 표현하고 그러한 윤리적 민감성을 갖는 것이다.퀘이커에서 내려오는 경구 "네 삶이 말하게 하라let your life speak" 자신의 정체성이 자기 신체적 몸이 아니라 이웃을 몸으로, 삶의 정황에 영혼의 안테나를 세운다는 새로운 실천 인식론을 갖는 것이다.

　달리 말하자면 타자에게 강제, 처벌, 비난, 보복, 희생의 방식을 사용해 내가 원하는 것을 하게끔 하는 것이 아니라 공감, 이해, 대화, 연결, 자비로 상대의 진실과 내 진실이 서로 만나게 하는 것이다. 비난과 처벌의 악순환이 아닌 '잃은 자'가 '생명'을 얻게 하고 이를 더욱 '풍성하게' 얻도록 한다.요10:10 정의를 세우는 방식은 악에게 보복적 징벌을 내려 그를 무찌르는 것이 아니라 그가 인간성을 되찾고 진리의 편에서 선을 행하도록 돌려세우는 관계 맺기에 있는 것이다. 태초에 있었던 일, 즉 '어둠 속에서 빛이 있으라' 하신 창조자의 사역을 우리가 하는 것이다. 어둠을 물리치는 것이 아니라 어둠이 빛을 잉태하도록 돕는 것이 화해다.

　이 성서 본문이 또한 놀라운 것은 빛분별, 은총보다 소금화해을 앞세웠다는 것이다. 먼저 화해이고, 이를 위한 힘은 빛으로부터 온다. 이것이 마태 공동체를 주변 유대 공동체로부터 구별해내는 자신의 정체성이다. 제단에 예물 드리기 전에 먼저 이웃과 갈등을 풀라24절, 대적하고 고발하고 억지로 하자고 하는 자에게는 보복이 아니라 더욱 적극적으로왼뺨 돌려대기, 속옷 주기, 10리 가주기 상대를 껴안아 그의 대적, 고발, 억지를 무력화시켜라38-42절. 원수를 미워하지 말고 사랑하고 그를 위해 기도하라문자적인 의미에서; 43-44절. 5장 마지막 절에서 예수는 말한다: "그러므로 하늘에 계신 너희 아버지의 온전하심과 같이 너희도 온전하라."5:48 여기서 '온전하기'는 바로 서기관과 바리새인의 의보다 나은 방식으로 상대에 들어가는 화해아가페의 활동의 질적 영역이다.

'세상의' 소금과 빛으로서 예수의 말을 듣는 '너희는' '세상'과 관련된 변혁적 활동을 위해 부름을 받는 자들이다. 예수 당시나 지금이나 관계없이. 복음은 이렇게 '일상적 영성'을 통해, 그리고 신학이 있다면 '일하는 신학'을 통해 삶에 실천적이고 실제적인 능력으로 활동함을 뜻한다. 이것이 당시 각종 억압과 전쟁 피해로부터 상처와 무력감을 입은 오클로스민중의 삶을 재건하는 예수의 사회적 프로젝트였다. 예수를 종교 지도자로 본다면 성서의 많은 부분을 간과하는 것이다. 오히려 그는 매우 능동적인 평화 활동가이자 전략적인 조직가의 모습을 보여준다. 분별과 화해감리교로 말하면 '은총과 사회적 성화', 이는 하나님 통치를 실현하기 위한 두 통로다. 그러나 이 둘은 서로 다르거나, 내적 구원과 사회적 구원이라는 두 영역이 아니라, 뫼비우스의 고리처럼 안과 밖이 서로 연결된 상호 통합적 관계가 있다.

"너희는"이라고 말씀하시는 분을 우리는 피할 수 없다. 이 목소리에 우리는 노출되어 있다. 나와, 그리고 나와 관련 있는 이웃을 지목하면서 '빛'과 '소금'의 삶을 지향하도록, 곧 "말 아래 두지 않고 등경 위에 두어" 산 위의 동네가 숨겨지지 않고 사람 앞에 비추어지도록 공공선에 기여와 헌신을 요청한다. 이 요청의 절대성을 만날 때 그리스도를 만나게 되고, 이 요청의 궁극성을 받아들일 때 비로소 "너희는"의 범주에 들어가면서 주변 구경꾼 무리와 분리된다. "너희는"이라는 부름의 그리스도가 무리에게 말씀하신다. 이 부름에 무리 속에서 "나와come out"마5:1 응답한 사람들이 바로 제자라고 불린 것이다. 이것은 변함없는 고금의 진리다.

8. 펜들힐에서 만난 퀘이커 평화운동

내가 퀘이커와 인연을 맺은 것은 90년대 중반 미국 필라델피아에서 만난 이행우 선생님현재 자주평화통일미주연합 고문을 통해서다. 이 선생님을 통해 함석헌 선생님과 퀘이커 활동에 대한 이런저런 이야기를 듣게 되었고, 필라델피아의 퀘이커 해외봉사사무실AFSC에도 들려 어떤 일을 하는지도 알게 되었다. 특히 관심의 동기가 되었던 것은, 아이들을 퀘이커 학교에 보내면서였다. 폭력에 대응하는 교육이 철저했고, 인격 존중과 평등에 대한 관점이 교사나 프로그램 속에 배어 있는 모습이 아주 인상적이었다. 그러다가 학위가 끝나가는 마지막 해인 2001년에 나 자신을 정리할 필요가 있어서 선생님을 통해 필라델피아 남쪽 지역인 월링포드에 있는 퀘이커 교육 기관이자 수련 공동체인 펜들힐에서 가을 학기를 지내게 되었는데, 그때 평화교육에 관한 결정적인 사고의 전환이 이루어지게 되었다. 거기서 생활하면서 내게 남은 인상적인 몇 가지 체험과 신학적 관점들을 소개하고 싶다.

먼저 내가 펜들힐에 들어가고 나서 2주 만에 9.11사건이 터지게 되었다. 그날은 논문 최종본을 내는 날이어서 아침에 템플대 캠퍼스에 갔는데, 모든 학생이 경악을 하면서 TV를 지켜보고 계속해서 전화를 사방으로 하는 것이었다. 각각 1시간에서 2시간 거리쯤의 위치에서 북으로는 뉴욕에, 서쪽 펜실베니아와 남쪽 워싱턴에 비행기가 각각 떨어지면서 가운데 위치한 필라델피아 학생들에게도 일대 혼란이 일어난 것이다. 당시 펜들힐에서는 지역 사회에 매우 유명하면서도 영향력이 강한 공개 강연회를 학기마다 해 왔는데, 이를 코앞에 두고 사태가 벌어진 것이다. 이미 2년 전에 기획해 1년 전에 주제와 강사를 섭외하는 이 공개 강연회의 당시 주제는 '퀘이커와 돈'이었는데, 이는 자본주의 사회에서 물질 만능주의에 대항한 대안적 삶에 대한 것이어서 꽤 큰 기대를 받고 있었다.

그러나 9.11 사태가 터지자마자 펜들힐은 이 주제를 즉각 취소하고 이슬람에 관한 주제로 바꾸면서 강사를 미국과 외국의 이슬람 학자와 활동가, 이슬람권과 관계된 평화운동가 등으로 전면 교체하였고, 이 주제를 다음 학기까지 지속시켰다. 참석한 사람이 처음엔 퀘이커들이 많았는데, 여러 지역 사회에서 온 관심 있는 사람들 때문에 보통 100-200명이 모이던 강당이 넘치면서 그 장소를 옮기게 되었고, 이후 다양한 모임이 생기고 종교적 타자인 이슬람권을 알고자 하는 열정과 미국의 헤게모니 정책에 대한 각종 반대 운동의 결성을 조직하고 실천하는 모습을 지켜보게 되었다.

퀘이커 모임에서는 이념, 종교, 인종에 관계없이 고통받는 타자에 대해 즉각 반응하는 게 매우 자연스러운 현상이라는 것을 놀라움으로 보게 된 것이다. 월남전 중에 상선을 사서 베트남에 구호물자를 보내고, 20여 년 전에 이미 북한에 들어가 활동을 먼저 한 곳도 퀘이커 단체였다. 17세기 중엽에 이미 미국의 퀘이커들은 흑인 노예제를 반대하는 운동을 했다. 위원회를 두어 신도들을 찾아다니며 노예를 풀어줄 것을 권고하고, 이것이 시행되지 않자 연회에서 강제로 흑인 노예주들의 멤버십을 박탈시켜 퀘이커 숫자가 반으로 주는 일까지 감수하였다. 비록 전 세계에 30만밖에 안 되는 숫자이지만 갈등 해결과 지역 빈민 구제 활동, 비폭력 저항 운동, 인권을 위한 정책 로비 활동, 국제구호와 국제연대, 평화활동, 그린피스 운동의 경우처럼 녹색 활동 등에서 독보적인 위치와 공헌을 하는 데에는 이들이 가진 독특한 신앙관이 뒷받침하고 있기 때문이다. 이를 퀘이커 창시자 조지 폭스가 1656년 론서스턴의 감옥에 있으면서 쓴 편지의 몇 단어를 빌려 표현하자면 다음과 같다.

"모든 이에게 있는 하느님의 그것에 대답하기" – 퀘이커quaker란 '하느님의 영에 의해 진동하는 자'란 뜻이다. 퀘이커는 모든 인간은 남/여, 노/소, 정상인/장애인, 백인/흑인/황인, 신앙인/비신앙인을 막론하고 누구나 '하느님의 그것'이라 부르는 '신적인 빛' '그리스도의 빛' '내적인 빛'을 지니고 있다고 믿는다. 따라서 모든 인간은 존중되어야 하며, 특별히 엘리트나 권위자를 높여 부르지 않는다. 그러기에 성직자가 없으며 모두 친우friends로 부르고 상대에 대한 존중이 서로 내면에서 흘러나온다. 타 종교에 존중과 관심을 보내고 종교 간의 대화가 이들에게 자연스러운 것은 이러한 신념에 기초하고 있기 때문이다.

실제로 펜들힐에서 경험한 것을 떠올려 보면 학습자와 강사 간에 구별이 없는데, 강사는 수십 년간을 그 분야에서 활동한 사람으로서 각자가 독보적인 전문가임에도 불구하고, 그 겸손함과 마음에서 우러나오는 따사로움이 두드러진 특성임을 느끼게 된다. 이는 어떤 결정을 할 때도 소수자의 신적인 빛을 이해하여 다수결로 정하는 법이 없다. 퀘이커 학교의 교실에서는 아이가 장애가 있어도 교사와 지도자의 역할을 할 때가 있고, 어떠한 강제도 없으며, 매우 자연스럽게 어울리고 친밀한 것을 보게 된다.

퀘이커의 예배처이자 모임 장소Meeting House의 구조는 매우 간단하다. 평등의 원칙을 고려하여 가운데 공간을 중심으로 팔각형이나 사각형으로 의자를 배치하고, 어떠한 성물, 십자가, 촛대, 설교단, 성가대도 없다. 형식적인 것들 모두가 신적인 빛의 자유로운 움직임을 방해한다고 믿기 때문이다. 단지 각자는 조용히 모여 침묵 기도를 드리며 어느 누군가가 성령의 감흥을 받고 그것을 말할 수밖에 없다고 느끼면 전체를 향해 말하게 된다.

참여하면서 느끼는 것은 말, 기도 혹은 노래, 어떤 형식이든 가슴에서 울려 터져 나오는 그 메시지가 매우 직접적이고 강력해서, 함께 모두의 가슴이 울리는 듯한 반향을 일으켜 아주 감동적이라는 것이다. 감흥이 없을 때는 기다리다가 침묵으로 마치게 된다. 이런 형태를 통해 각자는 개인의 내적 수행을 통해 신께 다다르는 것이 아니라, 다른 동료의 내적 감흥에 자신도 울림을 받으면서 공동체적 수련이 가능하게 한다.

침묵 명상 기도는 성령, 신적인 빛의 자유롭고 능동적인 역사를 위해 나의 에고 활동을 중지시킨다. 일주일에 한 번씩 침묵의 시간을 가질 때는 또한 '내가 말함'을 멈추고 미세할지라도 '타자의 음성'을 듣고자 한다. 타자의 신적인 빛이 자신에게 말할 수 있는 공간을 허락할 기회를 얻으려 하는 것이다. 따라서 퀘이커에게 있어서 영성은 말하기보다는 들음이 근본을 이루고 있다. 이러한 들음의 영성으로 인해 이들의 영혼이 다른 이들보다 얼마나 여리고 예민한지 느낄 수 있었다.

"진리를 위해 용감해지기" – 진리는 단순히 추상이나 이해가 아니다. 이해하는 것이 아니라 되는 것이다. 이는 확신과 관계된 것으로써 도달하고 견고히 지켜나가야 할 삶의 방식이다. "모든 이에게 있는 하느님의 것에 응답함"이 신적 빛을 경험하는 것이라면 "진리를 위해 용감해짐"이란 공개적으로 그 빛에 의해 걸어감을 의미한다. 이것이 그들이 어떤 강요의 맹세나 징집 문제도 거부하고, 세상에 어떤 타협도 하지 않는 이유다.

퀘이커 신앙에는 신적 빛에 대한 믿음과 사회적 증언이 분리되지 않는다. 펜들힐에는 영성을 위한 프로그램치유 기도, 성서 연구, 신학…. 등과 더불어 사회적 증언을 위한 프로그램폭력과 갈등 대응, 지역 빈민 구호, 파트너십과 권한 부여이 동시에 존재한다. 평화의 증언은 퀘이커 역사에서 오래된 것이다. 그 무엇이든 주 하느님을 위한 것이라면 아끼지 않는다. 따라서 감옥이나 자기희생이 따를지라도 진리일 경우에는 목숨을 거는 증언자가 되는 것이다. 상업에서도 주변에서 누군가가 퀘이커라 하면 그의 정직과 신용은 의심하지 않는 편이다.

"삶으로 패턴을 만들고 예시하기" – 진리에 대한 경험은 모범을 만드는 실험을 강화한다. 이들은 선교란 말을 안 쓰고 봉사service란 말을 선호한다. 따라서 세속적인 일이라 할지라도 그것이 인권을 높이고 하느님의 목적을 위한 것이라면 누룩처럼 전위적인 일들을 만들어낸다. 감옥에서 각종 자원 활동을 하고, 정신병동의 개선, 중재, 아동 치유 학교와 대안 교육 공동체 운동, 평화활동 등을 한다.

또한, 일을 하면서도 자기 것이라는 집착 없이 타자를 일에 함께 관여시키는 방식을 통해 소유권이나 멤버십의 배타성을 주장하지 않는 독특한 구조를 가지고 있다. 펜들힐의 교육을 다른 종교인 누구에게나 열어놓으며, 수많은 퀘이커 관련 봉사 기관에는 타 신앙인이 직원으로 일하고 네트워크 활동에서도 더불어 활동한다. 그러므로 봉사도 어느 특정한 공동체로 사람을 불러들이는 것이 아니라 그 사람이 하느님의 목적에 봉사하도록 한다. 즉 봉사는 "진리를 널리 전파하고 인류를 생명으로 모으는" 것이며, 이들의 다양성을 존중함과 더불어 신의 생명과 능력 안에서 모두가 평등하게 살도록 하는 것이다.

10년 동안의 미국 유학 생활을 퀘이커 펜들힐에서 한 학기를 보내면서 마무리할 수 있게 된 것은 내게 크나큰 행운이었다. 그동안 따라온 허무주의와 내적인 고통이 정리되고 꼭지가 떨어져 나가는 듯한 신비한 체험을 하게 됨으로써 일어설 힘을 얻게 된 것이다. 그리고 한 가지 중요한 실존적 교리로서 성육신"네 삶이 말하게 하라"에 대한 새로운 통찰을 얻게 되었다. '내 생으로 진리를 말해야 한다.' 라는 확신이 든 것이다. 진리를 자기 삶으로 실험해야 한다는 사실이 평화교육 운동을 하는 내게 근본 체험으로 다가왔다.

9. 기독교 비폭력 영성과 실천을 위한 10가지 요소

비폭력이란 말이 기독교 비폭력 평화 전통에서 함축하는 의미는 매우 크다. 그것은 우선 기독교 공동체의 역사적 경험에서 고백으로 나오는 것으로 샬롬의 비전과 관련된다. 따라서 반폭력이라는 소극적인 규정을 넘어선다. 또한, 단순히 이해와 경험을 넘어서 적극적 실천을 나타낸다. 이는 이 세상에서 사랑을 실천하는 기독교 신비주의의 전통을 만들어낸다. '사랑의 불꽃'에 타올라 '사랑 안에 행동하기'라는 역사적 전통을 갖고 있다. 삶의 실재이자 본질로서 샬롬을 깨닫고, 그 통찰을 가지고 행동하는 것을 말한다. 이 둘은 기독교 비폭력의 핵심이다. 이런 본질적인 기반 위에서 다음과 같은 10가지 비폭력 영성과 실천을 성찰해본다.

1. **기독교 비폭력 실천의 근원은 삶의 신성함에 기초한다.** 이는 하느님의 신성함, 그리고 모든 실재가 그로부터 연유한다는 깊은 깨달음에서 출발한다. 비폭력은 우리로 하여금 '그분으로부터, 그분 안에서, 그분을 향해' 가는 기원, 과정, 목적의 온전한 일치로서 삶의 신성함에 대한 부름에 응답하는 길이다. 거꾸로 삶과 인생, 그리고 사물의 신성함을 훼손하는 것은 근본적인 의미에서 폭력의 길인 셈이다.

2. **기독교 비폭력은 완성된 이상으로 주어진 것이 아니라 가야 할 목표이자 과정이다.** 이는 우리 안에 있는 잠재적 씨로 '하나님의 형상' 잠재성

이 점차 성장하여 '하나님의 닮음' 가능성으로 나아간다. 따라서 우리의 연약함과 상처에도 불구하고 그곳으로 일생을 걸고 성장하는 과정 속에서 모두를 본다. 이렇게 '진리의 실험'으로서 비폭력 실천은 더 나은 온전한 자아와 삶으로 자신을 초대한다. 반대로 폭력은 그 어떤 정당성에도 이러한 온전성을 향한 여행을 가로막은 비인간화 속에서 드러난다.

3. 기독교 비폭력은 이 세상에 대해 순진하지 않다. 비폭력은 세상이 지닌 '지배체제'와 '폭력의 각본'을 철저히 인식하고 이에 저항한다는 뜻이다. '권세와 세력의 악신들과 암흑세계의 지배자들과 하늘의 악령들'엡 6:12에 대항하는 평화의 그리스도의 '샬롬의 통치'와 '탈지배 질서'를 향해 능동적 사랑으로 영적 투쟁에 헌신하게 한다. 폭력은 반면에 권세, 힘, 악령의 지배 질서를 강화한다.

4. 기독교 비폭력은 하나의 실재사랑과 진리로서 한 실재에 대한 신앙 수련이다. 거룩한 '한 분'이신 하나님 앞에서 악의 실재를 다루는 것은 그분의 거룩함과 사랑하심을 드러내는 방식으로 일한다는 것을 의미한다. 이는 우리의 절망을 희망으로, 두려움을 은총으로, 분리됨을 사랑의 일치로 전환하고 변혁시키는 방식을 요구한다. 탐욕, 지배, 특권, 우월함, 폭력, 불의의 현상들에 대해 더 크고 그것을 변혁할 수 있는 이해, 사랑, 용기, 은총이라는 신성한 도구와 그 힘을 사용한다. 그리고 이런 방식을 선택하지 않을 때 오히려 폭력의 길이 열리고 새로운 폭력을 양산한다.

5. 기독교 비폭력이 사랑과 진리에 대한 응답이라고 하는 것은 역폭력으로 맞서기, 책임으로부터 회피하기, 악의 세력에 굴복하기의 '갈등 대응 각본' 방식과 다른 방식으로 대응한다는 뜻이다. 이는 선의로 악을 이기

고 악에서 선을 도출하는 건설적인 방식에 관해 창조적 상상력과 용기를 요청한다. 폭력은 종종 정당성의 이름을 가지고 결과적으로 분리, 손상, 파괴의 비용을 알아보지 못하게 하거나 그 비용들을 감내하게 한다.

6. 기독교 비폭력은 하나님의 샬롬 통치에 온전히 응답하는 길이다. 이는 내면적정신적, 감정적, 영적, 개인적이면서도 외면적사회적, 구조적, 문화적인 실천을 향해 나아간다. 의식적이든 무의식적이든 사회적이든 구조적이든, 우리의 개인적이고 사회적인 삶을 형성하고 가르치는 폭력의 지배적인 전체 구조를 포함한다. 비폭력 실천가는 이 조건 아래에 깔린 가정과 태도들을 변혁시키기 위해 비폭력적인 방법들을 사용하며, 창조적이고 강력하게 지속적인 방식을 추구한다. 폭력은 이들 간의 관계를 알지 못한다. 그리고 한 부분의 영역만을 치유하려 할 때 폭력의 그 힘은 줄어들지 않는다.

7. 기독교 비폭력이 제대로 그 힘을 발휘하려면 '사랑하고 사랑받는 공동체'마틴 루터 킹의 용어가 필요하다. 한 개인의 자각과 헌신이 주는 그 영향력의 중대함을 인정하면서도, 복잡하고 거대한 폭력의 양상과 그 각본이 실행되는 데에 진리와 은총의 실천 공동체는 영적 분별과 헌신이 가능하도록 안전한 공간을 허락한다. 그리고 이 공동체에는 한 사물 또는 주제에 관해 각자 다양한 목소리를 내어 우리가 '위대한 사물의 은총파커 파머의 용어'이란 선물을 받을 수 있도록 타 존재를 향한 개방성을 지닌다. 폭력은 특히 타자들의 현존과 그들의 목소리를 경청하지 않는 상황일 때 잘 작동된다.

8. 기독교 비폭력에서 가장 조심하는 것은 '구원하는 폭력월터 윙크의 용

어'이다. 폭력을 일을 올바르게 하고 억압이나 희생을 줄이기 위한 열망으로 사용해 오히려 분리, 상처, 파괴를 낳는 결과를 가져오는 것을 말한다. 이러한 폭력의 나선형적 순환에 대한 대안을 탐구하려면 수단과 목적의 일치, 그리고 평화로운 방법으로 갈등을 전환하도록 창조적인 상상력과 성찰이 있어야 한다. 이것이 작동되려면 이해와 연민이 무엇보다 중요하다. 비폭력은 '마음의 무장'을 요구하지 않는 반면 폭력은 '마음의 무장'에서 분출되어 나온다.

9. 기독교 비폭력 실천은 약자에게서 나오는 것이 아니라 영혼의 힘에서 나오는 가장 강력하고 실천력 있는 것임을 확신한다. 어둠에서 일어나는 모든 현상, 곧 곰팡이, 악취, 무서움, 우글거리는 독충, 사리 분별하지 못함, 넘어짐, 방향 상실 등은 아무리 크고 복잡해 보여도 빛의 부재에서 나오는 부차적인 것이다. 우리가 진리의 빛 안에서 걸을 때, 그리고 그 빛이 우리의 삶을 비추게 할 때 전환이 일어남을 확신한다. 폭풍우 속에서 요동치기보다 '오너라' 하고 부르시는 분에 집중하는 것이 중요하듯이, 우리가 주목해야 할 것은 빛의 부재로부터 오는 모든 현상보다 빛에 대한 시력의 회복이고 그에 대한 '주목하기'다.

10. 기독교 비폭력의 실천은 삶에서 일어나는 증오, 분리, 손상 그리고 파괴에 대한 참회와 변혁, 그리고 화해의 영적 여정이다. 이것은 바로 평화의 그리스도가 십자가를 통해 이룬 일이다. 서로 원수가 된 둘을 한 몸으로 만들어 하나님과 화해시키고 원수가 되었던 모든 요소를 없이 하여 서로 연결되고 점점 커져서 거룩한 성전이 되도록엡2:14-16, 20-22 하는 일이다. 이러한 십자가 수행은 온전한 자아와 온전한 세상으로 나아가는 길을 열게 되고, 이렇게 이 땅의 일을 통해 하늘의 것the heavenly works으

로 바꾸는 일이 기독교 전통의 가장 영적인 수행이 된다. 곧 거룩한 분과의 일치다. 우리의 신앙이 교리나 신조를 지적으로 이해하고 그것을 대상화할 때 기독교의 모든 상징과 규범과 예전은 두렵게도 '하나님의 마음을 아는' 호세아 데서 멀어지는 폭력의 수단으로 전락하게 된다. 왜냐하면, 달리는 열차에서 가만히 서 있는 것이 중립이 아닌 것과 마찬가지로, 우리는 이 세상의 일에서 힘의 진공 상태에 있는 것이 아니기 때문이다.

4부 회복, 실천, 평화

1. 출애굽, 평화의 프로젝트를 요청하다

2. 평화 일꾼에게 선물이 되는 어둠과 두려움

3. 복음의 핵심인 비폭력 실천 계획하기

4. 예수의 비폭력 저항

5. 기독교 평화주의의 두 기둥

6. 분단의 아픔이 남긴 상처와 화해

7. 바닥에서 신앙을 실천한 테레사와 푸코

8. 새로운 기독교 평화 운동 '회복적 정의'

9. 비폭력 평화 훈련을 위한 나의 실험들

1. 출애굽, 평화의 프로젝트를 요청하다

　기독교 신앙의 근본은 두 가지 구원 사건에 기초를 두는데, 바로 출애굽 사건과 그리스도의 십자가 사건이다. 전자는 하나님 백성을 형성하는 '토대적 사건'이며 후자는 토대적 사건을 강화하고 명료화하는 '전망적 사건'이다. 모든 기독교인은 이 두 기억을 어떻게 의식하고 생활화하며 사회화할 것인가 하는 도전에 항상 직면하게 된다. 이스라엘의 출애굽 행위는 더구나 기독교인이라는 자기 정체성과 관련된 기초적 사실일 뿐만 아니라 하나님을 이해하는 가장 중요한 사건이다.

　성서의 출애굽 사건 증언을 통해 무엇을 알게 되는가? 첫 번째로 이스라엘의 해방은 그들의 필요와 억압, 고통을 들으시는 하나님께 울부짖음과 그의 응답을 들었다는 사실이다. '신음'과 '탄식'이 하나님 마음을 움직였고, "나는 보았다…. 나는 들었다" 그 신음과 탄식의 공간에 하나님이 자신의 정체성을 드러내셨다. 곧 그분은 옹호와 구원의 방식을 통해 고통과 억압받는 자에게 다가가신다는 사실이다. 하나님의 구원 행위는 '하비루'이는 한 민족 집단이 아니라 나일 강 지대에 살던 죄수, 노예, 천민, 떠돌이들, 그리고 이주자들로 이루어진 억압받는 무리를 말한다. 이들은 하느님의 현존을 발견한 원조들이다가 받는 억압에 기초한다.

　두 번째로 출애굽은 억압자였던 이집트 바로 왕의 통치 아래서 겪은 고역과 예속된 상태로부터 물리적 해방만을 얻는 게 아니었다. 40년간의 사막 여정에서 하나님은 하비루를 하나님의 백성 곧 이스라엘로 변형시키기 위해 하비루 자신이 노예 정신에서 해방되는 '역사적 프로젝트', 곧 샬롬의 실현을 기획하신다. 개인을 자유의 주체로 세우신 것이다.

또한 출애굽 사건은 한 개인의 구원 사건을 진술한 것이 아니다. 예속으로부터 전 백성이 해방된 것이자, 집단적 체험이며, 전체가 하나님의 백성이 되는 사회적 구원의 문제를 다룬 점에서 독특하다. 시내산에서 십계명을 받으며 계약 백성이 되는 언약을 맺는 것은 한 개인이 아닌 전체가 하나님에 대해 응답한다는 공동의 신실성을 표현한 것이다. 따라서 출애굽의 구원 사건은 공동체적이고 전 백성이 함께 만들어간 사건이다. 그리고 죄는 내면적이면서도 사회적인 속박과 억압으로 이해되고 구원은 마음과 정신이 변화하는 것이 아니라 사회적 변혁도 해당된다는 통찰을 하게 된다.

이 탈출 공동체를 통해 우리는 성서적인 평화를 이해하는 실마리를 얻게 된다. 그것은 세 요소를 지닌다. 첫째는 물질적 복지와 번영으로서의 샬롬이다. 이는 욕망이 아닌 필요의 충족예, 만나와 메추라기이며 이를 위해 모두의 선이 실현되는 사회를 가리킨다. 두 번째는 사람과 사람 사이의 관계에서 샬롬의 유지다. 노예가 아닌 하나님 백성으로서 자유인이자 서로 속박하지 않고 약한 자의 복지를 이루는 형평성과 평등함이 관계에 있음예, 희년제을 말한다. 이는 사회적 관계로서 정의의 문제를 포함한다. 셋째로 도덕적 의미에서 샬롬이다. 이는 신의 의지에 대한 내적 성실성을 뜻한다. 샬롬을 위해 산다 함은 거짓과 위선을 제거하기 위해 일하는 것이며 정직과 솔직함을 증진시키는 노력을 요구하는 것이다.

놀라운 것은, 여기서 신의 계시는 초인간적인 가치를 주장하지 않는다는 점이다. 오히려 이 땅에서 자유, 사랑, 노동, 성실, 희망과 같은 순수한 인간적이고 공동체적인 가치들을 증진시킨다. 샬롬은 단순히 갈등이 없는 상태가 아니라 억압, 착취, 차별의 상황을 공정함과 평등 그리고 정의의 상태로 변혁시키는 역동성 속에서 존재하는 것이다. 이것이 바로 탈출 공동체가 우리에게 주는 평화의 역동성이다. 이집트와 사막의 기나긴 고역과 역경 속에서 그들은 평화를 일구는 프로젝트를 형성해 나간다. 하나님의 새 백성이 되고 신의 의지에 충실한 '계약 백성'으로서 이집트에서 경험한 삶의 가치와 사회문화적 시스템에 대안이 될 프로젝트를 모색한다. 땅과 소유를 신에 귀속시키고, 착취 대신 자연과 약자를 위해 안식과 희년제도를 도입하고, 필요에 따라 소비하고 배분하며, 사회적 약자를 돌보는 경제, 신뢰가 있는 사회 윤리적 분위기, 부를 축적하기보다 모든 이의 생계를 위해 잉여를 분배하기, 법의 강제성보다 신의 의지에 따라 도덕적으로 분별하고 공동체적 선을 위한 봉사 등을 대안의 사회적 프로젝트로 삼아 새로운 샬롬의 생활방식을 실험하게 된다. 전혀 경험해보지 못한 것이었으나 당시의 집단적 억압이 대안적 상상력과 전망의 힘을 준 것이다. '아님'의 경험이 신 앞에서 미래를 향한 '예스'가 되어 새로운 비전과 실천적 힘을 부여받았다.

종결되지 않은 '의미로 가득 찬' 예표로서 출애굽 사건은 평화 목회가 이어가야 할 에너지와 전망의 모체다. 이는 경제적 · 정치적 · 사회적 · 문화적 '굴레'와 내면적으로는 노예 속성을 지닌 상황으로부터 미래로 향하게끔 한다. 사건에서 약속으로, 그리고 그 약속이 새 백성의 정체성이 되고 새로운 전망을 제시한 것처럼, 우리도 자신의 고통을 신 앞에서 '신음하고' '울부짖는' 표현으로 예배하고 신앙을 실천하며 신학 속에 육화해야 한다. 그럴 때 새로운 사건이 고지된다.

평화는 열망과 생각만으로 이루어지지 않는다. 억압 상태를 내면화하거나 습관화하지 않고 '신음'과 '울부짖음'으로 표현함으로써 저항과 초월을 일으켜야 한다. '존재하게 만드는 자'로서 야훼의 이름이 우리의 미래를 답보한다. 그리고 이 미래를 현실화하는 것은 역사적 프로젝트 간디는 이를 '협력적 프로그램'이라 하였다를 통해서다. 제도화, 기구의 형성, 조직의 체계화와 직임의 부여, 사회적 소통 작용의 형성, 권한과 책임의 부여, 협력적 지도력 강화, 약자를 배려하는 사회적 시스템 형성, 부의 재분배와 공평성의 원칙의 생활화, 신의 자비와 은총에 대한 자기 개방과 세속적 권위의 상대화 등등의 역사적 실험들이 소명을 현실로 보여주었다. 그렇게 지금의 우리도 탈출 공동체를 지향하는 역사적 실험과 평화의 사회적 프로젝트를 요청받고 있는 것이다.

'있으라.' '보시기에 좋았더라.' '더 풍성하게 존재하라.'라는 신의 의지를 역사적인 프로젝트로 연결함으로써 그간 현실로 보였던 불의, 착취, 폭력, 억압, 그리고 내면의 두려움과 굴종이 착시였음을 알게 된다. '사건'을 기억하고 '약속'을 위해 몸을 던지는 것이 우리의 새로운 정체성이 되고 소명이 힘이 되어 '더 풍성히 존재하는' 샬롬의 실현이 자라나게 한다. 평화 목회는 이렇게 각 존재의 있음의 당위성, 있음의 선함, 그리고 있음의 풍성함을 양적으로나 질적으로 재발현시킨다. '빈약한 존재'는 무엇에도 우선한다. 있음의 당위성, 선함, 그리고 풍성함을 위한 형평성을 위해서다.

2. 평화 일꾼에게 선물이 되는 어둠과 두려움

"이날 곧 안식 후 첫날 저녁때에 제자들이 유대인들을 두려워하여 모인 곳의 문들을 닫았더니 예수께서 오사 가운데 서서 이르시되 너희에게 평강이 있을지어다. 이 말씀을 하시고 손과 옆구리를 보이시니 제자들이 주를 보고 기뻐하더라. 예수께서 또 이르시되 너희에게 평강이 있을지어다. 아버지께서 나를 보내신 것 같이 나도 너희를 보내노라." 요 20:19-21

우리가 직면한 궁지

평화는 어떤 존재의 상태만이 아니라 사는 방식과도 관련 있다. 요한은 예수를 믿는다는 신앙이 아니라 말씀이 육신이 되었다는 성육신의 진리가 제기하듯 예수를 내면화하여 그러한 생활방식을 사는 신앙의 문제를 제기한다. 이는 개념적이고 교리적인 이해를 넘어서서 생수의 근원 속으로 뚫고 들어가 삶을 사는 모습을 제시한 것이다. 생명을 얻는 돌파, 그러한 갱생의 시작점은 어디에 있을까? 요한은 뜻밖에도 초월, 순수 경험, 빛과 일치에서가 아니라 추락과 무거움, 상실과 소진함의 경험 속에서 새로운 돌파의 경지를 맛볼 수 있다고 전한다.

모든 생명이 그러하듯, 평화 활동가의 삶을 지치게 하고, 중간에서 의지를 꺾고, 더 나아가는 것을 방해하는 것도 어둠, 두려움 그리고 막힘이다. 성서 본문은 십자가에 못 박힌 예수를 잃고 나서 제자들에게 다가온 고뇌가 바로 이 세 가지, 저녁어둠, 두려움 그리고 문이 닫힘이라는 극한 상황이었다고 전한다. 요20:19 예수라는 한 인간이 경험한 십자가형의 경험은 이제 그의 제자들 속에 예기치 못한 후폭풍을 만들어내면서 어둠과 두려움과 막힘을 각자가 실제로 체험하도록 한다. 아무도 전에는 대면해보지 못한 고뇌의 순간이 이제는 끝없는 심원의 깊이로 무겁게 각자를 빨아들여 침몰시키고 있는 것이다.

어둠은 방향이 보이지 않는다. 폭력은 단순한 신체적 폭력에서 시작해 구조적 폭력, 문화적 폭력에 이르기까지 그 범위가 넓고, 깊고 중층적인 복잡성을 품고 있어서 어떻게 문제를 풀어야 할지 엄두가 나지 않는 답답함과 무거움을 경험하게 한다. 평택의 미군기지 이전 문제나 강정마을 문제는 단순히 주민과 국방부의 싸움이 아니다. 거기에는 개인에 대한 국가의 우위라는 국가 폭력, 제국주의의 잔재, 농어민이라는 사회적 약자를 희생양으로 삼는 엘리트의 개발 논리, 군사주의 등이 복잡하게 얽혀 있어서 어느 하나의 뾰족한 해결책을 찾기가 어렵다. 폭력 현상 뒤에는 문제들이 그물망처럼 얽히고설켜 있다.

두려움은 복잡한 현안을 대면하면서 나타나는 개인의 무능력감이다. 그것은 파괴와 분열을 일으키는 대상을 혐오하는 자기 자신도 혐오 대상과 별반 다르지 않다고 깨달으면서 자신감을 상실하는 것이다. 분노의 대상과 자기혐오가 충돌하면서 인간성과 안전감에 대한 신뢰가 동요를 일으키게 된다. 이익과 경쟁의 자본주의 논리가 얼마나 철저하게 우리의 관계와 존재를 얽어매고 있는지를 몸서리치게 경험할 때, 대안을 실험하는 가운데 아직도 밑바닥에서 자기 극복 대신 생존의 논리가 입을 벌리며 자신을 쳐다보고 있다는 사실을 응시할 때, 우리는 자신도 어쩔 수 없는 한 사회적 개인이라는 현실에 무너져 저항마저 해제되는 착잡한 쓰라림을 경험하고 만다. 문제는 이러한 무력감 속에서 상처를 바라보는 자신이 하나의 사물로 세상 중력의 지배 속에 갇혀 있다는 확인, 자기 밖의 악과 자기 안의 악이 공존한다는 두려움이 의욕을 상실하게 한다.

막힘은 열심히 했으나 결과가 파급되지 않는 노력에 대한 허망함의 경험을 말한다. 쳇바퀴 속에서 열심히 달리는 다람쥐처럼 노력의 결과가 나타나지 않는 것이다. 물 한 방울이 세숫대야 물속에 던져져 사라져버리는 것처럼, 기존 체제와 시스템 그리고 그 수많은 군중이 미동도 하지 않은 채 아쉬움 없이 그대로 흘러가는 것을 보게 된다. 하루 2달러 미만의 수입으로 사는 25억의 인구가 존재하고 굶주림으로 사망하는 5세 이하의 어린이가 하루에 수십만 명이라는 데이터가, 그리고 우리의 과식과 과소비 문화가 지구 온난화와 환경 파괴의 주범이고 한국의 상위 10%와 하위 10% 간의 소득 격차가 50배라는 사실은 우리가 지금 사는 데 아무런 불편과 문제의식을 가져오지 않는다. 세상의 꽉 막힘이 무겁게 내리누르는데도 탈출구는 보이지 않는다.

고통痛에서 통함通으로

어둠, 공포, 그리고 막힘은 평화 일꾼을 탈진시키고 추락과 절망으로 몰아넣는 무거운 블랙홀과 같다. 그러나 블랙홀을 통해 새로운 별이 탄생하듯이, 어둠, 공포, 막힘은 새로운 초월을 불러낸다. 기독교 평화 활동가는 이 어둠, 공포, 막힘이 가져오는 탈진과 메마름, 그리고 자신의 능력에 대한 깊은 무력감을 통해 자아의 에고가 깨져 나가면서 초월의 실재를 경험하게 된다. 고통痛이 동함通으로 변환되는 것이다.

이러한 초월은 떠돌이 계층인 하비루들이 벽돌 공장에서 고역으로 신음하다가 울부짖음을 통해 신을 불러내 왔듯이, 어둠, 공포, 그리고 막힘의 중층적인 궁지의 경험은 자기 안에 깊이 자리 잡은 궁극적 존재이자 '힘' 틸리히의 표현을 불러일으킨다. 이것이 성서가 말한 바다. "이날 곧 안식 후 첫날 저녁에 제자들이 유대인들을 두려워하여 모인 곳의 문들을 닫았더니 예수께서 오사 가운데 서서 이르시되 너희에게 평강이 있을지어다."

어둠, 두려움, 막힘이 초월을 다가오게 하는 역설의 힘을 지니고 있다는 점에서 평화 활동가의 명상과 수행의 장소는 교회라는 건물 안이 아니라 일상이다. 평화 활동을 통해 경험하는 경지를 새로 각성하며 신을 만나는 것이다. 어둠, 두려움, 막힘이 거룩함이 현존하는 영역이 되면서 평화 수행은 활동이 기도이자 예배가 된다.

보상이 아니라 존재의 생명력을 얻는다

평화 활동가는 대중으로부터 인기나 주목을 받지 못한다. 뿐만 아니라 자기 활동의 보상으로, 지금 하는 평화 수행이 세상을 확 바꿀 것이라는 낭만적 희망과 미래를 꿈꾸는 욕심도 철저히 놓아 버려야 한다. 내가 '그들'을 바꾸겠다는 노력의 보상 심리도 없이, 오직 거짓되고 천박한 것에 저항하면서, 위로를 기대하지 않고 단지 진리/신을 응시함으로 껍질 없는 알짬의 본질 관계로 들어선다. 그곳에서 새로운 변용이 일어난다. 이것이 바로 초월적인 평화다. "예수께서 오사 가운데 서서 이르시되 너희에게 평강이 있을지어다."

기름 짜는 기계 속에 깨를 넣고 압력을 주고 부스러뜨려 기름을 짜듯이 평화 활동가의 그 어떤 희망, 기대, 성취를 부스러뜨려 새로운 열림의 순간을 맞이하게 되는 것이다. 무와 배추가 소금에 절여지듯이 자신 안에 남아있던 거짓된 허영과 기대하는 오만함뻣뻣함이 어느 순간 탈진을 통해 철저한 겸비의 수행으로 탈바꿈하여 궁극적인 수용이 일어난다. 이때 존재가 사라져 없어지는 것이 아니라 놀랍게도 존재 자체로부터 다가오는 생명력을 얻게 된다. 이것이 곧 다투지 않고 존재를 통해 열리는 화

和의 경지, 곧 '평화의 존재력'인 것이다. 이 평화의 존재력은 자기 에고 없음의 경지에 들어가 죽지 않고 남아있는 가장 근원에 자신의 존재가 터 잡고 있다는 깨달음 속에서 솟구치게 된다.

또 다른 출발: 생존에서 평화의 실존으로

평화의 존재력은 자기 안팎에서 겪는 부정의 경험들이 오히려 생명력을 키워내게 된다. 이는 세상의 중력의 무게를 변형시키는 힘으로부터 나오게 되는데, 뿌리를 뽑고 새롭게 뿌리를 박으면서 에너지가 탄생하는 것이다.

평화의 존재력은 그러나 세상의 중력의 무게를 벗어버린 초월의 경험은 아니다. 언제나 골고다의 경험손과 옆구리에 못과 창 자국이 있음을 용해하고 승화하여 얻는 변혁적 힘의 기쁨이다. 자신의 중심허리이 창에 찔리고 하는 일손이 못에 박히는 극도의 아픈 현실을 내면화하고 수용함으로써 신음이 노래가 되고, 痛이 通을 불러내며, 탈진하여 상처받은 것이 기쁨을 잉태하게 되는 것이다. 곧 십자가가 부활의 능력이 된다. 거기서 새 창조의 근원자인 주를 보고 활력의 기쁨을 얻을 수 있다. 생존을 넘어 기쁨이 흘러나오는 충만의 경험, 이것이 부활 신앙이다. "손과 옆구리를 보이시니 … 제자들이 기뻐하더라."

이 평화의 존재력 속에서 새로운 '당위'가 체득된다. 깨달음이 속세를 등지게 하는 것이 아니라 속세 안으로 들어가는 존재력을 얻게 되는 것이다. 이는 고통과 기쁨이, 초월과 세상이, 명상과 행동, 내적 평화와 세상 평화가 각각 다른 영역에 있는 것이 아니라 근본에서는 하나로 같고 서로 관통한다는 평화의 인식론이 근거하고 있기에 그러하다. 세상의 중력으로 들어감은 저절로 일어나고 자연스러운 행위가 된다. 그리고 평화는 결과가 아니고 과정이기에 새로운 과정의 시작은 평화의 존재력을 씨앗 단계에서 발아시켜 성장으로 심화시킨다. "나도 너희를 보내노라."

보내심을 받은 자로 나를 인식할 때 우리는 나를 보내는 자가 아바, 아버지이고 나는 그의 자녀이자 내가 만나는 타자이기도 하다는 신분이라는 사실을 알게 된다. 아버지의 일은 나의 일이 되고 너의 문제에 대한 나의 관심은 아버지가 자기 자녀에게 보내는 관심과 일치하므로 한 가족된 자들의 문제가 모두 자기 문제가 되는 것이다. 이것이 요한이 제기하였듯이 "아버지께서 내 안에 계셔서 자신의 일을 하시는"요14:10하 것이 된다. "아버지께서 나를 보내신 것 같이 나도 너희를 보내노라."

나의 기원, 나의 생의 과정, 그리고 나의 끝이 신적 현존에 근거한다는 이 인식은 우리가 경험하는 한계들을 극복하고 평화라는 존재력을 얻게 된다. 그럴 때 삶의 갈등못과 창이 가져오는 찌르는 듯한 고통은 기쁨의 원천으로 변혁되고, 나는 보냄을 받은 자로서 해야 할 일에 헌신하려는 마음이 일어나게 되는 것이다. 궁지는 나를 보내는 자의 현존이 드러나는 곳이며, 내적 변혁이 일어나 평화의 존재력을 회복하는 장이 된다.

3. 복음의 핵심인 비폭력 실천 계획하기

"비폭력은 우선적으로 전술tactic이 아니다. 그것은 세상에서 그대의 영혼의 진리를 살고 존재하고 표현하는 방식이다."—다니엘 베리건Daniel Berrigan

역사적으로 간디, 마틴 루터 킹, 도로시 데이 이후에도 1980년대 필리핀 마르코스 대통령을 하야시켰거나, 2000년 세르비아 대통령 슬로보단 밀로셰비치를 물러나게 했거나, 2003년 조지아 공화국에서 민주 정치를 이뤘거나 2004년 우크라이나에서 일어난 오렌지 혁명 등 창조적이고 적극적인 비폭력 운동의 긍정적인 사례들이 존재함에도 불구하고 비폭력 행동은 종종 오해되거나 빠르게 잊혀 활용되지 못하고 있다. 실제로 비폭력은 수동적인 저항이 아니라 정의와 모든 이의 복지를 위해 창조적이고 능동적으로 이를 정치, 사회, 문화적 갈등 현상에 적용하는 힘인데, 이를 넘어서 그 이면에는 모든 존재의 약함과 거룩함과 만나고 참여하는 포괄적인 영성1) 을 기반으로 하고 있다. 사랑, 자비, 희망, 가능성, 자기 초월과 같은 내면적인 비폭력 에너지는 개인의 성장과 사회의 변화를 이끄는 영적 깊이가 그 중심이 되어 비폭력 행동으로 세상을 변화시킨다. 여기서 잔인함과 부정의를 극복하는 에너지가 분출하게 되는 것이다.

---

1) 여기서 포괄적 영성이라 함은 종교, 나이, 성의 차이를 넘어서 모든 개인이 실지로 삶에 비폭력을 실천하고 적용할 수 있는 관점과 에너지를 준다는 뜻이다.

여기서는 주로 폭력 현장에서 일하는 비폭력 활동가들을 실제로 양성하는 훈련 모델의 중심을 이루는 비폭력 행동의 핵심 이론과 그 실천에 대한 전략들을 소개하려 한다.

I. 폭력의 의미와 그 작동 체계

우리 주변은 폭력의 이미지와 메시지가 분출하는 미디어와 과도한 소비주의로 무장한 개인주의가 넘쳐난다. "~과의 전쟁"이란 이름으로 벌이는 군사 활동, 거리에서 폭력, 직장/집에서 사용되는 강제하는 힘 등은 폭력을 자연스럽게 배우게 한다. 그래서 우리가 사는 세상은 '위험한' 장소이며 인간은 원래 폭력적이란 교훈을 받는다. 내가 아닌 타자가 그러한 행동을 하는 경우 그들을 구제할 수 없는 폭력적인 존재이자 '적'으로 그린다. 오직 폭력적 대응이 우리의 갈등 문제를 궁극적으로 해결할 것이란 믿음을 강화한다. 여기서 보복과 지배는 자연스러운 현상이된다.

폭력은 생존 본능을 강화해 타자에 대한 지배를 키워 진정한 관계를 왜곡시키고, 열등한 자, 낯선 자, 위협이 되는 자에 대한 경제적, 성적, 인종적, 사회적 혹은 문화적 지배 체제를 구조화시킨다. 그리고 두려움, 수치심과 죄책감, 의무에 따른 강제적 힘의 사용을 자연스런 것으로 여기게 된다. 우리는 폭력을 다음과 같이 광범위한 의미로 정의할 수 있다. 폭력은 우리 자신들이나 다른 이들의 존엄성을 떨어뜨리거나, 지배하거나 파괴하는 어떠한 신체적, 감정적, 언어적, 제도적, 구조적, 혹은 영적 행동, 태도, 정책 혹은 조건을 말한다. 좁은 의미에서 말하는 신체적 행동으로 가하는 폭력, 의도를 지닌 폭력을 넘어선다. 폭력은 다른 사람에 대한 지배를 키우기 위해 종종 두려움, 억제되지 않은 화, 혹은 탐욕이 동기가 되기도 하고, 심지어 일을 바르게 하고 힘의 불균형을 극복하며 희생자가 되는 것을 방지하거나 억압을 종식하려는 갈망에서도 나온다.

현대 평화학의 아버지인 요한 갈퉁에 따르면 폭력에는 세 종류가 존재한다. 직접적인 폭력, 구조적인 폭력, 그리고 문화적인 폭력이다. 직접적인 폭력은 물리적인 폭력 행동이다. 구조적 폭력은 사회, 국가, 그리고 세계를 다스리는 사회적, 정치적, 경제적 시스템으로 구축된 폭력이다. 그리고 문화적 폭력은 폭력에 정당성을 부여하고 폭력을 갈등에 대응하는 수단으로써 받아들일 수 있다고 느끼게 하는 여러 신념, 가치, 존재 방식들을 포함한다. 이는 공동체나 개인들이 자기 자신, '타자들' 그리고 세상과 맺는 관계에서 자신들을 보는 방식이기도 하다. 또한 종종 다른 문화에 대한 우월성 혹은 비인간화의 감각도 지원하는데, 이런 문화적 폭력의 전제들은 다음과 같다:

- 폭력은 갈등을 대하는 가장 직접적이고 효과적인 방법이다.
- 폭력은 우리 자신과 타인들을 보호하는 데 필요하다.
- 폭력은 불의에 직면하여 정의를 회복하기 위해 정당화된다.
- 폭력은 사물이 존재하는 방식이다. 그것은 변화될 수 없다.
- 폭력은 질서를 세우고 안정을 회복하는 데 도움을 주려면 필요하다.
- 비록 폭력이 우리를 나누고 서로를 분리하지만, 그것은 우리의 안전을 위해 치러야 하는 비용이다.

폭력은 항상 그럴듯한 이성적인 설명을 동반한다. 오로지 폭력이 실패했을 때에만, 그 설명이 비이성적이었음을 드러내면서 사라진다. 폭력이 작동하는 데는 몇 가지 원리들이 존재한다. 먼저 폭력은 더 큰 '지배 시스템혹은 폭력 시스템; 월터 윙크의 말' 의 일부다. 개인 간에 이루어지는 폭력을 넘어서 우리의 인간성을 스스로 부패하게 만들고 방해하는 가치, 가정, 구조, 문화적 조건이라는 체제 속에 살게 한다. 이 체제는 조직화된 두려움, 파괴적인 권력, 탐욕, 증오, 그리고 절망의 구조 속에서 발견된다. 또한 우리 안의 가치들 속에서도 발견된다.

이러한 지배 체제에서 인간은 본질적으로 폭력적이며 폭력은 취소할 수 없는 것이라고 주장하고 있다. 인간은 폭력을 쓰고 타인들에게 폭력을 당하도록 의도되었다. 폭력 체제에서는 오직 폭력만이 폭력에 대한 해답이며 삶의 수단이 된다. 이런 전쟁 지대 안에서 지배와 폭력의 행동들이 정당화되고 합법화되는 것이다.

2. 폭력에 대응하는 전통적인 방법, 폭력 각본들

물리적이든 감정적이든 언어적이든, 우리의 폭력 행위는 타인의 손상과 죽음을 익숙하게 만든다. 폭력에 반응하는 전통적인 각본의식 속에 프로그램화된 반응에는 다음 세 가지가 존재한다. 폭력을 회피하기, 폭력에 순응하기, 그리고 역폭력으로 대응하기.

폭력을 회피하기는 수동성이란 전략을 사용하며 "그것은 나의 문제가 아니다."로 일관해 누군가 다른 사람이 그것을 다루도록 한다. 폭력의 현실을 거부하고 무엇을 해야 할지 모르는 무력감에 놓이는 것이다. 이러한 회피 전략은 갈등의 뿌리 원인을 다루지 않게 된다. 폭력에 순응하기란 거부하지 않고 폭력과 함께 사는 데 익숙해지는 것이다. "폭력은 사물이 존재하는 방식이기에 단지 그것을 용납하라"라고 결론짓는다. 혹은 내가 할 수 있는 일이 아무것도 없기에 폭력에 적응하며 조용히 있으면 사라질 것으로 믿게 된다. 그리고 "그것은 그리 나쁜 편은 아니야"라고 자신을 타이른다. 여기서 문제는 우리가 더는 폭력에 주목하지 않거나 문제를 보지 못하는 정도로까지 폭력에 익숙해진다는 것이다. 역폭력은 폭력에 폭력으로 대응하는 것으로서 폭력을 멈추려고 힘으로 공격하는 것이다. 이는 폭력적인 언어나 행동을 통해 이루어지며, 또한 정치적이거나 금융적인 힘과 통제를 휘두름을 포함한다. 여기서는 '눈에는 눈으로'라는 법칙이 적용되며 정의를 폭력을 통해 이룰 수 있다고 믿고 목적이 수단을 정당화하게 된다. 힘을 믿는 까닭에 폭력을 멈추는 방법은 더 강한 세력이 상대보다 더 큰 물리적 힘을 사용하여 해결하는 것으로 생각한다.

이 방법들의 문제는 폭력의 사이클을 강화한다는 것이다. "네가 이것을 나에게 행했으니 나도 너에게 해야겠다." 결국 타인, 그룹, 국가로 하여금 모두가 똑같이 반응하도록 한다. 그리고 갈등의 뿌리를 건드리지도 않고 당사자의 욕구를 충족시킬 해결을 창조하지도 못한다. 불행히도 이 방법은 폭력의 악순환을 창조하고 증오를 배가시키며 영혼에 상처를 입힌다. 되받아쳐서 같은 것을 얻는다는 이런 방식은 우리를 파괴로 인도한다. 현재 우리의 문화는 이 방식을 가장 선호하는 셈이다.

평화 성서학자인 월터 윙크는 그의 책 『사탄의 체제와 예수의 비폭력』에서 이를 결투 신화혹은 "구원하는 폭력의 신화"로 설명하는데, 이 세계는 정당화된 폭력으로 혼돈의 세력들을 극복해 창조되고 유지된다고 지적하면서 뽀빠이 만화 영화를 예로 든다. 여기 등장하는 브루투스는 소리치고 발버둥치는 뽀빠이의 여자 친구 올리브를 유괴하여 괴롭힌다. 그러자 뽀빠이는 시금치를 먹고 힘을 얻어 그 악인을 물리치고 애인을 구한다. 이 결투 신화에는 약자의 인간성을 존중하는 교훈이나 과거 고통의 경험을 통해서 대응 방식에 관해 생각하게 만드는 장치는 없고, 그저 되풀이되는 싸움을 보여주며 선한 자가 폭력으로 악인을 무찌른다는 이야기가 담겨 있다. 여기에는 폭력과 역폭력만이 반복될 뿐, 아무런 변화가 없다.

폭력과 비폭력의 효용성과 관련해 덴마크의 경우를 살펴보자. 2차 세계 대전 당시 덴마크는 무력으로 저항하는 것을 자살 행위로 판단하고 독일의 점령에 수동적으로 복종했으나, 실제로는 국가의 명예를 걸고 작업 속도를 늦추고 수송을 지연시키고 장비를 파괴하고, 무엇보다 독일군이 쫓는 인물을 보호했다. 덴마크 정부는 반유대주의적 법령 제정도 거부했다. 1943년 10월 독일이 모든 유대인을 덴마크에서 강제 추방하겠다고 선포하자 덴마크 사람들은 6,500명에 달하는 유대인 대부분을 숨겨주기도 했다. 그중 1,500명은 독일, 오스트리아, 체코슬로바키아에서 온 망명자였는데, 덴마크인들은 정부에서 치밀하게 지키고 있었기 때문에 아무도 아우슈비츠로 보내지지 않았다. 51명이 병으로 죽었으나 덴마크에 있던 나머지 유대인들은 살아남았다. 이 사태를 프랑스와 비교해보자. 프랑스는 기록상으로 보면 더 우수하고 조직화된 무력 저항군이 있었으나 35만 명의 유대인 가운데 26퍼센트를 잃었다. 네덜란드에서는 무력 저항에도 불구하고 14만 명의 유대인 가운데 4분의 3이 죽었다. 폴란드에서는 폴란드인들로 구성된 저항 집단과 유대인의 무력 봉기가 있었는데도 330만 명의 유대인 가운데 90퍼센트가 죽었다.

3. 복음적 비폭력

비폭력은 폭력을 사용하지 않고 모든 이의 정의와 복지를 위해 내는 창조적인 힘이다. 굴복이나 도피 혹은 역폭력을 넘어선 창조적인 비폭력의 길은 어떻게 이루어지는지, 월터 윙크의 연구를 따르면 예수의 입장은 다음과 같다:

 - 도덕적 주도권을 장악하라.
 - 폭력에 대한 창조적 대안을 찾아라.

- 인간으로서 당신 자신의 인격과 존엄성을 주장하라.
- 무력에 대해 조롱이나 해학으로 맞서라.
- 치욕의 순환 고리를 끊어라.
- 복종을 거부하고 자신을 열등한 위치라고 받아들이지 마라.
- 체제의 불의를 폭로하라.
- 힘의 역학을 통제하라.
- 압제자에게 수치를 안겨 그가 회개하게 하여라.
- 한 걸음도 물러나지 마라.
- 권세로 하여금 준비되지 않은 선택을 하게 하여라.
- 당신 자신의 힘을 인정하라.
- 보복하기보다는 기꺼이 고통을 감수하라.
- 압제자로 하여금 당신을 새롭게 보도록 유도하라.
- 무력을 사용하는 것이 소용이 없도록 상황을 만들라.
- 불법을 위반한 것에 대한 처벌을 기꺼이 감수하라.
- 옛 질서와 그 규칙들에 대한 공포에서 벗어나라. 『제3의 길』, 44-45쪽

기독교 비폭력의 몇 가지 원리를 요약할 수 있다. 첫째로, 폭력과 갈등을 해결하는 데 능동적인 비폭력을 사용하는 것은 깊은 종교적 행동이다. 비폭력의 변혁적 힘은 하나님의 현존과 더불어 시작하고 끝난다. 바로 이 현존이 분리되고 끊어진 것을 치유하고 연결한다. 하나님의 사랑은 우리를 치유하고 보충시켜서 우리 역시 서로 치유하고 보충시킬 수 있게 하신다. 참된 치유를 향한 투쟁에서 우리는 혼자가 아니다. 바로 하나님의 성령께서 우리 마음에 평화와 정의를 위한 이런 갈망을 심어주신다. 갈등의 한가운데서 우리와 함께하시는 것이다.

둘째로, 우리의 진정한 소명은 하나님이 우리를 사랑하신 것같이 서

로 사랑하는 것이다. 폭력 체제의 근본적인 각본은 "우리"를 "그들"로부터 분리시키는 것이다. 상대는 대상이나 괴물이 된다. 종종, 우리는 스스로 인식하지 못한 폭력을 상대에게 투사한다. 적대자를 사랑한다는 것은 하나님의 신적인 사랑에 참여하는 것을 뜻한다. 하나님이 우리를 보는 방식으로 우리가 상대를 보는 것이다. 그러려면 먼저 우리 자신을 하나님이 우리를 보는 방식으로 보아야 한다. 이는 우리의 온전함완전함과 다름을 이해하게 됨을 뜻한다. 비폭력은 우리 안에서 그리고 우리가 가장 사랑할 수 없는 것처럼 보이는 이들을 포함해서, 우리가 싸우는 이들 안에 있는 이 온전함을 만나는 과정이다. 우리의 삶과 다른 이들의 삶에 자신을 개방함으로써, 즉 하나님이 우리의 상처와 거룩함 양쪽에 거하시듯 우리는 아무도 희생을 하거나 마음대로 처분할 수 없다는 것을 점점 배우게 된다. 비폭력은 그러므로 우리와 적대자로 하여금 두려움, 분노, 그리고 탐욕의 갑옷을 부수고 우리의 성스러움과 접촉하도록 초대하는 창조적인 과정이다.

셋째, 폭력은 자동적인 것이 아니라 선택이다. 우리가 언어, 감정 혹은 행동 등으로 폭력을 범하는 모든 순간마다 우리는 그렇게 하기로 선택하는 것이다. 이런 선택은 성장할 때 우리가 폭력을 선택했던 바로 그 첫째 번에 뿌리박고 있다. 폭력이 자연스럽게 보이는 것은 그동안 다양한 '각본들'을 통해 훈련받아 왔기 때문이다. 비폭력 훈련은 이 '각본들'을 배우지 않는 과정이고, 새로운 각본을 배우는 과정이다. 여기에는 우리가 폭력을 하든 타협을 하든, 선택은 우리가 한다는 점을 아는 것을 포함한다.

넷째, 비폭력적 행동은 폭력 체제를 수정하는 것보다 대안적 삶의 방식을 구현하는 것을 추구한다. 하나님이 지배한다는 마틴 루터 킹의 용어인 '사랑받는 공동체'는 모든 인간이 존엄성과 정의를 부여받는 세상이다. 하나님의 성령은 존엄성과 정의 앞에 놓인 장벽을 제거하기 위해 구체적인 단계를 밟음으로써 사랑받는 공동체를 만드는 데 협력하도록 우리를 초대한다.

마지막으로 기독교적 비폭력은 참여하는 영성을 요구한다. 오늘날 가장 위대한 영성적이고 종교적인 도전은 폭력을 향한 대안을 창조하는 것이다. 자신을 사랑하고, 적을 사랑하며, 하나님을 사랑하는 것은 거룩함이 우리 자신 안에서, 타자 안에서 해방될 수 있도록 창조성, 인내, 성실함 그리고 기꺼이 위험을 감수함을 요구한다. 이를 위해 필요한 영성은 모든 존재 안에 하나님이 현존하신다는 경건을 배양하도록 우리를 초대한다. 우리 주변의 실재를 보도록 촉구한다.

4. 간디의 사티아그라하 운동

간디는 비폭력이나 소극적 저항이란 말을 좋아하지 않았다. 그래서 그는 비폭력에 해당하는 말로 사티아그라하truth- force 2) 곧 "진리의 힘"이라는 뜻의 용어를 사용했다. 진리는 존재이고, 진리만이 존재하기 때문에 사티아그라하는 확실한 결과를 본다는 것이 간디의 신념이었다. 그리고 진리는 비폭력으로 실현되며 수단이 목적이기 때문에, 악과 비협조하며 저항과 선에 협력하는 프로그램을 그 실천 운동으로 제시하였다.

영국의 지배는 인도인들이 그것을 제거하는 데 무능력을 느끼고 또한 협조하기 때문에 계속된다고 생각했다. 따라서 간디는 영국의 지배를 비협조하여 끝낼 수 있다는 통찰로 사람들이 진리를 볼 수 있는 한에서 비폭력 자유 투쟁을 가져올 수 있었다. 인도인들은 자신을 존중하기를 배우고, 불가촉민에게 제한을 두는 것과 자신들의 역인종차별을 버려야만

---

2) 사티아그라하는 두 산스크리트어인 "sat"("진리", "영혼" 혹은 "존재하는 것"을 의미)와 "agrah"("굳게하다", "견고한" "힘" "붙잡다" 혹은 "굳게 잡다")의 결합어이다. 그것은 그러므로 "영혼의 힘" 혹은 "진리의 힘"을 뜻할 수 있다.

했다. 인도인들은 수 세기 동안 내려온 카스트 신분 제도의 제약에 복종하기를 거부해서 그들이 자유를 위해 함께 일할 수 있도록 해야 했다.

간디가 요구하고 때때로 성취한 것은 그가 공모한 악에 대해 책임을 지고자 각 사람의 영혼 안에서 투쟁하는 것이었다. 책임을 짐으로써 자기 통제를 단련하여 변화를 시작하게 된다. 사회적 터부에 직면하여 화장실 청소하기, 부자의 금과 보석을 나누기, 카스트 규정을 무시하며 함께 살고 먹기, 영국의 경제 제국주의의 지원을 철회하기 위해 카디집에서 만든 옷를 입기. 이런 행동들뿐 아니라 많은 다른 것들이 간디 운동이 가져온 깊은 변화의 상징이었는데, 이 변화는 잘못된 것에 대한 그들 자신의 책임을 인정한 변화로, 자신을 스스로 변화시켜 전체 상황을 변화시킬 수 있었다.

비협력에는 행진, 감시, 세금 거부 외에 내적 영역도 포함한다. 즉 우리 마음이 조종되거나 우리 영혼이 통제되는 것을 거부하는 것이다. 적을 증오하기를 거부하는 것 또한 비협조다. 비폭력의 훈련은 우리가 여러 행태로 비협조하길 요구한다. 간디의 비폭력이 어려운 것은, 우리에게 그것이 새로운 종류의 힘이고 생각하는 새로운 방식이라는 점에서다. 우리를 타자와 분리시키는 사회 구조들에 심지어 저항함으로써 자기 마음속에 일체화시킨다. 악이라고 우리가 이해하는 시스템과 제도에 저항하는 것은 중요하다. 그러나 그 시스템을 만드는 사람들 개개인은 당신과 나와 같은 사람이다. 선과 악, 강함과 약함의 결합물이다. 사람을 증오한다는 것은 우리가 저항하는 악의 일부를 체현하는 것이다. 우리는 삶에서 그러한 시스템을 직면하는 동안 사람들을 사랑하기를 배워야 한다.

간디는 '하느님은 진리'라는 말을 역순으로 '진리가 하느님'이란 말로 바꿔 실천적이고 윤리적인 신앙관을 제시했고, 누구도 진리 전체를 소유하지 않음을 주장했다. 오히려 우리 각자는 진리와 비진리의 파편을 소유한다. 갈등이 있을 때 비폭력 행동은 양쪽이 지닌 진리의 파편들을 드러내도록 하여 모두를 통합해 해결책이 나오도록 한다. 즉 두 당사자의 싸움은 진리에 대한 두 입장의 싸움임을 이해하고, 우리는 진리의 부분만 소유하고 있기 때문에 서로 싸우는 것을 중지하고 자신의 좁고 낡은 입장을 버려 동시에 두 입장을 구현할 수 있게 아주 넓고 관대한 해결을 창조하도록 시도해야 한다.

이렇게 진리 전체를 드러내기 위한 사티아그라하의 단계들은 다음과 같이 진행된다:

1 갈등하는 양측의 진정한 요소와 진정하지 못한 요소를 분석하기
2 새로운 전체에 양측의 진정한 요소를 모으기
3 투쟁하는 가운데 각자의 진정한 위치를 최대한 지지하기
4 투쟁이 지속되면 자신의 위치를 심지어는 수정할 수 있도록 주의를 기울이기
5 양측이 같은 위치에 서는 것에 동의할 때 투쟁을 끝내기

비폭력 행동은 이런 과정을 통해 진리에 봉사하는 것이다. 여기에는 누군가 반대하는 폭력이나 불의에 대하여 진리를 분별하도록 대화를 창조하고, 이를 위해 스스로 고난도 감수하는 비폭력 행동을 지속하며, 상대가 자기 고집에서 벗어나도록 도와주는 데 공개적이고도 비폭력적인 저항을 포함한다. 사티아그라하 운동은 또한 다음과 같은 인식을 담고 있다:

1 모든 생명은 하나다.
2 우리 각자는 진리와 비진리의 한 부분을 가지고 있다.

3 인간들은 그가 때때로 범하는 악 이상이다.

4 수단은 목적과 일관되어야 한다.

5 우리는 다른 이들과의 차이와 동시에 근본적인 일치를 축하하도록
부름 받았다.

6 우리는 '우리' 대 '그들' 이란 생각과 행동을 변혁시킴으로써 타자와
우리의 일치를 재확인한다.

7 우리의 하나 됨은 우리가 모든 이의 복지를 위하고 이를 위해 일하
도록 우리를 부른다.

8 비폭력의 여행은 두려움으로부터 점차 자유로워지는 자기실현의
과정이다.

간디의 "건설적인 프로그램"은 비전을 갖고 정의와 모든 이의 복지와
안녕을 위한 가치와 원리가 반영된 사회를 구체적으로 건설하는 과정이
었다. 간디는 영국 지배로부터 인도가 독립하기 위해 10여 년간 긴 투쟁
동안 17개의 건설적인 프로그램을 창조하였다. 대부분 교육, 성, 마을의
자급자족, 힌두/무슬림 일치, 불가촉민의 폐지, 그리고 많은 다른 사회적
도전들에 집중되어 있었다.

건설적인 프로그램의 핵심이 되는 예는 실 잣는 기계로 직접 옷을 짠
운동이다. 영국은 옷 생산을 독점하였다. 인도인들은 원료 '카디' 라고
부르는 목화를 배에 실어 영국 면화공장에 보내는데, 거기서 잘 재단하
여 옷을 만들어 다시 높은 가격으로 인도에 팔았다. 간디는 저항 캠페인
과 동시에 영국 옷 불매 운동을 전개하고 인도인들이 스스로 옷을 만들
도록 힘을 불어넣음으로써 공동체를 건설하였다. 옷을 짜는 건설적인 프
로그램은 여러 긍정적인 효과가 있었다. 그것은 자기 존중과 자기 독립
심을 증가시켰고, 성과 계급과 종교에 상관없이 모두가 참여할 수 있었

으며 공동체에 일치와 연대를 일으켰고, 실질적으로 옷을 생산해 소득이 증가됐을 뿐만 아니라 일종의 몸–기도로서 영적인 수행이 되기도 하였다.

영혼의 힘으로서 비폭력은 강제하는 힘에 대항하여 협동적인 힘을 일으킨다. 엘리트와 독재자들의 강제적 힘은 위에서 아래로 흐르는 힘과 영향력으로 작동되는 지배적 구조를 형성하지만, 통합적 혹은 협력적 힘은 당사자들을 연결하고 관계 맺도록 한다. 비폭력은 바로 당사자들을 서로 밀접하게 다가서게 한다. 이는 차이를 억압하는 것이 아니라 차이를 축하하되 공동의 선을 위해 협력을 이끌어내는 것이다. 곧 구조적 폭력을 해체하는 '영혼의 일치'를 창조한다. 비폭력은 공격하는 자들과 연대와 결합을 추구한다. 힘을 휘두르는 상대에 적극 개입하여, 정죄함 없이 폭력 가해자의 인간성을 살리는 투쟁을 일으킨다. 고통받는 이들의 고통을 제거하는 단계를 넘어서서 그들과 하나 됨을 추구하는 과정이다. 비폭력의 자발적 고난은 억압자와 억압받는 자의 인간성을 발견하고 각자 선택을 통해 변화로 향하도록 돕는다.

5. 비폭력적인 사회 변혁 전략과 운동의 단계들

모든 비폭력 투쟁은 내면적인 동시에 정치적이고 전략적 영역들에서 실행되는데, 이 영역들은 서로 영향을 준다. 비폭력 행동은 정직함이 신뢰를 조성하여 호감을 주는 정치적 환경을 창조하는 능력이 있다. 비폭력 실천가들은 비위협적인 물리적 환경을 창조하는 능력과 사람들이 새로운 생각들에 저항하는 심리적 조건들을 바꿔줄 능력이 있다. 공포를 줄이거나 제거해주고 비폭력 실천가들을 '인간화' 하는 것이다. 비폭력 실천가들이 체포나 구타 혹은 투옥을 당해도 정직, 훈련, 고결함, 용기 그리고 단호함을 보여 사람들에게 영감을 주기 때문에 변화를 촉진한다.

그래서 쉽게 연대해서 활동하도록 한다.

　비폭력 행동이 전략적으로 효과적이려면 전략적 목표를 성취하도록 행동을 계획해야 한다. 다음 질문들이 이를 돕는다. 어떻게 그 행동이 효과를 최대화하도록 디자인할 수 있는가? 비폭력 실천가들은 사람들이 가장 영향 받을 수 있는 어떤 특징들을 보여줄 수 있는가? 그 행동이 어떻게 이 사람들을 참여하게 하는 방식으로 실행될 수 있는가? 비폭력 행동이 어떤 것이건 전략적 효과를 성취한 만큼으로 판단할 수는 없다. 이 지적은 1930년에 다라사나 소금 작업장을 비폭력적으로 점령하고자 시도한 인도의 사티아그라하인들로부터 고전적으로 예증되었다. 수백 명의 비폭력 실천가들이 3주 동안 소금 작업장에 걸어 들어가려고 되풀이해 시도했으나, 단 한 명의 비폭력 실천가도 소금 한 움큼 얻지 못했다! 그러나 경찰의 곤봉 세례하에서 비폭력 실천가들의 헌신과 용기와 그들이 하는 비폭력 훈련이 세계 전역의 1,350개 신문사에 보도되었다. 결과적으로 이 행동은 소금을 얻으려는 정치적 목적을 성취하지는 못했지만, 인도에서 영국 제국주의를 지원해 온 데에는 훼손을 입혔다.

　사회 변혁을 위한 비폭력 행동은 다음과 같은 단계를 밟는다.

- 1단계는 문제 인식 단계다. 여기에는 치명적인 사회 문제에 소수 활동가만이 관심하며 대중은 알지 못한다. 이 초기 단계에서 운동가는 문제에 대한 정보를 수집하고 비전과 전략을 세운다.
- 2단계는 문제를 변화시키려는 노력이 발생하면서 긴장이 생긴다. 권력 소지자에 대항하여 작은 풀뿌리 반대 물결이 생겨나고 공적인 방법으로 호소하지만 기존의 공식 시스템은 이를 무시한다. 여기에서는 조금 더 문제를 연구하고 타인을 교육하며 조직과 전문가 그룹의 의견을 수집한다. 대중의 10퍼센트 정도가 변화를 지지한다.

- 3단계는 성숙의 조건이 형성되는 때로, 사회 문제에 대한 대중의 인식과 희생 당한 자들의 목소리가 성장한다. 기존 기구들인 종교 기관, 사회단체들이 합류하지만, 권력 소지자들은 이를 통제하고, 대중의 20퍼센트 정도가 지지를 보낸다. 활동가는 진보적인 공동체들을 교육하고 민초들을 교육하며 지역적 비폭력 행동들을 시작한다.
- 4단계는 사회 문제를 대중에게 호소하는 촉매적인 사건이 발생한다. 극적인 비폭력 행동과 캠페인이 시작되고 문제는 사회적 의제가 된다. 활동가는 전문적인 반대 조직들을 활성화하며 대중의 40퍼센트가 동조하게 된다. 대중의 의견을 얻으려고 교육하고 새로운 풀뿌리 운동을 창조하며 공공의 사회적 가치를 앞세워 운동을 합법화한다.
- 5단계는 사회 변혁 운동이 위기와 실패와 좌절을 경험한다. 그럼으로써 참여 수가 내려가고 미디어로부터 멀어지게 된다. 운동가 사이에 '부정적인 반역'이 일어나고 권력 소지자들은 '부정적인 반역'을 이용하여 운동을 불명예스럽게 하고 대중은 소외된다. 이 시기는 운동이 다시 진정으로 시작되는 단계로 부정적 경향에 맞서 적절한 목표들을 추구한다.
- 6단계는 대중적인 의견을 획득하는 때로, 사회 문제를 다룰 시민과 기구들을 발견한다. 대중 다수의 지지에 따라 정치적 의제가 되며 권력 소지자 사이에 분열이 일어나, 소수 권력 소지자들이 변화를 위해 제안을 내놓게 된다. 여기서 사회 운동은 적극적인 대안을 숙고하고 활동가들은 긴 싸움에 헌신하여 권력자와 장기적 투쟁으로 발전하고 새로운 그룹이 참여하게 된다. 권력자는 운동을 명예롭지 않게 만들고 분열시키려 하며 대안에 대한 거짓 개혁을 촉진하고 대중이 두려워할 위기를 창조한다.

- 7단계는 다수가 현재 정책을 반대하여 대안을 성취하는 성공의 단계다. 많은 권력자가 분열되어 태도를 바꾸고 최소한의 개혁을 단행하는 반면, 운동은 진정한 사회 개혁을 요구하며 두어 개의 요구를 성취시킨다. 운동은 공식 정책을 반대하는 데서 대안 쪽으로 움직여 간다. 운동은 성취를 축하하고 더 큰 이슈를 제기하며 더 나은 대안과 패러다임의 변화를 제안하고 다른 목표를 성취하도록 활동가와 단체를 훈련한다.
- 마지막 단계로, 좀 더 인간적이고 민주적인 사회를 성취하기 위한 투쟁을 지속한다. 여기에는 얻은 성과를 방어하고 다음 변화를 위해서 성취하지 못한 초기 단계에 나타난 문제들로 다시 돌아가 패러다임 변화를 성취하기 위해 노력한다. 권력자들은 새로운 정책과 조건들을 수용하며 운동의 성공을 그들 자신의 것으로 주장하면서도 이면에는 비밀스럽게 옛 정책들을 지속함으로써 운동 성공을 되돌리려 한다. 여기서 활동가는 성공의 결과를 퍼트리고 확대하며 다른 이슈와 패러다임 변화를 위해 투쟁하고 지속적인 풀뿌리 조직과 대안 권력을 구축한다.

여기서 제안한 사회 변혁을 위한 비폭력 행동의 과정은 한 개인과 집단이 타인과 파괴적인 관계를 성공적으로 재정립하는 것과 비교할 수 있다.

먼저, 의식의 각성이 온다. 어째서 내 삶은 일들이 잘못되어 가는가? 어째서 나는 이토록 무력한가? 어째서 우리 중에 그토록 많은 사람이 내 상황에 처해 있는가? 비판적 각성을 통해 자신의 문제를 보기 시작한다. 공적인 문제도 마찬가지다. 즉 사회적 분석이 요구되고 지배의 역동성을 이해해야 한다. 분석과 비전을 창출하고 변화를 위한 전략을 모색한다.

여기서 비폭력 훈련 운동은 전략 게임들, 시나리오 작성, 유토피아-갤러리, 역할극사회드라마, 사례연구 등의 학습 기술을 통해 세계를 이해하도록 한다. 이를 통해 운동가들은 민주적 방식을 채택하게 되고, 이로써 지식들이 지도자들의 웅변에서 나온 것이 아니라 사람들의 이해 속에 뿌리내린 것임을 보여준다. 그다음은 조직화를 통해 그 자신을 동력화한다. 자신의 가치에서 그것이 우선하는 변화가 일어나고, 수단과 목적을 일치시키고, 내적 자원을 개발하며 타자와 맺는 관계가 강화된다. 대항 기구혹은 건설적인 프로그램이 제안된다. 평등한 방식으로 조직하기 위해 탈중심화하는 대항 기구들을 만들게 된다. 건설적인 프로그램은 단순히 구제하는 것을 넘어 근본적인 변화를 위한 대중 투쟁 운동의 참여를 독려한다.

세 번째는 악의 실재를 극적으로 표현하는 대결을 벌인다. 불의를 극화하기 위한 대결의 최선의 형태는 하루나 이틀의 증언보다는 시간을 길게 가진 캠페인이다. 보통 캠페인은 단 한 번의 이벤트보다 사람들을 더욱 심대하게 교육한다. 캠페인은 위기로 발전하여야 한다. 그 위기 속에서 당국자들은 딜레마에 놓이게 된다. 시위를 지속하도록 허락한다면 좋다. 왜냐하면, 그 행동은 불의의 상황을 지적하기 때문이다. 시위를 억압한다면 그것도 괜찮다. 왜냐하면, 그들의 억압은 그 정권이 의존하는 폭력을 더욱 노출하기 때문이다. 억압하는 폭력에 대항하여 총을 들이대기보다 운동은 비폭력적으로 응답한다. 이것은 두 가지 효과를 창조하는데, 먼저 대중들의 눈에 정부의 평판을 나쁘게 한다. 그리고 캠페인 활동가들은 여기서 전략을 발전시키고 직접행동 전술을 훈련받아 공개적인 투쟁을 위해 준비할 수 있다. 또한 다른 이들을 작은 투쟁 공동체에 합류시킴으로써 정부의 테러에 직면하는 데 필요한 연대를 발전시킨다.

네 번째는 정권에 대한 대중의 비협력 단계다. 정권이 "예"라고 말하는 대중들에게 의존할 때 "아니오"라는 말을 하기 시작하면서 모든 억압적 체제가 더는 대중들에 의존하는 습관을 배우지 않게 된다. 억압하는 패턴이 참여에 대한 대중들의 거절로 깨진다. 여기서 사회 변혁 운동들은 대중의 비협력을 조직되고 장기적이며 선택된 형태로 가져가도록 계획해야 한다. 이 지점에서 큰 변화를 위한 전면적인 캠페인들은 비현실적이다. 왜냐하면, 주의 깊게 조직적이고 정치적으로 준비했더라도 지속적일 수 없기 때문이다. 그러므로 비협력은 보통은 명료하게 제한된 목표들에 초점을 맞추어야 한다. 경제적인 비협력 전술들로는 일반적인 파업, 보이콧, 모두가 거의 동시에 휴일 선언, 천천히 일하기, 임대 거절, 억압 체제에 매우 중요한 특정 산업에서 완전히 파업하기 등이 있고, 정치적인 비협력 전술로는 대중의 시민 불복종, 선거 보이콧, 징집 거부, 학생의 정치적 파업, 납세 거부 등을 포괄할 수 있다. 이와 더불어 운동은 대항하는 기구들과 다른 형태의 저항 조직을 빠르게 성장시켜 비협력 캠페인을 시작하는 구체적 요구들을 생산하고 부정을 말하는 자들을 막는 대안을 제공해야 한다. 작은 동종 그룹들이나 급진적인 간부회 그리고 다른 형태의 운동 단체들이 이 단계에 강하게 주장들이 잇따르도록 발전시켜야 한다.

마지막으로는 대응 권력 혹은 대응 기구의 창출이다. 대응 기구들은 그간 자신들의 실패에 쉽게 믿고 맡기지 않았던 기구들로부터 충성을 받게 되면서 펼쳐지는 새로운 질서의 부분이 된다. 비폭력적인 사회 변혁 과정은 왜곡된 제도들에 대항하는 사람들을 무장시킨다. 그러나 이는 평화적인 투쟁 정신을 넓게 적용해서 그렇게 한다. 사람들은 진리의 힘을 어떻게 사용할지 투쟁 속에서 배운다. 수단의 일관성 때문에 미래를 확신한다. 우리는 사회 변혁을 만들어내 변화된 속에 살며, 그것을 지켜낼 수 있다. 철석같은 끈기와 결단, 두려움으로부터의 자유, 그리고 사랑할 능력, 이것들이 개인을 해방하며 인류를 진화의 높은 수준으로 이끌어가게 된다.

앞서 진술한 사회 변혁 운동의 전략적 단계들 속에는 운동의 과정을 뒷받침하는 신념들이 존재한다. 비폭력 사회 변혁 운동은 일반 사람들이 직접적으로 긍정적인 사회 변화를 창조하는 데 참여할 수 있는 강력한 수단이라는 것이다. 특히 민주적인 정치 참여를 위한 공식적인 통로들이 작동하지 않을 때 그러하다.[3] 그뿐만 아니라 사회 운동들은 정의, 민주주의, 시민권, 안보, 그리고 자유의 근본 가치를 심화시켜 사회의 질적인 발전에 이바지하는 원동력이 된다. 민주주의, 정의, 평화, 생태적 지속성, 그리고 일반적으로 사회 복지를 증진하기 위해 사회 운동들은 불가피하게 정치, 경제 분야의 권력자들과 갈등을 통해 변화를 유도해낸다. 이 변화는 대중의 힘을 통해 참여적 민주주의를 촉진함으로써 대중을 변화의 주체로 세우는 것을 가능하게 한다.

사회 변화는 오직 시민 대중이 눈을 뜨고, 교육을 받아 문제에 관심을 보이도록 동기화될 때만 일어난다. 사회 운동들은 풀뿌리들이 지원하는 힘만큼만 강해진다. 그러므로 활동가들의 주요 목표는 대중에 초점을 두고 그들을 자기편으로 끌어들이는 것이지 공직 권력자들의 마음과 정책을 변화시키는 것이 아니다.

6. 적극적 비폭력의 원리와 그 훈련

적극적 비폭력은 억압받는 자와 억압자 양쪽의 명예와 인격을 보호하는 가능성을 제공한다. 부정의한 상황에서도 이해, 변혁, 심지어 모든 이

---

[3] 예를 들어 비폭력적 사회 변혁 운동은 노예제 폐지, 노동조합법 제정, 여성의 참정권 획득, 대기에서의 핵실험 중단, 소수인종(흑인, 게이와 레즈비언, 원주민)의 인권 신장, 베트남전쟁 종식, 독재자 축출, 남아프리카 인종분리정책의 폐지, 냉전의 종식, 동유럽의 민주화 등에 공헌하였다.

의 선을 위한 협력을 키워내려고 시도한다. 적이 수치를 느끼게 하거나 파멸 당하도록 하지 않으며 공격자와 희생자 모두를 비옥하게 한다. 그리고 직접적으로 긍정적이거나 혹은 보이는 결과가 없을지라도 비폭력 행동가는 진리와 사랑의 행동이 그들 모두를 구원하며 생명을 주는 가치이고, 공격자와 희생자 모두가 인간성을 회복하고 모든 인류를 구하고자 한다는 신념을 공유한다.

이를 위해 비폭력 행동이 정의와 평화를 성취하려면 음모, 책략, 쿠데타, 고문, 살인, 그리고 테러리즘의 수단이 아닌 정의롭고 평화로운 수단을 발견하는 것이 필요하다. 수단과 목적을 일치시켜야 하기 때문이다. 또한, 억압자들에 비겁하게 굴복하지 않고 진리를 고수하려는 철석같은 끈기를 통해 있는 힘을 다해 저항한다. 비폭력 행동가들은 그 힘을 진리로부터 끌어내어 선으로 악을, 진리로 거짓을, 사랑으로 증오를 극복하려고 시도한다. 또한 개별화된 개인이 아닌 집합적이고 조직적인 힘을 사용하되, 필요하다면 자발적인 고난도 감수하여 후퇴함 없이 적대자의 곤봉과 잔인함도 받아들인다. 이는 한 인간으로서 끝까지 비인간이고자 하는 그런 사람은 결코 없다는 신념 때문이다. 희생자의 처지에서 싸우거나 도망치는 그 어떤 태도도 공격자의 사기를 강화한다. 반대로 희생자의 태도가 자기 훈련과 자기 통제의 열매로써 차분하고 확고하다면, 공격자는 사랑을 표현하고 그를 사람으로 존중하게 되면서 무장 해제된다. 공격자의 폭력에 비겁함이나 역폭력으로 응답하지 않고 사유, 지성, 이성의 수준에서 진리, 정의, 사랑이라는 무기를 사용하여 공격자를 공격하는 것이다.

진리를 고수하기 위해 지녀야 할 끈기는 일시적으로 형성되는 것이 아니라 계속적인 비폭력 행동을 위한 훈련으로 형성된다. 군인이 수없이 많은 훈련을 통해 사람을 죽이는 연습을 익히는 것처럼, 비폭력 행동은 영적이면서 비폭력 전략에 대한 훈련을 요구한다. 비폭력 전략에는 폭력을 떠받드는 지주들을 분석하는 방법, 부채꼴 스펙트럼 분석 기법을 통한 지지자와 반대자의 유형과 분류를 통한 전략 구축하기, 갤러리 도구와 같은 행동 단위와 과정을 형상화하기, 목록화하기, SWOTStrength, Weakness, Opportunity, Threat 분석 기법 등 여러 가지 도구를 통해 사회 문제와 불평등의 구조를 분석하게 된다. 또한, 여기에는 역할극과 사회 드라마를 통해 연극 형태로 참여자들이 실제로 만나게 되는 갈등을 시연하게 된다.

영적 훈련은 가장 극적인 상황에서조차 사도 바울이 말한 성령의 열매사랑, 기쁨, 평화, 인내, 친절, 선함, 신의, 온순, 절제 ; 갈5:22를 얻고자 한다. 금식과 기도는 비폭력의 강력한 무기다. 가장 강한 열정을 일깨우기 쉬운 어떤 행동 앞에서 모든 이는 기도와 금식을 통해 형제 · 자매에게 용서를 구하며, 자신을 스스로 악으로부터 정결하게 해서 자신의 삶에 정의를 행하게 한다. 영적 훈련을 하는 이유는 단순한데, 우리는 진리의 힘을 믿기 때문이다. 간디는 이렇게 말했다. "바로 그 본성에 의해 진리는 스스로 입증한다.

7. 정의와 민주주의를 위한 비폭력 직접행동

비폭력 직접행동에는 세 가지가 있다. 그것은 사회 변화, 사회 방어, 그리고 제3자 비폭력 개입이다.

사회 변화는 가장 대중적인 적용 방식이고 가장 잘 알려졌다. 보통은 캠페인을 통해 개혁 목표를 추진하지만, 권력 구조의 변화를 추구하는 행동도 존재한다. 예를 들어 남아프리카에서는 백인의 권력 독점에 대항하는 비폭력 행동을 시작으로 인종 분리 정책을 끝장내도록 민중의 힘이 보태졌다. 폴란드에서 연대 운동은 공산주의 독재 정권을 무너뜨리려고 비폭력 행동을 사용했고 수천 명의 세르비안 청년들은 독재자 밀로셰비치를 전복하는 데 비폭력 투쟁으로 성공을 이끌었다.

사회 방어는 그리 대중적이진 않지만, 최근에 성장하는 비폭력 직접행동이다. 이는 사회 권력 구조의 변화를 위하기보다는 현재 누리는 공공의 선과 공공의 재산을 방어하기 위해 사용된다. 예를 들어 인도 숲을 벌목하는 데 대항하는 칩코 운동은 비폭력 행동을 통한 환경 수호다. 이 환경 수호는 전 세계에 걸쳐 진행되고 있다. 또한, 수천 건의 공동체 방어 사례들도 있다. 미국에서 어떤 도시 흑인 이웃들은 마약 상인들의 침입과 싸우려고 비폭력 행동을 사용한다. 사회 방어의 또 다른 예는 외부인들의 침입을 막거나 내부인들의 쿠데타에 대항할 때 국가적인 수준에서 그것을 사용하는 것이다. 예를 들면, 1991년 러시아에서는 KGB와 공산당 지도자들이 정부를 탈취하려고 결정하였다. 그들은 최고 지도자인 고르바초프를 체포하고 언론을 장악하였으며 탱크를 동원하였다. 그런데 중간 계층의 동요자들이 그들에게 등을 돌려 결국 실패했다. 비슷한 사건들이 80년대 중엽에 아르헨티나에서도 일어났다. 1백만 명의 사람들이 수도인 부에노스아이레스에서 시위하였고 방어벽을 구축한 농성자들이 군사적 음모자들에 대항해서 시민의 정부는 그대로 남아 있었다.

제3자 비폭력 개입은 분쟁 지역의 폭력 수준을 경감시키기 위한 방식으로 갈등 지역에 훈련받은 시민이 물리적으로 개입하여 평화를 구축하는 것이다. 제3자 비폭력 개입TPNI에는 4가지 형태가 존재한다. 동반, 중재 개입, 관찰/감시 그리고 참석이다. 비폭력 직접행동에서 이 모델은 국제평화여단과 국제 비폭력평화물결NPI이 진행하는 '무기 없는 훈련받은 시민의 분쟁 개입과 평화 구축'에 사용되고 있다. NPI가 사용하는 이 모델은 보통 '비당파적 제3자 개입' 모델이라고도 알려져 왔으며 국제평화여단 등의 단체에서 소수가 실험 프로그램으로 진행해 온 것이다. 이는 세계대전 이후 무장한 군인들이 있는 분쟁 지역에서 평화 유지가 얼마나 고비용 저효율인지 그 사례를 분석하고 대안을 제시하여, 오늘날 국제 평화활동가들에게 있어서 가장 주목받는 모델이다. 이로써 비폭력 평화 활동은 단순히 사회 방어와 사회 변화 모델을 넘어 이제는 제3자 개입 모델로 진화하는 것이다.

나오며

지금까지 비폭력 영역에 따른 경험과 실천들을 소개하였다. 비폭력은 영성에 기반하여 이 세상의 변화에 집요하게 적극적으로 개입하고, 무장 갈등에 관여할 정도로 그 실천 영역이 다양하며, 진지하게 폭력과 지배 체제에 적극 대응해 왔다.

하느님의 비전인 "샬롬의 통치"는 실제로 비폭력의 비전과 실천으로 구체화하고 있음을 명확히 알 수 있다. 또한, 지배 체제에 대해 사도 바울은 '하느님의 무기'인 진리, 정의, 평화, 믿음, 구원, 성령이라는 영혼의 가치로 맞서기를 이야기했는데, 현대 기독교인은 비폭력 실천에 있어 다양한 사회과학의 도움들을 받고 있다. 그래서 사도 바울 시절에는 꿈도 못 꾸었던 이런 사회과학의 도구들을 '하느님의 무기'로 추가해 사용할 수 있는 더 넓은 시야가 현대 21세기 기독교인들에게 주어진 것이다.

이렇게 비폭력 실천은 하나님의 샬롬 통치를 향하고 있다. 어째서 우리는 하나님의 통치를 교회라는 편안한 공간에서만, 일상사의 아무런 갈등을 직면하지 못하는 주일에만 느껴야 하는가? 어째서 우리는 기도와 찬양, 그리고 행복한 순간에만 하나님의 능력과 그분의 힘을 느껴야 하는가? 오히려 우리는 하나님의 존재하심과 그분의 능력이 가장 필요한 어둠과 갈등과 폭력 상황에서 그분의 통치권이 보이는 방식으로, 즉 하나님의 부재를 경험하게 하는 폭력과 갈등이 심각한 상황에서 그분의 살아계심을 증거하는 일이 가장 신실한 기독교인의 삶의 자세는 아닐까? 안전 지대가 아니라 폭력 지대에서 하나님의 능력이 역사하심을 보여드리는 방식이야말로 하느님께 가장 영광을 돌리는 방식이 아닐까? 자식들의 행동에서 그 부모가 보이고, 제자들의 모습이 어떠한지 보면 그 스승을 알 수 있다. 현대 사회에서 신의 부재는 신의 문제이기보다 기독교인들의 미숙성에 책임이 큰 것이다.

4. 예수의 비폭력 저항

"하나님 나라가 다가왔다"는 새로운 샬롬 통치를 향한 예수의 비전과 이를 향한 헌신을 위해서 새로운 능동적인 비폭력과 사랑을 이루는 공동체가 탄생하였다. 예수와 그의 추종자들이 함께 형성해 나간 이 비전은 당시 성전을 통해 유대교의 신을 만나는 거룩한 제의적 공동체나 시오니즘을 토대로 무력적 투쟁을 전개해 간 열심당과 달랐으며, 타락한 세상과 거리를 두고 자신의 정결과 '빛의 자녀'로서 영적 수행을 추구한 제3의 무리인 엣세네파와도 다른 것이었다.

그것은 하나님의 변혁적인 현실을 자신의 삶에서 구체적으로 모시는 것이되, 좀 더 적극적으로 산상수훈의 공동체 이상을 따라 삶에서 폭력과 증오의 독을 뽑아내어 적극 저항하고 변화를 일으키는 방식이다. 말하자면 자비를 현실화하는 것으로써 "마음이 교만한 자를 흩으심, 권세자를 내치심, 보잘것없는 이를 높이심, 배고픈 자를 대접하고 부유한 사람을 빈손으로 만드심' 누가복음의 마리아 찬가과 같이 삶에서 실제적인 변화의 증상을 몰고 오는 새로운 실천인 것이었다. 예수 공동체는 이렇듯 직접 무기를 들고 대항하진 않았어도 아주 새로운 변혁적인 삶의 방식과 관계 맺는 방식을 몰고 와 이미 통치자에게 위협이 되었고, 결국 예수가 현 체제의 전복자로서 낙인이 찍히고 반란자들 사이에서 정치적으로 형집행을 당하는 운명을 맞았다.

가장 비폭력적인 예수의 비전과 실천이 역설적으로 가장 정치적인 위협과 도전이 되었다는 사실은 폭력에 대한 그의 적극적인 비폭력 저항이 "예수 운동"의 핵심이었고 하나님을 만나는 거룩한 길이었다는 것을 알려준다. 즉 영혼의 내면에서 신을 만나는 것이 아니라, 세상에서 화해와 비폭력을 실천하여 정치와 사회, 문화에서 샬롬 통치의 증거자로 존재한다는 새로운 패러다임이 있었던 것이다.

먼저, 정결법을 어겨 추방된 자들과 예수가 나눈 식탁교제는 아버지이신 신의 사랑의 한계가 어디까지인지를 보여준다. 이것은 모두를 한 테이블에 초대해 환영하고, 배제도 폭력의 한 형태로 여겨 비판하는 하나님의 포괄적인 사랑에 대한 예수의 비전과 헌신의 핵심을 보여준다. "죄인들"과 "세리들" 그리고 그 당시 사회가 배제한 이들과 함께 공동 식사를 함으로써 예수는 가름과 배제의 폭력에 대한 비폭력적인 저항을 실천하였다. 우리는 전부 모두를 포괄하시는 하나님의 사랑으로 유지되는 한 몸의 모든 지체다. 예수의 이러한 포괄적 비전은 서로를 신을 한 아버지로 둔 형제자매로 만든다. 따라서 '적대자'를 형제자매로 감싸고, 약자에게 힘을 부여하는 비폭력을 가능하게 하는 것이다.

예수는 항상 돌봄의 영역 바깥으로 내던진 이들을 발견하고 그들을 치유의 문을 통하여 공동체 속으로 되돌아오도록 초대하신다. 그는 공동체의 복지와 안녕은 각각 구성원의 복지와 안녕과 상호 연계되어 있다는 사실을, 아니 오히려 가장 약한 자의 안녕과 복지에 의존하고 있다는 사실을 가르쳤다.

또한 예수는 개인의 불행과 질병이 폭력적 지배와 배제의 이념으로 작용한 것이지 개인적 죄의 잘못이거나 결과가 아님을 가르쳤다. 눈먼 소경은 자기 죄가 아니라 "하나님의 놀라운 일을 드러내기 위함"요 9:3이고 나사로의 죽음은 "하나님의 영광을 보기 위함"요11:40이라는 주장을 통해 예수는 치유와 거룩한 힘을 세상에서 거부 받은 이들에게 확대하였다. 그들은 징벌 받은 자들이 아니라 하나님 자비의 수여자라는 회복적 정의restorative justice의 주체다. 그렇게 함으로써 그는 누구든 복지의 영역 밖에 있지 않다는 것을 입증하였다. 그뿐만 아니라 진정한 치유와 회복은 단순히 몸의 회복만이 아니라 공동체를 통한 상호 연결에 있다는 것이고, 이 상호 연결이 거룩함의 알짬이라는 새로운 패러다임을 보여주셨다. 상호 연결이 있는 곳에 신이 있고, 상호 연결이 거룩의 길임을 각인시켜주신 것이다.

예수의 능동적 비폭력을 통한 샬롬 통치의 또 다른 예는 그가 설교에서 나타낸 하나님에 대한 이해와 하나님에 접근하는 길에 대한 이해에 있다. 예수는 하나님이 하늘의 유일한 만군의 신이자 '우리 신앙 공동체'에서 타자에게 폭력을 휘두르지 말라고 적힌 십계명에 따라, 신이 곧 사랑이신 것과 제한 없는 타자에 대한 사랑의 실천을 강조하셨다. 이렇게 예수가 하나님 안에서 본 사랑은 인간의 삶이 보복하시는 하나님에 아첨하는 것이 아니라 사랑으로 응답하는 것이며, 이는 성전의 공간을 일상에서 수행하기를 초대하신 것이었다. 그 핵심은 "양이 생명을 얻되 더욱 풍성히 얻는"요10:10 길에 있다. 이것이 그 근본 뿌리에서 폭력을 정화하는 영성이다. 늑대와 여우들이 판을 치는 세상에서 발톱을 날카롭게 하여 자기 방어와 힘의 논리로 세상을 사는 것이 아니라 양으로 있으면서 모든 형태의 죽음과 죽임 그리고 폭력에 확고히 대항하며 생명을 위하고, 이것이 충만하도록 삶을 투신하는 것이다.

그가 주장하는 예배의 날, 안식일은 따라서 인간 공동체를 섬기는 데 있어야 하며 사랑의 하나님과 맺는 이러한 관계를 반영해야 한다. 치유가 필요한 자가 있을 때 치유를 배제하는 것은 아니다. 하나님께 응답하는 장소와 시간 그리고 그 방식에 대해 예수는 근본적인 질문을 제시한다. 그러한 특권적인 날, 성소와 같은 헌신하는 장소에서 어떤 종류의 활동이 하나님을 진정으로 기쁘게 하는 것인가? 이는 우리가 하나님을 어떤 분이라고 생각하는가에 달렸다. 예수는 인간의 고통에 무관심한 예배의 폭력에 반대한다. 그리고 예배드리려고 모인 이들의 공동체 삶의 질에 관심을 둔다: 그들은 진실로 한 테이블을 공유하며 모든 이의 복지를 추구하는가? 예수는 사람들이 예배를 적절하게 볼 수 있기 전에 공동체 내의 화해가 먼저이며, 이 화해가 진정으로 예배라는 사실을 주장한다. 예배하기 전에 이웃과 갈등이 있다면 뒤로 돌아 즉시 가서 먼저 화해를 이루라는 것이다.마5:23-24 이것은 단순한 윤리적 권고가 아니다. 이는 하나님의 본성과 관련이 있다. 비와 햇빛을 누구에게나 허용하는 하나님의 포괄하는 보편적 사랑에 근거하여 그에 대한 유일한 응답의 길로써 사랑을 요구하는 것이다. 사랑이 사랑을 가져오고 평화가 평화를 가져온다. 증오와 배제가 거룩을 세우는 것이 아니다. 그러므로 예수의 첫 번째이자 궁극적인 계명은 "서로 사랑하라"라는 계명이다.

예수가 제시한 사랑의 공동체를 꿈꾸는 것은 그 길이 쉽거나 성공적인 실재가 금방 나타나는 결과를 가져오진 않는다. 이미 예수는 우리가 극도로 적대적이고 폭력적인 세상에 놓여 있으며 당신 자신이 그것의 희생 제물이 되고 있음을 잘 알고 있었다. 그의 의도는 완전한 유토피아 사회에서 쉽게 할 수 있는 사랑을 꿈꾸도록 하는 것이 아니라 성공 여부와 상관없이 신실하게 폭력의 현실 한가운데에서 비폭력적인 세상을 건설하도록 초대한다. 우리는 그 과정에서 필요하다면 자발적인 고난도 받을 준비가 되어 있어야 한다. 그렇게 비폭력적인 세상을 건설하는 중요 요소 중에는 물리적인 폭력, 법적 소송 그리고 강요된 징집마5:39-42을 대면하면서 보복하는 활동을 끝내는 것이 포함된다. 예수는 전체를 희생하는 그룹이나 국가의 파괴적인 폭력적 수행을 향해 능동적으로 저항해 달라고 요구한다. 폭력적인 행동과 맞대응하기라는 악순환의 방식이 아닌 것이다. 관계를 깨뜨리는 데 누가 책임이 있든지 화해를 시작하는 것이다.

보복과 징벌이 아닌 치유와 관계의 회복이라는 화해를 제시한다고 해서 타협적이고 순응적인 결과를 기대하는 것은 결코 아니다. 예수는 비폭력적이지만 동시에 확고하게 대결적이었고, 그의 대결적인 행위는 위협적인 결과를, 전복과 변혁을 가져왔다. 그는 일반인이 묘사하듯이 그의 단순한 선행이 악마 같은 사람들의 악행에 반대를 불러일으킨 타협적인 희생자는 결코 아니었다. 복음은 예수의 비폭력 수행이 결코 수동적이고 개인적인 것이 아님을 명확히 보여준다. 오히려 그로 하여금 그 시대의 어떤 실천에 대항하는 도전을 개시하도록, 끈기 있게 변화를 실천하는 것이었다. 그는 대중을 선동하고 정치가들을 불안하게 하였다.

몇 가지 점에서 예수는 그의 "혁명적 비폭력"revolutionary nonviolence—존 하워드 요더의 용어과 그가 살던 죄 된 세상의 잔혹한 폭력 간에 다가오는 충돌을 명확히 보고 있었다. 이미 사건이 어떻게 전개될 것인지를 알고 있으면서 예루살렘으로 간 그의 결정은 비폭력에 대한 그의 헌신의 깊이를 드러낸다. 그는 반대자가 자신을 거기서 기다리고 있음을 알고 있었고 공개적으로 그들이 그의 삶을 위협하고 있음을 말하였기 때문이다. 폭력의 아가미 속으로 자발적으로 들어간다는 것은 무모한 용기에서 나오는 것이 아니라 사랑의 신과 그에 대한 무제약적 책임성으로서, 성공 여부와 관계없이 자신을 내어주는 신을 절대적으로 신뢰한 행위였다.

죽임과 죽음을 촉진하고 그러한 구조를 지지하는 체제에 대해 기꺼이 자발적인 고난을 택해 죽음을 수용하여 죽임과 죽음에 대한 그들의 동맹을 끊는 신의 명령에 충실히 응답한 것이다. 죽음을 비폭력적으로 수용하면 예수는 치유하고 해방하는 방식으로 행동하였고, 정확하게는 그가 경험한 증오와 폭력의 살인적인 지배/통치를 역전시켰다. 예수는 저주받고, 주먹으로 맞고, 조롱받았다. 심지어 고뇌 가운데서도 그와 똑같은 폭력에 의지하지 않았다. 그는 배신당하고, 친구에게 거부당했으며, 징벌 받았고, 옷이 벗겨졌으며, 벌거숭이로 십자가에 못 박혔다.

　이러한 그의 비폭력적인 응답과 자발적인 고난은 새로운 각성과 함께 신의 뜻에 '눈에 비늘이 벗겨지는' 명료함이라는 부활을 가져온다. 신의 고난과 예수에게서 나타난 신의 보편적 사랑은 새로운 영혼의 불꽃을 점화시켰다. 그리스도의 영은 제자들에게 옮겨져 화해와 평화 만들기를 지속하게 되었다. 예수의 십자가 죽음에서 신이 폭력에 반응한 것을 그의 제자들이 이해하며, 이제 자신을 얽매던 죽음과 두려움을 넘어서 사랑과 진리의 영을 부여받고 자기 생을 선물로 자각하는 신념 공동체를 탄생시키고, 더불어 새로운 사명으로서 평화를 만드는 인간 공동체를 위해 헌신하게 되었다.

5. 기독교 평화주의의 두 기둥

예수께서는 이렇게 대답하셨다.

> "첫째 가는 계명은 이것이다. '이스라엘아 들으라. 우리 하느님은 유
> 일한 주님이시다. 네 마음을 다하고 목숨을 다하고 생각을 다하고 힘
> 을 다하여 주님이신 너의 하느님을 사랑하라.' 또 둘째 가는 계명은
> '네 이웃을 네 몸같이 사랑하라' 는 것이다. 이 두 계명보다 더 큰 계
> 명은 없다." 막12:29-30

예수가 폭력에 대응하는 방식은 '이에는 이로 눈에는 눈으로' 라는 옛
율법 논리와 같이 힘으로 맞서는 역폭력이 아니다. 이 논리는 악과 불의
에 대한 폭력을 정당화하는 것이 아니다. 정당한 이유가 있을지라도 폭
력을 똑같이 사용하면 악순환이 발생하고 그 사회적 비용이 엄청나기 때
문이다. 그렇다고 흔히 오해하듯이 기독교의 비폭력이 폭력에 저항하지
않거나 소극적인 태도로 대응하는 것은 아니다. 회피나 순응도 아니다.
이들은 근본적으로 폭력의 원인을 푸는 해답이 되지 못한다. 기독교의
비폭력은 폭력에 진지하면서도 대안적이고 창조적으로 대면하는 길을
모색한다는 점에서 적극적이다. 그래서 비폭력 활동가들은 '적극적 비
폭력' 이란 단어를 사용한다.

평화신학자 월터 윙크는 그의 책 『사탄의 체제와 예수의 비폭력』에서

예수의 비폭력 행동의 구체적 사례를 들었다. "다른 뺨을 돌려대라. 속옷까지도 벗어주어라. 일부러 더 많이 짐을 지고 가 주어라."마5:38-42 이는 비현실적으로 모든 것을 다 내어주고 수모를 받는 무저항의 길이 아니다. 손등으로 한쪽 뺨을 맞는 모욕을 당할 때 다른 쪽 뺨도 돌려대는 것은 억압자의 비인간적인 힘을 빼앗은 것이다. 이제는 겉옷까지 저당 잡혀야 하는 극도의 가난한 상황에서 자신들을 수치스럽게 만드는 제도와 채권자에게 속옷까지도 벗어주라는 것은 그 제도와 채권자에게 벌거벗음을 통하여 벗긴 사람에게 수치를 주는 항거인 것이다. 그래서 채권자를 합법적으로 돈을 빌려준 자가 아니라 땅 없고 가난한 자를 굴욕적으로 만든 자로 노출한다. 5리의 강제노역에 대항하여 점령군에게 반란하고 증오하는 것이 아니라 5리를 더 가줌으로써 피억압자는 선택의 능력과 인간의 존엄성을 되찾아 강제 노역자의 우월성을 보여 당혹감을 준다. 약자는 악에 저항하고 비협조하여 악을 닮지 않으면서도 도덕적 주도권을 쥐게 됨으로써 억압자의 변화를 유도하는 것이다.채권자: '제발 속옷은 입으시오', 로마 병사: '이젠 내 짐을 돌려주시오'

이렇게 창조적인 반응을 일으키는 것은 무엇인가? 약자가 인간으로서 자기 존엄성을 회복하고 서로 더 깊은 폭력을 경험하지 않으면서 상대의 폭력 행위를 변화시킬 힘은 어디서 나오는 것인가? 나는 자기 정체성과 타자에 대한 인식의 변화에서 나온다고 믿는다. 이를 예수는 영혼과 몸이란 말로 표현하였다.

신이 네 진실한 영혼이다

"우리 하느님은 유일한 주님이시다. 네 마음을 다하고 목숨을 다하고 생각을 다하고 힘을 다하여 주님이신 너의 하느님을 사랑하라."

인간의 두려움과 분노, 그리고 탐욕과 파괴의 문제는 자기가 자신을 어떻게 생각하는가에 따라 달라진다. 자신에 대한 이미지가 과거 경험한 폭력들로 응축되어 있을 때, 쉽게 상처받고 또한 이를 자동으로 방어하려는 마음의 기제가 작동하게 된다. '그것은 위협적이기에 나는 두려움을 느낀다.' 외부의 자극이 과거 경험의 패턴에 따라 위협적이라는 해석 작용을 거쳐 두려운 느낌이 나타난다는 것이다. 나에 대한 자기 이해가 어떠한가에 따라서 위협과 두려움이 달라질 수 있고 그것에 대한 해석과 느낌의 방향성이 결정되는 것이지, '그것'이란 외부의 자극이 당연히 위협하는 성질을 갖고 있고 나는 여기에 자연스럽게 두려움을 갖는 건 아니라는 점이다. 공을 바닥에 치면 튀어 오른다는 일반적인 생각은 바닥이 딱딱한 조건을 갖출 때에만 가능한 것이고 그것이 물이거나 늪일 경우엔 해당되지 않는다.

예수는 독특한 자기 정체성을 지녔던 것으로 보인다. 요한복음 기자가 말한 바로 예수는 이른바 그의 '아바아버지 체험'에 근거하여 자신을 '아버지께로 와서 아버지께로 돌아가는' 자로 인식하고 있었고, 자기 증언이 참된 것은 내가 나를 증거하는 것이 아니라 아버지에게서 온 것을 증언하기 때문이란 자기의식이 있었다. 이러한 정체성에서 나오는 증언들과 행동으로 말미암아 그를 대하는 자들은 신적 현존의 생생한 감각을 필연적으로 느꼈고, 강력한 생활 변화의 동기를 부여받았으며, 과거를 단절하고 대안적 상상력을 지닌 새로운 삶으로 나아가게 되었다.

자기 자신이 신적 근원에 근거한다는 이 확신이야말로 세 번에 걸친 십자가 수난 예고에도 십자가 수행의 힘을 영혼 속에서 분출시켰다. 수많은 갈등과 대결, 제자들의 배신, 다가오는 것에 대한 공포, 유혹과 불안에 대한 인간적인 경험에도 불구하고 이를 극복할 수 있는 내면의 에너지가 있던 것이다. 내면의 빛을 밝혀 어둠의 행위를 알아차리고 자유를 향한 손쉬운 사역이 가능했다. 사도 바울은 이를 일으켜 '이제는 내가 사는 것the ego이 아니라 내 안에 주가 사는 것the Self이다' 라고 고백한다.

이런 점에서 예수의 첫 계명인 '우리 하느님은 유일한 주님이시다. 네 마음을 다하고 목숨을 다하고 생각을 다하고 힘을 다하여 주님이신 너의 하느님을 사랑하라.' 는 대상적 존재인 저 위의 신을 향해 종교적으로 헌신하는 차원을 넘어서 더 깊이 자아의 본래 자리를 회복하는 것을 가리킨다. 신적인 힘과 근원이신 하느님이 깊이 만난다. 즉 '신은 너의 영혼이다.' 이것을 중세 기독교 신비가 마이스터 에크하르트는 돌파 경험을 통한 아들 됨의 탄생으로 이야기한다. 아버지와 아들이 다름에도 아들은 아버지를 알고 그의 능력인 자기 초월성을 이어받는다. 그래서 마음, 목숨, 생각, 힘을 다하여 하느님을 사랑하는 것은 자신의 본래 존재를 일깨우는 길이다. 노예가 아닌 아들로서 자아는 자기 '안' 영혼에 부어진 하나님의 생명으로 살아간다. 바로 이것이 인간의 경험적 자아가 갖는 두려움, 분노, 슬픔과 힘겨움을 극복하게 한다. 신적 에너지가 영혼에서 분출되어 자신의 신성함과 삶의 신성함으로 새로운 실재를 살기 때문이다. 아버지의 절대성이 아들을 일으키고, 창조자이신 아버지의 현존이 대안적 삶을 위한 창조력을 제공한다.

이웃이 네 몸이다

"또 둘째 가는 계명은 '네 이웃을 네 몸같이 사랑하라.' 라는 것이다."

네 이웃, 곧 타자를 나와 거리가 있는 다른 존재로 인식함으로써 '우리 대 그들' 이라는 대립 구도를 만든다. 나와 거리가 있는 타자는 쉽게 내 관심으로부터 멀어져 무시되기 쉽다. 그의 고통이 '내 일' 로 다가오지 않기 때문에 우리는 쉽사리 타자의 고통을 민감하게 보지 못한다. 심지어 우리는 그에게 일어난 불행이나 고통, 폭력과 상처가 당연한 결과라며 그 정당성을 부여하기도 한다. 상하 계급적인 사고를 형성하는 데서 그

러한데, '위'와 '아래'에 가치 구분이 일어나면서 백인/황·흑인, 문화/
자연, 마음/몸, 도시/농촌, 남성/여성, 이성/감정을 각각 상위 가치와 하
위 가치를 지닌 것으로 여긴다. 상위 가치는 지위와 특권에서 우월한 자
리를 차지해 열등한 것을 통제하는 '지배하는 힘'을 지니게 된다. 아버지
의 힘은 자녀를 지배한다. 판사의 힘은 피고를 지배하고 인간의 힘은 자
연을 지배한다. 지배의 힘을 가진 쪽은 지위를 유지하고 더욱 많은 것과
혜택을 누리는 '특권'이 정당화된다.수입, 집, 교육 등 결과적으로 우월한
자의 지배가 정당해지는 지배 논리가 승인되는 사회 체제가 당연한 것으
로 사람들 마음속에 각인된다.

타자가 적이라면 어떠할까? 현재 미국 기독교의 보수적 근본주의와
이슬람 원리주의의 경우처럼, 타자를 적으로 이미지화할 때는 무력 충돌
이 발생하며 상대로부터 완전한 전멸이나 복종 혹은 회복 불가능한 정도
의 상처를 입히는 것이 정당화된다. 적의 문화, 가족, 땅은 파괴할 대상
이 된다. 그러한 파괴와 폭력은 보복의 악순환을 낳고, 치유 불가능한 연
쇄적 관계가 형성된다. 어제의 일이 오늘로, 오늘의 일이 미래세대로 넘
어가면서 상처는 견고해지고, 이에 따른 인간의 심성도 잔인해지고 폭력
에 무감각해지는 사회 병리적 현상을 낳게 되는 불행을 맛보게 된다. 이
런 폭력 체제가 강화되면 인간은 기본적으로 폭력적이란 믿음을 갖게 되
며, 우리가 속한 세상을 승리를 위한 전쟁 지대로 여기게 되고, 갈등 해
결의 수단은 오직 폭력을 통해서라는 신념을 갖게 됨으로써 지배와 폭력
을 위한 새로운 행동들을 낳게 되는 것이다.

예수의 두 번째 계명인 '네 이웃을 네 몸같이 사랑하라'라는 말에서는
타자를 자아의 존재를 구성하는 유기적으로 상호 관련성이 있는 존재로
보는 대안적 방식을 제공한다. '나'는 독립적 개체가 아니라 공동 인격
이자 생명의 그물망에서 한 그물코인 상관적 존재다. 물, 공기, 내가 서

있는 공간 모두가 서로에게 열려 있어서 하나로 흐르며 꿰뚫고 있다. 나의 숨은 너의 숨이며, 네가 마신 물은 나의 피가 된다. 이 공간과 대지는 너의 활동에 열려 있고 또한 나의 터전이요 경계 없이 펼쳐져 있다. 우린 이미 45억 년 전 우주의 한 시원적 빅뱅 사건을 통해 형성된 하나의 별 먼지에서 분화된 존재다. 하나의 기원을 갖고 수십억의 우주적 여행을 함께 경험하며, 그 여행 속에서 각자의 독특성을 발전시켰고 그 다양한 독특성의 교제가 서로가 온전하도록 지원하여 더욱 풍부한 생명 세계를 꾸며왔다. 우주의 역사를 하루 24시간으로 계산할 때 겨우 자정 2초 전에 해당하는 시간에, 하나의 공동 존재가 인간의 모습을 갖춘 우주의 신생아로 태어났다. 그리고 이 신생아는 우주의 타 존재들이 형성한 요람 없이는 그 생존이 불가능하였다. 그들의 생기와 지원, 그리고 우주적 축하 없이 어떤 새로운 존재도 그 생명을 부여받지 못하는 것이다.

'이웃/타자가 네 몸이다'라는 예수의 두 번째 계명은 우리로 하여금 자기 방어를 위해 무력과 무기를 사용할 필요가 없음을 선언한다. 타자의 차이는 나의 생을 윤택하게 하고 생생하게 한다. 내가 지닌 부분적 진리와 오류 가능성, 그리고 너의 부분적 진리와 오류 가능성이 유기적 관계를 통해 더 큰 진리를 경험하도록 하고, 자신을 수정할 수 있는 명료한 인식을 '차이'에 도전하여 얻게 된다. 그럴 때 타자는 두려움의 대상이 아니라 내게 선물이 된다. 만남과 나눔을 통해 차이는 영혼이 각성하도록 하면서 우리는 모두 공동 존재로서 적이 아닌 벗이고, 신으로부터 사랑받고 서로 사랑하는 공동체의 한 구성원임을 깨닫게 된다.

이웃/타자가 내 몸임을 알 때 우리의 안녕과 생존은 타자에 철저하게 의존하고 있음을 인정하게 된다. 그럼으로써 우리는 힘의 숭배 없이, 지배의 논리 없이 오히려 나의 연약함이 새로운 힘의 원천이 됨을 경험한다. 나의 약함이 너에게 개방되고 너의 약함이 나에게 개방되면서 상호 의존과 신뢰가 싹트며 새로운 연대와 공동 과제에 대한 의식이 피어나게 된다. 이렇게 함으로써 무기가 아닌 맨몸으로 각자를 접촉하여 우린 서로 손잡게 되고 '같이 일함'의 가능성이 열리게 된다. 힘과 무기는 우리를 변혁시키지 못한다.

이웃/타자가 내 몸이라고 인식한 뒤의 그 생활 실천은 사회적 약자와 생태적 약자의 고통에 민감해지도록 한다. 사도 바울의 말처럼 몸의 가장 약한 부분을 우리가 더욱 감싸고, 한 지체의 아픔이 전체에게 전달되는 몸의 고통을 지각하며 약한 부위를 전체 몸이 즉각 공감하는 능력들이 몸의 건강 상태를 만들고 건강을 측정하는 표준이 된다. 이를 세상에 적용한다면, 세상을 사회적 몸으로 보아 약자를 배려하고 그들에게 고통이 되는 제도들을 민감하게 살피는 것이 비폭력 영성의 중요한 과제가 되는 것이다. 이런 점에서 예수의 하나님 나라 운동은 사회적으로 배제된 약자들세리, 창녀, 죄인, 이방인, 과부, 어린이과 우선적인 식탁 교제와 치유를 통해, 그리고 잃은 자와 섬기는 작은 자에 대한 비유 속에서 비폭력적인 사회적 몸을 만드는 실천 운동이었다. 몸의 각 부분의 차이를 존중하되 유기적 관계와 소통을 통해 배려와 상호성의 관계를 만들어, 약한 부위의 아픔을 전체 몸의 관심사로 만들어내는 능동적인 비폭력적 대안 사회를 꿈꾸었던 것이다. 사회의 건강은 약자의 고통에 얼마나 민감한가에 달렸다는 이 통찰이 비폭력 영성의 두 번째 축을 형성한다.

기독교 평화주의를 예수의 삶을 통해 음미하면 두 가지 기둥, 곧 '자기란 누구인가' 하는 자기 정체성의 문제와 타자와의 관계성 문제로 요약할 수 있다. 이는 두뇌신경학에서 세포 자체의 강함이 건강을 주는 것이 아니라 세포 자체가 약해도 서로 소통하고 교류하여 건강을 유지한다는 생태적 통찰과 내용이 일치한다. 신은 너의 영혼이고 이웃/타자는 네 몸이라는 이 예수님의 계명은 비폭력 영성과 실천의 담론을 제공한다. 이를 토대로 실천 덕목으로써 타자와 더불어 공동의 몸 만들기가 반드시 요청된다. 예수의 말처럼 기독교 평화주의에서 '이 두 계명보다 더 큰 계명은 없다.'

6. 분단의 아픔이 남긴 상처와 화해

올해 들어 꽤 많이 내린다고 생각한 비가 추석 하루를 앞두고부터 줄기차게 내렸다. 이층집 거실 창문으로 밖의 나무들이 춤을 추며 빗방울을 맞이하더니만, 이제는 문 앞 개울가가 봇물 터진 듯 요란한 흙탕물로 시끄럽게 넘쳐흐른다. 개울 건너편 둑 위로 길게 한 무리 지어 핀 코스모스들은 그 여린 줄기를 생생히 움직여 바람을 타고 있다. 비 그친 지금은 집을 둘러친 광교산 산줄기를 타고 흰 구름이 용오름을 하며 하늘로 오르는 모습이 장관이다. 무거움을 벗고 희디흰 구름 안개로 승천하는 그 모습이 무척이나 아련하고도 엄숙하여 빨릴 듯 응시하고 있었다. 내가 장남이라 명절 때 어머니께서 집으로 오시는데, 추석 음식을 준비하면서 이런저런 과거 얘기를 하다가 돌아가신 아버지로 이야기가 옮겨졌다. "네 애비가 술만 안 들었어도⋯", "그이가 정신만 차렸어도 우리 사는 게 훨씬 수월했을 텐데⋯." 이미 오래전 위암 재발로 돌아가신 아버지에 대한 어머니의 착잡한 심정은 최근에 부도로 직장을 그만둔 둘째 사정 때문에 더한 듯 보였다. 그러나 어머니 못지않게 나의 아버지에 대한 회상도 깊이 파인 상처로 내 가슴에 남아 있다.

내 기억에 남는 아버지의 인상은 주로 1991년 늦여름 미국 유학 전의 모습들로 채워져 있다. 유학 중 두고 온 아내와 두 딸을 보러 2~3주씩 세 차례 한국을 방문한 것으로는 아버지와 깊은 얘기를 나눌 기회를 얻지 못했기 때문이다. 내 기억에 새겨진 아버지 인상은 정반대의 두 모습이

겹쳐진 것이다.

하나는 내 나이 20대 초반까지 계속된 알코올 중독의 모습이요, 또 하나는 술 안 드시는 동안에 생계를 위해 행상과 품팔이를 하시는 어머니 대신 가사 일을 도우시던 모습이다. 어렸을 때 내가 말이 없고 부끄럼을 잘 타며 자신 없어 하며 남 앞에 나서지를 못했던 이유는 바로 아버지의 알코올 중독 영향 때문이었다. 일단 술을 드셨다 하면 2-3주를 내내 술과 사셔야 했고, 자정이 넘는 늦은 밤에 그 심한 술주정과 고성으로 온 이웃을 깨우며 남에게 들려서 들어오시던 아버지는 집에 들어오셨어도 꼭 뒤풀이를 어머니와 우리, 특히 장남인 나에게 하셨다.

불행하게도 이런 경험들은 사춘기를 거치면서 나의 인격에 부정적인 영향들을 주었을 뿐만 아니라 아버지에 대한 밝은 상을 갖지 못하였다. 때로는 깊은 증오와 반감을, 때로는 슬픔과 좌절을 맛보면서 자란 나는 결국 남에게도 밝지 못한 조울증의 모습을 보여주게 되었다. 평소에는 괜찮다가도 술에 빠지면 어김없이 사람이 달라져 폭력적이며 어린아이처럼 행동하시는 아버지의 모습을 어떻게 이해할 수 있었겠는가? 알코올 중독은 자연히 아버지를 일생 직장 생활을 할 수 없게 만들었고, 생계의 몫이 자연히 어머니에게 돌아갔다. 내가 어려서부터 대학에 들어가고 얼마 동안까지 어머니는 새벽 6시 반이면 어김없이 집을 나가셨고 저녁 7시가 지나야 집에 들어오셨다.

자식이 아버지를 존경하기보다 어린 나이 때부터 한편으로는 두렵고 한편으로는 그를 불쌍히 생각하며 자란다는 것이 얼마나 큰 상처인지를 나와 같은 처지에 있던 사람이라면 알리라. 자연히 나는 가정을 남에게 알리기 싫어하였고, 누가 내 가정에 대해 물어볼 때마다 진땀이 나며 거짓말을 둘러대기 일쑤였다. 집에 있는 것이 불편했던 나는 결국 산에서 시간을 보내거나 교회에서 중, 고등부의 신앙 활동으로 시간을 보내는

것이 유일한 낙이었다. 산과 교회를 통해 어느 정도 마음의 치유를 받긴
했지만, 여전히 어렵고 낯설던 것은 하느님을 아버지라고 부를 때였다.
아버지의 알코올 중독 모습을 경험한 나에게 있어 하느님을 아버지로 이
해하는 문제는 참으로 낯설고 어려웠던 것이다. 언제나 아버지란 단어는
나에게 어렵고 힘든 언어였다. 그런데 참으로 다행스럽게도 한 집안에서
점점 쌓이던 아버지와 나와의 담은 우연한 기회를 통해 전환점을 갖게
되었다.

　고등학교 1학년 봄 소풍 때의 일이었다. 그때는 소위 학도호국단이 형
성되어 소풍도 '춘계 행진'이라 불렀다. 간밤에 들어와 지속한 아버지의
술주정으로 거의 녹초가 되신 어머니는 잠시 눈을 붙이고 일어나 일 나
갈 준비를 하고 계셨고, 아버지는 심한 술 냄새를 풍기며 주무시고 계셨
다. 내 도시락은 어디에도 없었다. 그런데 도시락을 안 싼 것에 내가 불
만을 하니 어머니로부터 "너희 아니었으면 벌써 죽고 말았다"라는 심한
화풀이만 듣게 되었다. 나는 더는 말을 듣기 싫어서 집을 뛰쳐나와 풀이
죽은 채로 학교로 향했다.

　소풍 장소인 서울 근교 서오릉은 마침 여러 학교가 함께 모이는 바람
에 대단히 북적거렸다. 점심 때가 되었으나 다른 친구들처럼 도시락을
안 싸와도 남의 것 얻어먹는 뱃심도 없었던 나는 숲 속 한 구석에서 간밤
에 못 잔 잠이나 보충할 참으로 누워 하늘을 보고 있었다. 얼마나 잤는지
는 모르나 친구들이 찾는 소리에 깨어 일어났다. 우리 아버지가 오셨다
는 것이다. 그 말을 듣는 순간 가슴이 덜컥 얼어붙는 기분이었다. 아침에
나올 때 아버지가 어떤 모습이었는지를 아는 나로서는 순간적으로 도망
가 숨어버리자는 생각이 떠올랐으나 다른 한편으로는 아버지가 술 취해
서 어떤 불미스런 행동을 선생들이나 친구들에게 할지 몰라 더는 창피한
일이 일어나기 전에 아버지를 그들과 격리시켜야겠다는 다급한 마음이

들어 달려갔다.

　그런데 뜻밖이었다. 아버지는 나를 찾으려고 두 시간이나 넘게 이곳에서 찾아 헤매셨다고 말씀하시면서 네 점심이라며 어깨 옆으로 메는 스포츠 가방을 내미시는 것이었다. 이미 한쪽 줄은 무게를 견디지 못해 끊어져 있었고 가방 안에는 과일들과 빵이 채워져 있었다. 친구들과 함께 먹으라는 말씀과 함께 아버지는 다행히도 곧장 거기서 떠나셨다. 여전히 술 냄새는 풍겼지만, 자식이 부끄러워할 행동은 하지 않으신 채….

　"야, 너희 아버지 대단하다. 어떻게 여기를 알고 찾아오셨니?" 친구들의 얘기를 건성으로 들으면서 무의식적으로 가방을 열고 친구들에게 과일과 빵을 나눠주었지만, 마음은 그 순간 형용할 수 없는 깊은 분위기에 휩싸였다. "아, 아버지!" 짧고도 긴 탄성과 휘몰아치는 격정이 가슴을 흔들며 진동하고 있었다. 평소 보이신 행동과는 다른, 나에 대한 아버지의 내면을 어렴풋이 보게 된 것이다. 아버지가 내가 서오릉에 있는지 어떻게 아셨는지는 모른다. 단지 내가 아는 것은 그가 두어 시간을 나를 찾으려고 헤맸었다는 것과 무게를 견디지 못하고 한쪽 끈 끝이 끊어져 나간 가방을 힘들게 가져오셨다는 것이다. 아버지는 술주정을 보통 2주 이상 지속하다 술과 끝장을 보고 나서 다시 1주일을 심히 누워 앓고 나서야 비로소 일어나시는데, 그날은 달랐던 것이다. 그날만은 정말 예외였던 것이다. 내가 기억하는 한 아버지의 술주정은 나를 찾아온 다음 며칠도 계속된 것 같다. 그러나 아버지가 점심 가방을 놓고 간 그 순간부터 내가 아버지에 대해 지녔던 깊은 골에서 조금 나와 화해의 실마리를 내 내면에서 찾게 되었다. 그 이후부터 나는 마음속에서 끊임없이 탈출하고 싶었던 내 가정의 상황을 서서히 받아들이기 시작하였다. 가족의 생계를 위해 아무런 역할을 못하시는 아버지에 대한 적의도 훨씬 줄어들기 시작하였고 점차 아버지의 생에 대한 이야기를 주워듣기 시작하였다.

아버지는 평남 성천군 구용면 운전리가 고향이시다. 8남매 중 일곱째로서 1.4 후퇴 때 오직 혼자만 내려오셨다. 그곳에서는 일제 식민 시대에 내려온 조혼제로 인해 약혼자가 있었으나 휴전선이 그어진 이후 결국은 다시 지금의 어머니와 결혼하셨다. 그의 고향에 대한 애착은 나와 남동생의 이름을 아버지의 고향 주소에서 따온 데서 보인다. 내 이름 '성용'은 바로 평남 '성천군 구용면 운전리'에서 앞에서부터 따온 것이고, 동생 '운용'은 '구용면 운전리'의 뒤로부터 따온 이름이다.

나에게 있어 혈육의 문제와 아버지 내면에 생생히 살아 있는 고향에 대한 실재를 충격적으로 접하게 된 것은 그 후 몇 년이 지나 MBC 방송사에서 방영한 '이산가족 찾기' 생방송을 몇 주간 경험하면서다. 아버지는 그 기간 TV에서 거의 눈을 떼지 않으셨고 재회 장면마다 뜨거운 눈물을 줄곧 흘리시곤 하셨다. 여의도 MBC 방송사 옆 광장에 이산가족 명단이 있다는 것을 아신 아버지를 따라 나는 광장에도 갔었다. 나에게 있어서 여의도에 있었던 한나절은 일생 지워지지 않는 기억으로 남아있다. 방송국 벽마다 헤아릴 수 없이 붙어 있던 사람 찾는 벽보들, 풍선에, 등에, 모자에, 가로수에, 심지어는 임시 화장실마저 꽉 채운 사람 찾는 종이들로 덮여 있었다.

그보다 더욱 저리도록 아픈 것은 거기에 모인 사람들의 애절한 눈빛들이었다. 며느리와 자식이 그곳 광장 거리에 죽치고 앉아 있는 어머니에게 '벌써 며칠째냐고, 병날 것 같으니 가서 잠시 집에 가서 쉬시고 오자'고 달래도 막무가내인 모습, 자식들이 밥을 날라 오고 심지어 화장실 간 사이에 찾는 사람이 지나갈까 봐 요강까지 부탁하는 어느 할머니의 모습! 갑자기 내 가슴이 찢어지며 엄청난 고통과 충격들이 뼛속으로 전해졌다. 그동안 내가 간과하고 살아왔던 살아 있는 실재인 이산가족의 현실! 아아… 누가, 그 무엇이 이 많은 무리를 이토록 아프고 힘들게 만들었단 말인가. 분노와 울분, 그리고 깊은 연민의 소용돌이 속에서 무어라 정리할 수 없는 북받치는 감정으로, 나는 더운 날씨에도 뼛속이 시린 한 기를 맞고 있었다. 그제야 나는 알게 되었다. 아버지도 피해자라는 사실을! 거의 막내로 자란 그가 어찌 이런 전쟁의 참화를 견딜 수 있었겠는가. 아무것도 준비되지 않은 채, 어느 순간 주변은 전쟁의 아수라장으로 돌변해 버린 것이었다.

1979년에 둘째 남동생이 그 당시 등록금이 가장 싼 서울 시립대에 들어가고, 상고를 나와 은행생활을 하던 나와 막내 여동생마저 1981년에 각각 대학에 들어가고 나자, 그때부터 아버지도 무슨 책임을 느끼셨는지 담배도 끊으시고 술도 끊으려고 부단히 노력하셨다. 아마도 우리가 사는 서울 삼양동 돌산 빈민촌의 열악한 환경에서 자식들이 나쁜 길로 가지 않고 각각 자기 운명과 싸우는 모습이 아버지께 어떤 각성을 준 게 아닌가 생각된다. 그 후 어쩌다가 술에 빠지시는 일도 있었지만 조금씩 아버지는 나아지셨고, 신앙생활로 돌아서면서 지금까지 보여준 길과는 다른 인생길로 들어서는 계기를 맞으셨다.

1991년 유학 이후 미국에 살면서 내가 부모님에게서 듣는 소식은 언제나 잘 있으니 염려 말고, 거기서 사는 것이나 열심히 하라는 전화를 통한 말씀이었다. 아마도 우리가 이곳에서 생활하기 쉽지 않음을 알고 있어서 걱정하지 않도록 하려는 배려였을 것이다. 그 후 아버지가 위암으로 수술하고 치료를 받는 동안에도 역시 모든 게 잘 돼가고 있으니 염려 마라는 소식만 들었다. 당시 집에서는 내 유학 생활에 큰 영향을 줄까 봐 일체 어려운 소식을 보내지 않도록 아버지의 엄명이 있었다고 나중에 전해 들었다.

그러다가 위암 수술 후 일 년이 지난 1996년 여름 초, 어머니 환갑 차 여행 겸 두 분이 미국으로 오셨다. 뉴욕의 존 에프 케네디 공항에 내려서

출구로 나오실 때 나는 말 그대로 팍 늙으시고 반쪽이 되신 아버지를 처음엔 알아보지를 못할 정도였다. 그만큼 암 치료가 힘들었다는 증거였다. 그 자리에서 또 한 번 가슴 저린 아픔을 나 홀로 삼켜야 했다. 내가 그토록 모르고 있었다니…. 한 달 동안 미국 필라델피아에 계시면서 아버지는 육체의 연약함과는 전혀 다른 모습을 보여주었다. 목사인 나 자신이 부끄러울 정도로 그는 생활에 대한 열렬한 감사와 찬양 그리고 기도 생활을 하셨고, 새벽부터 자는 시간까지 덤으로 사는 인생을 감사로 산다는 신념으로 순간순간을 정성으로 사시는 것이다. 그 짧은 동안의 만남 속에서 아버지는 과거엔 세상에 밀려 사셨지만, 지금은 모든 것을 극복한 상태로 일어서신 모습을 보여주셨다.

그동안 차도가 좋았던 위암이 갑작스럽게 나빠진 것은 미국 방문 다음 해 초 예기치 않았던 어머니의 급성 폐렴 때문이었다. 어머니가 2주일을 중환자실에서 의식 불명으로 있는 동안 아버지는 나을 것이라는 신념을 전화로 여러 차례 하셨고, 아버지의 극진한 기도와 병간호는 매일 새벽 첫차로 병원에 도착해서 저녁까지 이어졌다. 그 결과 어머니는 2주 만에 의식을 되찾으시고 기력을 조금씩 회복하셨다. 어머니가 퇴원하시고 한 달쯤 결국 아버지는 병간호의 여파로 기진해 누우셨고 암은 다시 급속도로 전신에 번지기 시작하였다. 그렇게 해서 아버지는 일생 어머니께 진 빚을 그의 마지막 온 힘을 다해 어머니를 간호함으로써 갚고 가시게 된 것이다. 어머니나 우리 형제들은 이구동성으로 아버지께서 어머니를 살려놓고 돌아가셨다고 했다.

아버지가 며칠째 밤에 나만 찾으셨다는 어머니의 전화 연락을 받고 나는 그 다음 날로 즉시 아내와 애들을 모두 데리고 비행기에 올라탔다. 이제 아버지의 여생이 얼마 안 남았다는 예감과 더불어 이제 겨우 회복세로 돌아선 어머니마저 아버지 병간호로 돌아가실지 모르기에 아내가 같이 가서 간호해야겠다는 주장 때문이었다. 아버지는 결국 내가 도착해서 꼭 일주일 만에 운명하셨다. 위암으로 혀까지 나와 굳어지는 그 상황에서, 내가 도착하고 나서 사흘 동안 그는 주로 고향 이야기와 6·25때 겪은 이야기를 들려주셨다. 이 이야기 모두는 처음으로 새롭게 알게 된 것으로, 그가 가슴 깊이 묻어 둔 것들이었다. 부모님이 학살당한 이야기부터 인민군에 있다가 다시 남쪽에 내려와 전향하여 국군 특수부대에 속하고 나서 종종 북파되어 첩보 활동을 하던 이야기들, 그리고 그가 신앙에서 다시금 소망을 얻고 신앙에 안착하기까지의 인생 여정을 듣게 되었다.

마지막 돌아가시는 순간에도 그는 고향에 대한 그리움에 살고 있었고, 다 회개는 하였다지만, 그가 인민군에서 국군으로 전향해 첩보 활동을 했던 실재 내용은 말하지 않아도, 그가 겪은 위험과 위기 상황은 짐작하고도 남았다. 가장 삶에 민감한 20대 초반 나이에, 자신을 키워주고 품어준 산하에 들어가 자신의 터전인 고향에 등을 돌리고 군사 정보를 수집하고 고향 땅을 해치게 하는 처지에 서게 되었으니 어느 누가 제정신으로 살 수 있단 말인가? 민족 분단은 평범한 한 개인의 영혼도 갈라놓고야 말았던 것이고, 그로 말미암아 우리 가족도 그 힘든 과정을 함께 받아야 했던 것이다. 아버지는 내가 도착한 지 셋째 날 오후부터 물도 안 드시고 말씀도 못하시며 복수가 차오르기 시작하였다. 그 후부터는 계속 신음뿐이셨고 입안도 거의 굳어가고 계셨다.

지금도 잊히지 않은 아버지의 마지막 말씀이 머릿속에 맴돈다. 사흘째 되는 날 낮에 아버지는 한동안 여시지 않은 입을 억지로 열어 가까스로 한 마디 내뱉으셨다. "지금 통일전망대에 나를 데려가 달라." 그러고서는 혼수상태로 들어가셨다. 나는 그때 아버지의 청을 들어줄 수가 없었다. 왜냐하면, 그날의 일기가 너무 불순한데다 조금만 움직여도 대단한 고통의 신음을 쏟아내시는데, 어떻게 움직일 수가 있겠는가. 그러나 아버지의 최후 말씀은 가끔 내 귓가를 스치며 그 후 기일이나, 구정과 추석 때면 어김없이 나타나곤 한다.

참으로 기이한 일이었다! 입천장이 굳어버리고 입술은 말라 갈라지며 치아까지 시꺼멓게 녹아 굳어가는 그 지경에서도, 마지막 온 힘을 내어 뱉은 한 마디가 휴전선 통일전망대에 가보고 싶다는 것이었으니…. 망향의 한 맺힌 그리움이 그토록 사무쳤을 줄이야. 그 말을 들으며 마주 잡았던 내 손끝을 타고 뜨거운 회한의 바다가 가슴 속에 넘쳐흘렀다. 그리고 대상을 알 수 없는 치미는 분노가 전신을 훑으며 지나갔다. 이토록 소박한 인간 본연의 소망이 어째서 가장 어렵고 불가능한 꿈이 되어버렸는가! 아버지의 임종 기간과 장례를 거치면서 나는 여러 사람으로부터 아버지에 대한 최근의 이야기를 전해 듣고 아버지가 그의 끝 몇 년을 어떻게 보냈는지를 대강 알 수 있었다. 그분은 암 판정을 받으시고 나서 남은 일생을 상심하고 병든 사람을 찾아가 위로하는 데 정성을 다하였고, 할 수 있는 순간까지 아무 내색하지 않으시고 교회에서 남선교회 일을 책임져 모임 안내와 선교회 사업에 기력이 있는 기간까지 애를 쓰셨던 것이다. 영안실에서 눈물을 흘리던 여러 교회 식구들과 그의 친구들이 보여준 아버지에 대한 석별의 정은 잊히지가 않는다. 아버지는 일생 진 빚을 어머니에게만 갚은 것이 아니었다. 바로 아버지가 암 투병을 하던 몇 년의 헌신적인 삶을 통해 그동안 내 안에 있었던 잊힌 아버지상을 다시 회복해주시고 이제야 비로소 아버지를 존경의 언어로 부를 수 있게 하시고 가신 것이다. 그동안 내가 남몰래 아버지를 얼마나 부끄러워하고 증오했던가! 그가 아버지상을 내게 되찾아주시고 가신 것은 내게 주신 그의 가장 큰 선물이다. 강화도 어느 야산의 자투리 묏자리를 사서 안장하고 난 뒤 홀로 묘 앞에 서서 나는 형용할 수 없는 목멤에 파묻혔다. 임종과 장례식에도 나지 않던 눈물이 묘에 안장하고 나서 다들 되돌아간 뒤에 비로소 주체할 수 없이 뜨겁게 내리흘렀다.

더는 아버지를 부끄러워하지 않으리라! 아버지와 자식으로서 나와의 관계는 완전히 회복되었다. 아아… 누가 이 고백의 의미를 알겠는가. 그동안 아버지로 말미암아 참으로 힘들었던 삼십여 년간의 맺히고 맺힌 아픔과 절망의 응결이 풀려나가는 나의 이 고백을 누가 과연 이해할 수 있겠는가? 아버지는 평소에 화장해 달라 하셨고 유언으로까지 남기셨지만, 어머니께서 너무 허망하여 자신이 견딜 수 없다고 하여서 결국은 어머니 고향인 강화도 어느 야산에 묘소를 얻게 된 것이다. 그러나 나는 아버지께 그 자리에서 약속하였다. 잠시만 여기 계셔달라고. 내 생전 기필코 아버지의 고향인 평남 성천에 다시 묻어 드리겠다고….

비행기를 타고 미국으로 돌아가는 길 내내, 그리고 유학이 끝나고 귀국한 지금까지도 종종 아버지의 마지막 말씀이 무겁게 나를 내리누르곤 한다. 무언가 내가 해야 할 일이 있다는 것을 자각시켜주고 있기 때문이다. 사실 내 아버지의 이야기는 남에게는 시시하게 느껴지는 평범한 한 개인의 삶일 것이다. 그러나 그런 평범한 인간을 평범한 인생조차 제대로 못 살게 하고 결국은 나의 인생 반평생도 어두운 그늘로 덮게 한 것이 단지 개인의 윤리적 문제만은 아니었던 것이다. 그분의 이야기 뒤에는 자식으로서도 다 이해하지 못한 한 개인의 운명 뒤에 민족의 분단이라는 고통이 얼마나 크게 작용했으며 심지어 후세대에도 얼마나 아픈 상처를 주었는지 깨닫게 해준다. 아버지가 일생 전체를 이 때문에 힘들어하며 사셨고, 자식인 나도 일생 절반이 힘들었던 것이다. 그렇게 부자지간을 힘들게 한 원인을 나는 아버지 탓으로 돌리고 아버지의 무능과 술 중독을 비난하면서 살아온 것이었다. 이제야 이해하게 된 것은 아버지 자신도 견디기 어려운 인생을 그 누구의 아무런 위로 없이 사셨다는 것이다.

이번 추석에 오신 어머니께서 아버지의 술주정에 대한 비밀을 얘기해 주셨다. 그전에는 아버지가 술주정은 없으셨다고 했다. 그런데 정보부에 관련된 일특수 첩보 활동으로 아버지는 케로부대, 다른 말로는 8240부대 소속이었음. KLO-Korea Liasion Office는ㆍ미국 CIA 소속 계급 없는 부대로 주로 북한 청년들을 모집하여 북파공작임무를 줌을 하면서 이북을 자주 넘어가게 되면서부터 언제 죽을지 모르는 상황에 처하자 술주정을 하기 시작했다는 것이다. 이 사실도 아버지가 돌아가시기 직전 내가 오기 전에 어머니께 미안하다고 고백하며 말한 것이어서 어머니도 몰랐던 일이라는 것이다. 그러니까 북에서 넘어온 청년이 다시 간첩질을 하게 되면서부터, 미래를 알지 못하니까 받은 돈을 술로 날려 보낸 것이었고, 이는 아내에게도 죽을 때까지 숨기고 있던 비밀이었던 것이다.

거칠게 내리쏟던 비가 그치고 이곳 광교산 나무숲들의 녹염이 더욱 가까이 다가온다. 이미 가을의 전령은 일부 나뭇잎을 바닥에 흩뿌리면서 알몸으로 하늘을 맞이하기 시작하고 있다. 지나온 기억의 무거운 이파리들이 하나씩 나에게서 떨어져 나가 이제는 텅 빈 알몸으로 하늘 앞에 서고 싶다. 아팠던 생채기들, 내리쏟던 거친 운명의 빗줄기들을 뒤돌아보면서 아픔으로 새롭게 실재를 볼 수 있는 눈을 허락해준 것에 감사하며 이제는 잘 가라고 굿바이를 하고자 한다. 한때는 아프고 힘들었지만, 이제는 커오는 두 딸을 보면서 나의 후세대에 대한 책임 앞에 서리라.

나의 어두운 과거 이야기가 지금의 비폭력 활동에 대한 통찰과 책임에 대한 헌신으로 이어진다는 것을 이해하기는 매우 긴 여정이 걸렸다. 집안 아버지의 알코올 중독과 케로부대 활동 전력의 가족사가 겪는 분단의 불행이라는 어두운 그림자, 그리고 미국 유학 중 마지막 학기에 일어난 9.11사태와 퀘이커 영성센터 펜들힐의 경험 이야기들은 합류되면서 2010

년대를 살고 오십대 중반을 넘어서는 지금의 나에게 하나의 새로운 물줄기로 솟구쳐 올라오고 있다.

내가 내 삶에서 일어난 일들에 대해 역사적 교훈과 방향성을 읽어내지 못한다면 특정한 공간과 시간에 있게 된 이유를 잊게 되리라. 일상에서 징조를 읽어내고 그것에 대해 마음을 내고 발을 내딛는 실습으로 처음엔 모호하고 안 잡히던 비폭력 실천의 길이 점차 오롯이 다가와 몸에 배게 되고, 이제는 내 운명으로서 자리 잡게 된 것에 대해 감사하다. 그리고 처음에 쓰렸던 경험이 무엇을 살아야 하는지에 대한 통찰의 선물로 다가온 것이 무척이나 다행스럽다. 그렇게 됨으로써 나는 내 삶과 내 부모, 그리고 역사와 화해의 과정을 밟게 되었기 때문이다.

7. 바닥에서 신앙을 실천한 테레사와 푸코

신을 만나는 새로운 자리 '뒤'와 '아래'

기독교 신앙의 근본은 신을 어디서 어떻게 만나는가에 대한 이해에서 출발한다. 이 인식은 사회적으로 고난받는 여러 무리의 계층인 하비루라는 민족 집단들이 하나의 사명 공동체로서 '이스라엘'이란 이름으로 새롭게 태어난 비결이며, 신약에서 '복음-기쁜 소식'이라는 새로운 부름을 통해 유대인들 일부가 새 이스라엘을 자각하여 기독교인으로 전환된 가장 근본적인 사건이기도 하다. 또한, 우리가 신앙하는 그분이 어떤 분이신지 알게 된다.

신약에서는 두 사형수와 함께 해골산 골고다에서 당시 로마법에서 가장 극형인 십자가형을 받으신 분을 우리의 구주라고 신앙 고백하면서 새로운 이스라엘로 기독교의 출발점이 이루어진다. 기독교의 본질을 이해하는 데에 가장 근본적인 이 두 경험은 최소한 우리에게 고통과 상실, 어둠과 폭력의 내적이고도 사회적인 상황에서 기독교가 태동하였다는 진실을 말해주고 있다.

그러나 이러한 근본 경험은 역사적 변천을 통해 사라지고 만다. 기독교 역사에서 가장 중요한 전환점은 바로 콘스탄티누스 황제가 4세기 초에 십자가를 전쟁터에서 자신의 정적을 무찌르는 상징으로 쓰면서 시작되었다. 이때부터 카타콤이라는 지하 교회로서 기독교가 황제의 '밀라

노 칙령'에 의해 로마의 국가종교, 제국의 종교로 바뀌면서 왕과 귀족들의 지배적 삶을 지지하는 이념 종교로 바뀌게 된다. 그 이후 중세기의 교회 형태가 '위'를 향한 고딕식이었듯이, 권위와 힘을 지지하는 종교로 발전한 기독교의 신앙과 신학은 노예인 하비루와 십자가 옆의 두 사형수와 함께함이라는 인식을 잃어버리고, 기독교는 교황이이름 그대로 왕보다 높은 황제가 세상 권력 위에서 다스리고 통치하는 1천여 년의 긴 세월을 지속하게 되었다. 프로테스탄트는 바로 이 '위'에 대한 거부에서 나오려는 몸부림이었지만 우리의 현실과 교회의 모습은 이 '위'를 향한 숭배의 자취가 아직도 강하게 남아 있어서 여전히 교권 정치의 현실을 보고 있다.

위로 향하는 영성

우리 신앙에서 중요한 비중을 차지하고 있고, 지금까지 신앙의 주류 모델이 되었던 '위' 그리고 '앞'을 지지한 성서 이야기의 예는 바로 야곱의 사닥다리창28: 10-19 꿈에 대한 잘못된 이해에 있다.

그는 아버지 이삭의 축복을 가로챘다는 이유로 집에서 추방되어 삼촌 라반의 집으로 가는데, 빈들에서 밤을 맞이하면서 돌베개로 잠을 잔 그곳에서 사닥다리 꿈 체험을 하였다. 그리하여 그곳을 그는 '하느님의 집' 벧엘이라 부르게 된다. 이 체험의 원래 성격은 사실상 후손 지향적, 땅 지향적이며 대지와 밀착된 꿈이었고 실상 돌베개를 베는 '바닥'의 체험, 빈들이 신과 연관된 장소라는 체험이었다. 그리고 나중에 얍복 강가에서 다시 나오듯이 모든 소유와 가족들을 앞으로 보내고 자신은 뒤에 남아 '뒤로 처진 자'가 되는 것이었다. 그러나 이것이 후대 기독교 신앙 전통에서는 그리스적 사고일자와의 일치와 제국 종교가 된 기독교의 영향을 받아서 초월적인 하느님을 경험하기 위해 대지에서 벗어나 위로 향하는 것으로 변질한다.

중세의 고딕식 성당 건축을 보면 하늘, 위를 추구하며 끊임없이 위의 것을 사모하고 육과 땅을 부정한 것을 알 수 있다. 야곱의 사다리를 잘 못 해석하면서 하느님과 교제는 상승의 길을 통해서고 한 계단 한 계단 올라감이 신앙의 단계로 표현되었으며, 하강은 선the good 으로부터 멀어 짐, 결여, 추함, 어둠을 뜻하게 되었다. 이는 또한 신학과 기도 체험에서 도 나타난다. 묵상과 기도는 위로 올라감, 하느님에게로 올라감을 의미 하지 하느님께로 내려감은 아니다. 따라서 신앙의 과제는 위로 향하는 완전의 추구에 놓이게 된다. 그 결과로 소수 영적 엘리트가 중요해졌는 데, 원래 이는 야곱과는 상관없었다.

신앙이 어느 단계에 있는지 판단하는 척도는 '위로 오르기' 와 '앞으로 나아가기' 의 영성의 정도에 따라 결정되었다. 이는 점차 위를 성역화하 게 되며 꼭대기는 거룩하고, 이 꼭대기에 있는 사람과 앞으로 나아간 사 람이 다른 사람들의 행위와 상호 작용을 가름하는 척도와 규범이 되었 다.

앞으로 향하는 영성

'위를 향하는' 신앙 전통은 근대의 이성과 계몽주의, 역사적 진보주의 등의 영향으로 '앞' 을 향한 신앙관을 형성한다. 그러나 이런 움직임은 '위' 가 '앞' 으로 방향만 바뀌었지 그 내용은 똑같은 것이었다.

가나안으로 진군하는 하느님으로 이해된 출애굽의 하느님은 진군하 고 앞으로 가는 하느님이 아니라 '함께하시는' 하느님을 의미했다. 전진 과는 상관이 없으신 분이다. 2–3주면 갈 수 있는 가나안 진입을 40년이 걸리게 하신 점을 보면 알 수 있다. 전진이 아니라 함께하심이 초점이다. 그러나 앞으로 전진하는 하나님을 앞에 있는 것들을 쳐 없애버림, 적을 징벌하고 도륙하며 상대를 정복하는 하나님으로 이해하면서 기독교 신앙은 앞으로 빨리 나간 자, 많이 성취한 자, 그것이 학문적이든 사회적이든 종교적이든 뭔가를 이룬 자들을 지지하는 '앞'으로 가는 신앙으로 받아들였다. 이러한 앞을 향한 무서운 질주는 자본주의의 핵심 에너지원이 되면서 수많은 동물의 목소리 없는 죽음을, 거대한 쓰레기와 상처, 그리고 죽음의 잔해들, 약자들의 뒤처짐을 남기고도 무감각해지는 대다수 기독교인을 만들어놓았다.

대안인 '뒤'와 '아래'의 영성

모세가 40년을 광야에서 방황하다 시내산에서 십계명을 받고 새 언약 공동체로서 이스라엘로 시작하는 첫 순간에 회막 안에서 여호와를 만나 묻는다. "내가 참으로 주의 목전에 은총을 입었사오면 원하건대 주의 길을 내게 보이사 내게 주를 알리시고 나로 주의 목전에 은총을 입게 하시며 이 족속을 주의 백성으로 여기소서." 주의 길을 내게 보여 달라는 모세의 요청에 여호와 하나님은 대답하셨다.

> "보라, 내 곁에 한 장소가 있으니 너는 그 반석 위에 서라. 내 영광이 지나갈 때에 내가 너를 반석 틈에 두고 내가 지나도록 내 손으로 너를 덮었다가 손을 거두리니 네가 내 등을 볼 것이요 얼굴은 보지 못하리라." 출33:21-23

얼굴과 얼굴을 맞대는 '앞'으로의 길이 아니라 등을 통해, '뒤'를 통해 하나님을 만나는 모세의 이야기가 여기에 나온다. 그리고 그는 약속의 땅에 들어가지 않고 그의 후계자 여호수아에게 전권을 물려주며 '뒤'에 남는 자가 되었다. '위'와 '앞'이 초월, 영광, 장엄함, 신비, 풍부함, 무상을 넘는 불멸의 광희를 말한다면 '아래' '뒤'는 어둠, 비신비, 더러움, 약함, 육의 실재다. 야곱과 모세의 이야기는 바로 바닥에 머리를 대고 바닥에서 신발을 벗으면서 거룩한 이 땅 위의 삶에서 신을 만난다는 새로운 길을 열게 된 것이다.

그러기에 예언자들은 '앞'의 뻔지르르함 뒤에 처진, 아무도 상관하지 않은 '뒤'의 인생들과부, 고아, 나그네, 이방인들에 주목할 것을 거듭 증언하고 있다. 이 이야기는 다시금 부활의 주님을 만나는 엠마오의 두 제자 이야기에서 다시 출현한다. 한때 열정을 품고 예루살렘을 향하여 정면으로 걸어가던 예수의 제자들이었으나 이제는 예루살렘을 등지고 뒤를 향해 걷는 제자들이 되었다. 성전이 있는 예루살렘이라는 '앞'을 등지고 '뒤'로 가는 그 상심과 낙담의 경험 속에 한 낯선 자가 말을 걸어왔다. 땅거미가 찾아들자 가던 길을 멈추고 민박을 하면서 이상에 대한 열정이 아니라 힘들어하는 동료를 보고 강한 연민이 솟구치며 서로 품을 수 있는 각성이 일어난다. 부활하신 주심은 그렇게 '뒤'로 향하는 자에게 맨 처음 나타나셨다.

이야기를 제자에서 예수님께로 돌려보면, 우리는 그리스도 탄생의 이야기 속에서 이것을 다시금 발견한다. 천사들의 고지처럼 바닥에 놓인 자가 그리스도임을 알린다. 곧 "구유에 놓인 분이 그리스도임을 알아보는 표적이 될 것이다"인 것이다. 또한 이러한 '뒤'와 '바닥'의 수행을 제자들에게 몸소 보인 것이다. 잡히기 마지막 밤에는 제자들과 만찬을 하고 나서 수건과 대야로 몸소 허리를 구부려 '아래'에서 제자들의 발을 닦아주면서 "내가 행한 것처럼 너희도 행하라"고 말씀하셨다. '아래'를 통해 주의 길을 알게 된다. 그래서 영으로 그리스도를 만난 사도 바울은 빌립보서 2장의 그리스도의 겸비, 케노시스 사상, 하락의 하나님을 증언한다. "하나님과 동등한 본체이시나 자신을 비우고 낮추어 죽기까지 복종하였으니 곧 십자가에 죽으심이라."

　모세가 물었던 '주의 길을 알려주소서.' 그리고 그리스도가 우리에게
물었던 '너희는 나를 누구라 하느냐?' 라는 이 질문에 우선 요청되는 것
은 그리스도를 어디에서 어떻게 만나는가에 대한 시각의 교정이다. 그
리스도는 뒷골목으로 오셔서 초라한 모습으로 '뒤' 와 '아래' 의 길을 걸
으신다. '뒤' 와 '아래' 에 있기에 쉽게 무시할 수 있다고 생각할 때, 바로
그 뒤와 아래의 길이 우리를 구원할 수 있는 그리스도의 길이 된다. 신의
'등' 그리고 그리스도의 '아래' 를 통해 그분을 대면할 수 있다는 것은 바
로 '뒤' 와 '아래' 라는 인간의 상황들어둠, 잊힘, 버려짐, 낮음, 가난, 상처받음,
눈물이 신을 대면하는 성소가 됨을 의미한다. 우리가 오늘날 신을 다시
만나고 그분을 체험할 수 있는 곳도 바로 우리가 '뒤' 와 '아래' 에 눈을
뜰 때 가능하다.

　하늘 천사의 증언은 "구유에 놓인 그가 구세주이다"였다. 즉, 가장 아
래 '바닥' 에 놓인 자가 그분이시라는 게 성서의 메시지이다. '뒤' 에 해당
하는 엠마오로 걸어감을 통해 우리는 어떤 낯선 자가 나와 함께 이미 길
을 걷고 있음을 경험한다. 그리고 그 '뒤' 로 걸어감을 통해 우리는 새로
운 변화를 체험하게 된다. "그들의 눈이 밝아져 그분을 알아보게" 되었
다. 거칠고 연약하며 빛을 잃은 궁지의 상황 속에서 제대로 눈을 뜬다면
때로는 뜻밖의 보물을 얻게 된다. 그것은 하느님의 '뒷모습' 이다. '뒤' 를
통해서도 하느님께 닿는 길이 열려 있음을 깨닫게 된다면 그 얼마나 위
로가 되는 인생일 것인가.

　가말리엘 문하의 제자이자 유대인 중의 유대인으로서 최고의 학문적
성취와 가문을 지니고 앞으로 질주하던 바울은 다마스쿠스로 가던 길에
서 낙마하여 인생이 바뀌었다. 바닥에 고꾸라진 경험을 통해 그 바닥으
로부터 새로운 눈을 얻은 것이다. 인간의 어리석음과 죄의 참상, 신앙인

의 고집불통과 이방인들의 아픔, 그리고 자연계의 우주적 고통이라는 하느님의 '뒤'를 경험하면서 뒤에 있는 자, 꼴찌들을 위한 사도로서 삶을 시작하게 된다. 그가 경험한 것을 한마디로 말하자면 "죄가 있는 곳에 은총이 풍성하다"라는 체험이다. 말 위에서 떨어지면서 특권이 아니라 헌신의 길, 분열이 아니라 화해 일치의 길, 매 맞고 강도 만나며 지쳐도 일어서는 길을 얻은 것이다. '뒤'와 '바닥'은 낙오의 자리가 아니라 새로운 시작의 자리이며, 신에게 가장 가까운 거리다.

뒤와 바닥의 실천, 마더 테레사와 샤를 드 푸코

우리가 거의 잊고 살았던 '뒤'와 '바닥'의 신앙 수행의 길이 현대에 와서 다시 꽃피게 된 것은 마더 테레사와 샤를 드 푸코라는 성인의 삶이 알려지면서다. 영국 BBC 방송을 통해 소개되면서 유명세를 타고 세상의 칭송을 받게 된 마더 테레사는 실제로 어둠과 누추함을 신의 사랑의 불꽃으로 밝히신 분이다. '어둠의 성인'이던 그는 가난과 고통 그리고 어둠을 그리스도의 십자가와 동일시함으로써 가난한 자들 안에서 신을 보고 그들을 신으로 섬겼다. 소유한 것 없이 가장 넘치는 사랑의 삶을 살았던 그녀의 삶의 비결은 바로 '작은 자에게 해준 것이 나에게 해준 것'이란 복음의 말씀에 따라 '익명의 그리스도'를 모두에게서 보고 그들 안에서 그리스도를 섬겼기 때문이다.

그녀가 명상과 고요 속에서 수행하던 수녀원을 나와서 콜카타 빈민들 속으로 들어가 병든 사람과 버림받은 사람들을 돌보게 된 결정적인 전환점은 바로 36세인 1946년 9월 10일의 일이다. 바로 그녀가 '사랑의 선교회'의 출발점이자 '부름 속의 부름'이라고 지칭한 사건인데, 피정을 위해 콜카타의 로레토 수녀원을 떠나 삼등 열차에 몸을 싣고 다르질링을 향해 가는 도중에 복음서 마태 25장 31절을 읽다가 이 말씀들에서 폐부를 꿰뚫는 감전되는 듯한 메시지를 들은 것이다. 어거스틴이나 마틴 루터가 성서 말씀에서 극적 체험을 한 것처럼, "저 역시 성 마태오의 거룩한 말씀의 광채에 멈추어 서서 주님의 목소리를 듣지 않을 수가 없었습니다"라고 테레사는 고백하였다.

"너희는 내가 굶주렸을 때에 먹을 것을 주었고, 목말랐을 때 마실 것을 주었으며, 나그네 되었을 때 따뜻하게 맞이해주었다. 또 헐벗었을 때 입을 것을 주었으며, 병들었을 때 돌보아주었고, 감옥에 갇혔을 때 찾아와 주었다…. 너희가 여기 있는 형제 중에 가장 보잘것없는 사람 하나에게 해 준 것이 바로 나에게 해준 것이다."

그녀는 성서를 덮고 묵상 기도 속에 잠겨 들어갔다. "가장 보잘것없는 사람 하나에 해준 것이 바로 나에게 해준 것이다." 이 말씀이 가슴에 꽂히게 되었다. 그리하여 자신의 위로조차 포기하고 비참하고 불행한 한 사람 한 사람 안에 살고 계신 사랑하는 임그리스도을 사랑하고 그를 위해 일하고 그를 돌봐드려야 한다는 내적인 목소리를 듣고, 대주교의 길고 어려운 수락의 과정을 통해 마침내 1948년 4월에 교황청으로부터 허락받아 8월 18일에 수녀원을 등지고 의지할 자 없이 홀로 집도 없이 가난한 자를 찾아 세상 속으로, 거리로 나서게 된다.

그녀가 시작한 곳은 콜카타의 한 지역인 모티즈 힐에서였다. 빈민가인 이곳은 구정물, 가난, 무지, 질병, 버림받음, 타락이 난무한 곳이었다. 처음으로 가난의 뼈저린 현실을 경험하면서 그들의 불안과 고뇌를 난생처음 실감하게 된다. 마더 테레사는 버림받은 사람들, 고통에 신음하는 사람들, 아무도 원하지 않는 사람들을 찾아가 그들 안에서 예수님을 찾고, 이들 안에서 사랑과 헌신의 물 한 방울 없어 '목마르다'라고 외치는 예수님을 알아보는 일을 시작하였다. '음지'와 '바닥'에 그리스도를 만나는 성소를 세운 것이다. 다른 사람들이 피하는 힘들고 어려운 일, 가장 더러운 일은 늘 그의 몫이었다. 하지만, 마더 테레사는 언제나 미소를 잃지 않았다. 가난한 버림받은 사람들이 평화롭고 행복하게 삶을 마감할 수 있는 집인 '니르말 흘리다이' 임종자의 집를 여는 것을 시작으로 '병자와 고통받는 사람들의 협력자회', '사랑의 선교회' 본부인 '마더 하우스', '마더 테레사 협력자회', 버림받은 아이들을 돌보기 위한 '어린이들의 집', 나병환자 공동체와 '평화의 마을', 알코올 중독자들을 치료하기 위한 집, 원주민을 위한 집, 팔레스타인 난민 구호의 집 등을 연달아 열고 동구권과 남미 등 수많은 나라에서 구호 센터를 열었다.

이러한 사랑의 실천에는 예수님을 더러운 구유, '바닥'에 있는 자, 코를 막지 않고는 다가갈 수 없는 그런 사람들 가운데서 신을 발견해야 한다는, 가난한 이들과 그리스도를 동일시하는 신앙적 체험이 그녀의 중심에 있었다. "나병환자든 죽어가는 사람이든 불구자든 사랑받지 못하는 사람이든 소외된 사람이든 그 누구든지 간에 그 사람은 우리에게 가장 가난한 사람의 고통스러운 모습을 취하신 그리스도이시다." 그녀는 이렇게 말한다. 사랑의 수녀회에 지원자가 들어오면 테레사는 그 사람의 오른손을 잡고 손가락을 다 펴게 한 다음, 하나하나 꼽으면서 다음 '손가락 복음'의 다섯 단어를 말한다. "그것이 바로 나에게 해준 것이다.You did it to me"마 25:40 지원자와 테레사는 그 다섯 단어를 함께 반복하고 함께 웃는다. 이 말은 구역질이 날 정도로 더러운 사람들을 만지고 씻어주고 섬길 때 어쩔 수 없이 생기는 반감을 없애주는 만병통치약이 된다. 그들이 가진 것은 묵주, 십자가, 접시, 사리 세 벌뿐이지만 이 다섯 손가락 복음은 그들에게 사랑과 즐거움의 무한한 원천이 되어 고통받는 가난한 자들을 섬기게 된다. 이 다섯 손가락의 복음은 테레사 자신의 영적 어둠의 경험인 '버려짐'과 '메마름'을 인도하는 자가 되어 그 내적 어둠은 결국 정화되며 깊이를 얻게 되었다. 단순히 인간 사회에서 짓밟히고 내버려진 이들을 돌보는 데 그치지 않고 '뒤'와 '바닥'의 수행을 통해 십자가에 달리시는 그리스도의 고난, 즉 '아무도 원하지 않고 사랑하지 않고 돌보지 않는' 그리스도의 목마름에 대한 고통을 간직한 것이다.

그래서 죽음을 맞이한 1997년 9월 5일까지 20년간 심장병과 싸워 허약한 몸에도 불구하고 그 어둠과 고통을 그리스도에게 바치고 전 세계를 돌면서 가난한 이들을 위해 섬김과 위로의 활동을 할 수 있었다. 이미 2001년에는 그녀를 따르려고 3천 5백 명의 수녀와 약 4백 명의 수사, 1천 명의 선교 활동가, 169개의 교육기관, 1,369개의 진료소, 755개의 수도원이 생긴다.

바닥에 누워있는 자와 함께한 그녀의 이야기는 '어둡고 누추한 곳에 켜진 등불'이란 이야기로 알려져 있다.

저는 버크에 와서 처음으로 수녀님들을 만났을 때를 결코 잊지 못할 것입니다.

우리는 버크 외곽으로 나갔습니다. 외곽의 넓은 지정 구역에서는 오스트레일리아 원주민들이 양철과 낡은 마분지 등으로 만든 아주 작은 오두막에 살고 있었습니다. 저는 그 작은 오두막 중 한 곳으로 들어갔습니다. 제가 그곳을 집이라고 부르지만 사실 그것은 방 한 칸에 지나지 않았습니다. 방 한 칸에 모든 살림이 다 있었습니다. 저는 그 집에 사는 남자에게 말했습니다.

"제가 당신 잠자리를 정리하고 옷을 빨고 방을 청소하게 해주세요."

그러나 그 사람은 계속 "저는 괜찮아요. 괜찮습니다."라고만 말했습니다. 그래서 제가 말했습니다.

"저에게 허락해주면 더욱 괜찮아지실 거예요."

그러자 마침내 그가 허락해주었습니다. 그는 주머니에서 낡은 봉투를 하나, 또 하나, 또 하나 꺼내더니 하나씩 열기 시작했습니다. 바로 그 안에는 그 사람 아버지의 작은 사진이 들어 있었습니다. 그가 내게 사진을 보여주었습니다. 나는 사진 속 얼굴과 그 사람의 얼굴을 번갈아 본 다음 이렇게 말했습니다.

"아버지를 정말 많이 닮으셨네요."

내가 그의 얼굴에서 아버지와 닮은 점을 발견하자 그는 무척 기뻐했습니다. 저는 사진에 축복한 다음 돌려주었습니다. 두 번째 봉투, 세 번째 봉투에 든 사진에도 축복을 내리고 나자 사진은 다시 그의 주머니 속으로, 시장에서 가장 가까운 곳으로 들어갔습니다.

나는 방을 청소하다가 방구석에서 먼지가 가득 쌓인 커다란 램프를 발견했습니다.

"이 램프는 안 써요? 정말 아름다운 램프네요. 안 쓰세요?"

그러자 그가 대답했습니다.

"누구를 위해서 램프를 켜겠습니까? 몇 달이 지나고 몇 달이 지나고 또 몇 달이 지나도 아무도 찾아오지 않았습니다. 누구를 위해 그걸 켠단 말입니까?"

그래서 내가 말했습니다.

"수녀님들이 오시면 켜시겠어요?"

그가 말했습니다.

"예."

그래서 하루에 5분에서 10분 정도에 불과했지만, 수녀님들이 그 사람을 찾아가기 시작했습니다. 수녀님들이 램프에 불을 밝히기 시작했습니다. 얼마 후 그 사람은 램프를 켜는 습관이 들었습니다. 서서히, 아주 서서히, 수녀님들은 그 사람을 찾아가지 않게 되었습니다. 하지만, 아침에 그를 찾아가서 만나곤 했습니다. 저는 그 후 그 사람에 대해서 까맣게 잊고 있었는데, 2년 후에 그가 소식을 전해왔습니다.

"마더에게 말해주세요. 마더가 제 인생에 켠 불빛이 아직 타오르고 있다고요."

테레사는 종종 강론을 통해 말했다. 어둡고 미천한 곳은 신성을 내포하고 있다. 왜냐하면, 예수는 어둡고 누추한 마구간 구유에 누워 있었으니까.

"누추한 곳은 램프를 감추고 있습니다.
작고 익명의 사람이 길을 열어줍니다.
따라서 내가 작은 자에게 해준 것은 그에게 돌아가는 것이 아니라
나를 회복시켜줍니다. 메마른 내 일상 속에 이야기를 찾았으니까요.
내어줌과 봉사로 상대가 고마워해야 할 일이 아닙니다.
정작 그가 나의 도움을 받아준 것이 나에겐 진정 고마운 것입니다.
빛은 나도 경험하는 것이니까요…."

샤를 드 푸코의 예도 특이하다. 그의 삶이 특이한 것은 살아생전 아무런 제자도 없이 죽었으나 사후에 시간이 가면 갈수록 그의 영향력이 생겨나면서 그의 통찰에 영감 받아 세계 곳곳에서 20개 가까운 다양한 재속 수도회들이 생겨나고 있기 때문이다. 그는 '낮은 곳'과 '마지막 자리'에서 신의 현존을 발견하고, 형제 성소와 세속의 성화라는 새로운 현대 영성의 샘을 판 사람이었다.

샤를 드 푸코가 살던 19세기 말과 20세기 초는 식민 시장의 쟁탈과 군국주의의 부활, 국가 간 전쟁과 계급 투쟁, 인종과 이념 간 갈등으로 황폐해지고 분열의 골이 깊어져 가는 시대였다. 그는 방황하면서 극도의

쾌락주의와 무질서의 삶에 빠져 살았지만, 예루살렘 성지 순례를 통해 신의 아들이 사람 되어 사셨던 그 장소에서 강생과 육화의 신비에 대한 종교적 확신을 경험한 뒤 어떻게 살아야 할 것인지에 대한 인식론적 통찰을 얻게 된다. 이 나사렛 순례를 통해 위블랭 신부의 강론 메시지인 "주님은 더는 내려갈 수 없을 만큼 철저하게 마지막 자리를 차지하셨기에 아무도 그 자리를 빼앗을 수 없습니다"라는 말이 영혼 속에 각인되어 이를 구체화하려는 헌신의 동기를 받게 된다. 그가 이 순례에서 발견한 것은 '나사렛의 숭고한 노동자의 겸허하고 숨겨진 삶'이라는 강생과 육화의 신비였다.

　그가 말한 바로 나사렛의 예수는 무한한 겸손, 곧 무한하시고 완전한 분이 이 땅에 한 인간으로, 그것도 가장 보잘것없는 초라한 분으로 나타나셨다. 그리고 그는 위대함에 연연하지 않고 존경에서 초탈하며, 아무도 알지 못하게 나사렛 사람들과 어울려 노동하시며 사셨다. 최악의 치욕 속에서 돌아가셨다는 강생의 신비에 매료되어 그는 이렇게 고백하였다. "나는 비천과 무명 속에서 알려지지 않은 채 가난한 장인으로 사셨던 우리 주님의 발길이 다녔던 나사렛의 거리를 걸으며 나 자신이 예감하고 상상했던 삶을 살고 싶은 갈증에 불타고 있습니다." '종은 주인보다 크지 못하다.'라는 신념으로 그는 주인이 한 것처럼 작아지기 위해 마지막 자리를 찾기 시작하였고, 가난과 비천, 고통과 고독, 그리고 버림받는 삶을 성실히 추구하였다. 이 육화의 신비야말로 샤를에게는 신의 궁극적 선을 표현하는 삶으로 이해되었고 '비천'과 '낮은 자리'야말로 성소, 신의 현존의 장소임을 깨닫게 된다. 그는 이렇게 말한다.

　"예수님께서는 부모를 따라 나사렛으로 내려오셨습니다. 주님께서는 일생 '내려오는' 일만을 하셨습니다. 육화하며 내려오시고, 어린 아기가 되어 내려오시고, 순종하며 내려오시고, 가난한 자 되며 내려오시고, 버림받으며 내려오시고, 피난 가며 내려오시고, 박해받으며 내려오시고, 사형 인도받으며 내려오시고…. 항상 마지막 자리를 선택하시며 낮은 곳으로 내려오셨습니다."

샤를의 직감은 바로 이렇게 '낮은 자리'를 추구하는 것이 그리스도교 계시의 본질이며, 그것을 단순히 말이나 개념이 아니라 실천 근거이자 과제로 받아들였다는 점에서 현대 그리스도교 영성과 성소에 대한 새로운 지평과 갱신의 에너지를 얻게 되는 것이다. 낮은 자에게서 그리스도의 모습을 보고, 겸손과 존경 그리고 세심한 배려로 그들을 대해 새로운 성소의 길을 열었다. 성체에서 신을 만나는 '성체성소'를 지키며 기도하는 생활을 추구했지만, 또한 일상에서 가난한 자를 섬기며 사랑 속에 신을 만난다는 '형제성소장소가 아니라 관계가 성전이란 뜻'의 새로운 수행의 길이 열리게 된 것이다.

복음서의 꾸준한 묵상을 통해 샤를은 신을 사랑할수록 이웃을, 특히 작은 자들을 더욱 사랑하게 된다는 육화와 강생의 신비에 심취된다. 따라서 그가 순명을 이야기할 때 이는 사랑의 단계에서 가장 끝 단계인 '자기가 더는 존재하지 않고 완전히 낮추어지는 단계' 곧 예수처럼 십자가에서 자신이 죽는 단계라고 고백한다. 그는 이를 위해 "비천함과 가난함과 천한 육체노동의 길을 따르는 것"을 실행하려고 수도자의 지위를 버리고 '만인의 형제'로 사하라 사막에서 살게 된 것이다. 신이 성체 안에 현존하시듯 가난과 억압으로 일그러진 모든 사람 안에 참으로 현존하신다는 확신은 샤를 형제의 삶을 변형시킬 뿐 아니라, 그의 삶에 통합을 가져다주었다. 자신은 "선의 사도"우정의 사도직로서 모든 사람을 가장 사랑하는 형제로, 누구에게나 온유로 대우해야 한다는 신념으로 살게 된다.

그가 죽은 1916년 12월 1일, 마침 사촌 여동생에게 그는 이런 글을 남겼다. "우리가 무화無化된다는 것은 예수와 하나가 되고 뭇 영혼들에게

베푸는 가장 강력한 방법입니다. 이것은 십자가의 성 요한이 거의 줄마다 되풀이해서 말하는 것입니다." 형제 사랑을 위해 자신이 무화되기, 세속의 성화, 종교와 인종의 벽을 넘어서는 형제성사에 대한 그의 투철한 실천은 살아생전에는 아무도 따르는 자가 없었지만, 그가 남긴 글에 영감을 받아 이제 그를 따르는 20개의 재속 수도회와 수많은 익명의 활동가들이 계속하여 주목함으로써 마르지 않은 샘이 되고 있다.

그는 죽는 날 매시뇽L. Massignon에게 이렇게 썼다.

> "구유와 나사렛에서, 그리고 십자가 위에서 사용하신 방법은 가난, 비천, 굴욕, 버려짐, 박해, 고통, 십자가입니다. 이것들이 우리의 무기이며, 당신 생명이 우리 안에 계속되도록 맡기라고 하시는 천상 정배의 무기입니다. 이 유일의 모델을 따릅시다. 그러면 틀림없이 많은 선을 행할 것입니다. 그때부터 우리가 사는 것이 아니라 우리 안에 살고 계시는 분의 삶을 사는 것이며, 우리의 행위는 더는 인간적이거나 가련한 것이 아니라 신적 효력을 지닌 그분의 것입니다."1908년 1월 15일, 게랭주교에게 보낸 편지

마더 테레사와 샤를 두 푸코는 전통적인 신을 만나는 길로 교회 안에서 드리는 예배를 넘어 가장 작은 자를 섬김으로써 신을 만나는 길, 곧 형제성소의 새로운 길을 개척해주었다. 수도원의 침묵과 명상의 공간 밖으로 나가 시장과 골목, 어둠의 장소에서 봉사로서 예배, 곧 신을 만나는 재속 수도회의 길을 열어주었다. 그래서 세속을 성화하고, 기독교 신앙의 가장 잊혀진 복음의 길인 '뒤' 와 '아래' 의 길을 회복시켜 준 것이다.

회복적 실천가의 길은 바로 이 전통 속에 서 있다. 마더 테레사의 '다섯 손가락 복음' 인 "그것이 바로 나에게 해준 것이다.You did it to me"마

25:40와 동일하다. "너희는 내가 굶주렸을 때에 먹을 것을 주었고, 목말랐을 때 마실 것을 주었으며… 병들었을 때 돌보아주었고, 감옥에 갇혔을 때 찾아와주었다… 너희가 여기 있는 형제 중에 가장 보잘것없는 사람 하나에 해준 것이 바로 나에게 해준 것이다." 상대가 굶주리고 목마르며 병들고 감옥에 갇힘이 스스로 잘못해서고 자초한 결과라 할지라도 지금 고통 중에 바닥과 뒤에 처져 있기에 조건 없이 다가가서 치유와 화해를 위해 손을 내밀게 되는 것이다. 그리스도께서 자신을 가장 보잘것없는 사람 속에 자신을 감추었기 때문에 우리는 가장 작은 이를 통해 그리스도를 섬기게 된다. 그래서 우리가 맡은 제자직은 복음의 가장 진수, 그동안 감추어진 복음이지만 가장 오래된 참된 복음을 실천하는 길이다. 그리고 이것이 오늘날 "나를 따르라"라고 명하신 분을 향해 제자로서 가야 할 가장 진실한 길이기도 하다. 이해나 논쟁이 아니라 따름이라는 실천이 제자도의 핵심이 된다.

그리스도의 가장 작은 자와의 일치와 자기 동일화 때문에 우리가 그리스도를 직접적으로 섬길 수 없고 가장 작은 자를 통하여 그리스도를 섬긴다는 사실을 인식할 때, 비로소 우리는 비폭력 실천가이자 회복적 실천가라는 결단과 헌신을 얻게 된다. 그리고 지금까지 내가 내 직업에 대해 불안해하거나 열등하게 생각하며 그 비전과 의미가 약했던 이유가 바로 '위'와 '앞'을 추구했기 때문이었음을 알아차리게 되었고, 이제는 '뒤'와 '아래'야말로 신에 가장 가까운 길임을 깨닫게 됨으로써 내가 서야 할 자기가 어디인지를 분명히 보게 되었다.

성체 성소를 넘어 관계에서 신이 나타난다는 형제 성소에 대한 이 근본 복음을 깊이 성찰하며 끊임없이 그곳으로 가까이 갈수록 그분은 우리에게 보이고, 다가오게 된다. 이것이 바로 21세기 새로운 제자직으로 우리를 부르시는 그리스도의 요청이시고, 우리는 여기에 응답해야 한다.

그것이 우리의 정체성이 되고 화해 선교의 근본이 된다. '뒤'와 '아래', 그리고 관계를 통한 형제 성소의 회복을 통해 우리는 거룩한 분을 다시 만나고 이로써 우리는 자신의 존재 의미를 얻게 된다.

　그렇다면 우리는 어떻게 분리된 자, 문제를 일으키는 사람, 그리고 적대적인 자들에 대해 형제 성소를 실천할 수 있을까? 그런 것을 실천하는 비폭력 실천가 혹은 회복적 정의 실천가는 어떻게 양육되는가? 일상에서 자비와 구제의 방식이 아닌 양육과 훈련 프로그램을 통해 이것이 어떻게 가능할 것인가?

8. 새로운 기독 평화 운동 '회복적 정의'

매년 약 27만 명, 가장 상상력이 왕성한 20대 젊은이들이 2년간의 군복무를 마치고 사회로 쏟아져 들어온다. 2년 동안 '적'을 목표물로 살인 기술을 배우고, 자신을 무기로 보호하는 법과 효율적인 파괴 기술과 명령에 따른 규율을 배우고 사회로 복귀한다. 여기에 국가 예산, 대학의 교육 커리큘럼, 연구소가 구조적으로 재생산의 시스템을 갖추고 이를 지원한다. 그러면 살인이 아니라 화해와 평화를 위한 활동가로 사는 사람은 한국 사회에 얼마나 될까? 5백 명? 1천 명? 여기에 뒷받침되는 예산과 훈련 시스템, 연구소는 또 얼마나 될까? 이미 이런 구조 아래서 삶을 '결투의 지대'로 보는 인식이 사회화라는 프로그램을 통해 우리의 의식을 규정하게 되고, 일상화된 폭력과 강제가 삶의 본질인 양 지속하게 한다.

문제는 평화와 화해는 단순히 염원해서가 아니라 훈련과 양육을 통해서만 실현된다는 것이다. 놀라운 것은 한국전쟁 60년이 지난 지금까지 수많은 진보 운동은 있었어도 1천만이나 되는 이산가족들과 좌우 이념 대립 가운데 살해당한 주검들이 있는 수많은 지역에서 정신적 외상트라우마을 겪는 이들을 위한 회복과 화해를 위한 프로그램이 한국교회 진영에 제대로 존재해 오지 않았고, 이에 대해 무지한 채로 망각의 세월을 지내오고 있다는 것이다. 보수쪽일수록 처벌과 징벌에 대해 강력한 믿음이 작동하고 있고, 진보쪽이라 해도 강력한 보복과 맞대응하는 힘을 숭배하는 경향은 보수에 못지않다. 더욱이 종교계는 갈등과 대립의 악순환에서 분열의 모체가 되어 왔다.

젊은이들은 2년간 군에서 교육받으면서, 조직신학자 월터 윙크가 말한 '구원하는 폭력' 우리 안전을 위해 상대를 무찌르고 처벌하는 폭력을 정당화하는 신념 체계에 따라 사고하게 된다. 관계 속에서 갈등하는 상대를 우리와 구별하여 '타자', '낯선 자', '적', 심지어 '적그리스도'로 설정하고 폭력과 권위, 처벌과 강제의 수단을 통해 우리 삶을 규정하도록 가르치는 매우 근본적인 인식론적 신화거짓가 우리의 현실이 된다. 그리고 안전을 위해 우리는 두려움의 문화, 권위 체계의 형성, 지배 체제의 재생산을 강력하게 구축하며 위험한 자를 골라내고 딱지를 붙여 격리시키며, 고통을 부과해 그런 타인들을 경계하도록 한다. 그러면서 우리는 사회가 얼마나 위험한 곳인지를 배운다.

'회복적 정의' 운동의 대두

'회복적 정의' 운동은 현재 전 지구적인 사회 운동으로서, 목표는 좁은 의미에서 현대 사회가 범죄와 손상, 그와 관련된 말썽을 일으키는 행위들에 응답하는 방식을 변혁시키는 데 있다. 기존의 처벌적 정의와 통제라는 매우 전문화되고 공인된 폭력 시스템을 공동체의 관계에 기초한 정의와 도덕적인 사회적 통제로 대치하도록 하는 것이다. 이러한 실천들을 통해 우리는 범죄를 더욱 효과적으로 통제할 수 있다. 뿐만 아니라 범죄의 희생자들이 겪는 정신외상을 치료하고, 가해자가 진정으로 배상 책임을 수용하도록 하고 그들을 법이 지배하는 사회로 재통합시키며, 우리가 상실한 사회적 자본신뢰, 소통 등을 재발견하고, 범죄 예방과 공동체 회복이라는 좀 더 건설적인 프로젝트를 통해 결국 예산을 절감할 수 있다. 넓은 의미에서는 일상에서 처벌, 강제, 구금, 두려움, 제외라는 문화적 삶을 관계, 치유, 화해, 배려, 상호성의 가치에 근거한 회복적 실천이 통용

되는 사회로 변형시키는 데 관심한다. 이는 가해자의 죄와 형량 판단에 집중했던 것을 가해자의 인간성을 신뢰하고 치유하며 그가 자발적으로 사회에 이바지하는 자로 변화하도록 하는 사회적 실천에 대한 모든 영역을 포괄한다. 단순히 법률적 영역을 넘어 우리의 관계에 대한 태도를 근본적으로 변화시키는 것과 관련되어 있는 것이다.

그러나 이는 단순히 새로운 사회적 기술이나 프로그램이 아니다. 회복적 정의란 구체적으로 가해가 벌어졌을 때 이해관계가 있는 당사자들을 개입시켜서 공동으로 함께 가능한 치유 과정을 거치고 일을 올바로 만들기 위해 손상, 욕구, 그리고 의무를 확인하며 이를 충족시키려는 일련의 과정을 말한다. 그러므로 우선적인 목표는 법을 어긴 데 따른 처벌이 아니라 치유와 연결을 향한 선택과 힘 부여하기empowering를 통한 관계 회복, 공동체 복귀에 있다. 결국, 폭력에 대한 대안적 대응, 갈등 전환과 평화 구축의 이론과 실천 내에서 정의를 어떻게 생각할지 그 구체적인 방법을 제공한다. 단순히 사법적 영역에서 끝나는 것이 아니라 실제로는 일상생활에서 이루어지는 다양한 강제와 처벌의 생활 스타일과 가치관을 대치하게 되는 것이다. 그래서 관련 당사자들 모두의 욕구와 진실에 근거하여 연결과 공동체성을 강화하는 회복적 실천을 통해 회복적 공동체를 실현하는 것이다.

기독교 복음의 근본으로서 화해와 회복

회복적 정의와 회복적 실천을 오래 보존해 온 사례는 자비와 사랑의 하나님 이해에 근거한 '적 사랑하기'를 실천해 온 평화교회에서 찾을 수 있다. "가해자─피해자 대화 모임"메노나이트, "재소자를 위한 삶을 변혁시키는 새로운 평화훈련AVP; Alternative to Violence Project; 퀘이커" 이것의 자매 프로그램인 "청소년평화지킴이HIPP; Help Increase Peace Program" 등의 프로그램은 기독교가 국제 시민사회에 제공한 대표적으로 영향력이 강력한 모델들이다.

"평화를 위해 일하는 자는 복이 있나니"라는 예수의 산상수훈은 온유와 가난, 신뢰와 포용이라는 새로운 현실을 향해 사고하고 행동하는 제자들을 요청한다. 보복과 처벌이 만연한 일상에서 평화를 위해 일하기는 "적을 사랑하고 적대자를 위해 기도하는" 자비의 실천을 요구하는데, 이는 신의 은총과 자비에 대한 그분의 의지가 우리를 그런 삶으로 부르기에 가능한 일이다. 그래서 마태에 따르면 적을 복속시키는 다윗의 메시아 통치가 아니라 왕적인 권위는 오히려 치유와 겸손으로, 양을 인도하는 선한 목자와 같은 돌봄으로 통치하는 데서 나옴을 제시한다. "하나님이 우리와 함께 하신다"라는 임마누엘의 체험은 바로 평화 형성의 힘이 이러한 신적인 권위와 의지에서 나옴을 보여주고 있다. 성전에 예물을 드리는 것보다 화해가 먼저임을 강조하고, 땅에서 맺고 푸는 것이 하늘에서도 맺고 풀어지는 것이며, 일곱 번씩 일흔 번 용서와 우리가 먼저 용서함을 통해 하나님이 용서해주심을 믿고 실천하는 새로운 기독교 운동이 예수를 통해 출현하게 된 것이다.

사도 바울이 말한 그리스도의 정체성과 제자직의 신분은 정확히 예수의 자비의 해석학을 반영한다. 에베소서 2장: 14-18과 골로세서 1:18-22에 따르면 하나님의 화해의 선제권이 그리스도 안에서 나타나시며, 따라서 그리스도는 우리의 평화이자 화목하게 하신 분이고 제자직도 화해의 대리자가 되는 과제를 부여받는다. 군사적 전쟁, 폭력 그리고 모든 적대감에 대한 최선의 해독제는 하나님의 갑옷인 진리, 평화, 정의 등을 입음이며, 이는 콘스탄티누스의 개종 이전인 초기 3세기 동안 초대 교회들에서 명확히 이해되어 온 바다. 초기 그리스도인들에게 검과 신앙은 양립할 수 없고, 주님은 '평화의 그리스도'였기 때문에 군에 징집되어 들어

가지 않는 저항은 보편적인 상식이었다. 그들이 이해한 하나님의 보편적 경륜은 가해자와 적대자를 패배시키는 것이 아니라 오히려 그들로 하여금 선을 행하도록 끝까지 포기하지 않고 다가가는 것이었다. 이것은 사랑과 자비가 신의 본성이자 그리스도의 요구이고, 이를 통해 거룩한 분을 알아가기 때문이었다. 진실로 우리가 누구인지를 깨닫게 해주고 우리를 자유롭게 해주었다.

그래서 기독교의 평화 운동 전통을 보면 화해, 용서, 회복을 위한 여러 실천을 확인할 수 있다. 국가의 전쟁과 징집에 반대하고 이를 위해 기꺼이 순교하기, 전쟁 희생자들인 적까지 돌보고 정신적 외상 치유 프로그램을 시행하고, 양심을 지키도록 재산 몰수를 감수했으며, 감옥의 인권유린에 대해 치열히 호소하고 집요하게 개선을 요구하고, 개인 재산을 사회적으로 환원하여 유산으로 자식에게 물려주지 않기, 갈등 해결을 위한 각종 훈련 프로그램의 개발과 적용, 평화 구축을 위한 구조적 시스템의 가동, 비무장한 훈련된 국제 시민이 국가 간 혹은 국내 무력 분쟁에 개입하기 등이 자연 발생적으로 일어나 가장 음지 속에서 그리스도의 빛을 끌어들이는 작업들을 해 왔다.

종교계, 시민사회, 그리고 교육계에서 회복적 정의또는 회복적 사법, 회복적 실천 그리고 회복적 서클또는 회복적 공동체이라는 이름으로 시행되고 있는 회복적 정의 운동은 희년사상구약, 샬롬의 통치신약를 기반으로 기독교 평화 운동의 긴 역사적 전통에서 형성되어 온 것이다. 특히 1970년대부터는 교육 운동, 사법개혁 운동, 공동체 운동, 시민사회 운동에서 새로운 빛을 발하기 시작하였다. 현장과 대상이 다양해도 이는 근본적으로 관계의 단절과 소외, 차이의 차별, 두려움과 분노에서 오는 타인에 대한 적 이미지화, 지배하는 힘을 통한 질서 유지에 근본적으로 방향 전환을 꾀하는 패러다임인 회복적 정의를 추구한다. 이 회복적 정의는 신의 실재존재적 터전, 삶에서 진정성과 자비로움의 가치에 대한 근본적 태도인 식론적 측면, 그리고 일상과 관계 영역에서 빛을 증거하기실천 행위를 하나로 꿰뚫는 복음적 실천 운동이다.

한국 사회의 새로운 평화 운동으로 가시화되다

회복적 정의 문제가 서구에서 1970년대에 다시 구체적으로 점화되기 시작한 것은 평화 교회들이 양심의 자유를 지키려고 "진실을 외쳐라Speak Truth to the Power"라는 신앙의 생활 실천 운동을 하다가 국가 폭력의 희생자가 되어 감옥에 갇혔고, 이로써 비참함과 구조적인 불의 시스템을 향해 개혁 운동을 펼치면서부터다. 이 운동은 국가 재판에 따른 처벌과 구금 위주인 가해자에 대한 응보형 형벌주의가 피해자의 의문과 만족감을 채워주지 못하고 가해자와 피해자 사이의 화해와 정서적 치유가 해결되지 못하며, 특히 가해자가 공동체로 복귀할 가능성을 상실하게 되면서 범죄와 재범률을 높이는 악순환을 지속시키고 있다는 성찰에서 나온 것이다. 물론 더욱 중요한 위기 의식은 이러한 법적 처벌이 개인과 공동체, 사회의 안전을 더욱 멀게 한다는 것이며, 악을 선으로 대응하라는 근본 가르침의 새로운 통찰인 '악한 자로 하여금 선을 행하도록 하는 갈등 전환'에 있어 아무런 긍정적 결과를 가져오고 있지 못하다는 무력감에 직면한 것이다. 또한, 치유와 회복에 대한 신의 의지와 그분의 요청에도 불구하고 실제 우리 삶에서는 수많은 사회적 관행들이 우리가 모두 신의 자녀라는 근본 인식에 어긋난다는 문제의식이 복음적 기독교인들의 양심을 촉발시켰기 때문이다.

결국, 현 재판 제도의 한계를 극복하고 쌍방이 더욱 만족스러운 정의를 이루도록 가해자와 피해자가 직접 대면하여 문제를 해결"가해자-피해자 대화모임"하거나, 갇힌 자의 낮은 자존감과 폭력적 대응 태도를 전환해 자기 긍정과 타인 배려, 그리고 신뢰의 강력한 공동체를 형성하는 교화 프로그램을 도입하거나 "삶을 변혁시키는 새로운 평화훈련 AVP", 갇힌 자와 피해자의 사회적 복귀와 그들의 가족을 돌보는 여러 사업들(쉼터, 직업훈련, 자원봉사)과 같은 제도적 장치들이 생겨나기 시작하였다. 1970년대의 이러한 국제적인 회복적 정의/실천/서클 운동은 2000년에 한국의 기독교 배경을 가진 평화훈련 단체들에 의해 들어오면서 서서히 개별적으로 수용되었고, 여러 회복적 정의 실천 훈련 프로그램들의 진행자들이 나오기 시작한 것은 2010년대 들어선 최근의 일이다.

또한, 이 운동을 가시화하고 연대적인 공동 협력을 위해 2009년 말부터 비폭력평화물결의 제안으로 기독교 평화훈련 단체들(비폭력평화물결, 평화여성회 부설 갈등해결센터, 한국비폭력대화센터, 한국평화교육훈련원, 최근에는 광명교육연대, 좋은교사운동, 한국회복적서클모임)이 "회복적 정의 네트워크"라는 연대체를 형성하여 제도와 실생활에서 회복적 정의/실천을 확대하고 전문 진행자를 양성하며 현장에서 활동 영역을 확대하고 정보를 교류하는 네트워크 사업을 공통의 중심 과제로 함께 일하는 시스템을 구축하였다. 회복적 정의/실천은 사법, 교육, 시민사회에 광범위하게 그리고 통합적으로 적용되어야 그 효율성을 담보하게 되고, 이는 어느 소수의 개인이나 단체의 힘으로는 어려운 공동의 실천이 필요하기 때문이다. 그리고 이는 단순히 프로그램이 아니라 삶에 대한 태도와 인식, 그리고 가치의 근본 변화를 가져오는, 곧 "내가 누구이고 우리는 무엇이 될 수 있으며, 어떤 사회를 꿈꾸는가?"에 대한 영적, 인식적, 실천적 전환이 요청되는 운동이다.

회복적 정의 네트워크는 매년 회복적 정의 실천가 양성에 대한 해외 전문 진행자 초청 훈련 워크숍이나 공동의 워크숍을 통해 중재 조정의 전문 진행자를 배출하고 이들의 심화 훈련 과정을 도와 실무 능력을 증진하여 현장에 파견하고, 각 단체의 회복적 정의 프로그램을 공유하면서 상호 힘 불어넣어주기empowerment, 중장기적 과제로서 회복적 정의 프로그램들의 훈련 코스 설립과 상설과 전문 과정 인증제를 시행할 시스템 구축 등을 기획하고 있다. 그리고 이는 국내 운동에서만이 아니라 동북아시아에서 평화 공동체 구축과 훈련 시스템의 토대를 마련하고 있다. 그것이 바로 NARPINortheast Regional Peacebuilding Institute의 출범이다. NARPI는 2005년부터 실시한 기독교 평화훈련 단체들의 "기독교 평화아카데미"의 경험과 유엔 사무총장이었던 코피 아난이 무력 분쟁에 시민사회의 개입과 책임을 호소한 데서 만들어진 GPPACGlobal Partnership for Prevention of Armed Conflict의 지역적 평화 운동의 경험이 응결되어 2007년부터 기획된 것으로, 한국, 일본, 대만, 중국, 몽고, 러시아 등의 6개국 단체들이 운영위원회를 조직하여 지역의 평화 활동가와 실무자들의 재충전과 미래 평화 활동가의 양성을 위한 실제적이고 실천적인 풀뿌리 훈련과 범아시아 정체성에 근거한 평화 운동이 확대되도록 지원하고 있다. 그중의 핵심 과제가 바로 아시아 지역에서 회복적 정의의 실천과 그 훈련 프로그램을 확산하는 것이다.

이렇게 됨으로써 이제 회복적 정의 관련한 이 운동은 과거의 기독교 평화 운동과는 다른 양상을 띠게 될 것이다. 과거 운동의 상당수는 개인의 카리스마적 지도력과 헌신을 토대로 정치적 영역에 저항하거나 대안을 모색하는 데 중심을 두어서 그 개인의 역할이 사라지면 더불어 그 운동체의 지속성도 사라졌다. 운동도 거리에서 벌이는 캠페인과 이슈 파이팅, 비판과 해체에 무게 중심이 상당히 있었다. 그러나 새롭게 대두하는 회복적 정의 운동은 어느 한 개인이 아닌 회원 개인과 단체 간의 자원과 비전의 공유와 탈지배적인 의사소통에 근거하여 공동의 지도력을 통한 의사 결정, 대안을 향한 협력과 기여의 에너지에 바탕을 둔 '활동형'

구조의 시스템 구축, 그리고 활동가의 훈련과 현장 파견에 노력을 집중하는 실천 지향, 현장 중심으로 능력을 배양하는 학습 공동체 구축 등이 형성될 것이다. 또한, 회복적 정의 운동이 지향하는 기독교 평화 운동은 기독교의 정체성을 갖고 타 단체를 이끄는 선도성을 지향하지 않고, 오히려 공동 관계와 파트너십을 통해 이끎이 아닌 연결과 협력, 이념과 신념을 우선하지 않고 종교의 영역을 넘어 실생활의 공공 영역을 중심으로 사회적 응용과학으로 성장하고 구성원 모두의 지혜를 결합하는 시너지 시스템의 작동에 기반을 두는 새로운 실험을 모색하게 된다.

그동안 기독교 평화운동은 수많은 역경을 거치면서 소수의 헌신적인 지도자들의 노력으로 그 명맥을 유지해 왔다. 그리고 주로 정치적 거대 담론과 저항의 영성에 바탕을 두고 실시해 온 것도 사실이다. 아쉽게도 이들은 고령화되고 더불어 새로운 세대의 진입은 없는 커다란 괴리가 있어서 현재 위기감도 있다. 그러나 기독교 평화 운동 내에서 회복적 정의/실천의 새로운 움직임이 생기고 이를 지원하는 흐름이 발생하면서 감옥, 학교, 시민사회, 종교계와 접목하고 있고, 주된 목표인 사회 변화의 능력과 도구 부여라는, 곧 새로운 신념과 기술을 접목하는 새로운 '하나님의 전신갑주'를 통해서 변혁과 비전을 창출하고 있다.

이제는 '샬롬의 통치'가 우리의 실제 생활과 관계, 그리고 제도적 수행에서 새로운 육화embodiment를 향해 보이지 않는 새로운 전선을 만들어 내며 새로운 약동을 꿈꾸고 있다. 이 징조를 일반인이 쉽게 보지 못하는 아쉬움은 있지만, 예언자적 눈을 가진 이는 화해와 회복을 위한 여러 실제적 프로그램을 통해 다가오는 이 "회복적 정의/실천/서클"의 도전을 마치 엘리야가 구름 한 점을 보고 앞으로 다가올 폭풍우를 예감한 것처럼 우리 사회에 던질 그 파장이 만만치 않을 것으로 전망한다. 학교와 종교계 그리고 사법계와 지역 현장에서 갈등 조정자들의 활동과 그들의 네트워크각종 중재 조정 위원회, 폭력 전환과 예방 모임 등, 여러 회복적 훈련 프로그램의 가시화AVP 활동가 모임, 마음비추기 피정, 비폭력 대화, 비폭력 영적 수련, 트라우마 힐링, 그룹 프로세싱 등, 회복적 서클의 확대쉼터, 구체적인 각종 회복적 실천 자원 봉사자 모임, 명료화 모임, 공감 파트너 모임 등이 몇 가지 결실이라 할 수 있는 국내외 사례다. 그리고 그 에너지와 추진의 흐름은 자이언트들이 아니라 작은 자들의 헌신과 소망이 연결되면서 이루어지고 있다. 새로운 역사의 징조는 언제나 그렇듯이 이렇게 조용히 보이지 않는 곳에서 소수의 작은 자들에 의해, 그리고 새로운 방식인 공동의 실천적인 노력으로 세력화되고 있다.

9. 비폭력 평화 훈련을 위한 나의 실험들

인간의 마음은 민주주의의 첫 번째 집이다. 거기에서 우리는 묻는다. 우리는 공정할 수 있는가? 우리는 너그러울 수 있는가? 우리는 단지 생각만이 아니라 전 존재로 경청할 수 있는가? 그리고 의견보다는 관심을 줄 수 있는가? 살아 있는 민주주의를 추구하기 위해 용기 있게, 끊임없이, 절대로 포기하지 않고, 동료 시민을 신뢰하겠다고 결심할 수 있는가? – 테리 템페스트 윌리엄스 『관여』 중에서

우리의 비참한 현실로서 마음의 분단 구조

분단 60주년이 되는 2013년 7월인 지금, 글을 쓰는 시간을 가로질러 5년 전부터 지금까지 그냥 대충 기억에 나는 사회적 이슈만 꼽아도 수십 가지다. 2008년 7월 분단선 가까이에 있는 금강산 관광객 피격 사건과 그로 말미암은 남북 간의 급속한 냉각 관계, 천안함 침몰/연평도 포격 사건, 촛불 정국과 주요 공공 기관에서 벌어진 '명박산성'의 강화, 쌍용차와 비정규직 문제 및 용산 개발 문제, 4대 강 개발 국책 사업, 북핵 문제, 제주 강정마을 해군기지화, 그리고 박근혜 정부 내각 후보 장관들의 공공성에 대한 '반칙'적인 삶으로 후보직 무더기 탈락, 대선 정국에서 좌우 갈등의 첨예화, 최근 중앙정보부의 대선 개입 확인, 남북 당국 회담 무산, 일베 '일간 베스트 저장소'라는 온라인 커뮤니티를 통한 보수 세력화와 진보 마녀 사냥, 갑/을의 지배 종속 사슬 등… 뜨거운 사회적 이슈들이

끊임없이 이어지고 합류됐다. 사실상 대선 정국은 정권 교체에 대한 국민적 열망이 뜨거웠으나 그 좌절에 대한 실망과 결과로 충격에 따른 아픔의 경험도 거대하였다.

이렇게 '사고 공화국'으로 사는 게 이제는 이상한 일이 아니라 정상적인 일로 되어버린 형국에서 공공의 선을 기대하는 많은 시민에게 이 현실은 참혹하기 짝이 없고, 나 개인의 심정도 비통하기만 하다. 필자에게 더욱 가슴 아픈 상황은 남북 간 혹은 정치 영역의 분단 구조보다 점점 더 악화일로에 있는 일반 국민들 마음의 분단 구조가 경직되는 상황이다. 나와 너, 우리와 그들, 친구/동료와 타자/적을 분리하는 상황은 자정 능력의 한도를 넘어서 버렸다. 그리고 그 관계는 상대에 대한 지배와 폭력 그리고 증오라는 고통 어린 비참한 상황으로 전환된다. 우리가 이 상황을 '정상적인' 것으로 수용하는 데는 직장에서든, 지역 사회에서든, 정치 혹은 국가 간이든 상대가 적으로 인식되는 한, 자신이 분단/시비 논리의 희생자임을 깨닫지 못하고 위협과 두려움 때문에 자기방어와 공격의 메커니즘을 우리의 의식과 관계와 말과 행동에서, 정치적 결정에서 작동시킨다. 그렇게 하여 한쪽은 권력의 남용으로 비인간화되고 다른 쪽은 힘의 부재로 비인간화되어 '인간성' 없는 사물의 논리가 우리의 삶을 지배하게 되는 것이다.

가장 극명하게 나타난 증오와 대결의 정점은 바로 북미 그리고 남북 간의 핵과 미사일 대결 긴장이고, 지난 2011년 12월부터 지금까지 연일 보도되는 학교 폭력과 자살이다. 특히 학교에서 벌어지는 집단적인 괴롭힘은 모르는 다른 학교 학생이 아니라, 오히려 내적 집단인 학교 공동체 안에서 이루어진다는 점이 충격적이다. '적대시'하고 '타자화'하는 이러한 교육 현장의 실상과 미래세대의 모습에서 우리는 사회 · 심리적으로 두려움과 불안감을 느낀다.

우리는 세포, 몸, 가족, 지역사회, 국가 등 공동체로 존재하며 따라서 상호 의존과 상호 관계성을 통해 생존과 활동의 에너지를 얻는다. 그런데 분리하는 삶은 우리 중 일부를 떼 내어 '타자'와 '적'으로, 혹은 '좌익'이나 '속죄양'으로 분류하고 격리와 제거를 합리화한다는 것이 문제다. 사건들의 내용은 달라도 그 패턴의 중심에는 폭력, 힘의 충돌에 의한 갈등, 지배, 그리고 소통의 부재가 공통점이다.

그런 관계 패턴과 정당화 논리는 자신이 어디에 속해 있는가에 따라 자신의 행동과 주장을 결정하는 구조적 시스템을 형성한다. 그래서 나의 정체성이 강화되는 것은 적과 타자의 설정이 강화되는 데 영향을 주고, 반대로 상대가 분명히 드러날수록 나의 정체성도 분명해진다. 자신이 뚜렷하면 상대도 더욱 뚜렷해지고 상대가 그러할수록 나도 역시 그렇게 된다. 결과적으로 중요해지는 것은 나와 상대가 어디에 속해 있고 어떤 입장인가 하는 것이지 어떻게 소통할 것인가 하는 문제는 사라지게 된다. 각자가 무엇을 원하는가가 아니라 누가 옳고 그른가, 얼마나 그른가에 따라 비난이 관심의 주된 목표가 되어 버린다.

분리와 배제, 증오와 비난, 힘의 지배와 오용이 이런 관계와 소통을 막음으로써 수많은 사회 심리적 고통과 슬픈 결과들을 낳는 현상이 '정상적인' 것처럼 펼쳐지고 있다. 오히려 왜곡된 관계 질서로 생긴 구조적 시스템 때문에 교육을 담당하는 학교, 안전을 지켜야 할 군경 및 법조계, 인간적인 삶의 조건을 책임져야 할 정계와 실업계가 도리어 적과 타자를 재생산하면서 '두려움'과 '침묵'을 강요하는 문화를 전파하고 있다. 우리가 직면하는 이 참혹한 현실과 내면의 비참함에 대해 우리는 어떻게 '마음'을 다시 내어 포기하지 않으면서 삶을 끌어안고 신뢰의 관계를 형성할 수 있을 것인가? 특히나 기독교 평화 활동가로서 신앙과 평화 활동에 어떠한 내면의 자세를 지니고 시대적 요구에 어떻게 응답할 수 있을까? 파커 파머가 『비통한 자들을 위한 정치학』에서 민주주의의 근본 토대라 부르는 마음의 각성을 우리가 어떻게 촉발시킬 수 있을까?

기독교 평화훈련 운동의 현 상황과 그 한계

2000년 9 · 11사태와 2003년 이라크전을 필두로 해서 급속히 성장한 전 지구적 시민 평화 운동과 맥락을 같이하며 빠르게 자발적으로 일어선 국내 평화 운동은 최근 수년간 용산 철거 문제, 쌍용차 근로자 복직, 탈핵핵무기, 원자력 발전소 문제, 강정마을 해군기지 반대 등에 전선 운동으로 집중되어 있었다. 그러나 이 전선 운동이 전략 목표에 도달하지 못하고 힘겨운 저항의 진영을 형성하는 동안, 다른 한편에서 평화 교육/평화 훈련의 영역은 소문 없이 급성장하고 있다. 2011년 12월 대구 여중생 자살 사건 보도 이후 '청소년 폭력'과 '학교 폭력'이 화두가 되면서 평화 교육 단체들은 최근에 전국 학교들의 요청으로 모두가 바쁘게 활동에 몰입하는 형편이다. 기독교 평화 활동가들이 단체로서 기독성을 표방하지 않고 있지만, 특히 평화교육과 평화훈련 영역에서 기독교 평화 활동가들의 활동을 통해 이제 평화교육은 소개하는 정도의 임계점을 넘어 여기저기서 각 단체의 웹사이트를 보고 문의전화가 꾸준히 늘어가는 추세다. 최근에는 이런 수요에 대응하여 "평화교육네트워크" 2011년 발족, "회복적 정의 네트워크" 2010년 발족 등을 통하여 교육 단체 실무자와 활동가 간 연대 체계가 형성되었고, 이들의 역할을 통해 각 다른 모델들의 결합과 협조가 이뤄지는 추세다. 여러 모델이 갈등 해결과 평화 교육 및 평화 훈련 진영에서 일어나고 있는데, 내가 아는 흐름은 다음과 같다.

1) 비폭력 의사소통 모델에 따른 실습 공동체 구축— 한국비폭력대화센터를 선두로 비폭력평화물결, 광명교육연대, 좋은교사운동 등이 꾸준한

학기제 훈련 과정을 진행하고 있다. 요즘은 비폭력 의사소통에 근거한 조정 중재 모델도 선보이고 있어서 앞으로 그 훈련 과정에서 배출될 인력들의 잠재적인 사회적 기여가 예상되고 있다. 감정과 욕구에 근거하여 진실해지기, 내면 돌보기, 적 이미지 과정의 해체, 화해와 치유 등

2) 회복적 정의에 근거한 갈등 해결/조정 모델 – 여기에는 두 모델이 있는데, 하나는 평화여성회 부설 갈등해결센터, 한국평화교육훈련원을 중심으로 한국에 전수된 모델인 '피해자 가해자 화해 모임VORM; Victim-Offender Reconciliation Meeting'이다. 1974년 캐나다의 사법부에서 역사적 평화교회의 하나인 메노나이트의 조정 사례를 통해 발전한 모델로, 한국에서는 주로 법원의 회복적 사법 운동으로 시작해 이제는 학교 영역까지 진행되고 있다. 또 하나는 회복적 서클Restorative Circle 모델로 광명교육연대, 비폭력평화물결, 좋은교사, 한국비폭력대화센터, 한국회복적서클이 중심이 되어 진행하고 있다. 이는 1990년대 중반에 도미니크 바터Dominic Barter가 리오 데 자네이루의 빈민가에서 시작하여 서서히 전 세계로 확대되고 있다. 이 두 모델은 갈등 해결의 성공률이 약 85~93퍼센트라는 높은 만족도를 보이고 있다. 최근 두 모델은 각각 또래 조정 모델을 개발하여 청소년 스스로 서로 갈등 문제를 해결해주는 방향으로 진화하고 있다. 여기에 핵심은 당사자 간 소통을 통해 강제, 구금, 처벌의 방식 대신 화해와 치유, 관계의 개선과 공동체의 회복을 목적으로 한다는 점이다.

3) 평화 감수성 훈련 모델 – 현재 한국 AVP 모임, 비폭력평화물결, 광명교육연대, 개척자들, 한국평화교육훈련원, 한국비폭력대화센터 등이 시민사회, 학교와 지역아동센터에서 이어가고 있으며 내용은 각각 조금씩 다르다. 시민사회에서 폭력을 전환하는 문제는 한국 AVP 모임이

2007년부터 훈련 과정인 "삶을 변혁시키는 평화훈련AVP"을 통해 진행하고 있고, 그 자매 모델인 "청소년평화지킴이HIPP"는 청소년을 대상으로 성인과 청소년 진행자 과정을 진행하고 있다. 그리고 갈등 해결 교육과 비폭력 평화 교육이 접목된 자체의 평화 감수성 교육을 몇몇 단체들이 꾸준히 진행하고 있다. AVP와 HIPP는 퀘이커의 평화 훈련 전통에서 연유하며 존중과 협력 그리고 신뢰를 위한 인식, 태도, 기술을 습득한다.

4) 교사/시민사회 활동가의 에너지 충전과 자기 성장을 위한 모델 – 이는 교육센터 마음의씨앗과 비폭력평화물결에서 주로 진행한다. 마음의 씨앗에서는 퀘이커 전통에서 나온 명료화 모임을 포함한 "마음비추기 피정"으로 침묵과 성찰을 통해 영혼의 힘을 다룬다. 비폭력평화물결은 "중심세우기" 모델을 개발하여 서클의 방식, 서클 프로세스에 따라 개인의 내면, 타자와의 관계, 그리고 조직과 공동체에서 중심을 세우고 공동의 지혜가 리더십을 갖는 방식으로 따스한 조직 문화를 형성하도록 돕는다.

앞에서 진술한 평화교육 모델들은 그 효과가 국외에서 이미 탁월하다고 증험된 것들이고 아직 연구 중인 SEL사회 감수성 배움; Social & Emotional Learning을 제외하고는 한국에서도 이미 교육 현장과 시민사회 진영에서 똑같은 평가들이 나오고 있다. 피해자 가해자 대화 모임, 삶을 변혁시키는 평화훈련AVP, 청소년평화지킴이HIPP, 회복적 서클 등에서는 갈등 당사자들의 4분의 3 이상이 만족한다는 갈등 해결 결과를 국내 진행자들로부터 보고받고 있다. HIPP의 경우 학교 짱, 왕따, 수업 능력 부진의 요인인 학습 동기와 관계 능력 부여에 있어 그 적용 가능성을 이미 보여주고 있다.

그렇지만, 아이러니한 것은 이 모델들의 공급 주체들은 자발적인 작은 NGO 이거나 자발적인 훈련과 돌봄의 실천가 모임들이어서, 역량의 한계도 있고 영역에서도 그 단체들이 있는 수도권을 벗어나지 못한다는 점이다. 컨소시엄으로 처음 광명 가림중과 구리 교문중에 평화 수업을 의뢰해 들어갔던 적이 있는데, 이미 한 학년이 8–9개 반이어서 1학년과 2학년 전체를 하기에 한두 단체의 역량으로는 역부족이었다. 그래서 7~8개 평화교육 단체들이 컨소시엄을 형성한 것이었다. 사실상 수도권에서 평화교육을 하는 단체 수도 그만큼 한정되어 있기도 하다.

이미 갈등 해결이나 평화 교육에 대한 인지도는 여러 학교에서 공식적으로 혹은 개별 교사들의 추천으로 단발성의 평화교육 의뢰가 수많이 이루어지고 있고, 일주일 혹은 한 학기 수업 의뢰에도 모두 긍정적인 대답을 할 수 없는 역량에 넘어서는 현실이다. 평화교육 활동가들은 이제 이렇게 단발성의 기여보다는 시스템을 구축하고 학교 현장과 중장기적인 공동의 협력 네트워크를 고민하는 형편이다. 여기서 간단히 3가지 주요 과제를 확인하고자 한다.

첫째, 폭력과 갈등에 대한 패러다임 전환이다. 처벌과 강제, 그리고 고통의 방식으로 '문제아'를 선별하고 교정하는 방식의 응보형 정의 실현 방식을 넘어서, 실수와 잘못을 스스로 수정하고 손상 관련 당사자들과 그 공동체가 자신의 필요와 욕구에 따라 책임을 이행하며, 관계를 회복하며 학습 공동체를 복구하는 '비폭력의 영성과 힘' 및 '회복적 실천'의 패러다임이 정착되어야 한다.

둘째, 핵심 역량의 구축에 대한 필요성이다. 수요는 많지만 각 모델 진행자가 절대적으로 모자란다. 완성된 것을 가져가려는 사람은 많아도 함께 연구하고 가꿔가는 사람은 많지 않다. 각 모델에 관심을 지닌 거점 학교들의 현장과 지역의 교육 단체, 각 모델 공급의 교육 단체들 사이에 파트너십이 이루어져야 한다. 그리고 지역별 상호 배움과 돌봄의 실습 커뮤니티들거점 지역들이 스스로 굴러갈 수 있는 인프라를 구축하는 것이 필요하다.

셋째, 평화교육 및 훈련에 임하는 진행자의 가치와 태도에서 진정성 곧 '영혼의 내면적 체험과 능력'이 필요하다. 기독교 평화 훈련가에게 가르침과 배움은 사랑의 무제약적 행위은총에 근거한다. 단순히 기술적인 도구로서가 아니라 그 평화로운 존재의 능력을 스스로 사는 모델화가 평화 교육의 대중화와 확산에서 경계해야 할 덕목으로 요청되고 있다.

기독교 평화 운동의 터전을 다시 세우기

그리스도인들은 주 예수가 위탁한 세상이 주는 평화와는 다른 평화요 14:27를 위임받아 이를 통해 살고, 세상의 평화와 주의 평화의 차이에 예민한 감각을 지니며 세상의 평화에 대항하여 주의 평화를 이루려고 산다. 법과 무기의 위엄을 통해 로마가 보여준 제국의 평화가 아니라 탈지배와 비폭력, 그리고 평등과 약한 자에 대한 배려, 섬김과 친교를 통해 이룩되는 평화에 헌신한다. 그러한 인식은 현상 질서에 변화를 태동시킨다. 따라서 이 땅에서 샬롬의 통치는 필연적으로 변혁적인 특성을 지니고 있다.

전통적으로 개인적이고 내면적인 영역으로 다뤄져 온 죄와 죄악과 용서의 구속론적인 교회 전통의 제한성을 넘어서, 샬롬의 통치는 존재존재의 용기로서 은총, 윤리비폭력적 관계, 구조탈지배 체제라는 포괄적인 영역을 하나로 이해하고 헌신하길 요청한다. 그리고 이러한 샬롬의 통치를 수행하기 위해 그리스도인에게 요구되는 것은 장애가 되는 지배체제를 분별하는 것이다.

타락한 영과 전도된 가치의 어둠과 혼돈의 질서인 "권세와 세력의 악신들과 암흑세계의 지배자들과 하늘의 악령들"이 샬롬 통치의 적이며 이들을 삶에서 분별해내는 일이 무엇보다 중요하다. 지배 체제는 "폭력을 통해 힘 있는 자들과 특권을 누리는 자들을 떠받쳐주기 위한 일종의 종교" 즉 "폭력 그 자체가 궁극적 관심, 만능 약, 기분 좋은 자극, 중독성 도취, 관계의 대용물이 되는 종교"가 되어 억압을 거룩한 합법성으로 위장하고 권력을 신비화하여 우리에게 준다. 대중은 이들 권력과 억압 기구들이 주는 안전, 성공, 풍요와 부라는 구원의 약속에 흡수당한다. 따라서 지배체제는 한 인간 혹은 한 집단이 전체에 강요하기보다는 전체의 동의에 의해 자발적으로 발생하게 된다. 국가 안보 체제, 계급주의, 성차별 등등의 "소외시키고 소외된 정신"을 뜻하는 체제가 권력에 의해 구조화되면서 지배체제는 우리에게 무엇을 믿어야 할지 무엇이 가치 있는 것인지, 무엇을 보아야 할 것인지를 가르치면서 폭력의 질서를 사회화하는 작동의 힘을 지닌다.

바울은 변혁의 도구로써 하느님의 무기로 온몸을 단련하기를 제안한다. 예수와 바울은 구약의 예언자들이 지닌 영적 분별의 역할만이 아니라 실천 과제인 투쟁을 위한 공적인 노력과 전략을 구상하고 있다. 예수에게 있어서는 지배가 아닌 섬김꼴찌의 자리, 평등, 비폭력남이 바라는 대로 남에게 해주기, 악령 축출, 아웃사이더를 식탁에 포함하기 등의 사역을 통해 샬롬의 새로운 질서를 개시한다. 바울은 그리스도 안에서 정의의 종으로 살기, 화해, 사랑, 하느님의 전신갑주 등의 언설 속에서 샬롬의 통치에 대한 실천을 표현하고 있다. 바울에게는 도래하는 하느님의 샬롬 통치가 비인간화하고 소외시키는 기존 권세의 우상화와 치열하게 싸우는 것이 필연적이며, 여기에는 악마화하는 것에 대한 영적 분별과 변혁을 향한 참여가 이 하느님 나라 운동의 중심 원리로 작동하게 된다.

바울에게 있어서 그리스도의 십자가 사건은 이방인과 유대인 둘을 하나로 만들어 평화를 이룩하면서 새로운 한 사람으로 창조하고, 상대로 부터 선을 이끌어내어 모두가 하나님의 거룩한 성전을 이루는 곳으로 나갈 수 있게 하는 협력적 파트너십의 회복엡2:14-21을 적대자로부터 끌어내는 데 투신하는 것이다.엡4:3 "평안의 매는 줄로 성령의 하나 되게 하신 것을 힘써 지키라" 이 투신은 심지어 "여러분 자신을 산 제물로 바치`는"롬12;1 정도로 단순히 지적인 동의를 넘어서 하느님의 뜻을 분별하여 적극 개입하는 전인격적인 활동이 요구된다. 바울을 따르면 십자가는 죄와 율법으로부터 자유라는 칭의의 능력이자 의인의 고통이 악인들의 사악함을 폭로한다는 점에서 악의 세력의 실체를 밝혀내는 힘이 되고, 압제와 예속에서 건져지는 새로운 전환유월절 사건이 되며 하나님과 인간 그리고 인간 사이의 증오와 적대감의 장벽을 무너뜨리는 화해를 가능하게 하는 능력이자 정의의 종이 되어 거룩한 사람이 되는 성화의 길을 열게 되는 것이다. 곧 제자직은 십자가와 불가불하게 연계되어 있고, 그리스도의 운명과 일치하며 지배 권력에 맞서서 탈지배와 비폭력을 수행하는 혁명 전사로 불러짐이고 그런 삶을 자발적으로 선택함을 의미한다. 그 혁명적 성격은 권력과 힘에 대한 180도 전위에 있다.

당시 예수와 바울이 바닥 존재를 도덕적 주체로 세우고, 평화의 하나님에 대한 이해와 케노시스자기 낮춤의 그리스도 본에 따라 잃은 자, 마지막 된 자, 지극히 작은 자들을 사랑하고 섬기는 자발적인 복종에 신앙 실천의 초점을 두었다. 그뿐만 아니라 신의 사역을 영혼의 구원에 머물지 않고 당시 가장 어려운 사회적 분열과 갈등의 대상인 적대적 관계의 유대인과 이방인 사이에서 화해를 통해 신적인 현존을 보았다.

누구든지 그리스도를 믿으면 새 사람이 됩니다. 낡은 것은 사라지고 새것이 나타났습니다. 이것은 모두 다 하느님께로부터 왔습니다…

. 곧 하느님께서는 인간의 죄를 묻지 않으시고 그리스도를 내세워 인간과 화해하셨습니다. 그리고 그 화해의 이치를 우리에게 맡겨 전하게 하셨습니다. 고후 5:17-19

여기서 새로운 피조물이란 각 개인의 존재의 변화가 아니다. 자신의 삶과 화해라는 인식과 실질적인 사회 정치적 관계의 변화를 말한다. 샬롬은 분열과 억압을 종식하며 화해 속에서 자유와 일치를 위한 강력한 실재reality가 된다. 이것은 지배 체제의 중심 가치들에 대항하는 강력한 투쟁을 불러온다. 이렇게 샬롬의 통치는 화해를 향한 궁극 목표를 향해 눈물이 없는 새 하늘과 새 땅으로 나아가지만, 그 원천은 우리 삶의 터전이 하느님의 본성에서 나오는 진리와 은총으로 세워져 있기 때문에 은총으로 말미암아 인간의 자유가 촉발되고 이 자유는 타자를 향한 사랑의 섬김을 위해 쓰이게 된다. 즉 우리의 평화와 화해를 위한 행위는 단지 윤리적 당위로서가 아니라 존재론적인 터전에서 흘러나오는 것이다.

21세기 기독교 평화운동의 새로운 제자직, 평화 구축자peace-builder

오늘의 지구화된 죽임-폭력-혼돈의 규모와 전체 개인과 지역에 대한 중차대한 영향으로 말미암아 제자직의 사명은 다른 성격을 지니게 된다. 신앙의 선조가 경험하지 못한 빈곤과 질병의 지구화와 핵 산업의 위협으로 평화 실천이 더욱 중요해졌다. 복음 안에 있는 평화에 대한 열정과 전망만이 아니라 샬롬의 지배를 강화하는 사회과학으로 평화학과 만나야 한다. 특히 간디의 진리의 길이자 과학으로서 비폭력에 대한 그의 진리 실험과 실천 방법이 현대 기독교 평화 운동에 불을 재점화했다. 이를 통해 과거에는 고백 차원에 있던 평화 증언과 개입이 더욱 그 전략적인 힘을 얻게 된다. 이러한 이유로 필자는 평화 신학은 평화 구축을 위한 전략적 수행 기능을 담당하는 "일하는 신학working theology; 샐리 맥페이그의 용어"이 되어야 하고, 오늘날의 제자직은 평화 구축자피스 빌더의 역할을 포함해야 한다는 신념을 갖는다.

메노나이트 평화신학자인 존 폴 레더락에 따르면 "평화 구축"은 중장기적으로 평화로운 관계를 위한 요소들인 과정, 접근법, 단계 등을 포함하는 역동적인 작업을 말한다:

> 평화 구축은 좀 더 지속 가능하고 평화로운 관계를 향해 갈등을 변혁시키는 데 필요한 과정, 접근 방법, 단계의 모든 층을 포함하고 생산하며 유지하는 포괄적인 개념이다…. 은유로 말하자면 평화는 단지 시간과 혹은 조건에서 한 단계가 아니라 역동적인 사회 구조이다. 그런 개념은 투자와 재원들을 관여시키고, 건축의 디자인 그리고 노동의 협력, 터 닦기, 그리고 상세한 마무리 작업과 계속적인 유지관리 등의 구축하는 과정을 요청한다.[4]

평화 구축은 정의로운 평화를 위한 장기적인 비전을 지니고 일련의 가치와 원리 속에서 정치적인 전략 기획을 구상한다. 이는 단지 전쟁 이후 갈등을 변혁하고 대화와 조정 및 협상만 하는 게 아니라 폭력이 없는 사회를 위한 예방적 접근도 포함하는 정의로운 사회 구조를 창조하는 데 일한다. 따라서 갈등 현장의 증상에 대처하는 "구급차 운전하기"의 위기 대처 방식을 넘어선 보다 근본적이고 구조적인 전략적 접근 방법을 제시한다.[5]

---

4) John Paul Lederach, *Building Peace-Sustainable Reconciliation in Divided Societies*, (United States, Institute of Peace Pres, 1997), 20.

5) Lisa Schirch, *The Little Book of Strategic Peacebuilding-A vision and framework for peace with justice*, (Intercourse, PA ; Good Books, 2004), 9.

평화 구축에는 가치, 기술, 분석 그리고 과정이 포함되어 있다. 가치란 인간의 기본적인 욕구 충족(물질적, 사회적, 문화적 욕구)과 인권의 보호, 상호 의존성, 파트너십, 폭력 제한으로서 정의로운 평화와 안보를 말한다. 관계적 기술에는 자기 성찰, 능동적 경청, 외교적이며 단호한 대화 기술, 창조적인 문제 해결, 협상 및 중재 조정이라는 기술들이 포함된다. 예를 들면 갈등 전환, 회복적 정의, 정신외상 치유 영역이다. 분석의 틀거리로는 지역 현장 이해, 제도와 기구, 정책에서 구조적 폭력과 문화적 폭력 등을 분석하기도 포함된다.6) 가치와 관계 등을 보면 평화 구축은 중요한 영적 차원을 포함한다는 점에서 기독교 신앙의 과제이기도 하다.

다음 도표7) 에서 보듯이 평화 구축의 과정은 갈등을 비폭력적으로 수

평화 구축의 지도

---

6) Ibid., 13–24.

7) Ibid., 26.

행하기, 직접폭력을 줄이기, 관계를 전환하기, 그리고 능력을 구축하기의 순환 과정을 말한다. 갈등을 비폭력적으로 수행하는 데 의식화와 대안적 힘의 창조, 그리고 비폭력 전술의 개발이 포함된다. 직접폭력을 줄이려면 희생자를 만드는 것을 방지하고 가해자를 제어하며 평화 구축 과정을 위한 안전의 공간을 만들고, 법적 사법적 시스템과 인도주의 지원과 평화 지대 형성, 긴급 대응 프로그램 등이 요청된다.

평화 구축에서 관계 전환은 중심 원리이다. 이는 개인, 가족, 공동체, 실업계, 구조 그리고 정부 관계들을 전환해 손상과 파괴의 작동 과정을 건설적인 성장과 발전으로 전환하는 것을 모색한다. 여기에 중요한 것이 용서와 화해의 기회를 창조하는 것이다. 그리고 이 용서와 화해의 평화 구축에는 영적 차원이 존재하게 된다. 샬롬의 종교적 개념은 이런 올바른 관계의 감각을 구체화한다. 이를 표로 보면 다음과 같다.8)

관계를 전환하기

정신외상 치유 원리	갈등 전환	정의를 행하기 : 회복적 정의 중심 질문
− 정신외상에 이름 붙이기 − 감정과 심리학적 영향과 작업하기 − 영적 의미 발견 − 타인과 의미 있는 관계 형성하기 − 정신외상의 뿌리원인 찾기 그리고 그것들을 제거하는 데 작업하기	− 손상, 외상, 부정의 이 감각에 원인이 되는 이슈의 경험들을 확인하기 − 갈등에 있는 사람들 간의 관계를 구축하기, 그래서 희망하건대 용서와 화해의 과정으로 인도하기 − 모두의 욕구를 충족하는 창조적인 해결방법을 발전시키기 − 모두가 자신의 갈등을 전환시키는 데 관여하도록 힘을 북돋아주기 *대화 *원칙있는 협상 *조정 *훈련	− 누가 상처받았는가? − 그들의 욕구는 무엇인가? − 누가 이들 욕구를 충족시킬 의무가 있는가? − 누가 이 상황에서 영향을 주거나 당사자인가? − 해결책을 찾기 위해서 이들 당사자들을 개입하기 위해 어떤 과정이 사용될 수 있는가? •과도적 정의 •협치와 정책입안 •제의적 상징적 전환

---

8) Ibid., 45-55.

능력 배양의 문제는 단순히 목도하는 폭력적인 갈등의 종식을 넘어 장기적인 자비롭고 평화로운 문화 형성에 필요하다. 이를 위해서는 자신들의 문화와 사회를 지지하는 구조, 기구, 정책, 조직에서 어떻게 책임을 지고 능력을 수행할 것인가가 요구된다. 여기에는 군사력을 사회 발전과 개인 안보를 위한 것으로 전환, 평화 훈련과 교육 그리고 연구와 평가 등이 포함된다. 이러한 평화 구축의 비전이 가시화되려면 평화 구축을 위한 전략적 기획이 필요하다. 우리가 필요한 것을 결정하고, 누가 그 씨앗을 심고 그 꿈을 양성하며 언제, 어디서, 어떻게 그 씨앗이 발아할 것인지를 생각하는 것이다. 여기에는 지역 풀뿌리의 능력과 욕구에 따라 변화의 수준개인, 관계, 문화, 구조적 변혁을 조율하고 활동을 위한 비판적 대중과 핵심 역량을 구축하며 전략적 실천을 위한 핵심 원리와 가치들을 확인한다. 다음은 갈등이 예견되는 상황에서 진행할 평화 구축 활동의 내용을 정리한 도표이다[9] :

평화 구축(Peacebuilding)을 위한 통합적인 작업 틀 짜기

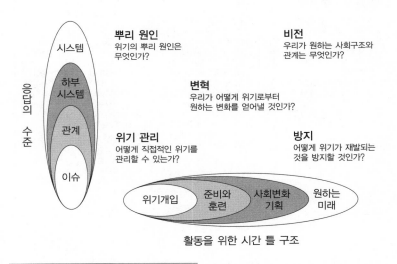

---

9) John Paul Lederach, *Building Peace-Sustainable Reconciliation in Divided Societies*, 80.

나 자신이 이 도표를 통해 한국 상황에서 관심이 있고 활동하는 영역은 바로 응답 수준에서 관계와 하부 시스템 구축이며, 시간 틀 구조에서는 준비와 훈련, 그리고 사회 변화 기획이다. 이는 지금까지 평화 활동이 주로 소수 카리스마적인 비저너리에 집중되고 명망 있는 상층 리더십에 의해 주도되면서 두 가지 약점이 노출되었기 때문이다.

첫째는 고통스러운 저항의 과거를 공유한 인맥과 학연에 따른 배타적 인맥 형성으로 평화 활동에서 최상의 아이디어와 가치 있는 모델들을 중심으로 하는 "활동과 배움의 커뮤니티"가 형성되지 못했다는 것이다. 단적으로 그간 가장 선도적인 기독교 평화 운동을 해 왔다고 평가되는 한국교회협의회NCCK의 정의평화위원회나 화해통일위원회를 보면, 그들의 활동 임무와 과제에도 남북 물자 교류나 평화로운 통일 운동이 평화 운동의 핵심처럼 이해되어 평화학적 관점에서 평화 구축 활동 전략이 부재했다.

둘째로 과거 문민정부 10년간 상층 지도력의 정치 참여로 풀뿌리 평화 활동 현장이 황폐화되고 지도력 승계가 단절되었다. 여기에서 중요한 것은 그나마 남아있는 평화 활동가들이 지역 자치, 평화 운동, 환경 운동, 에큐메니컬 운동 등 모든 영역에서 활동하면서 핵심 역량을 강화하고 지역적 뿌리 기반을 조성하는 데에 전문성과 시간, 그리고 공동으로 대응하는 노력이 달리는 형편이라는 점이다.

갈등 해결과 중재 분야에서 탁월한 업적을 남겼으며 국제적인 평화사 역자인 존 폴 레더락은 평화 구축에서 중간층 지도력과 풀뿌리 지도력 강화의 중요성과 시스템 구축의 필요성을 강조하였다.10) 이 문제는 한국의 평화 활동에 매우 긴급한 전략적 과제가 되고 있다고 생각한다. 매년 27만 명의 젊은이들이 2년간 사람 죽이는 연습을 몸에 익히고 군사 문

---

10) Ibid., 46ff.

화에 젖어 세상으로 나온다. 이에 반하여 한국 전체를 통틀어 스스로 평화 활동에 대한 자의식을 갖고 평화를 위한 삶의 기술에 관심을 두는 사람은 얼마나 될 것인가? 이미 구조적이고 제도적인 면에서 객관적인 연약함이 존재하는 현재 상황에서 필요한 부분은 풀뿌리 현장과 부문을 책임지고 활동하는 핵심 역량의 훈련과 조직이고, 이들을 위해 훈련 모델과 비전과 힘을 줄 수 있는 사회 변혁 기획과 활동을 위한 관계 구조와 하부 시스템의 형성이 요청된다. 전선 운동 못지않게 필요한 것은 전선 운동을 가능하게 하는 기지의 구축이다. 폭력과 갈등의 최전선에 나가는 사람에게 적절한 사람 살리는 기술과 힘을 부여하는 도구를 제공해주는 전략적 공급원이 없다면 그 저항의 지속성과 결과는 뻔히 보이게 된다.

레더락이 제시한 핵심 역량 구축의 문제는 파커 파머가 『비통한 자들을 위한 정치학』에서도 언급하듯이, 우리가 너무 몰두해 있는 사적 영역과 일상과 거리가 너무 먼 정치 영역의 두 틈 사이에 민주주의를 강화할 수 있는 공동선을 위한 공공 영역으로 시민사회의 역할, 특히 자발적 결사체인 실천 공동체의 중요성과 그 맥락이 서로 닿아 있다. 그리고 그런 공공 영역을 확보하고 강화하기 위해 일상에서 내면의 진실성이 서로 들리는 안전한 공간의 중요성을 덧붙이고 있다. 그는 9.11사건 이후 흔들리는 미국의 민주주의 혼란에 대한 치유로서 다음과 같이 진정한 민주주의를 위한 '마음의 5가지 습관'의 회복을 주장한다:

- 우리는 이 안에서 모두 함께 있다는 것을 이해해야 한다.
- 우리는 다름의 가치를 인정할 줄 알아야 한다.
- 우리는 생명을 북돋는 방식으로 긴장을 끌어안는 능력을 계발해야 한다.
- 우리는 개인적인 견해와 주체성에 대한 의식을 가져야 한다.

― 우리는 공동체를 창조하는 능력을 강화해야 한다.

공정하면서도 너그럽고, 경청하며 관심을 주고, 민주주의를 위해 동료 시민을 신뢰하며 용감하게 나아갈 길을 모색하는 파머의 실험은 매우 시사하는 바가 있다. 한국 상황에서 지배와 차별을 끊고 정의와 평등 그리고 자유와 공동체적 가치를 지향하는 민주주의를 이끌어간다는 것은 단지 구호와 선전, 지적 담론과 저항만으로는 한계와 지침을 만나고 나아가서는 냉소주의에 직면하기 십상이다. 내면의 진실성을 회복하고 관계의 장에서 그 진실이 소통되며 이해와 공감의 대화가 가능한 공간이 밑바닥에서 올라올 때, 그리고 그것이 삶의 방식과 관계의 질서와 구조적 형태로 표현될 때 비로소 미래에 대한 새로운 가능성을 열 수 있게 된다.

이는 '해야만 하는' 것이라는 도덕적 당위를 내세워 상대를 가르치려는 그 어떤 시도에서도 형성되지 않는다. 아무리 정당한 대의라 할지라도 그것이 내면의 자발성에서 우러나오지 않는 한, 힘을 발휘할 수 없기 때문이다. 심지어 거꾸로 '내 탓이오'라는 자기 고백 운동으로도 이루어질 수 없다. 자기 고백이 진실에 대한 증언과 저항으로 표현되지 않는 한 사회 변화의 에너지로 자리 잡기 어렵기 때문이다. 생각과 의견을 내놓는 것을 넘어 자기 영혼의 깊이에서 우러나오는 진실과 진정성 있는 이야기를 드러내고, 서로 대화를 통해 그러한 진실들이 소통되는 안전한 공간들이 존재해야 한다. 그러고서, 약자의 아픔이 공공 영역에서 우선 화제가 되어서 대중의 마음에 호소하고, 이러한 담론들을 보장하는 구조적 시스템을 구축해 나아가야 한다.

좀 더 풀어서 이야기하자면 이렇다. 먼저 자기 내면의 진실을 말한다. 우리의 의식과 말하고 듣기는 거의 자극되는 상황을 판단하거나 거기에 반응하는 데 초점을 둔다. 자기 생존 본능에 따라 상대가 무엇을 그리고 얼마나 '잘못' 하고 '옳았는지' 판단하고 이를 논증하는 데 우리 에너지의 대부분을 소진한다. 우리의 생각과 의식이 시비·호불호 논리에 따라 이루어질 때 내면의 진실은 모이기 어렵다. 우리 모두는 신성하며 서로가 관계되어 있는 연결된 존재들이며, 진정성과 자비로움을 일관되게 인식하고, 비폭력과 공감을 통해 행동하는 등 '존재-의식-행동'에 관해 근본적인 각성과 경험이 일어날 때 우리는 영혼의 깊이에서 진실과 진정함을 만날 수 있다.

그리고 상대와 진정성이 소통되는 안전한 공간을 만든다. 대화는 모두가 각각 진리의 조각들을 갖고 있다는 것을 신뢰한다. 적극적 경청과 공감을 통해 상대의 진리를 듣고 이에 자신을 개방하며, 자기 진실을 말하는 '나-메시지' 전달법, 즉 상대의 말에 대응하는 것이 아니라 나의 진실에 초점을 두고 말하는 방식을 통해 진실이 서로 소통되면 더욱 큰 진실이 드러나 그 앞에 각자를 서게 한다. 이로써 기꺼이 자발적으로 각자를 수정하게 된다. 들을 때 상대의 말보다 그 말 뒤에 있는 의도의 진실만을 들어 공간이 더욱 안전할 수 있도록 한다.

약자의 아픔에 민감한 공공 영역이 강화되고 확산되는 것도 중요하다. 사적 공간가정, 정치 공간정당 그리고 사업 공간직장의 영역에 대하여 제4의 영역인 공공 영역시민사회의 확대가 절실히 필요하다. 이 공공 영역은 사회적·생태적 약자들의 고통에 민감한 감수성을 지닌 시민 역량들이 다양하게 활동하는 영역이다. 통일, 평화, 인권, 환경, 풀뿌리 자치 등의 활동을 통해 개인 안보와 사회 자본을 형성하는 영역으로서, 공공선과 안전의 토대를 지닌 공동체적 의식을 실천하는 이러한 다양한 장들이 형성되어야 민주주의의 시민 역량이 확보된다. 개인을 엮어내는 공동의 지혜가 발휘되고 자발성과 헌신, 책임과 나눔의 미학이 자본주의의 폐습을 갱신하는 에너지로 작동하게 된다. 공공 영역을 담보하는 수많은 이슈 공동체 혹은 돌봄의 공동체들이 존재할 때, 이들의 네트워크가 형성한 사회 안전망을 통해서 약자가 존중받고 그들의 공간이 확보되는 더욱 인간적인 사회를 형성해나갈 수 있게 된다.

마지막으로는, 새로운 삶의 이야기가 재생산되는 구조적 시스템의 구축이다. 진정성과 자비로움은 한 개인이나 어떤 그룹의 선의나 자원 봉사로 촉발될 수는 있지만, 그것의 생산과 지속, 확산은 선의나 자원 봉사라는 윤리적 수준에서는 어렵다. 진정성과 자비로움이 스스로 작동되고 유지되는 구조적 시스템이 사회 체제에 형성되어야 한다. 이것은 시민 대중에 영향을 주는 의사 결정, 정책, 법, 조직 운영, 지도력 등이 탈지배 체제적으로 의식과 실천이 일상에서 요구된다. 구조적 시스템 형성에서 중요한 것은 그 기구가 지닌 목표를 공공에 이익이 되는 가치 중심으로 방향을 설정하고, 구성원들 사이에 따사로운 소통과 공동체성이 가능하도록 관계를 맺는 일이다. 이를 위한 중요한 수단은 의사 결정을 다수결로 하지 않고 소수 의견이 모두 들리도록 동의 과정을 밟는 것이다. 그리고 비전과 카리스마를 소유한 소수 인물의 지도력에 의존하지 않고 모두가 이바지하는 지도력을 작동시켜 개인이 아닌 최선의 아이디어가 전체 구성원들을 이끌도록 공동의 지혜가 지도력을 갖추는 방식으로 조직을 운영해 나가는 것이다. 이런 방식을 사람 중심의 민주주의demo-cracy가 아닌 동의 절차에 따른 관계형 민주주의socio-cracy라고 부른다. 그렇게 될 때 그 기구 및 단체는 서로 배우고 돌보는 커뮤니티로 존재하게 되고 진실한 영혼들이 상호 교류하는 '심층 민주주의' deep democracy; 파커 파머의 용어를 학습하게 된다.

향후 기독교 평화훈련 운동의 몇 가지 과제

한 국가를 통치하는 정부가 핵심 인력 구성, 예산, 통치 기구와 제도를 기획하고 전략을 짜며 그 실행을 위해 다층적이고 지속적으로 세밀한 밑그림을 그리듯이, 이 땅에서 샬롬의 통치를 실현하는 것도 단순히 염원이나 의지 혹은 선언이나 고백만으로 되는 것은 아니다. 여기에는 핵심 역량의 형성, 그리고 부단한 훈련과 실천을 평가하고 수정하는 시스템과 그 실천 공동체를 구축해야 한다. 이를 위해 몇 가지 과제가 있다.

첫째, 관계의 문제다. 현재 기독교 평화운동, 특히 평화훈련 교육에서 중요한 것은 현재의 비참하고 참혹한 현실을 가져오는 뿌리인 분열, 상처, 파괴, 죽임, 무질서 그리고 어둠으로 치닫게 하는 마음의 경직성을 치유하기, 곧 파커 파머가 말한 민주주의의 집이라 할 수 있는 '마음의 습관'을 회복하는 일이 무엇보다 필요하다. 이 마음은 진리와 은총으로서 삶의 신성함에 대한 감각과 우리 사회의 고통과 비참함의 모순 어린 긴장을 끌어안아, 파편화되지 않고 오히려 열려 분별과 혁신으로 관여하면서 생명을 부여하는 에너지를 가져오게 한다. 이 마음은 또한 활동가로서 우리가 거대한 사회적 이슈와 할 일들에 파묻히거나 자칫 저항하고 맞서는 가운데 경직될 때 '자기 내면의 정체성, 성실성, 온전성'을 지키고 심화시키는 내적 진실을 형성하게 해준다.

둘째, 자기 내면의 진실과 타인의 진실 및 차이가 소통되는 관계가 가능해지는 안전한 공간 내에서 일상적으로 수행하는 것이다. 비난과 비판, 판단과 평가, 강제와 응보형 행위로 인한 두려움과 수치스러움의 방식으로 말하고 듣는 것이 아니라 이해와 연민이 작동되는 방식으로 말하고 듣는 철저한 생활 실천이 중장기적으로는 범람하는 '폭력의 문화'를 바꿔낼 수 있다. 그렇게 함으로써 내면의 치유, 관계의 회복, 공동체의 복원이라는 건설적인 대화라는 생활양식을 체화한다.

셋째, 하부 시스템 구축으로는 아무도 개인으로서 내적 진실을 강화할 순 없다. 진실과 차이가 존중되는 이해와 연민이 있는 안전한 소통 공간을 만들어 가는 실천 공동체의 구축이 필요하다. 다른 사람의 심리적 공간을 침범하지 않는 방식으로, 즉 강제나 지시 대신에 초대로, 상대 비난이나 판단이 아닌 자신의 진실을 노출하는 대화 방식으로, 자신의 중심이 상대의 중심에 다가가는 방식으로 소통하는 안전한 공간을 확보하고 이를 지켜 유지한다. 바로 차이와 내적 진실이 존중되는 '신뢰와 돌봄의 서클' 이라는 방식으로 자신이 속한 자발적 실천 공동체동아리, 단체, 연대회의를 운영하는 것이다.

넷째, 정의와 진실, 평화와 자비가 실천되려면 생애 전반에 걸친 훈련과 적용 시스템의 구축이 필요하다. 이를 통해 핵심 역량이 길러진다. 이 훈련에서 중요한 것은 강의나 강연으로 한 비전가의 아이디어를 전달하는 가르침과 배움의 방식이 아닌 '공동의 지혜혹은 공동지성' 가 수렴되는 자기 발견적 학습, 능력 부여empowerment, 학습자를 주체화하기, 스토리텔링을 통해서 자기 경험에서 나오는 작고 큰 이야기를 서로 엮는 방식을 사용하는 것이다.

다섯째, 사회 변화를 기획하는 데에 우리는 개인의 내적 진실이라는 샘을 파고, 타자와 공동체의 관계에서 치유와 화해의 영역을 넘어 공공 영역과 국가의 지배 권력에 말을 거는 데 있어서 사회 안보에 대한 비전과 이를 실천할 상호 지원의 핵심 역량을 양성하는 것이 필요하다. 궁극적으로는 무기와 권력이 아닌 비폭력 통치라는 사회적 비전과, 개인 안보를 침해하는 국가 권력에 대한 저항을 어떻게 답보할 것인가에 대해서는 사회적 기획의 측면과 더불어 이를 지속하고 확대할 수 있는 헌신적인 전문 역량들예를 들어, 영역별 전문 실천 그룹이나, 행동 지원을 위한 그룹이 필요하다.

여섯째, 사회적 기획의 중요한 특징은 단순히 현장에 가서 시위의 세력을 키우는 데 머물지 않는다는 것이다. 강정마을의 경우, 핵심 의사 결정권자들은 뒤에 숨어 있고 현장에는 그 지시를 따르는 하부 명령 수행자들만 존재하는데 그들과 전면 대치하는 일은 방어를 넘어선 다른 사회적 기획, 즉 의사 결정권자에게 영향을 끼치는 사회적 기획이 무엇이겠는가 하는 고민을 가져온다. 현재와 같이 보수 진영이 똘똘 뭉쳐 있는 사회에서 사회적 압력을 어떻게 형성하며 의사 결정에 영향을 줄 것이며 사회적 합의 과정을 진행할 수 있는 역량이나 신뢰를 얻을 수 있는 조정 중재 능력의 연대 단체나 기관을 어떻게 제3자 개입 방식으로 형성할 수 있는가도 과제다.

일곱째, 공공 영역을 통해 정치에 말을 걸고 변화를 끌어내는 작업을 위해서는 실제로 수많은 지역 현장에서 실천 공동체들이 자리를 잡고 있어야 한다. 기독교에는 수많은 에큐메니컬 단체들이 존재하고 연대 기관들이 있으나, 실무자 중심의 소수 인원으로 있어서 실제로 행동하면서는 항상 이슈만 다르지 현장에 나오는 사람은 대부분 정해져 있다. 이것은 핵심 역량의 풀뿌리화라는 사회적 기획에 대한 기본적인 원칙을 우리가 실천하지 못하고 있기 때문이다. "우리의 힘은 민중에게서 나온다." 지역 현장 혹은 부문 현장을 다시 일구어내고 뿌리내리며 거기서 민주형 지도력이 나오고 지역이나 단체를 넘어선 공공의 선을 위한 연대와 조직을 구성하는 사회적 기획은, 풀뿌리화 하는 데 최소 3년 이상 걸리고 그것이 연대체로 발전하는 데는 또한 그만큼의 시간이 걸리는 장기적인 사회 기획이다. 이것이 되지 않기 때문에 새로운 지도력이 부재하고, 그래서 지금의 연대회의나 네트워크 활동은 소수에게 과중한 힘이 부과되거나 노력에 과부하가 걸려서 쉽게 지치고 에너지가 딸리게 된다.

여덟 번째, 가치 운동을 하는 모든 단체가 힘들어하는 안정적인 재정 수급 문제도 걸려 있다. 이를 극복하는 한 가지 방법은 평화를 지향하는 교회들 몇 개가 지역 현장 혹은 평화 훈련 단체와 사회 선교를 위해 결합하면서 인력과 재정을 함께 만들어가는 것이다.11) 이는 사회적 기획을 중장기적으로 안정적으로 지속 가능하도록 하는 방식을 어떻게 시스템으로 구축할 것인가 하는 문제다. 혹시 재정적으로 역량 있는 기독교 단체나 재단이 자신의 사업 과제로 이것을 기독교 평화 단체와 연결고리를 갖고 할 수 있는지, 아니면 그 필요성을 지닌 기독교 평화 단체들이 서로 결합하여 재정과 인력을 공유하는 방식으로 훈련과 사회적 기획을 같이 하는 느슨한 연대체를 구성하는 것에 관심이 있는지가 관건이다.

아홉 번째, 훈련과 사회적 기획의 중장기 과제를 실현하는 한 방식으로는 현재 개척자들, 비폭력평화물결, 그리고 한국평화교육훈련원이 함께 논의하는 시민평화대학평화를 중심으로 한 풀뿌리시민대학 세우기가 대안이 될 수 있다. 이미 과거 3~4년간 기독교평화아카데미를 열어 기독성을 지닌 평화 훈련 단체들을 대상으로 학기제 운영을 통해 서로 신뢰와 협력 속에서 이를 진행해온 바 있다. 비록 그 당시에는 아직 평화에 대한 감각이 약하고 참여가 점점 줄어서 모집의 어려움으로 중단되었지만, 상호 연대와 프로그램 공유 차원에서 매우 긍정적인 결과를 얻었고 이 경험이 다른 연대 활동에 디딤돌이 되어 왔다. 여기에는 기독교 에큐메니컬 진영, 평화를 지향하는 교회들, NGO 그리고 평화 교육 네트워크와 회복적 정의 네트워크 등에서 서로 필요성을 공유하고 공동의 가치가 확인되면 함께 진행하는 것에 비전을 가질 수도 있다.

마지막으로, 통일 교육에 대한 평화 교육자들의 관심이 시급하다. 현재 통일 교육은 분단 60년이 되었음에도 아무런 교육학적 방법론이 없고, 통일 사회를 향한 인간론이 없는 소위 자유민주주의와 자본주의는 우월하며 북한 주민은 열등하다고 서술하고 있으며, 통일 후에는 부국

---

11) 협동조합 형태는 이상적이나 의사결정이나 사업 아이디어에 있어서 아직 고려해야 할 점이 많이 있어서 실제로 조직되어도 그 장기적 존속유무에 대한 사회적 분위기 조성이 안 되어 있다. 이 가능성을 진지하게 고민해보는 것도 좋을 것이다.

강병을 그리는 폐쇄적인 민족주의적 색채가 정통을 이루고 있다. 통일을 위한 갈등 전환이나 평화로운 문제 해결을 위한 모두가 만족하는 신뢰 프로세스에 대해서 아무런 방법이나 실습이 없다. 평화운동가들이 전 지구적 시각에서 나온 보편적 시각과 적용 도구에 신경을 쓰고 있지만 평화학을 적용할 수 있는 우리의 구체적인 삶의 맥락인 분단 현실에 등한시한다는 것은 평화 운동이 한국적 맥락과 아직 접촉점을 갖고 있지 못하다는 증거다. 더군다나 분단 논리가 전쟁의 위협이나 다양한 폭력의 문화적, 구조적 배경이 되고 있다는 것을 이해할 때, 평화 운동이 통일 운동에 이를 접목시키고 관여해야 하는 필요성이 점점 제기되고 있다.

비폭력 평화훈련을 위한 나의 실험들

2005년에 비폭력평화운동에 관련된 단체 대표자가 되면서 나는 복잡한 과제들에 직면하게 되었다. 이 영역에 문외한이면서도 일을 해야 한다는 것과 폭력과 갈등의 거대한 이슈들의 쇄도 앞에서 '무엇을 어떻게' 해야 하는지 당황스러워진 것이다. 그 와중에 4년간 '한국평화활동가대회' 준비와 진행에 참여하면서 알게 된 평화단체 실무자들과 활동가들의 고민을 이해하기 시작하였다. 4~5년 이상을 버티지 못하는 파김치 된 활동가들, 소수 인원이 지고 가는 과대한 과제들, 내면의 힘 고갈, 관계 문제와 갈등에 대한 해결 능력 부족, 목표와 전략의 부재, 승리 없는 결과에서 경험하는 모호함, 단체의 재정과 생활 안정의 불안 등이 몇 가지 예다.

사실 사람들에게서 폭력보다는 오히려 '비폭력'의 효율성을 설명하라고 요청 받는 힘든 상황에서, 평화단체들의 힘든 상황을 똑같이 겪던 나 자신은 평화 활동 현장을 추스르고 버티며 그 현장을 가꾸는 일꾼을 세우고, 무엇보다 그 일꾼이 할 수 있는 신념과 사회적 도구를 지닌 훈련 모델을 세워야겠다는 생각을 했다. 그것이 나의 역할로 다가왔다. 사실 그때까지 내 삶은 조직가이기보다 연구자로 사는 삶이었다. 처음부터 어떤 전략이 존재한 것은 아니었다. 단지 직감적으로 폭력에 대응하여 폭력적인 수단신념, 언어, 관계, 구조을 어떻게 배제하며 살 것인지, 안정보다는 비전과 가치에 중심을 두고, 공동의 지도력, 진실 어린 소통, 개인 성장과 사회 변화를 동시에 추구하기와 같은 몇 가지 원칙들에 서서 네트워크 단체들과 개인들과 더불어 공동의 지혜가 작동되는 방식을 취하기 시작하였다.

각 단체의 텃밭은 침해하지 않고 스스로 관리하도록 하되 우물을 같이 만들어 각자의 텃밭에 물을 가져다 주자라는 생각을 사람들과 나누었고, 공유한 목표인 활동가 양성과 훈련이라는 우물에 사람들과 단체들을 초대하였다. 처음이 2006년에 맛보기 워크숍으로 시작한 '삶을 변혁시키는 평화훈련AVP; Alternatives to Violence Project'이었다. 40명이 모여 시작한 AVP는 독일 진행자들의 도움으로 2010년에 첫 훈련가 과정을 마쳤으며, 최종 14명으로 시작하여 이제는 20여 명이 'AVP 활동가 모임'이라는 배움과 돌봄의 AVP 커뮤니티를 형성하였으며 그 과정을 밟는 사람만도 70여 명에 이른다. 이 모델은 몇 가지 통찰을 주었다. 자신의 삶 이야기를 텍스트로 사용하기, 경험 먼저, 그리고 그 경험으로부터 원리를 뽑아내어 일반화하고 재적용하기, 자신의 절망과 희망이 담긴 감정을 표현하고 이를 전체가 들어주기, 팀 진행을 통한 공동의 지도력을 구축하기, 상대의 말에 따른 대응이 아닌 자신의 진실을 드러내는 방식으로 말하고 듣도록 안전한 공간 형성하기, 공유된 가치와 목적에 대해 자발적인 헌신과 몸으로 생활하기, 서로 격려하고 지원하는 돌봄과 배움의 커뮤니티의 필요성과 이를 실제로 구축하기 등이다.

자발적인 배움과 돌봄의 커뮤니티를 형성하는 시도는 계속되었다. 40

여 단체가 모였던 '비폭력 평화 세계 대행진' 캠페인2009년, 7~8개 단체가 결성한 '회복적 정의 네트워크' 2009년 말부터 시작, 비슷한 숫자의 평화교육 단체들이 모여 '평화교육 네트워크' 2011년, 여러 다양한 20명의 개인이 모여 '어린이-청소년 평화지킴이HIPP; Help Increase Peace Program' 2010년 훈련 과정을 열고 성인 진행자 배출2013년 및 탈학교 학생을 중심으로 한 청소년 진행자 양성 시작2013년, 또 다른 20여 명의 개인이 모인 '한국 회복적 서클RC; Restorative Circle' 모임2012년, 그리고 '학교폭력에 관한 회복적 대화모임' 2012년, '사회적 · 감정적 배움' SEL; Social&Emotional Learning 연구 모임2011년 등이 있다. 그리고 여러 훈련 매뉴얼을 자체적으로 번역하거나 만들었는데, 앞에 언급한 모델의 매뉴얼들만 아니라 비폭력대화 NVC, 비폭력 영성과 실천, 시민 활동가와 교사를 위한 중심 세우기, 비폭력 직접행동 등의 매뉴얼들을 내부 훈련용으로 만들어 사용하고 있다. 2년간 한시적이었던 '비폭력 세계 대행진' 캠페인만 제외하고 나머지 모델들은 주로 평화 활동가 양성 훈련과 관련된 모델들인데, 자생적으로 지속적인 배움과 상호 돌봄을 위한 결사체적인 커뮤니티 성격을 갖고 활동하고 있다. 어떤 것은 처음부터 각각의 다른 단체의 활동가들이 목적을 공유해 커뮤니티를 구성한 것도 있지만, 평범한 시민들이 모여 점차 공유된 가치를 세우고 평화의 비전에 헌신하려는 목적에서 형성한 커뮤니티들도 있다. 각 모델은 그 나름의 성격들이 다르게 존재하지만 유사한 진행의 공통점들은 다음과 같다:

- 조용히 적극적인 광고 없이 그리고 점진적으로, 상업적이지 않은 방식으로 공유한 목적과 동의한 가치들을 중심으로 모임들이 자발적으로 진행되어 나간다.
- 대화 방식에서 자신의 내면에 있는 중요한 것을 표현하고 그것을

중도 개입 없이 듣는 경청의 방식을 차용하고, 자신의 좌절과 희망 등의 감정을 안전하게 표현할 수 있게 하고 상대가 듣는다는 신뢰의 분위기를 지닌다.

- 의사결정에서 강요 없는 초대, 다수결 투표 없는 동의 과정을 통해서 소수자의 목소리를 드러내고 듣기, 의견의 차이를 주목하고 그 논점의 뒤에 있는 의도와 욕구를 듣기, 결정된 것을 다시 명료화하는 절차를 거친다.

- 사회와 진행을 특정 개인에게 맡기지 않고 돌아가며 하고 자원을 원칙으로 하고, 각자의 진실을 모으며, 공동의 지혜가 최대한 소통되고 발휘될 수 있도록 의식을 하면서 내가 말하는 의도와 말하는 것이 전체에 어떤 영향을 줄지, 그리고 참여 구성원 전체의 복지를 생각하며 말한다. 그 예로서, 상상력을 충분히 발휘할 수 있도록 평가 없는 브레인스토밍 시간을 갖고, 거기서 가장 좋다고 동의한 최선을 선택하고 다른 의견을 재고하도록 할 기회를 다시 준다.

- 주최 단체로서 각 모델의 기득권과 소유권을 주장하지 않고 공유 시스템을 구축한다. 자발성과 신뢰를 중심으로 원하는 방향에 대해 무엇이 장애인지보다 무엇이 가능한가에 초점을 맞추고 때때로 모호해도 직감에 맡긴다.

위와 같은 방식들은 처음에는 한두 모델에서 피드백이 좋아 나온 긍정적이고 유효한 것들인데, 자연스럽게 다른 모델에도 하나둘씩 점차 적용해가며 대화를 위한 안전한 공간을 만들어 왔다. 이후 이것들이 바로 '서클 프로세스'라는 방식에 의해 공통으로 사용되는 것이라는 이론을 접하고는 각 모델의 특성은 달라도 보편적으로 이러한 서클 프로세스와 소시오크러시sociocracy-번역어가 아직 없어서 그 의미를 '동의에 의한 관계적 민주주의' 라 부르고자 한다의 방식을 적용하면서 지속해 발전시키고 있다. 흥미 있는 것은 처음에는 각 훈련 모델들이 각자의 고유 영역에서 발전하고 서서히 성장했지만, 한 가지 모델을 경험하고 앞에서 말한 서클 방식의 또 다른 모델들에 참여해 그로부터 배움, 가치와 의미의 명료함, 헌신의 방향, 관계의 질적 향상 등에 있어 상호 시너지 효과를 얻는 일들이 점차 늘고 있다는 점이다.

또한 자체적으로 구체적인 현장을 개발하고 핵심 역량을 배분하며 파트너십의 확대를 서서히 도모하고 있다는 점이다. 최근에는 비폭력평화 훈련센터를 몇몇 지역에 뿌리내리는 일을 직접 기획하거나 자문하고 연대하여 세우는 노력을 하고 있다. 광명에 '비폭력평화훈련센터-동그라미와 네모' 가 개소하고, 인천, 고양, 광주, 제주도에 각각 광명과 비슷한 훈련센터를 건립하는 일에 함께하고 있다. 또한, 회복적 서클도 광명, 인천, 광주, 음성, 제주도에 각각 진행자를 양성하고 입문, 심화 과정을 지속하여 열고 있다. 이런 것들은 생명의 자기조직화 이론과 같이 스스로 발전하고 방향을 찾고 소통하며 그물망처럼 뻗어나가는 자발적인 생명력을 갖고 있다. 비록 지금은 시초이지만 앞으로 5년 이후 지금 성장하는 싹들은 매우 크게 가시화될 것이다.

함께하는 구성원 대부분은 처음부터 사회 변혁을 위해 깃발을 세우거나 열정을 품은 사람들이 아니다. 오히려 많은 이들이 평범한 일상을 살지만 고통스러운 현실에 대한 자기 경험과 희망을 나누는 과정 속에서, 그리고 각 모델에서 경험한 평화롭게 소통할 수 있는 안전한 공간을 통해서 의식들이 깨어나고 함께하는 데에 호기심을 갖게 되었고 공유된 목적을 향해 조심스럽게 발걸음 하는 행렬에 동참하게 된 것이다. 놀랍게 내가 깨달은 것은 기존의 활동가를 평화 마인드로 전환하는 훈련 기간보다 오히려 평범한 지역 사람을 훈련해 평화 활동가로 세우는 기간이 대략 더 짧다는 사실이다. 광명은 3년 정도 걸림 이것은 의외의 결과이기도 하지만 새로운 희망이기도 하다.

사실 돌이켜 보면 아쉬운 점도 많다. 평화 관련 수많은 중요한 국외 자료들을 함께 탐구할 수 있는 연구진의 부재실제로 많은 연구 역량이 있는 사람들이 안정되지 않은 수입 때문에 집중하지 못하고 있다. 그리고 개인 간의 갈등 해결이나 그룹 간의 문제 해결에는 신경을 썼지 공공 부분의 갈등, 그리고 정부가 권력으로 지배하는 통치를 넘어 비폭력 거버넌스와 통치에 대한 중장기 비전과 그 전략적 실천에 대한 역량은 세워지지 않았다. 이를 위한 자료들은 보이지만, 지금 하는 훈련 워크숍이나 수많은 기획 회의에 참석하는 시간으로 절대적인 개인 성찰과 연구 시간이 부족하여 들여다볼 시간이 나지 않고 있다.

결론

파커 파머는 최근 『비통한 자들을 위한 정치학』원제는 "민주주의 심장을 치유하기Healing the Heart of Democracy" 에서 참된 민주주의를 위한 사회 운동의 4단계를 다음과 같이 표현하였다. 더는 분리되어 살지 않겠다고 결정하기, 일치의 공동체를 형성하기, 비전을 가지고 공적인 장으로 나아가기, 처벌과 보상 시스템을 변형시키기. 우연한 일치인지는 모르나 그간 내가 평화 훈련 영역에서 해 온 작업들이 이에 해당한다. 그리고 이는 매우 중요한 통찰이며 운동의 흐름을 정리한 것임이 내 경험을 통해서도 확인된다. 파머의 명료한 도해는 앞으로 펴 나갈 활동에 큰 격려가 되고 있다. 자신과 '타자' 심지어 '적' 까지도의 비통한 현실에 자각과 연민으로 다가가는 용기를 갖는 개인적 자각이 영혼에서 먼저 일어나는 것, 공유된 목적과 가치를 향해 배움과 돌봄의 지속적인 공간을 허락하는 공동체를 나름대로 구축하여 그곳에서 핵심 역량을 만들어 내는 것, 그리하여

이 공동체를 통해 신념과 힘을 부여받는 것, 그다음 순서로 공공 영역에 말을 걸고 사회 이슈들에 개입해 들어가 공동 관계성으로 자기 정체성을 강화하며 새로운 '우리'의 영역을 발견하는 것이다. 마지막으로 공동체와 사회에서 어떻게 정의와 공평함을 구현할 것인가라는 근본 문제에서 '적'과 '타자', '문제의 인물'을 골라내고 고통을 주는 응보적인 시스템을 변혁시키는 치유와 관계 회복, 그리고 공동체를 복원하는 '회복적 정의' 시스템을 사회 전반에 실천 시스템으로 구축하는 것이다.

우리의 안전과 복지가 사람을 죽이는 법에 숙달된 군인, 위험한 자를 골라내고 격리하는 경찰, 처벌과 고통을 부과하는 법 집행자들인 법조인, 그리고 승리와 패배의 구도에서 '적 이미지'를 생산하고 이에 결투하여 상대를 쓰러뜨리는 정치인, 국민의 생명을 담보로 '이념적 타자'와 '적'을 무찌를 수 있는 파괴적인 무기의 힘이 중요하다고 말하는 국가 경영자들에게 우리 안전이 달렸다는 이 '신화'를 우리가 아직도 지닌 채 살고 있다는 것은 얼마나 순진하고도 불행한 현실인가? 파커 파머는 결사체적 공동체를 형성하여 공공 영역에 개입해 들어가는 것이 민주주의의 건강성과 안전을 지키는 길이라고 주장하고 있으며 필자도 이에 동의한다.

이런 과제를 위해 나는 존 폴 레더락과 파커 파머의 제안에 동의하여 두 가지가 중요함을 다시 역설하고 싶다. 첫째는 우리 각자가 기독교인으로서 그리고 평화 활동가로서 '무엇을' '어떻게'라는 문제만큼 자신이 그리고 함께하는 이들이 '누구'인지를 다시 배우고, 말하고 들음으로써 영혼의 진정성이 우리의 의식과 관계 속에서 표출되어야 한다는 것이다. 자기 내면의 진정성이 가꾸어지지 않고는 진리의 분별과 혁신을 향한 헌신이 일어나기 어렵다. 둘째는 이러한 영혼의 진정성이 서로 교류할 수 있는 안전한 공간으로서 신뢰와 돌봄의 실천 커뮤니티자발적인 결사체가 현장에서 그리고 연대를 통해 어떻게 출현할 수 있는가 하는 것이다. 이는 핵심 역량을 구축하는 문제이기도 하다. 내면의 진정성과 핵심 역량이 구축될 때 우리는 공공 영역에 진출하고 이를 통해 정치에 힘 있게 말을 걸 수 있게 된다. 과거의 분노와 저항의 힘이 이제는 새롭게 내면과 성찰의 힘으로 바뀌어 새로운 평화의 물줄기가 흐를 수 있을 것이다. 그리고 이를 위해 우리 평화 활동가들은 또한 신앙의 힘으로 우리를 감싸는 거룩한 영에 인도되도록 몸과 영혼을 열어놓아야 할 것이다.

색인

번호

8복   173, 181, 182
9.11사태   128, 301

한국어

ㄱ

가톨릭   33, 187
가해자   43, 61, 78, 190, 191, 265, 321,
     322, 324, 325, 334, 335, 343
간디   30, 46, 99, 200, 246, 253, 261, 262,
     264, 273, 340
갈등   6, 10, 11, 12, 16, 17, 19, 20, 24, 26,
     29, 31, 32, 33, 34, 36, 42, 50, 53,
     54, 55, 58, 59, 60, 62, 63, 64, 66,
     71, 72, 73, 74, 75, 76, 77, 78, 79,
     80, 81, 87, 92, 93, 94, 97, 98, 119,
     120, 125, 126, 155, 156, 158, 160,
     165, 181, 185, 186, 187, 188, 190,
     194, 199, 202, 215, 216, 217, 218,
     219, 220, 221, 223, 224, 228, 231,
     234, 237, 239, 244, 252, 253, 254,
     255, 256, 257, 259, 263, 271, 273,
     274, 275, 280, 285, 287, 314, 320,
     321, 322, 324, 325, 326, 328, 330,
     332, 333, 334, 335, 336, 339, 341,
     342, 343, 344, 345, 346, 354, 359
값싼 은혜   20
개신교   33, 195, 196
갱신 운동   225
거룩한 현존   127, 136, 137, 149
경청   26, 92, 93, 99, 119, 219, 220, 238,
     330, 342, 347, 348, 357
계시   39, 40, 44, 70, 112, 116, 127, 133,
     134, 135, 153, 186, 206, 208, 210,
     244, 297, 316, 317

계약 백성   245
계약의 백성   244
고난받는 종   177
공감   43, 47, 53, 55, 91, 93, 113, 116, 119,
     121, 132, 152, 156, 190, 201, 203,
     204, 206, 218, 220, 227, 289, 329,
     347, 348
공동 지성   82, 84, 85, 86
공동체   18, 20, 24, 30, 31, 32, 57, 59, 60,
     62, 63, 64, 68, 69, 102, 103, 128,
     133, 135, 147, 151, 159, 160, 162,
     163, 177, 184, 185, 191, 192, 193,
     195, 196, 206, 207, 211, 215, 216,
     220, 222, 224, 225, 228, 230, 233,
     234, 236, 238, 244, 245, 246, 255,
     260, 261, 264, 265, 267, 269, 274,
     277, 278, 279, 280, 282, 288, 303,
     306, 311, 321, 322, 324, 325, 326,
     327, 328, 331, 332, 333, 334, 335,
     336, 343, 346, 347, 348, 349, 350,
     351, 352, 359, 360
공유된 가치   132, 355, 356
관계의 단절   67, 68, 324
국가 종교   104
국경 분쟁   33
국제 구호   32
국제 평화 여단   32
권세   100, 103, 104, 127, 186, 192, 206,
     211, 212, 213, 214, 237, 259, 277,
     337, 338
권세들   104, 211, 212, 213
그리스도의 참모습   187
그리스도의 현존   185, 188
기독교 공동체   20, 128, 151, 220, 236
기독교 비폭력   5, 6, 27, 30, 37, 90, 94, 95,
     128, 151, 165, 236, 237, 238, 239,
     259
기독교 평화운동   13, 29, 31, 124, 328,
     340, 350
기독교 평화주의   7, 24, 241, 283, 289, 290
기독교 평화주의자   24
기독론   68

ㄴ

난민보호   32
넓은 문   173

노동 41, 142, 143, 244, 271, 315, 316, 341

ㄷ

다니엘 베리건 253
당사자 11, 12, 26, 32, 50, 53, 54, 55, 60,
  61, 64, 66, 77, 78, 79, 81, 87, 92,
  94, 155, 156, 158, 159, 162, 200,
  217, 219, 221, 257, 263, 265, 322,
  334, 335, 336
대접 90, 92, 93, 94, 95, 175, 277
대화 과정 61, 87
대화 구조 86, 89
대화 서클 82
대화 진행자 79, 81, 88
도덕적 판단 56, 135, 202
도로시 데이 186, 253
도미니크 바터 158, 334
돌발 행동 44
돌봄 43, 137, 143, 192, 203, 278, 323,
  336, 337, 349, 351, 355, 356, 359,
  360
두려움 7, 23, 41, 42, 52, 55, 60, 64, 66,
  77, 86, 99, 118, 119, 127, 134, 138,
  139, 156, 164, 185, 186, 188, 198,
  202, 218, 219, 221, 237, 241, 246,
  247, 248, 249, 250, 254, 256, 260,
  264, 270, 282, 284, 285, 286, 288,
  321, 324, 331, 332, 350
따스함 23, 26

ㄹ

레너드 제이콥슨 163
레더락 218, 341, 345, 346, 360
롬바드 메노나이트 평화센터 32
루터교 31

ㅁ

마더 테레사 128, 186, 309, 310, 311, 317
마셜 로젠버그 94
마의 평화 157, 178, 196, 207
마이스터 에크하르트 139, 163, 286
마틴 루터 186, 195, 238, 253, 260, 310
마틴 루터 킹 186, 238, 253, 260
만물 간의 친교 210
매시농 317

메노나이트 32, 68, 196, 226, 322, 334,
  341
메리 올리버 145, 147, 148
뫼비우스 고리 125
무력 32, 33, 44, 46, 50, 55, 91, 104, 185,
  186, 191, 212, 228, 248, 249, 256,
  258, 259, 268, 277, 287, 288, 324,
  325, 327
무력 갈등 32, 186
문화적인 폭력 17, 255
문화적 폭력 41, 45, 248, 255, 342
민주주의 271, 273, 330, 333, 346, 347,
  348, 349, 350, 353, 357, 359, 360

ㅂ

바울 6, 100, 103, 105, 106, 107, 135, 136,
  140, 150, 151, 152, 153, 154, 165,
  178, 179, 180, 191, 205, 206, 207,
  208, 209, 211, 212, 216, 222, 273,
  275, 285, 289, 307, 308, 323, 338,
  339
방어적 119, 175
배타주의 160
범죄자 70
보복 48, 49, 53, 55, 64, 70, 182, 188, 194,
  197, 198, 199, 200, 227, 228, 254,
  259, 279, 280, 281, 287, 320, 323
보수적 근본주의 287
복음적 비폭력 258
본 회퍼 127, 128
분별 29, 55, 156, 167, 185, 189, 194, 198,
  213, 219, 227, 228, 238, 239, 245,
  263, 337, 338, 339, 350, 360
불신 48, 54, 58, 59, 60, 181
비언어적 소통 50
비통한 자들을 위한 정치학 333, 346, 359
비폭력 2, 5, 6, 7, 11, 12, 15, 16, 17, 19,
  23, 24, 25, 26, 27, 28, 29, 30, 31,
  32, 34, 35, 36, 37, 39, 42, 43, 44,
  45, 46, 52, 66, 70, 71, 72, 73, 75,
  76, 90, 92, 93, 94, 95, 96, 98, 99,
  104, 109, 111, 117, 119, 120, 121,
  122, 123, 125, 126, 127, 128, 130,
  131, 132, 151, 155, 158, 160, 163,
  165, 184, 188, 189, 190, 203, 206,
  211, 213, 215, 218, 220, 222, 226,

231, 236, 237, 238, 239, 241, 253,
254, 257, 258, 259, 260, 261, 262,
263, 264, 265, 266, 267, 268, 269,
270, 271, 272, 273, 274, 275, 277,
278, 279, 280, 281, 282, 283, 284,
289, 301, 302, 318, 319, 326, 329,
330, 333, 334, 335, 336, 337, 338,
339, 340, 342, 343, 348, 351, 353,
354, 356, 358, 359
비폭력 대화 5, 11, 12, 16, 25, 76, 92, 94,
98, 109, 111, 117, 120, 121, 122,
123, 125, 126, 127, 128, 130, 131,
132, 155, 190, 203, 329
비폭력 실천 5, 7, 24, 27, 30, 31, 34, 35,
36, 37, 45, 66, 70, 90, 92, 94, 95,
98, 128, 151, 158, 160, 163, 189,
236, 237, 238, 239, 241, 253, 265,
266, 275, 302, 318, 319
비폭력 저항 7, 231, 241, 277, 278
비폭력평화물결, 326, 333, 334, 353
비협조 31, 261, 262, 284
빈곤 29, 340
뿌리와 날개 171

ㅅ

사도 바울 100, 103, 105, 106, 135, 178,
179, 180, 205, 206, 207, 208, 209,
216, 222, 273, 275, 285, 289, 307,
323
사제직 20
사티아그라하 31, 46, 261, 263, 266
사회 변혁 29, 163, 265, 266, 267, 268,
270, 271, 346, 358
사회 변혁 전략 265
사회적 분열 339
사회적 증언 163, 227, 233, 234
산상 설교 107
산상수훈 102, 137, 173, 179, 183, 193,
215, 225, 226, 277, 323
삶을 변혁시키는 평화훈련 12, 335, 355
상호 의존성 342
생명 6, 11, 13, 17, 20, 24, 47, 65, 70, 78,
83, 91, 93, 100, 102, 118, 120, 128,
130, 133, 136, 137, 138, 139, 153,
155, 160, 161, 162, 163, 165, 175,
184, 185, 187, 207, 210, 227, 234,

247, 250, 251, 263, 272, 279, 286,
287, 288, 317, 346, 350, 358, 360
생태적 인간상 83
생태적 지속성 271
생태적 타자 29, 88, 148, 151
샤를 드 푸코 128, 309, 314
샬롬 20, 25, 29, 30, 31, 35, 100, 101, 102,
104, 142, 157, 173, 174, 175, 176,
177, 178, 180, 183, 186, 193, 208,
211, 236, 237, 238, 244, 245, 246,
275, 277, 278, 279, 324, 328, 337,
338, 340, 343, 350
샬롬의 통치 29, 30, 31, 104, 186, 237,
275, 324, 328, 337, 338, 340, 350
서클 16, 60, 61, 62, 76, 82, 158, 324, 326,
328, 329, 334, 335, 351, 356, 357,
358
선의 사도 316
선제 의지 69, 70
선제적 행동 30
성령의 탄식 6, 109, 150, 151, 152
성육신 90, 123, 158, 235, 247
세상의 빛 6, 147, 159, 165, 225, 226
세상의 소금 6, 165, 225, 226
시민 방어 29
신뢰 17, 23, 43, 45, 46, 48, 54, 58, 74, 77,
87, 91, 92, 93, 99, 118, 127, 158,
162, 163, 167, 199, 220, 221, 222,
245, 248, 265, 281, 289, 321, 322,
323, 326, 330, 332, 335, 347, 348,
351, 352, 353, 354, 357, 360
신의 거룩함 107, 142
신적 현존 127, 128, 134, 135, 136, 137,
140, 252, 285
신체적 폭력 41, 119, 248
실천성이 31
실천적 평화 20
십자군 전쟁 68, 104, 160

ㅇ

아인슈타인 51
안식년 141, 143
안전한 공간 24, 26, 77, 87, 89, 133, 139,
158, 188, 219, 220, 221, 238, 346,
347, 348, 350, 351, 355, 357, 358,
360

안전한 교회 186
약자 25, 40, 41, 43, 44, 46, 72, 135, 143,
　　144, 147, 161, 167, 168, 169, 185,
　　227, 239, 245, 246, 248, 257, 278,
　　284, 289, 306, 347, 348, 349
양과 염소 128
에클레시아 173, 211, 220, 221, 223
엔트로피 법칙 93
역동적 관계성 163
역사적 평화 전통 196
연민 61, 62, 139, 147, 158, 162, 192, 200,
　　201, 202, 239, 296, 307, 350, 359
영성 6, 23, 24, 28, 35, 72, 120, 121, 124,
　　125, 128, 163, 165, 228, 233, 234,
　　236, 253, 261, 275, 279, 289, 301,
　　304, 305, 306, 314, 316, 328, 336,
　　356
영혼의 힘 46, 239, 261, 265, 335
예배 20, 27, 67, 95, 106, 111, 117, 118,
　　127, 148, 159, 186, 192, 193, 194,
　　213, 224, 232, 245, 250, 279, 280,
　　317
예수 운동 135, 159, 163, 192, 193, 194,
　　195, 216, 278
예수의 삶 20, 137, 289
예언적-사도적 전통 34
오렌지 혁명 253
온전한 현존 136, 137
온전히 현존하기 53, 159, 163
요더 68, 70, 281
요한 갈퉁 76, 125, 255
용기 16, 26, 31, 43, 44, 56, 77, 131, 211,
　　237, 238, 265, 266, 281, 330, 337,
　　359
용서 47, 61, 63, 101, 102, 104, 175, 194,
　　201, 202, 222, 273, 323, 324, 337,
　　343
우리의 평화 30, 103, 105, 208, 211, 222,
　　323, 340
우주적인 평화 178
움직이는 명상 124
월터 윙크 121, 123, 155, 238, 255, 257,
　　258, 283, 321
윤리적 43, 46, 66, 90, 124, 142, 143, 176,
　　196, 207, 209, 227, 245, 262, 280,
　　300, 340, 349
윤리적 도덕성 196

윤리적 민감성 43, 46, 227
은총 5, 27, 34, 37, 90, 95, 120, 138, 157,
　　159, 169, 181, 227, 228, 237, 238,
　　246, 306, 309, 323, 337, 340, 350
은혜 20, 123, 155, 157, 158, 163, 206
응보 67, 68, 69, 70, 325, 336, 350, 360
응보형 처벌 67
의사소통 43, 58, 94, 122, 188, 327, 333,
　　334
이슬람 33, 231, 287
이슬람군 33
이슬람 원리주의 287
이주 노동자 41
인간 안보 29
일하는 신학 228, 341

ㅈ

자기 비난 125, 126
자기 정당성 59, 60
자기 정체성 131, 132, 144, 162, 186, 192,
　　226, 243, 284, 285, 289, 360
자기 주도적 학습 57
자기 책임 43, 46, 156
자기 파괴 26
자기 판단 92, 126
자비 5, 6, 23, 25, 26, 34, 47, 60, 62, 63,
　　64, 91, 94, 109, 118, 119, 120, 121,
　　122, 123, 128, 138, 142, 149, 152,
　　158, 163, 176, 181, 182, 193, 206,
　　213, 219, 220, 223, 227, 246, 253,
　　277, 279, 319, 322, 323, 324, 325,
　　344, 348, 349, 351
자유 행위 102
작은 자 33, 40, 42, 169, 170, 186, 192,
　　221, 289, 309, 314, 316, 317, 318,
　　329, 339
재속 수도회 196, 314, 317
저항 7, 17, 30, 45, 71, 135, 192, 195, 206,
　　211, 231, 237, 241, 245, 248, 250,
　　253, 258, 261, 262, 263, 264, 265,
　　270, 272, 277, 278, 280, 283, 284,
　　324, 327, 328, 333, 345, 346, 347,
　　350, 351, 361
적 닮아가기 199
적대자 12, 61, 74, 75, 78, 93, 127, 133,
　　162, 180, 220, 222, 223, 260, 272,

278, 323, 324, 339
전쟁과 폭력   29, 33, 160
정의   7, 12, 16, 19, 25, 31, 32, 34, 51, 54,
    57, 60, 61, 62, 63, 64, 68, 82, 120,
    122, 137, 138, 176, 180, 207, 227,
    241, 244, 245, 251, 253, 254, 255,
    257, 258, 259, 260, 261, 264, 271,
    272, 273, 275, 279, 294, 316, 319,
    320, 321, 322, 323, 324, 325, 326,
    327, 328, 333, 334, 336, 338, 339,
    341, 342, 345, 347, 351, 353, 354,
    356, 360
제도적인 폭력   41
제도적 폭력   17
제자   6, 9, 13, 20, 25, 29, 30, 33, 34, 35,
    100, 101, 102, 103, 104, 127, 136,
    150, 157, 161, 162, 165, 173, 174,
    175, 178, 179, 180, 182, 183, 184,
    185, 187, 192, 193, 194, 196, 205,
    206, 207, 208, 209, 210, 212, 213,
    214, 215, 216, 221, 222, 229, 247,
    248, 250, 251, 259, 276, 278, 282,
    285, 307, 308, 314, 318, 323, 339,
    340, 341
조정   29, 31, 53, 58, 79, 125, 155, 200,
    202, 326, 328, 329, 334, 341, 342,
    352
조지   32, 199, 232, 253
조지 레이키   32
존 폴 레더락   341, 345, 360
존 하워드 요더   68, 281
종교개혁   195
종교 전쟁   104
좋은교사운동   19, 326, 333
주목하는 자   203
중재자   49, 50, 52, 53, 54, 55, 61, 78, 79,
    81, 87, 102, 213
지배 권력   129, 339, 351
지배체제의 폭력성   104
지식 그물망   85
지켜보는 자   203
직접행동   12, 25, 29, 32, 269, 273, 274,
    356
징벌   66, 67, 68, 177, 196, 227, 279, 281,
    282, 306, 320

ㅊ

참회와 변혁   239
창조적 행동   81
청소년평화지킴이   322, 335
청소년 폭력   155, 333
초대교회   100, 104, 105, 106, 107, 157,
    206, 217, 222
최선의 자아   99
출애굽   7, 46, 142, 152, 241, 243, 244,
    245, 305
친밀감   118

ㅋ

카디   46, 262, 264
코이노이아   138, 210
퀘이커   6, 31, 32, 125, 162, 163, 165, 196,
    219, 226, 227, 230, 231, 232, 233,
    234, 301, 322, 335
크리스천 피스메이커   32

ㅌ

탈핵   333
테러   20, 122, 269, 272
테레사   7, 128, 186, 241, 303, 309, 310,
    311, 314, 317
토마스 쿤   106
토머스 머튼   162
틸리히   249

ㅍ

파체 에 베네   31
파커 파머   125, 147, 162, 163, 238, 333,
    346, 349, 350, 359, 360
펜들힐   6, 165, 230, 231, 232, 234, 301
평화교육네트워크   333
평화 구축   32, 62, 274, 322, 324, 340, 341,
    342, 343, 344, 345
평화구축   29
평화 능력   5, 33, 37, 100, 101, 102, 103,
    208
평화 사역   189, 211
평화신학   9, 283, 341
평화와 화해   6, 17, 20, 25, 26, 30, 104,
    105, 165, 193, 194, 195, 205, 207,
    320, 340
평화운동   6, 9, 10, 11, 13, 15, 29, 31, 39,

71, 124, 165, 230, 231, 328, 340,
   350, 354
평화운동가 10, 11, 15, 231, 354
평화의 능력 6, 165, 167, 171, 206, 222
평화의 사역자 208
평화의 실존 251
평화의 왕 176
평화의 존재력 251, 252
평화 일꾼 7, 241, 247, 249
평화적 방법 19
평화주의자 24, 105
평화학 29, 34, 125, 255, 340, 345, 354
평화 활동가 23, 32, 123, 228, 247, 249,
   250, 327, 332, 333, 345, 356, 358,
   360, 361
평화 훈련 7, 16, 24, 31, 241, 330, 333,
   335, 337, 344, 352, 353, 359
평화훈련 12, 34, 322, 326, 327, 333, 335,
   354, 355, 358
폭력의 신화 69, 257
폭력자 43
폭력 체제 30, 256, 260, 287
푸코 7, 128, 241, 303, 309, 314, 317
프란체스코 99, 186, 196
피조물의 탄식 6, 109, 150, 151, 152, 153
피해자 61, 78, 191, 296, 322, 325, 326,
   334, 335

ㅎ

하나님 나라 101, 105, 120, 135, 137, 151,
   157, 193, 206, 277, 289
하나님의 은총 181
하나님의 평화 173
하나님의 현존 26, 27, 95, 142, 224, 259
하나님 형상 54, 123, 223
하느님 나라 30, 130, 338
하느님의 사랑 30
하비루 46, 243, 244, 249, 303, 304
학교 폭력 331, 333
학교폭력 48, 54, 191, 356
학교 현장 19, 336
한국교회협의회 345
한국비폭력대화센터 36, 326, 333, 334
한국평화교육훈련원 20, 326, 334, 353
해방 46, 141, 150, 153, 177, 192, 211,
   243, 244, 261, 271, 281

핵위협 29
행동 가능한 지식 81
형제교회 196, 226
형제성소 316, 317
화해 6, 7, 17, 19, 20, 25, 26, 30, 31, 33,
   49, 50, 52, 53, 54, 55, 60, 62, 63,
   64, 66, 70, 74, 101, 102, 104, 105,
   107, 127, 128, 137, 143, 155, 163,
   165, 173, 179, 180, 186, 193, 194,
   195, 197, 201, 205, 206, 207, 208,
   209, 213, 215, 216, 217, 218, 220,
   221, 222, 223, 224, 227, 228, 239,
   241, 245, 254, 278, 280, 281, 282,
   291, 294, 302, 309, 318, 319, 320,
   321, 322, 323, 324, 325, 328, 334,
   338, 339, 340, 343, 345, 347, 351
화해 사역자 66, 70
화해의 길 60, 209
화해의 제자도 20
환경 파괴 151, 249
환대 26, 27, 51, 77, 95, 132, 133
회복 5, 7, 12, 16, 19, 20, 25, 26, 34, 37,
   48, 62, 63, 65, 70, 76, 103, 142,
   158, 187, 206, 208, 210, 216, 221,
   223, 224, 239, 241, 252, 255, 272,
   279, 281, 284, 286, 287, 297, 299,
   300, 314, 317, 318, 319, 320, 321,
   322, 324, 325, 326, 327, 328, 329,
   333, 334, 335, 336, 339, 342, 346,
   347, 350, 353, 356, 358, 360
회복적 사법 324, 334
회복적 정의 7, 12, 16, 19, 25, 34, 241,
   279, 319, 320, 321, 322, 324, 325,
   326, 327, 328, 333, 334, 342, 353,
   356, 360
흑백 갈등 33
희생자 44, 45, 69, 255, 272, 281, 321,
   324, 325, 331, 343
힘의 논리 64, 279